KB235359

브레이크 없는 문화

브레이크 없는 문화

Our culture, What's left of it - the Mandarins and the Masses

이카루스미디어
ICARUS MEDIA

문화
엘리트와
대중

테어도르 데일림플 지음
채계병 옮김

이카루스미디어
ICARUS MEDIA

| Contents |

1 예술과 문학

2 정치와 사회

　우리는 20세기를 통해 문명이 얼마나 쉽게 붕괴될 수 있는지를 보게 되었다. 반론이 있긴 하지만 20세기 초 기술과 도덕은 함께 진보하리라는 낙관주의가 널리 퍼져 있었다. 19세기 말 러시아 작가 V. G. 코롤렌코[1]가 말했듯이 새가 날기 위해 태어난 것처럼 인간은 행복하기 위해 태어난 존재다. 과학과 기술의 발전과 함께 인류는 훨씬 더 부유하고 건강해졌으며 따라서 훨씬 행복해지게 될 것이다. 또한 인류는 당연히 더 현명해지게 될 것이다.

　인류는 사실 훨씬 더 부유하고 건강해졌다. 진보는 누구에게나 자명해 보였다. 예를 들어 대영제국의 영화가 최고의 절정기를 구가하고

---

1) Vladimir Galaktionovich korolenko 1853~1921
러시아 소설가. 모스크바 농과대학 재학 중 러시아 자본주의를 비판하는 급진적 지식계급인 나로드니키의 혁명적 정치·문학운동에 참여, 유형(流刑)되었다. 대표작으로 빈곤·압박에 시달리는 농민의 이야기를 다룬 『마카르의 꿈』(1885), 불굴의 의지와 용기를 가진 소녀혁명가의 삶을 그린 『불가사의한 소녀』, 자신의 불행을 극복하고 훌륭한 피아니스트로 성장해 가는 맹인 소년의 삶의 과정을 묘사한 『맹인음악가』(1886) 등이 있다. 이들은 역경을 딛고 미래를 개척하는 하층계급의 삶을 그린 작품으로 시베리아 유형지에서 겪은 고통스런 생활체험을 소재로 삼기도 하였는데, 빈곤·투옥 등에도 불구하고 낙천주의적이었던 작가의 인생관과 휴머니즘이 잘 투영되어 있다. 문학사적으로는 러시아의 리얼리즘문학 전통을 A.P.체호프로부터 M.고리키로 계승하는 중간적 위치의 작가이다.

있을 당시 영국 왕가 구성원의 수명보다 현재 인도 농민의 수명이 훨씬 길다. 세계의 많은 지역에서 빈곤은 더 이상 절대적인 것이 아니며 의식주의 부족은 상대적인 것이 되었다. 더 이상 기본적인 물질의 결핍이 아니라 상대적으로 가난한 사람들을 둘러싸고 있는 부유한 많은 사람들과 부자들이 누리고 있는 상대적인 부로 인해 가난한 사람들이 상처를 받고, 치욕, 부정의라고 느끼며 불행해진다.

진보에 대한 바람이 환상만은 아니지만 퇴보에 대한 두려움도 상존하고 있다. 세계 대전은 지상 낙원으로의 진보는 당연하거나 적어도 가능하다는 순진한 낙관주의를 파괴했다. 가장 문명화된 국민이 가장 끔찍한 조직적 폭력을 저지를 수 있다는 사실을 증명했기 때문이다. 공산주의와 나치즘이 생겨났으며 불과 수십 년의 짧은 기간 사이에 이전엔 상상할 수조차 없었던 방식으로 2천만의 인명이 희생당했다. 20세기의 많은 재난들은 중국에서의 문화대혁명, 캄보디아의 크메르 루즈처럼 문명 그 자체에 대한 반란으로 특징지어질 수 있다. 10년 전만해도 르완다에선 라디오에서의 선동적인 연설에 감화된 2만 명의 보통 사람들이 냉혹한 살인자들로 돌변하기도 했다. 그들은 나뭇가지 치기에나 사용하는 큰 칼을 사용해 가스실에서 수많은 유대인을 학살했던 나치들도 따라갈 수 없을 정도의 비율로 학살을 자행했다. 이제 세계의 어느 곳에서나 대학살이 자행될 수 있다는 사실을 누가 자신 있게 부정할 수 있겠는가?

이런 상황에서 결국 보통 사람들보다 더 멀리 그리고 더 깊게 생각하는 지식인들의 주된 관심사는 일반적으로 문명을 야만주의와 구별할 수 있는 경계를 유지하는 것이다. 지난 100년간 문명을 야만주의와 구별할 수 있는 경계들은 흔히 아주 취약하다는 것을 증명해왔다. 일반적으로 문명에서 야만주의를 구별하는 어떤 경계를 전제로 하는 것은 잘못일 수도 있다. 어떤 사람들은 고의로 야만주의를 받아들이고 또 다른 사람들은 문명에서 야만주의를 구별하는 경계들을 유지하지 못하고 있다. 혹은 경계를 옹호하거나 때로 단호하게 지켜내야 할 필요가 있다는 사실을 깨닫지 못하고 있다. 금기를 깨거나 경계를 뛰어넘는 것은 깨어지는 것이 어떤 금기인지 혹은 뛰어넘는 것이 어떤 경계인지와 무관하게 현대 비평에선 최고의 찬사를 받고 있다. 논리실증주의 철학자인 A. J. 에이어 Ayer의 전기에 대한 「타임 리터러리 서플리먼트 Time Literary Supplement」의 최근 서평에선 에이어 개인의 미덕들이 열거되고 있다. 열거된 에이어의 개인 미덕들 중에는 관습적이지 않다는 사실이 포함되어 있다. 하지만 서평을 쓴 사람은 에이어가 어떤 점에서 관습적이 아닌지에 대해선 언급할 필요를 느끼지 못한 것처럼 보인다. 서평자에겐 에이어가 전통을 무시했다는 사실 그 자체가 하나의 미덕이었다.

문제가 된 전통의 윤리적 내용과 사회적 영향에 따라 전통을 무시하는 것은 미덕일 수도 혹은 악덕일 수도 있다. 그런데 현대의 지식인들은 분명 전통적 사회 규범에 대한 적대적 태도에서 동기를 얻는 것처럼 보인다. 그리고 지식인들의 도덕률 폐기론에 대한 믿음과 바람은 곧 보통사람들에게도 분명하게 전달된다. 보헤미안들에게 좋은 것은 이어 삶을 견딜 수 있게 하거나 앞으로 낳아질 수 있다는 희망을 주는 경계를 가장 필요로 하는 비숙련 노동자들, 실업자, 복지 원조 수령자들에게도 좋은 것이 된다. 결국 순간적 쾌락과 오랜 고통을 낳게 되는 도덕적, 정신적, 감정적 야비함으로 이어지고 있다.

물론 사회 관습과 전통에 대한 비판이 모두 파괴적이라거나 부당하다는 말은 아니다. 분명 어떤 사회나 정당한 비판의 여지는 많으며 정당한 비판을 필요로 하기도 한다. 하지만 문학 분야의 저자들을 포함해 사회 제도와 전통에 대한 비평가들은 문명이 적어도 변화만큼이나 보존을 필요로 하며 무절제한 비평주의나 유토피아적 관점을 우선시하는 비평주의는 치명적 ——사실 파괴적—— 일 수 있다는 사실을 늘 염두에 두어야 한다. 말하자면 지식인은 스스로 지적 오만에 빠지지 않도록 경계할 필요가 있다.

나는 추상적인 생각이나 이상을 실현하려는 행동이 나쁜 상황을 말할 수 없을 정도로 악화시키고 있는 제3세계 국가에서 대부분 의사생활을 했다. 그리고 영국 하층계급에서 나머지 의사생활을 하면서 비참한 생활방식에 대해 궁극적으로 비현실적이고 제멋대로이며 때로 어리석은 사회비판의식에서 논리적 견해를 도출하는 사람들을 보며 나는 지적이고 예술적인 삶이 말할 수 없이 실제적으로 중요한 의미를 갖는다는 생각을 하게 되었다. 존 메이너드 케인즈는『평화의 경제적 결과 The Economic Consequence of the Peace』의 유명한 문장에서 실천적인 사람은 이론적 고려를 할 여유가 많지 않으며 사실 세계는 시대에 뒤떨어지거나 고인이 된 경제학자나 사회 사상가들의 생각에 지배되고 있다고 쓰고 있다. 나는 케인즈의 견해에 공감한다. 다만 나는 세계를 지배하는 사람들 중에 소설가, 희곡작가, 영화감독, 저널리스트, 예술가는 물론 대중 가수들도 포함시키고 있다. 그들은 아직 승인받지 못하고 있는 세계의 입법자들이며 우리는 그들이 말하는 것과 그들이 말하는 방식에 세심한 관심을 기울여야 한다.

1 예술과 문학

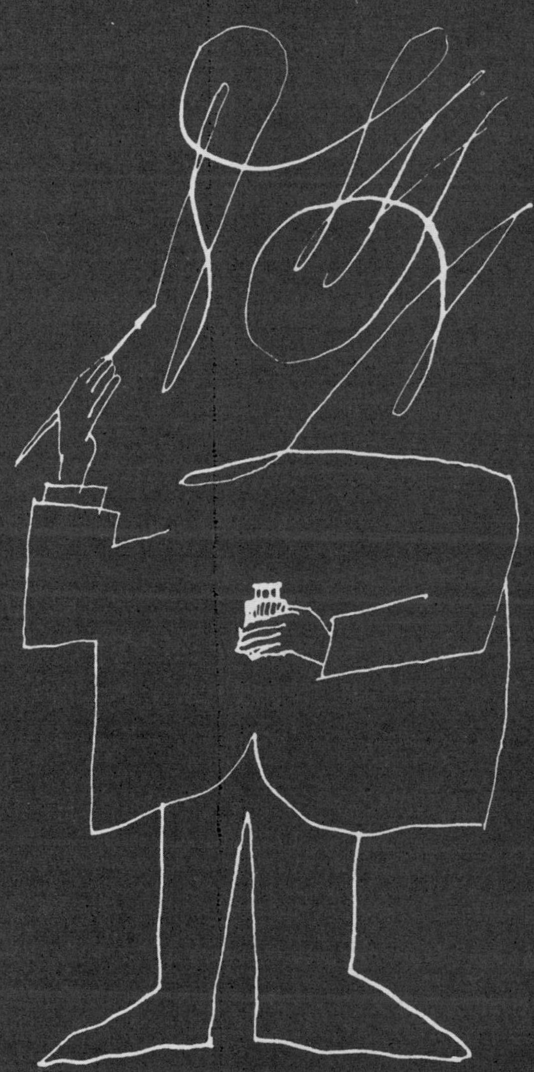

천박한 악

죄수들이 석방될 때 흔히 사회에 진 빚을 갚았다고 말하곤 한다. 물론 터무니없는 소리다. 범죄는 대차대조표의 문제가 아니다. 훨씬 큰 비용을 발생시킴으로써 빚을 갚을 수는 없으며 은행 강도를 저지르기 전에 감옥에서 복역한다고 해서 면죄부가 주어지는 것은 아니다. 비유적으로 말해서 일단 죄수가 감옥에서 풀려나면 새출발을 할 수는 있지만 빚을 청산한 것은 아니다.

14년간 병원과 감옥에서 일하고 곧 은퇴하게 되겠지만 나 역시 사회에 대해 빚을 갚았다고 말하는 것은 마찬가지로 터무니없는 말일 것이다. 원했다면 나는 더 쾌적한 일을 하며 많지는 않아도 적지 않은 보수를 받으며 살 수 있었을 것이다. 나는 불쾌한 이웃들과 함께 하기로 선택했다. 의학적 측면에서 적어도 나에겐 가난한 사람들이 부자들보다 더 흥미로웠기 때문이다. 가난한 사람들은 더 많은 질병에 시달리며 더 많은 관심을 필요로 했다. 노골적으로 말해서 가난한 사람들의 처지는 부자들보다 더 강한 흥미를 자극했고 인간 존재의 원리에 더 근접한 것처럼 보였다. 또한 나는 분명 가난한 사람들이 있는 곳에서 일하는 것이 더 가치 있는 일이라고 느꼈다. 말하자면 일종의 의무감을 느꼈던 것이다. 때문에 석방될 때의 죄수처럼 나는 사회에 대해 빚을 갚았다고 느끼고 있다. 분명 가난한 사람들이 있는 곳에서 일하면서 나는 일종의 대가를 치렀으며 이제 어떤 다른 일을 할 때가 되었다. 내가 미학적으로 더 유쾌한 삶을 향유하는 동안에도 다른 누군가는 전이(轉移)하고 있는 우리 사회의 병리현상과 싸우게 될 것이다.

의사생활을 하면서 나는 악의 문제에 대해 건강치 못한 관심을 갖게 되었다. 사람들은 왜 악행을 저지를까? 어떤 상황에서 악행이 만연하게 될까? 어떻게 하면 악행을 효과적으로 예방하고 필요할 때 억제할 수 있을까? 나는 환자들이 겪었거나 자신이 저지른 잔인성에 대해 자세히 얘기하는 것을 들을 때(그리고 나는 14년간 매일 서너 명의 환자에게서 이런 얘기를 들었다)마다 끊임없이 이런 의문들을 갖게 된다.

분명 어린 시절 나의 경험들 때문에 이런 문제들에 대한 관심이 강화되었을 것이다. 어머니는 나치 독일을 피해 망명한 망명자였다. 어머니는 영국에 오기 전의 삶에 대해선 거의 얘기하지 않았지만 말씀하지 않는 많은 일들이 있다는 단순한 사실 때문에 우리 집엔 악이 희미하게 존재하고 있었다.

후에 내가 몇 년간 여행했던 곳은 대개 최근 잔학행위가 자행되었거나 여전히 자행되고 있는 곳이었다. 나는 중앙아메리카에서 전체주의 전제정치를 강요하려는 게릴라 집단과 거리낌 없이 대량학살을 자행하며 저항하는 군인들 사이에 벌어진 내전을 목격했다. 현재 적도 기니의 독재자는 이전 독재자의 조카이자 추종자였다. 이전 독재자는 인구의 삼분의 일을 학살하거나 추방했으며 안경을 쓴 사람이나 비우호적이라거나 잠재적으로 비우호적인 지식인으로 인쇄물을 소유한 사람은 가차 없이 사형시켰다. 라이베리아에서 방문했던 교회는 피신해있던 600명이 넘는 사람들이 대통령(곧 고문당하다 죽은 장면이 비디오테이프에 담긴다)에 의해 학살당했다. 바닥에 말라붙은 핏자국을 통해 시신의 윤곽을 확인할 수 있었으며 공동묘지의 긴 흙무덤은 입구에서 얼마 떨어지지 않은 지점에서 시작되었다. 북한에선 공포에 질린 수백만의 사람들이 위대한 지도자 김일성이라는 개인숭배에 절망적으로 복종하는 전제정치의 극치를 목격했다. 개인숭배의 목적은 태양 왕을 수수하게 인격화된 것처럼 보이게 하는 것이었다.

하지만 내가 지금까지 기술한 것들은 정치 악이었고 우리나라는 적어도 이러한 정치 악에서는 벗어나 있다. 나는 최악의 정치적 기형은 피한 상황에서 악이 확산될 수는 없을 것이라고 생각했다. 곧 나의 생각이 틀렸다는 것이 밝혀졌다. 물론 내가 빈민가에서 본 것들 중 어느 것도 내가 다른 나라에서 목격했던 악의 규모나 깊이에 미치지는 못한다. 끔찍하기는 하지만 질투 때문에 여자를 때리고, 창고에 감금하고, 고의적으로 팔을 부러뜨리는 짓은 대량학살과 큰 차이가 있다. 우리나라엔 내가 다른 나라에서 목격한 것과 같은 어떤 것을 방지할 수 있는, 대규모 정치 악에 대한 헌법, 전통, 제도 그리고 사회적으로 충분한 제약 이상의 것이 존재하고 있다.

하지만 인간악의 규모는 실제적인 결과로만 측정되지는 않는다. 인간은 허용된 범위 내에서 악행을 저지른다. 물론 일부 사악한 기질을 가진 사람들은 악행의 범위를 가능한 한 넓히기 위해 평생을 허비하지만 이런 예외적인 경우를 제외하면 악행을 저지르는 대부분의 사람들은 단지 기회를 최대한 이용하고 있을 뿐이다. 그들은 벌받지 않고 잘 해나갈 수 있는 악행들을 일삼는다.

어쨌든 현대사의 재난에는 훨씬 못 미치긴 하지만 그래도 내가 본 악의 범위는 인상적이다. 6개 침상이 있는 병동을 통해 만난 적어도 5천 명 정도는 내가 방금 전 기술한 것과 같은 폭력을 저질렀으며 그들이 저지른 폭력의 희생자는 적어도 5천 명이 된다. 이 수치는 내가 거주하고 있는 도시 인구의 약 1%이다. 폭력 행위의 연령적 한계를 고려한다면 그 비율은 더 높을 것이다. 그리고 나처럼 이 사람들의 생활 이야기를 들어 보게 되면 많은 독재정권하에서 살아가는 거주자들처럼 그들이 자의적 폭력에 완전히 노출되어 있다는 사실을 알게 된다. 한 명의 독재자 대신 수천 명의 독재자들이 존재하며 각각의 독재자는 자기 고유의 작은 영역을 절대적으로 지배하고 있다. 그들의 권력은 근접해 있는 그와 같은 또 다른 독재자에 의해 제한된다.

폭력적 갈등은 집이나 가정에 국한되지 않으며 거리로 넘쳐 나온다. 게다가 내가 살고 있는 것과 같은 영국 도시들엔 고문실이 존재한다. 이 고문실들은 독재정권하에서처럼 정부가 아니라 마약상이나 고리대금업자 같은 빈민가 사업 대표자들이 운영한다. 마약상이나 고리대금업자에게 빚을 진 젊은이들은 납치되어 고문실로 끌려가 침대에 묶인 채 구타를 당하거나 채찍을 맞는다. 후회 같은 것은 없으며 너무 멀리 가버린 결과에 대한 설명할 수 없는 두려움만이 존재한다.

아마도 저급한 수준이긴 하지만 원죄의 개념에 근접하게 하는 만연한 악행에 대해 가장 경계해야 할 특징은 악행이 강제되지 않고 자발적이라는 사실이다. 악행을 저지르도록 요구하는 사람은 없다. 최악의 독재정권하에서 보통사람들은 두려움 때문에 악행을 저지르게 된다. 그런 상황에서 선은 영웅주의를 요구한다. 예를 들어 1930년대 소련에서 당국에 정치적 풍자를 보고하지 않은 사람은 유형이나 사형에 해당되는 범죄를 저지른 셈이다. 하지만 현대 우리 사회에서 그 같은 상황은 존재하지 않는다. 정부는 시민들에게 악행을 요구하고 정부의 요구대로 하지 않는다고 처벌하는 짓은 하지 않는다. 이제 악은 자유롭게 선택되고 있다.

그렇다고 정부에게 책임이 없는 것은 아니다. 오히려 정부에 많은 책임이 있다. 지식인들은 인간이 사회관습이라는 사슬과 절제에서 해방되어야 한다고 주장한다. 그리고 정부는 국민이 요구하지 않아도 사람들이 제멋대로 행동하도록 조장하고 이에 따른 경제적 어려움에서 국민을 보호하기 위해 복지제도를 만들어 낸다. 악에 대한 장벽이 무너지면 악은 번성한다. 그렇게 되면 다시는 인간의 근본적인 선이나 악이 인간의 본성에 예외적이거나 낯선 어떤 것이라고 믿고 싶어지지 않게 될 것이다.

물론 나의 개인적인 특이한 경험으로 치부될 수도 있다. 사실 나는 환자들 모두가 자살하려 하거나 적어도 자살하는 척하는 감옥과 병동이라는 기이하고 평범하지 않은 관점에서 사회를 관찰했다. 그렇다고 나의 경험이 편협하고 사소한 개인적 경험만은 아니며 내가 경험한 수천 건의 사례를 통해 나는 그 사람들이 사는 세계를 들여다 볼 수 있는 창을 갖게 되었다.

어머니께서 왜 사악한 색안경을 통해 세계를 보면서 스스로 고통스러운 경험을 자처하느냐고 물으셨다. 나는 어머니께 오늘날 우리 사회의 모든 노인들처럼 어머니도 해가 진 후에는 왜 외출을 삼갈 필요를 느끼시는지 그리고 불과 얼마 전만 해도 문을 잠그지 않아도 불안하지 않았던 곳에서 왜 안전을 걱정해야 하는지 되물었다. 어머니는 제2차 세계대전 당시 독일 대 공습 때문에 등화관제를 할 때에도 젊은 여성인데도 최소한 동료 시민들의 약탈행위에 대해선 조금도 걱정하지 않았다. 어머니께서는 칠흑 같은 어둠 속에서 집으로 걸어왔으며 범죄의 희생자가 될 수도 있다는 생각은 전혀 하지 않았다고 말씀하셨다. 반면 최근 어머니는 땅거미가 진 후로 문밖에 나설 생각은 하지도 못한다. 어머니께선 지난 2년간 백주 대낮에 2번이나 소매치기를 당하셨고 정부가 아무리 그럴듯하게 해석을 달아 조작한다 해도 통계는 나의 개인적 경험에서 도출한 결론이 정확하다는 사실을 증명하고 있지 않은가? 어머니가 태어나던 1921년 잉글랜드와 웨일스에선 거주자 370가구당 1건의 범죄가 발생했지만 80년 후 범죄는 10가구당 1건으로 범죄가 일어나고 있다. 1941년 이래 12배 증가한 수치이며 폭력 범죄의 발생 건수는 훨씬 높게 증가했다. 따라서 개인적 경험이 사회 현실에 대한 완벽한 지침이 될 수는 없겠지만 역사적 자료는 분명 내가 받은 인상을 확인해 주고 있다.

특히 예외가 전혀 없기 때문에 통계적으로 따지는 것이 부질없다는 생각이 들 정도가 되면 한 가지 사례만으로도 현재 벌어지고 있는 상황에 대해 분명하게 알 수 있게 된다. 예를 들어 어제 우울증에 걸린 21살 먹은 젊은 여자에게 상담을 해주었다. 그녀는 항 우울증 치료제 과잉 복용으로 앰뷸런스에 실려 왔었다.

'우울증'이라는 단어에 대해선 생각해 볼 필요가 있다. 우울증이라는 단어는 현대의 삶에서 불행이라는 단어를 거의 완전히 제거했고 불행이라는 개념조차 없애버렸다. 내가 만난 수천 명의 환자들 중 한두 명만이 불행하다고 말했다. 다른 환자들은 자신이 우울증에 걸렸다고 말한다. 의미상의 변화는 매우 중요하다. 왜냐하면 삶에 대한 불만족 자체가 병적인 것으로 의사는 의학적 수단을 통해 병적인 상태를 완화시킬 책임이 있기 때문이다. 사람은 누구나 건강할 권리가 있다. 우울증은 건강하지 못한 상태이며 모든 사람은 행복(우울한 상태와 반대되는 상태) 할 권리가 있다. 따라서 마음 상태나 기분은 사는 방식과 무관하거나 무관해야 한다는 의미로 결국 행동에 따른 결과를 철저하게 분리시켜 인간 존재에서 모든 의미를 박탈해야 한다고 믿는 것과 다름없다.

의사와 환자 사이의 우스꽝스러운 갈등은 계속해서 이어진다. 환자는 아픈 척하며 의사는 치료한 척한다. 그 과정에서 환자는 애초에 자신의 불행해질 수밖에 없었던 행동을 의도적으로 무시한다. 따라서 오늘날 의사의 가장 중요한 일 중 하나는 의사 자신의 힘과 능력을 부인하는 것이다. 아프다는 환자의 견해는 자신의 상황을 이해하는데 방해가 된다. 자신의 상황을 이해하지 못하면 도덕적 변화가 일어날 수 없다. 결국 치료하는 척하는 의사는 환자가 깨닫게 하기보다는 판단력을 잃게 하기 때문에 환자에게 해가 된다.

나의 환자는 이미 3명의 서로 다른 남자에게서 3명의 아이를 낳았다. 그녀의 상황이 나의 환자들 중에서 특별히 예외적인 것은 아니며 사실상 영국 전체를 고려해도 예외적인 경우는 아니다. 환자의 첫 번째 아이 아버지는 폭력적이었고 그녀는 그를 떠났다. 두 번째 남자는 훔친 차를 몰다 사고로 사망했다. 그녀가 함께 살았던 세 번째 남자는 아이가 태어난 지 일주일 후 더 이상 그녀와 살고 싶지 않았기 때문에 그녀에게 자신의 아파트에서 나가 줄 것을 요구했다. (아이가 태어난 지 일주일 후에 성격차이를 발견하는 일은 이제 통계적으로 일상적일 정도로 흔한 일이 되었다.) 그녀는 갈 곳도 돌봐줄 사람도 없었다. 병원은 그녀가 고통에서 벗어날 수 있는 일시적인 피신처였다. 나의 환자는 우리가 어떤 수용시설을 알아봐주기를 희망했다.

나의 환자는 '양아버지' 혹은 어머니의 최근 남자친구와의 갈등 때문에 어머니에게 돌아갈 수 없었다. 사실 어머니의 남자 친구라고 해봐야 그녀보다 겨우 9살 많았고 어머니보다는 7살 연하였다. 이러한 세대 간의 압축 또한 이제 일상적인 형태이긴 하지만 행복의 비결이 될 수는 없다. (환자의 아버지는 그녀가 태어났을 때 사라져 그 이후로 그녀는 아버지를 볼 수 없었다는 사실은 말할 필요도 없다.) 이러한 유형의 가정에서 어머니의 새로운 남자 친구는 성적학대 대상으로 딸을 원하거나 딸을 귀찮은 존재이자 불필요한 비용으로 생각해 집에서 쫓아내고 싶어한다. 환자 어머니의 새로운 남자 친구는 그녀를 쫓아내고 싶어했으며 가급적 빨리 떠날 수 있도록 확실한 분위기를 조성하기 시작했다.

물론 환자의 첫 번째 아이 아버지는 그녀가 취약하다는 사실을 알고 있었다. 혼자 힘으로 살아야 하는 16살 소녀는 손쉬운 먹이감이다. 그는 처음부터 그녀를 구타했고 극히 불성실했을 뿐 아니라 소유욕과 질투심이 강했고 술을 많이 마셨다. 그녀는 아이를 낳으면 그가 더 책임감을 느끼고 정신을 차려 성실한 생활을 할 것으로 생각했다. 아이의 출산은 역효과를 가져왔으며 그녀는 그를 떠났다.

두 번째 아이 아버지는 상습적인 범죄자로 이미 수차례 투옥된 경험이 있었다. 입수할 수 있는 약물은 무엇이든 복용하는 약물 중독자인 그는 약물 때문에 사망했다. 그녀는 아이를 낳기 전 그의 과거에 대해 모두 알고 있었다.

세 번째 아이의 아버지는 그녀보다 나이가 훨씬 많았다. 아이를 갖자고 제안한 사람은 그였으며 사실 그는 그녀와 함께 할 수 있는 조건으로 아이를 원했다. 그에겐 이미 3명의 다른 여자에게서 낳은 5명의 아이가 있었지만 그는 그들의 부양에 전혀 도움을 주지 않았다.

이제 악을 영속화시킬 수 있는 조건은 완전히 갖춰진 셈이다. 그녀는 남자 없이 오랫동안 혼자 지낼 수 없는 젊은 여자였다. 하지만 벌써 3명의 아이가 있는 그녀는 취약해 이용할 수 있는 여자들을 찾던 첫 번째 아이의 아버지 같은 남자 —— 그런 인간은 이제 많이 있다 —— 의 마음을 끌게 된다. 십중팔구 적어도 그들 중 하나는 그녀의 아이들을 성적으로 혹은 육체적으로 학대하거나 성적 · 육체적 학대를 병행하게 될 것이다.

물론 나의 환자는 자신의 운명을 거의 통제할 수 없던 어린 시절에 그녀의 어머니가 저지른 행동의 희생자다. 그녀의 어머니는 자신의 성 관계가 자기 아이의 행복보다 더 중요하다고 생각했으며 그녀와 같은 사고방식은 사회복지가 잘 돼있는 영국에선 일반적이다. 예를 들어 그날 나는 어머니가 모두 알고 있는 가운데 8살에서 15살까지 어머니의 남자 친구에게 무수히 강간당한 젊은 여자를 상담하고 있었다. 그녀의 어머니는 단지 남자친구와 관계를 지속하기 위해 딸이 강간당하는 것을 묵인했다. 나의 환자가 언젠가 그녀의 어머니와 똑같은 짓을 하게 될 수도 있다.

하지만 환자가 자기 어머니의 희생자만은 아니다. 그녀는 분명 어떤 기대도 할 수 없는 남자들의 아이를 낳았다. 내가 그녀에게 말한 것 —— 그리고 유사한 상황에 있던 수백 명의 여자 환자들에게 말한 것 —— 에 대한 반응으로 알 수 있듯이 그녀는 자신이 하고 있는 짓의 결과와 의미를 아주 잘 알고 있었다. 즉 나는 그들에게 다음번에 어떤 남자와 함께 외출할 생각이라면 먼저 나에게 데려오면 그와 함께 외출해도 좋을지 말해주겠다고 충고했다.

나의 제안은 어김없이 최악의 '우울증' 으로 고생하고 있는 가장 비참한 여자들에게 밝게 미소를 지으며 진심으로 웃게 해주었다. 그들은 내가 한 말의 의미를 정확히 알고 있었다. 더 이상의 부연 설명은 필요 없었다. 그들은 내가 의미하는 것을 알고 있었다. 그들이 선택한 남자들 대부분이 겉모습만 보아도 고유한 악을 갖고 있으며 때로 문자 그대로 'FUCK OFF' 이나 'MAD DOG' 이라는 문신의 형태로 나타나 있다. 그리고 내가 즉시 악을 알아 볼 수 있다면 그들도 내가 고려하는 측면을 알고 있기 때문에 자신들도 그렇게 할 수 있다는 사실을 알고 있다. 따라서 그들은 사악한 남자로 인한 타락에 상당부분 책임이 있다.

게다가 그들은 그 남자들이 좋은 아버지가 될 수 있는 어떤 자질이 있는지 여부에 대해 단 한순간도 고려해 보지 않고 아이를 갖는 짓은 어리석고 사악한 짓이라고 내가 믿고 있다는 사실을 알고 있다. 물론 잘못 생각할 수도 있으며 예상했던 남자가 아닐 수도 있다. 하지만 그 남자의 자질에 대해 고려해보지 않았다는 사실은 인간이 행동하는 것이 가능한 만큼 무책임한 행동이다. 무책임한 행동은 분명 세계에서 악의 총량을 증가시키게 되며 조만간 사소한 악들의 총계는 악 그 자체의 승리로 이어지게 된다.

나의 환자는 악을 부추길 의도로 인생을 시작하지는 않았으며 더욱이 악행을 저지르려 시작하지는 않았다. 하지만 그녀가 자신이 보았던 징후나 알고 있는 지식에 따라 신중히 행동하지 않은 것은 맹목이나 무지의 결과는 아니다. 그것은 아주 의도적인 것이다. 그녀는 자기 경험과 주변의 많은 삶의 경험을 통해 순간의 쾌락이나 욕망에 근거한 선택은 그녀 자신뿐 아니라 특히 아이들의 불행과 고통으로 이어지게 된다는 사실을 알고 있었다.

나의 환자의 사례는 진부함이라기보다는 의무를 느껴야 할 다른 사람의 장기간의 불행보다 자신의 순간적 쾌락을 우선시하는 악의 천박함이다. 새로 생긴 남자 친구가 자기 자식을 집에서 내쫓기를 원한다는 이유로 14살짜리 자식을 집에서 내쫓는 어머니의 행동을 악의 천박함이라는 표현 이외에 어떤 식으로 말할 수 있겠는가? 그리고 천박한 악을 인생이란 다채로운 비단 직물을 수놓는 또 다른 실로 가능한 인간의 자유와 선택의 여지로만 보는 지식인들의 경솔함에 대해선 무슨 말을 해야 할까?

나의 환자와 같은 상황에 처한 사람들은 또한 자신들이 하고 있는 짓의 의미와 결과를 아주 잘 알고 있다. 내가 방금 예로 든 환자를 본 날 25살 먹은 청년이 우리 병동에 들어왔다. 그는 코카인 소지죄로 체포되지 않으려고 삼켜버린 포일에 싼 코카인 뭉치를 제거하는 수술을 받아야 했다. (코카인 포장이 터지면 그는 곧 죽게 될 것이다.) 이 일이 벌어졌을 때 그는 여자친구와 막 헤어진 참이었다. 그가 여자친구와 헤어진 때는 아이를 출산한지 1주일 후였다. 그는 사이가 좋지 않았고 자기 공간이 필요했다고 말했다. 아기에 대해선 단 한순간도 생각하지 않았다.

그에게 다른 자식이 있는지 물었다.

"넷이요" 그가 대답했다.

"어머니는 몇 명이나 되죠?"

"셋입니다."

"자식들은 봅니까?"

그는 고개를 저었다. 자기 환자가 살아가는 방식을 판단하는 것은 의사의 몫이 아닐 수도 있지만 나는 조금 짜증스러운 표정을 지었을 것이다. 어쨌든 환자는 나의 기색을 눈치 챘다.

"알고 있습니다." 그가 말했다. "알고 있으니까 말씀하실 필요 없습니다."

그의 말은 유죄에 대한 분명한 자백이었다. 나는 이런 식으로 자기 자식들을 버린 사람들과 수백 번이나 대화를 했고 그들은 모두 아이의 엄마나 무엇보다 아이들에게 그것이 무엇을 의미하는지 분명하게 알고 있었다. 그들 모두는 자신이 자식들에게 가난하고 학대받는 절망적인 모진 삶을 예정하게 했다는 사실을 알고 있다. 그들 자신이 나에게 그렇게 말했으니까. 그런데도 그들은 거의 영국 어린아이들의 약 사분의 일이 이제 이런 식으로 양육된다는 생각이 들 정도로 그런 짓을 되풀이하고 있다.

그 결과는 망연자실하게 하고 소름끼치는 무관심, 무자비함, 가학성, 즐기는 듯한 원한이다. 일을 시작할 때보다 14년이 지난 지금 더욱 더 경악하고 있다.

이러한 악은 어디에서 비롯된 것일까? 인간의 마음속엔 타락한 방식으로 행동하고 싶어하는 분명 결함이 있는 무엇인가가 존재한다. 비유적으로 말해서 원죄의 유산일 것이다. 하지만 얼마 전만 해도 사악한 행동은 지금보다는 훨씬 덜 퍼져있었다(모든 것이 빈곤 때문이라고 생각하는 사람들도 기억하고 있듯이 훨씬 덜 부유했던 시기에도). 현재의 사회 현상을 설명하기 위해선 무엇인가 더 많은 것이 요구된다.

충분하지는 않지만 하나의 필요조건은 무책임한 행동을 가능하게 하고 때로는 더 유리하게 하는 복지 국가다. 자식이 어떤 망나니짓을 해도 뒷감당을 해줄 듯 장담하는 부모처럼 국가는 최후 수단을 가진 부모다. 혹은 국가는 흔히 최초의 의지처가 되기도 한다. 어떤 식으로 태어나게 되었는지 여부와는 관계없이 어떤 아이도 빈곤으로 고통받아서는 안 된다는 분명 관대하고 인간적인 철학에 근거해 국가는 어떤 아이에 대해서 혹은 일단 존재하게 된 어떤 아이의 어머니에 대해서도 지원을 제공한다. 공공 주택문제에서 미혼모가 실제적으로 유리하며 또한 아이 아버지가 보조하는 것보다 더 많은 수입을 국가에서 지원받을 수 있다. 미혼모는 우선권을 갖는다. 미혼모는 지방세, 집세나 수도, 전기, 가스와 같은 공익설비 이용비용을 지불하지 않게 된다.

국가는 남자에게 자기 아이들에 대한 모든 책임을 면제해 준다. 그렇게 되면 아이 아버지는 국가가 된다. 따라서 생물학적 아버지는 자신이 번 수입을 모두 오락과 사소한 즐거움에 자유롭게 사용할 수 있게 된다. 그렇게 되면 그는 성인 남자의 육체적 능력을 가진 못된 아이이긴 하지만 어린아이와 같은 지위로 환원된다. 자기 고집대로 되지 않으면 화를 내고 지나친 요구를 하고 불평을 하며 이기적이고 폭력적이 된다. 폭력은 단계적으로 강화되어 습관이 되며 망쳐진 개구쟁이는 사악한 폭군이 된다.

복지 국가가 악의 확산을 위한 필요조건이지만 충분조건은 아니다. 영국의 복지 수준이 세계에서 가장 폭 넓은 것도 가장 관대한 것도 아니다. 그런데도 우리의 사회 병리 —— 일반적 음주, 약물 남용, 10대 임신, 비뇨기과 질병, 훌리건, 범죄율 —— 비율은 세계에서 가장 높다. 이런 결과가 도출되기 위해선 설명할 수 있는 더 많은 이유들이 필요하다.

여기서 우리는 문화와 사상의 영역으로 들어가게 된다. 내가 기술한 것과 같은 무책임하고 이기적인 방식으로 행동하는 것이 경제적으로 가능하다고 믿을 수 있을 뿐 아니라 그렇게 하는 것이 도덕적으로 허용된다고 믿을 필요가 있기 때문이다. 그리고 무책임하고 이기적인 행동이 경제적으로는 물론 도덕적으로 허용된다는 생각은 지금와선 당연한 것으로 받아들여질 정도로 오랫동안 영국의 지적 엘리트들이 퍼뜨린 생각이다. 제도만이 아니라 젊은이들의 생각 전체를 통해 오랫동안 확산되어 왔다. 젊은이들이 스스로 자랑스러워하고 싶을 때 그들은 자신들을 '도덕적으로 개인적인 판단을 하지 않는 사람' 으로 기술한다. 그들에게 최고의 도덕적 형태는 도덕관념이 없는 것이다.

인간은 권리는 있지만 의무는 없다고 믿는 좌파 사람들과 소비자의 선택은 모든 사회문제에 대한 해답이라고 믿는 우파의 자유의지론자 간의 부정한 동맹이 존재하고 있다. 좌파는 자신들이 적용시킬 수 없는 영역들에 대해 우파 자유의지론자의 생각들을 기꺼이 받아들인다. 따라서 사람들은 자기들이 원하는 데로 아이들을 낳을 권리를 갖는다. 그리고 물론 아이들은 어떤 혜택 특히 물질적인 어떤 혜택도 박탈당하지 않을 권리가 있다. 남자와 여자가 어떻게 사귀고 어떻게 아이를 갖는지 하는 문제는 단지 소비자 선택의 문제에 불과하며 그 도덕적 결과는 빵을 먹을지 밥을 먹을지 선택하는 것과 별반 다르지 않다. 그리고 국가는 어떤 결과가 되든 서로 다른 형태의 교제와 아이 양육을 차별해서는 안 된다.

아이와 사회에 대한 영향은 고려대상이 되지 못한다. 어쨌든 세금 재분배를 통해 개인의 무책임에 대한 물질적 결과를 개선하고 그 자신들이 정부 의존에 따른 강력한 기득권을 형성하게 된 사회사업가, 심리학자, 교육자, 상담자 그리고 그와 비슷한 유형의 사람들에 의해 감정, 교육, 그리고 정신적 결과를 개선하는 것이 국가의 기능이 되었기 때문이다.

따라서 나의 환자들은 자신들이 하고 있는 짓이 잘못이며 잘못하는 것보다 더 나쁜 것이라는 사실을 분명하게 알고 있지만 그들은 자신들이 그렇게 할 권리가 있다는 강한 믿음으로 잘못을 저지르고 있다. 왜냐하면 모든 것이 단지 선택의 문제이기 때문이다. 영국에선 거의 누구도 이러한 믿음에 공개적으로 이의를 제기하는 사람은 없다. 정치인들 중 내가 지난 14년간 그토록 넘쳐날 정도로 보아 온 강렬한 악 —— 폭력, 강간, 협박, 학대, 약물 중독, 방치 —— 을 가능하게 하는 공적 보조의 축소를 요구하는 용기를 가진 사람은 없었다. 영국 어린아이의 40% 가 사생아이며 그 비율은 아직도 증가하고 있다. 예외적이라기보다는 정상적인 것이 되어버린 이혼과 함께 조만간 추세를 역전시킬 수 있는 선거구 지지자는 존재하지 않을 것이다. 추세를 역전시킬 필요가 있다는 사실을 알고 있는 사람들이라 해도 추세를 역전시킬 수 있는 방도를 주장하는 것은 이미 자살적 선거 전략이 되리라는 사실을 분명히 알고 있다.

그들이 옳다고 생각하지는 않는다. 그들은 용기가 부족한 것이다. 지난 14년간 유일하게 낙관할 수 있는 근거는 몇 가지 예외가 있긴 하지만 나의 환자들이 내가 말하는 것의 진실을 알 수 있게 할 수 있다는 사실이었다. 즉 그들은 우울증에 걸린 것이 아니라 불행하다는 사실이다. 그리고 그들은 하지 말았어야 할 방식으로 살기로 선택했기 때문에 불행하며 그 같은 삶 속에선 행복해지는 것은 불가능하다. 그들은 한결같이 자기 아이들은 자신들처럼 살지 않았으면 좋겠다고 말한다. 하지만 사회, 경제, 이데올로기적 압력은 그들 아이들의 선택도 그들 못지않게 좋지 않게 만들고 있다.

영국을 압도하고 있는 계속된 사회적 재난, 그 완전한 사회 · 경제적 결과가 아직도 분명하게 드러나지 않은 재난은 궁극적으로 지적, 정치적 엘리트들의 도덕적 비겁함 때문이다. 급격한 경제적 침체는 연이은 자유주의적인 정부 정책들이 사회를 얼마나 원자화시켰는지를 드러내고 있다. 결국 어려운 시기에 보호막이 되었던 가족과 공동체 내의 모든 사회 연대는 파괴되고 있다. 엘리트들은 일어나고 있는 일들이 아무리 명백하다 하더라도 그 일들에 대해 인정조차 할 수 없다. 현실을 인정하게 되면 현실에 대해 과거에 저질렀던 자신들의 책임을 인정하게 되고 그렇게 되면 기분이 상하게 되기 때문이다. 스스로의 기분이 상하는 것보다는 수백만이 불행하고 비참하게 사는 것이 더 낳은 것이다 —— 악의 천박성의 또 다른 측면. 게다가 엘리트 구성원들은 자신들의 이데올로기적 자유주의 때문에 사회적 재난이 일어났다고 인정하면 자기들의 행동을 제한 받게 될 것이라 느낀다. 자신이 주저하는 것을 다른 사람에게 요구할 수는 없기 때문이다.

분명 황야에서 외치며 자신이 다른 사람들 보다 더 멀리 그리고 더 예리하게 본다고 생각하는 사람이라고 느끼는 즐거움이 존재하긴 하지만 그런 사람들은 세월이 지나면서 그 수가 점점 더 적어지고 있다. 나는 황야에 대한 매력을 잃었다.

나는 떠난다. 나는 선을 희망한다.

2004

위험에 대한 취향

최근 뉴욕을 방문했을 때 눈에 띄게 풍요롭고 우아한 매디슨 애버뉴에서 벗어나 뉴지엄 Newseum에서 '레퀴엠 Requiem' 이라는 제목의 사진 전시회를 관람했다. 이스트 에버뉴가 위쪽의 상점, 화랑, 부티크들은 상당한 즐거움을 주었다. 하지만 아무리 아름답게 디자인되고 세련되게 만들어져도 실크 타이를 보는 것은 곧 지루하게 느껴졌고 나는 '진창에 대한 향수 nostalgie de la boue' 로 몹시 고통스러워지기 시작했다. 너무 오랫동안 하층민 인생의 어두운 삶을 탐구해왔기 때문에 몇 시간도 밝은 상층 사회에 만족할 수 없었다.

'레퀴엠' 은 베트남 전쟁 시 그곳에서 목숨을 잃은 사진작가들이 베트남 전쟁을 찍은 사진 전시회였다. 때문에 전시회는 통렬한 어떤 것을 느끼게 했다. 전시된 사진들 중 일부는 사진작가가 죽기 직전에 찍은 마지막 필름이거나 그들이 죽기 직전 마지막으로 보았던 장면들이었다. 오랫동안 섬세하고 세련된 문명을 확신하게 하는 비할 수 없는 아름다움을 배경으로 용기, 비겁함, 잔인성, 고문, 고통, 변절, 동지애, 테러, 죽음, 파괴, 위로할 수 없는 슬픔을 담은 전시회 사진에 깊이 반응할 수 없을 만큼 지적으로 무감각하고 감정적인 반응이 일어나지 않았다. '특히' 실패한 작전에서 전우가 시신이 되어 귀환한 후 흐느끼는 항공기 기장, 심문자에게 머리칼을 움켜잡혀 강에 머리가 처박힌 채 심문을 당하는 여인, 부상당한 병사를 소생시키려는 이미 늦어버린 인공호흡, 헬리콥터로 운송되는 죽은 병사의 윤곽이 보인다. 또한 크메르 루즈가 프놈펜에 입성할 때 AP에서 일하는 캄보디아 사진작가에게서 입수된 마지막 메시지 "우체국에 나만 남아 있다.……취재기사는 아주 많으며……나는 다소 전율을 느낀다.……아마도 오늘이 영원히 마지막 전보가 될 것이다"를 읽는다.

하지만 전시회의 첫 번째 사진은 전쟁이 일어나 전면전으로 확대되기 전의 인도지나의 풍경을 찍은 것이었다. 세계에서 더 평화로운 풍경이 있을까 싶었으며 나는 운이 좋게도 전쟁이 끝나고 몇 년 후 평화—— 적어도 표면적으론 —— 를 되찾은 인도지나를 여행할 수 있었다. 베트남은 당시 고립에서 벗어나고 있었지만 방문객은 거의 없었다. 후이 Hue에 있는 황실 무덤엔 나뿐이었다. 다른 사람들은 눈에 띠지 않았으며 완전히 정적 속에 묻혀 있었다. 그 같은 완벽한 평안을 다시 경험하기는 어려울 것이다. 건축물, 정원 그리고 풍경은 완벽한 조화를 이루고 있어 침묵과 고독 속에서만 제대로 감상할 수 있을 것 같았다.

물론 내가 나의 보잘 것 없는 직관으로 미학적 진실을 향유하고 있는 이곳은 수십만 명이 살해되었던 곳이다. 뜻하지 않게 나는 그것을 경험할 수 있는 기회의 창을 이용했던 것이다. 얼마 지나지 않아 분명 관광버스가 단체 여행에 수반되는 그 모든 추악함, 약탈과 함께 도착하기 시작할 것이다. 공자와 코카 콜라 간의 경쟁은 존재하지 않는다. 어쨌든 북쪽의 청교도적인 하노이 인민들은 거의 반세기만에 처음으로 천박한 즐거움을 공유하기 시작했다. 사설 시장 노점들이 막 허용되었고 댄스홀이 개장했으며 다시 아이스크림을 먹을 수 있게 되었다. 그토록 모진 역사를 겪은 이후에 사람들이 이런 사소한 것에서 얻는 순진한 즐거움은 사실 감동적이기까지 하다. 하지만 머지않은 미래에 소비사회의 달러화 유입 증가로 내가 후이에서 느꼈던 것과 같은 신비한 경험은 불가능하게 될 것이다.

나는 메리 맥카시가 1968년 갈등이 최고조에 이르고 있던 하노이를 방문하고 쓴『하노이 Hanoi』의 한 구절을 떠올렸다. 맥카시는 북베트남 총리 팜 반 동과 베트남 사람들의 삶의 '질'(그녀가 강조한 단어)에 대해 대화했다. 그녀는 "물질적 희소성은 일종의 행운으로 받아들여졌다……그(팜 반 동)는 우리의 자동차와 TV문화를 혐오스러울 정도로 재미없고 천박한 것이라고 말했다. 베트남인들의 윤리는 대나무, 자전거, 샌들, 밀짚모자와 같은 경쾌함과 신속한 유연성에 대한 생각으로 충만해 있다.…… 수다스럽다 할 정도의 경멸감으로……그는 사회주의적 소비사회라는 개념을 거부했다." 하노이의 기적을 좌창에 대한 사회주의의 승리로 인식하고 보도한 맥카시는 누구의 명령으로 혹은 어떤 도덕적 권위에서 팜 반 동이 소비사회를 거부하는지에 대해 물어 볼 생각을 하지 못했다.

내가 나의 미학적 · 문화적 취향과 많은 사람들이 선호하는 것 간에 긴장을 느끼는 만큼이나 나는 맥카시의 생각처럼 같은 생각을 가진 소수의 정치 독재로 문제가 해결될 수 있다고 생각지는 않는다. 대중적 비속성에 대한 해답은 속물근성의 지배나 밀짚모자와 샌들의 세계로 억지로 되돌아가는 것은 아니다. 어쨌든 저속함, 통속성 그리고 명백한 비열함이 그렇게 쉽게 승리하기 이전에 개개인이 역사상 그 어느 때보다 우리의 문화적 번영에 기여할 수 있는 기회가 있는데도 사람들이 이러한 기회에 부응해주기를 절박한 마음으로 기원해야 한다는 사실이 서글프다.

베트남 전쟁 사진 전시회와 관련해 미학을 말하는 것이 이상할 수도 있지만 사진들이 인도지나의 평화로운 풍경에서 전쟁이라는 끔찍한 사건으로 진행되고 있을 때 사진작가들은 분명 일종의 유미주의자다. 주위에 널려 있는 죽음과 공포를 보고 느끼면서도 그들은 사진의 구도를 염두에 두고 있다. 그들의 사진은 자기도 모르게 누른 셔터를 통해 찍혀진 것이 아니라 흔히 재기 넘친 재능으로 구도를 잡아 찍은 것이다. 초점이 제대로 맞지 않은 카메라로 이처럼 충격적인 이미지들을 찍어낼 수는 없다.

어떤 사람이 이런 장면들 —— 흩어져 있는 시체들, 거꾸로 매달아 고문하는 심문, 치명적인 부상으로 진흙탕에서 죽어가고 있는 남자, 지뢰를 밟아 목이 날카로운 것에 베어 자신이 흘린 핏물로 뒤덮인 채 종부성사를 하고 있는 여성 특파원 디키 샤펠 —— 을 목격할 수 있었을까? 어떤 사람이 이런 장면들을 목격하면서도 구도에 대해 고민하는 것일까? 이는 결함이 있는 감수성, 인간의 고통에 대한 거의 정신병질적인 무관심에 대한 증거가 아닐까?

아니. '레퀴엠' 전시회 사진에 비하면 별것 아닌 소규모이긴 하지만 나도 끔찍한 장면을 목격했었다. 예를 들어 몬로비아의 어떤 교회에선 내전을 피해 피신해 있던 600명의 주민이 독재자의 군대에 의해 잔인하게 학살당했고 바닥에 말라붙은 핏자국에서 희생자들의 몸의 윤곽을 볼 수 있었다. 또한 반정부 게릴라 단체인 '빛나는 길 Shinning Path'이 다른 페루인들의 정당한 투표권 행사를 막기 위해 살해한 아야쿠초 Ayacucho의 불쌍한 페루인들의 시체. 그들은 얼굴 가죽이 벗겨진 채 미끈거리는 반투명체의 눈알만 드러나 있었다. 그리고 나도 앵글, 빛, 구도를 걱정하면서 사진을 찍었다.

나는 내가 직접 본 것을 다른 사람에게 전해야 하며 구도가 잡히지 않는 나쁜 사진은 공개되지 않을 것이라는 강박관념에 사로잡혀 있었다. 따라서 나의 미학적 관심사는 내 입장에서 어떤 감정 결핍의 징후가 아니라 오히려 나의 느낌의 강도와 성격을 나타낸다. 어쨌든 나는 스스로에게 그렇게 되뇌었다. 물론 고통을 세상에 알리고 싶다는 욕망은 정보 전달자를 그 같은 고통, 심지어 자신의 고통과도 감정적으로 거리를 두게 한다. 하지만 정신병질적 범죄자가 자신을 희생자와 거리를 두게 하는 방식은 아니며 같은 목적도 아니다. 참상을 카메라에 담는 사진작가들은 의사와 비슷하다. 그들은 자신이 어떤 비극을 접할 때마다 도덕적인 붕괴로 고통받지는 않는다.

부상당한 외과의는 병든 부분을
찾아 칼을 움직인다.
우리는 피 흘리는 손아래서
치료자 솜씨의 날카로운 열정이
열병 병력의 수수께끼를 해결하는 것을 느낀다.

비극에 대한 반응의 깊이를 길이, 크기 혹은 탄식의 강렬함에 비례한다고 생각하는 사람은 감상주의자에 불과하다.

하지만 동기가 순수한 경우는 드물며 결코 단순하지 않다. 135명의 사진작가들이 베트남 전쟁에서 죽은 것으로 알려졌다. 그들 중 41명은 전쟁의 정신적 외상이나 위험에 스스로를 노출시키지 않고 평화롭고 번영되고 더할 나위 없는 명예를 누리며 편안하게 살아갈 수 있는 나라에서 온 사람들이었다. 그들은 자신들이 감수해야 할 위험을 알고 있었으며(그들이 어떻게 몰랐을 수 있겠는가?) 그들 중 많은 사람이 항시 생명의 위협을 느끼는 더 먼 의무적인 여행에서 되돌아왔다. 하지만 그들은 전쟁에서 멀어지면 점차 편히 잠들 수 없게 되고 지루해하며 불만을 느끼게 된다. 찬사를 보낼 만도 하지만 나는 벌어지고 있는 일들을 동료 시민들에게 전하려는 욕망이 거의 자멸적인 그들의 비상한 행동에 대한 만족할만한 답변이라고 생각하지는 않는다. 이들 사진작가들은 전쟁을 증오하지만 전쟁을 사랑하기도 한다. 그들은 전쟁에서 삶의 의미를 찾는다. 가장 만족스러운 삶을 영위하고 있는 사람들도 때로 의문을 갖게 되는 삶의 의미라는 성가신 문제에서 일시적으로나마 벗어날 수 있기 때문이다. 대표적인 고전 경험론자인 버클리가 의문을 제기했던 외부 세계의 현실을 입증하기 위해 사무엘 존슨은 전통적인 것을 타파했다. 마찬가지로 이 사진작가들은 전쟁터로 감으로써 따분한 가정의 일상보다 인생에 더 중요한 것이 존재한다는 사실을 입증했다. 베트남 전쟁은 가장 큰 자아를 위해 자신을 잊을 정도로 컸으며 목표 없는 삶에 목적을 부여할 만큼 큰 것이었다.

나는 이러한 정신 상태를 아주 잘 이해하고 있다. 다시 말해서 위험의 비할 데 없는 매력을 알고 있다. 물론 이 전시회의 사진작가들 중 한 명이 제시하고 있는 것처럼 따분해하는 모국의 독자들에게 공습이라는 더 놀라운 사진을 제공하기 위해 전투 지역에서 비행기 날개에 매달리는 짓은 해본 적이 없다. 하지만 품위 있는 직업을 가진 평범하면서도 모양새 있는 영국 중산계급의 아들인 나는 몇 차례 평범하지 않은 상황을 경험하기로 자청했었다. 인종차별 법안을 위반했다는 이유로 남아프리카 비밀경찰에 쫓겼던 적도 있었고, 체포당해 발칸 반도의 경찰서 내부를 볼 기회도 있었으며, 공산주의자라는 명목으로 온두라스에서 니카라과로 추방당하기도 했다. 또한 정부군 병사를 차에 태웠다는 이유로 살바도르 게릴라의 목표가 되기도 했고, 동 티모르에선 지하활동을 했으며, 몇몇 내전지역을 여행하기도 했다. 도와줄 사람의 손길이 전혀 미치지 않는 곳에 있는 것보다 더 유쾌한 일은 거의 없다. 물론 그 위험한 상황이 강제된 것이 아니라 자유롭게 선택되었으며 흥분이 가라앉고 위험이 압도적인 것이 되었을 때 되돌아갈 안전한 곳이 존재한다는 가정하에서 말이다. 하지만 이런 조건들이 충족된 경우라 하더라도 나는 내가 직접 경험했던 것을 기술하고 있을 뿐이다. 다시 말해서 나는 다른 사람이 경험해야 할 일들을 규정하지는 못한다. 그리고 많은 사람들의 기준으로 나의 취향이 특이하고 잘못되기까지 한 것이라는 사실을 기꺼이 인정한다.

당연히 나는 저당 잡힌 평범한 일상, 규칙적인 생활, 전적으로 유쾌할 수만은 없는 슈퍼마켓 쇼핑을 하고 있는 나 자신을 발견하곤 한다. 그리고 인구의 절반이 추방되고 사회기반 시설이 완전히 파괴된 나라에서 되돌아와 비 오는 날은 택시 잡기가 어렵다거나 우편배달이 지연되는 것에 대해 불평하는 소리를 들을 때 나는 쉽게 오만해진다. 위험한 상황에서 너무 오래 살거나 자주 마주할 때의 문제는 사람들이 지키고 싶어하는 존재의 실재적인 내용에 개의치 않게 된다는 것이다. 위험은 일상적인 수많은 문제를 다룰 필요나 중요하지 않은 무수히 많은 사소한 선택을 할 필요를 하찮게 여기도록 만든다. 위험은 존재를 단순화시키고 따라서 많은 걱정들을 경감시켜 준다 —— 다시 강제된 것이 아니라 선택했을 경우에.

첫 인상처럼 나의 취향들이 특별하다거나 극단적인 것은 아니다. 나보다 위험의 스릴을 훨씬 더 갈망하는 많은 사람들을 만나왔다. 그들에게 위험은 내성이 강화된 마약과 같은 것이다. 따라서 똑같은 효과를 경험하기 위해 훨씬 많은 양을 복용하고 싶어하게 된다. 산살바도르 —— 당시 도시에선 매일 폭탄이 터지고 있었고 기관총으로 무장한 사람들이 미심쩍어 하는 표정으로 모든 상점, 공원 그리고 중산층 집을 지키고 있었으며 산 중턱의 게릴라들이 언제든 최후의 공격을 할 것으로 예상되고 있었다 —— 에서의 길들여진 도시 생활이 지루하며 시골에서 일어나고 있는 네이팜탄과 총격전 같은 진짜 교전을 열망한다고 말하는 미국인 사진작가가 기억난다. 그는 총탄이 날아드는 가운데서만 내적 평화를 느낄 수 있다고 말했다. 산살바도르를 사랑하지만 이 나라에 대한 그의 헌신은 전쟁에 골몰해 있는 것이다. 유감스럽게도 평화가 찾아오면 그는 사진을 찍기 위해 또 다른 분쟁지역을 찾게 될 것이다.

분명 극단적이고 최종적인 경우이긴 하지만 나는 매일 더 온화한 형태의 병폐를 마주하게 된다. 나의 환자들 중 조용하고 유용하며 꽤 괜찮은 윤택한 생활을 할 수 있는 기회를 가진 무수히 많은 사람들이 평온한 삶 대신 혼란스러운 삶을 선택해 분명 폭력적이거나 육체적으로 위험하지는 않더라도 재정적 손실과 잠 못 이루는 밤이 이어지게 될 극적이고 흥분되는 삶을 선택했다. 그들은 이혼을 하고 불행한 관계를 맺고 망상을 쫓아 비참한 결말이 충분히 예상되는 방식으로 행동한다. 불 속으로 날아드는 나방처럼 재난을 자초한다. 많은 사람들이 나에게 말한 것처럼 그들은 권태보다는 재난을 더 좋아한다.

자신의 일에 만족하지 못하고 지적 혹은 문화적 관심을 갖고 있지 않은 사람들과 그들의 추잡한 감정이 교육이나 문명화된 관습을 고수함으로써 순화되지 못한 사람들은 특히 가정의 혼란과 무질서를 대가로 하는 혼란을 추구하기 쉽다. 예들 들어 실업이 계속되면 흔히 〈위험한 관계 Les Liaisons Dangereuses〉에서 묘사되고 있는 노골적이고 폭력적인 버전으로 귀결된다. 구체제하의 프랑스 귀족들처럼 그들은 사회보장 덕분에 생계비를 벌어야 할 절실함을 느끼지 못한다. 그리고 시간이 남아돌아 주체하지 못하는 그들의 개인적 관계들이 유일한 오락이다. 따라서 이러한 관계들은 강렬하면서도 피상적이다. 점차 잠식해 오는 권태의 회피 이상으로 그들에겐 더 깊이 있는 어떤 상호적인 관심이 존재하지 않기 때문이다.

하지만 인간의 자기 파괴적인 형태가 어떤 사회 계급이나 집단에 한정된 것은 아니다. 고귀하고 많은 방식에서 경탄할만한 19세기 말의 러시아 작가 V. G. 코롤렌코는 일찍이 새가 날기 위해 태어난 것처럼 인간은 행복하기 위해 태어났다고 기록하고 있다. 한마디 더 덧붙이자면 겁쟁이가 영웅적 행위를 위해 태어난다면 말이다. 사실 인간의 본성을 더 부정확하게 요약하기도 힘들 것이다. 하지만 사회 이론가들은 흔히 인간 존재는 자신들이 인생에서 원하는 것을 분명하게 알고 있으며 더욱이 마치 자신이 원하는 것을 얻도록 디자인된 합리적인 계산기인 것처럼 행동한다고 가정하고 있다. 행복을 추구한다고 주장하지만 불가 피하게 불행에 이르게 되는 길을 자유롭게 선택하는 사람들을 얼마나 많이 보아 왔던가?

'레퀴엠'에서 전시된 사진의 사진작가들은 분명 자신들이 보고 했던 일들 때문에 공포에 질려 매혹되고 몸서리치며 흥분하고 소진되면서 힘을 얻는다. 죄악과 싸운 사람이 죄악의 패배에 거의 전적으로 만족할 수 없는 것처럼(이후로 그는 무엇을 위해 싸울 것인가?) 반전 운동가들 —— 우리가 이 사진작가들을 생각하고 있듯이 —— 은 표면적인 적을 자신 처럼 사랑하게 된다. 리처드 3세처럼 사진작가들은 평화라는 허약한 태 평성세를 한탄하고 평화로운 세월의 한가한 즐거움을 증오하게 될 것이 다. '레퀴엠'에 전시된 사진의 사진작가들에게 평화와 마음의 평화는 동의어가 아니라 거의 반의어가 된다.

나는 어릴 때 인생이 평안할 수 있는 기회가 있다 하더라도 사람들 이 흔히 그것을 거부하고 대신 고통을 선택한다는 사실을 배웠다. 스트 린드베리2)의 즉흥 연극 공연처럼 부모님은 가장 절망적인 대립으로 불 행한 삶을 선택했으며 스스로 가정이라는 일종의 작은 지옥을 만들어 냈다. 부모님이 행복하지 못하셨던 이유는 부모님 자신 이외에 외부적

---

2) Johan August Strindberg 1849~1912

스웨덴 극작가 · 소설가. 스톡홀름 출생. 13세에 어머니를 잃고 가세가 기울기 시작하여 불우한 가정환경 속에서 그의 생애를 일관하였던 반항적 기질이 싹텄다. 여자에 대해 격렬한 애정과 증오 사이에서 방황한 그는 3번의 이혼으로 대중에게는 여성증오자로서 인식되었고, 강한 계급의식을 가졌지만 실천과는 거리 가 먼 유토피아적인 것이었다.

인 이유는 없었다. 부모님은 관대한 정부의 통치를 받으며 윤택한 생활을 할 수 있었다. 부모님은 함께 사셨지만 부모님과 함께 살았던 18년 동안 적어도 하루에 한번은 함께 식사하면서도 내가 있을 때 부모님이 대화를 나누는 것을 한번도 들어 본 적이 없었다. 어렸을 때 어머니께서 아버지에게 큰 소리로 "당신은 사악한, 정말 사악한 인간이야"라고 외치는 소리 때문에 잠에서 깨었다. 그것이 내가 들었던 부모님이 주고받았던 유일한 대화였다. 그것은 눈부시지만 분명하지 않은 캄캄한 밤의 번개 같았다. 이후로 부모님의 침묵은 아주 미묘한 차이를 띠며 분노, 공격, 상처받은 순결, 격분, 도덕적 우월성, 그리고 인간의 정신이 할 수 있는 다른 모든 부정직한 사소한 감정들을 표현하고 있었다. 부모님은 아버지께서 돌아가실 때까지 불합리하고 스스로 과장한 내전을 계속하셨다. 당시 어머니와 오래전에 헤어졌던 아버지께서는 병상에서 "네 어머니가 원한다면 와도 좋다고 말씀드려라"라고 말씀하셨고 어머니는 "네 아버지가 요청하면 가겠다고 말씀드려라"라고 답변하셨다. 부모님은 자신의 원칙을 고수하셨고 결국 만나지 못했다. 평생 싸우셨는데 그깟 죽음이 대수이겠는가?

오랫동안 나는 나만큼 불행한 아이가 있을까? 하는 식의 자기 연민에 빠져 있었다. 나는 스스로에게 가장 깊고 진실한 동정을 느꼈다. 그리고 나서 점차적으로 내가 받은 교육은 부모님의 개인적 삶의 야비한 하찮음을 되풀이할 어떤 필요나 구실에서 벗어나게 했다는 사실이 분명해지기 시작했다. 과거가 운명은 아니며 과거가 자기의 운명인 척하는 것은 이기적이다. 이후로 나는 불행하다면 그것은 나의 잘못이라고 생각했으며 사소한 가정불화로 나의 본질을 낭비하지 않겠다고 맹세했다.

당시는 베트남 전쟁이 벌어지고 있는 시기였다. '레퀴엠'에서 전시되고 있는 것과 같은 사진은 무비판적이고 오만한 젊은이들에겐 서구 문명의 거짓, 위선, 숨겨졌지만 늘 바탕에 깔려있는 폭력성을 폭로하는 것처럼 보였다. 글래스고우 출신의 정신과 의사 R. D. 레잉[3]의 시대였다. 그의 주장에 따르면 정신이상의 세계에선 정신이상자가 정상이며 반면 정상인은 사실상 정신이상자이다. 가족은 사회가 이어지고 그 집단적 광기를 영속화시키는 도구다. 또한 케임브리지 사회인류학자인 에드먼드 리치[4]는 BBC 방송의 연속 강연에서 핵가족이 인간 존재의 비극의 일부가 아니라 전적인 책임이 있다고 말했다. (폴 포트는 불과 수년 전 사라졌다.)

분명한 이유로 나는 가정생활이나 부르주아적 존재의 상상적 즐거움에 대한 준비가 전혀 되어 있지 않았고 따라서 터무니없는 생각 전체의 일부를 그대로 받아들였다. 사진작가들처럼 나는 나의 개인적 불만의 원천이라고 생각한 것으로부터 간절히 벗어나고 싶었을 뿐이다. 하지만 오래 계속되지는 않았다. 곧 나의 개인적 성장과정의 특성이 그것을 통해 세계를 판단할 정도로 믿을만한 프리즘은 아니라는 사실을 깨닫게 되었기 때문이다. 나는 가족을 갖는 것보다 유일하게 더 나쁜 것은 가족을 갖지 않는 것이라는 사실을 알게 되었다. 인간 정신의 발전에 정

---

3) Ronald David Laing 1927~
영국의 정신과의사. 종래의 의학적 질병관에 입각한 정신의학을 부정하고, 사회적 · 정치적으로 짜인 틀 속에서 정신장애가 조성된다고 하는, 〈반(反)정신의학〉의 이론가이다.

4) Edmund Leach 1910~1989
영국 사회인류학자. 케임브리지대학에서 공학을 전공했고 런던대학의 B.K. 말리노프스키 밑에서 인류학을 공부했다. 영국 인류학에 이론과 민족지(民族誌)의 근원으로 돌아가 인류학에 대한 재고를 실천해, 현대 사회인류학의 전영역에 걸쳐 끊임없이 문제를 제기했다.

반대되는 비열한 것으로서의 부르주아적 덕목에 대한 나의 거부는 부르주아적 덕목들이 아주 부재한 상황과 접촉하면서 오래 유지되지 못했다. 그리고 어린 시절과 관련된 모든 것에 대한 거부는 어린 시절에서 벗어나는 것이 아니라 어린 시절에 감금되는 것이었다.

부르주아적 미덕이 바람직할 뿐 아니라 흔히 영웅적이기까지 하다는 사실을 처음으로 알게 된 곳은 아프리카에서였다. 나는 지금은 짐바브웨가 된 당시의 로디지아의 한 병원에서 일하고 있었다. 나는 당시 모든 것이 변할 때까지 세상에서 변할 수 있는 것은 아무 것도 없다는 풋내기 젊은이의 견해 —— 근본적으로 나태한 —— 를 갖고 있었다. 그런 견해로 보자면 누구도 더 이상 선해질 필요가 없게 되는 상황에서 사회 제도가 나타나게 될 것이다. 내가 일하는 병동의 수간호사인 한 흑인 여성이 흑인 거주지역에 있는 자신의 집으로 식사초대를 했다. 당시 그곳에서 백인과 흑인 사이의 사회적 접촉은 사실상 불법은 아니지만 일반적인 일도 아니었다.

그녀는 멋지고, 친절하며 근면한 여자였다. 그녀는 수천 채의 조립식으로 똑같이 만들어진 오두막집만한 작은 목조 단층집에서 살고 있었다. 흑인 거주 지역에서의 폭력 수위는 강도가 심했으며 토요일 밤 내가 근무하는 병원 응급실 바닥은 늘 피에 젖어 미끄러웠다.

미래를 기약할 수 없는 환경 속에서도 그 간호사는 자신과 나이든 어머니를 위해 아주 안락하고 심지어 멋지기까지 한 집을 만들어냈다. 작은 정원은 나무 그늘진 휴식 장소 같았고 집안은 싸구려이긴 하지만 먼지 하나 없이 깔끔하게 정돈된 가구들이 비치되어 있었다. 제한된 수단으로 안락한 보금자리를 만들기 위해 애쓰는 사람들의 취향을 다시는 비웃지 않게 되었다.

혹인 거주지역에서 주위를 돌아보며 나는 매일 병원에서 보는 것처럼 얼룩 한 점 없는 깨끗한 그녀의 흰색 간호복은 불합리한 물신이나 아프리카인의 삶에 대해 외국의 문화적 기준을 잔인하게 강요한 것이 아니라 인간 정신의 고귀한 승리 —— 사실상 집에 대한 그녀의 애정 어린 관리처럼 —— 를 나타낸다는 사실을 알게 되었다. 품위를 지키려는 그녀의 노력에 비해 부르주아적 교양과 체면에 대한 나의 거부는 이후로 천박하고 경솔하며 미숙한 것으로 여겨졌다. 당시까지 진짜 고생을 모르고 살았던 대부분의 내 또래 세대처럼 나는 꾀죄죄한 모습이 부르주아적 삶의 피상성과 물질주의에 대한 거부를 드러내는 정신적 우월성의 상징이었다. 하지만 그때부터 나는 적어도 공적으로 다른 식으로 차려입을 수 있는 지위에 있는 사람들이 헤지고 찢어져 지저분해진 옷을 의도적으로 입고 있는 것을 목격할 때 심한 역겨움을 느끼지 않을 수 없었다. 그것은 가난한 사람과의 연대의 상징이라기보다는 가난한 사람들에 대한 잘못된 조롱이자 우리가 따뜻하고 깨끗하며 잘 먹고 삶에서 더 낳은 것을 즐길 수 있을 정도의 여가를 가능하게 해 주기 위해 노력했던 우리 선조의 무덤에 침을 뱉는 짓이다.

분명 많은 중산층 급진주의자들처럼 젊은 시절의 사소한 좌절에 근거해 존재하고 있는 것을 거부하는 것은 아주 이기적인 짓이다. 이러한 충동이 의식적으로 거부되지 않는다면 평생 마치 감정이 확실한 지침이 되기라도 하듯이 정책의 옳고 그름을 정책에 대한 개인적 감정의 반응에 따라 판단하게 되는 경향이 있다. 『하워즈 엔드』의 끝에서 E. M. 포스터[5]의 자기 독자들에 대한 수수께끼 같은 권고는 단지 관련되어 있을 뿐이라는 것이다. 즉 나는 단지 상대적인 것에 불과하다는 권고를 더 좋아한다. 그렇게 되면 어떤 사람의 추정된 고통은 결국 그다지 크지 않으며 추정된 고통이 존재하는 세계나 당위의 세계에 대한 특별한 통찰력을 부여하는 것도 아니다.

하지만 감정적 반응의 중요성에 대한 과대평가는 아주 널리 퍼져있다. 그것은 '레퀴엠' 전시회를 방문한 관람객들이 기록한 관람평에서 찾아볼 수 있다. 한두 마디 이상을 기록한 대부분의 관람객들은 사진에 대한 개인적 반응으로 자신들이 전쟁 자체에 대해, 사실상 모든 전쟁에 대해 판단을 내리기에 충분했다고 생각하고 있다. 전쟁의 정당성이나 그 반대의 것은 사진만으로 판단될 수 없으며 그 같은 판단을 하기 위해선 훨씬 더 많은 정보를 필요로 한다는 생각은 누구도 하지 않는 것처럼 보였다. 그 같은 사진들이 2차 세계 대전 중 연합국 군인이나 시민들에게 공개되었다면 어떤 다른 정보가 없는 상황에서 그들은 나치즘에 저항하는 것이 잘못이라는 증거로 받아들였을 것이다.

제대로 된 사색을 통해 이끌려지지 않은 감정이 거의 내용 없는 헛소리로 귀결되는 것은 당연한 수순이다. 아이러니하게도 그 같은 상황에서 진정한 감정은 제대로 표현될 수 없다. 전시회를 방문했던 어떤 사람은 "몹시 가슴 아픈 것은 우리 인간이 아직도 서로를 죽이며 이런 전쟁을 계속하고 있다는 사실이다. 우리는 우리의 무기를 쟁기로 만들고

---

5) Edward Morgan Forster 1879~1970
영국 작가. 늘 객관적으로 세상을 묘사, 선과 악의 끝없는 대결을 테마로 현실사회의 모순을 초월한 피안(彼岸)의 조화를 희구하면서, "소설가의 임무는 인간에게 숨겨진 생명의 원천을 발견하는 것"이라 주장하였다. 인간관계에서 궁극적인 신뢰와 자유주의에 기반을 두었으며, 공정한 문명비평가로서 신세대의 환영을 받았다.

평화를 배워야 한다"라고 쓰고 있다. 이런 식의 감상이 내내 이어지고 있으며 그것은 사색을 감정과 결부시키는 것을 목적으로 하면서 두 가지 모두를 결여하고 있다. 어떤 이탈리아인의 관람평은 이러한 부정직한 어두움 속에서 진실의 횃불처럼 두드러져 보인다. "E molto emocionante. Se non fosse la guerra, che cosa farebbero i reporter?"

매우 감동적이다. 전쟁이 없었더라면 저널리스트들은 무엇을 하게 될까?

1998

셰익스피어가 불멸인 이유[6]

10년 전 정신과 의사인 피터 크레이머는 『프로작에게 듣는다 Listening to Prozac』라는 책을 출간했다. 이 책에서 그는 신경화학에 대한 이해가 곧 취향에 따라 성격을 디자인할 —— 그리고 분명 변화시킬 —— 수 있을 정도로 진보했다고 주장하고 있다. 이제부터 불안은 더 이상 존재하지 않게 될 것이다. 그가 자신의 주장의 근거로 삼고 있는 것은 단지 우울증에서 회복되었을 뿐 아니라 새롭게 더 나아진 성격으로 나타난 소위 기적의 약을 복용한 사람들의 사례 연구였다.

하지만 수백만 명에게 처방된 소위 기적의 약은 인간의 불행이나 삶의 혼란 총량을 두드러지게 감소시키지는 못했다. 더할 나위 없는 행복의 황금시대는 도래하지 않고 있으며 모든 질병을 알약 하나로 해결할 수 있는 날은 언제나 그렇듯 아직 요원하기만 하다.

셰익스피어의 작품을 읽어 본 독자들은 그 같은 실망스러운 사실에 놀라지 않는다. 맥베스가 의사에게 다음과 같이 질문할 때

6) 이 칼럼의 『맥베스』 인용문은 모두 2004년에 민음사에서 출판된 세계문학전집 99 『맥베스』 최종철역, 을 인용했습니다.

전의는 마음 아픈 사람에게 약을 주어

기억 속에 뿌리박힌 슬픔을 뽑아내고

뇌수에 각인된 고통을 지우며

감미로운 망각의 해독제를 사용하여

왕비의 심장을 짓누르는 위험한 것들을

답답한 가슴에서 못 씻는가?

의사는 "그 일은/ 환자가 스스로 해야만 합니다"라고 간결하게 답변한다.

매일 서너 명의 환자들이 스스로에 대해 나에게 맥베스와 같은 질문 —— 물론 맥베스보다는 덜 고상한 언어로 —— 을 던지며 분명한 답변을 기대한다. 하지만 신경화학에 대해 생각조차 못하고 소위 우리가 우리 자신에 대해 새롭게 더 잘 이해하게 할 수 있는 정보를 제공해 준다는 신경과학의 어떤 진보보다도 앞서 4백 년 전 셰익스피어는 우리가 점차 인정하기 싫어하는 어떤 것을 알고 있었다. 즉 인간성의 문제가 과학적으로 결정될 수 없다는 사실이다.

셰익스피어는 인간성의 문제들은 근본적으로 해결할 수 없을 정도로 우리의 본성에 깊이 뿌리내려 있다는 사실을 알고 있었다. 그는 그 이후로 필적할 수 없는 특징을 가진 등장인물들을 통해 인간의 본성을 세분화하고 있다. 이것이 우리 현대인들이 매번 그의 작품에서 자문을 구하고 우리 자신의 핵심적인 신비에 대해 더 깊은 통찰력을 얻게 되는 이유이다.

그의 비극들 중 가장 짧은 희곡인 『맥베스』를 예로 들어 보자. 이 희곡은 윤리적으로 절제되지 않을 때 야망이 이끌리게 되는 악 그리고 일단 악의 과정이 시작되는 악의 논리, 야망에 대한 연구이다. 야망과 악은 인간 본성의 주요한 부분들이다. 따라서『맥베스』를 이해하려면 인간적이 되어야 한다. 희곡을 면밀히 살펴보면 인간에 대해 지난 200년간의 그 어떤 철학, 사회학, 범죄학, 생물학 저서보다도 심오한 평가를 내릴 수 있을 것이다. 통계학을 통해 우리 자신에 대해 더 잘 알게 될 수는 없으며 마찬가지로 인간 게놈 해명이 셰익스피어의 작품들을 불필요하게 하지는 않을 것이다. DNA의 이중 나선 구조를 밝혀내게 되면 인간에 대해 완전하게 이해할 수 있다고 생각하는 사람들은 환상에 빠져 스스로를 인간 이해의 진보가 아니라 분명한 퇴보로 운명지어 인간 존재로서의 성장을 방해하게 된다.

셰익스피어의 작품들은 현대를 살아가는데 어떤 통찰력도 제공하지 못한다고 말할 수도 있을 것이다. 예를 들어『수용소 군도』에서 알렉산드르 솔제니친은 셰익스피어의 작품들에서 악행을 저지르는 인물들, 그중에서도 특히 맥베스는 이데올로기를 갖고 있지 않았기 때문에 겨우 10여명을 살해하는데 그쳤다고 언급하고 있다. 다시 말해서 피로 물든 20세기 전체주의 독재자의 기준으로 볼 때 셰익스피어의 작품에 등장하는 인물들은 대수롭지 않은 범죄자들에 불과하다. (솔제니친에 따르면) "악행을 오랫동안 정당화하고 악행을 저지른 사람들에게 필수적인 확고부동한 결단을 제공하는 것"은 이데올로기이기 때문이다. 홀로코스트와 굴락의 격변과 비교할 때 셰익스피어 작품의 모든 주제들은 사소한 것으로 치부할 수 있기 때문에 결국『맥베스』같은 비극은 최근 우리의 역사와 관련해 제한적 의미만을 갖게 된다.

솔제니친만 그런 견해를 가졌던 것은 아니다. 사실 어떤 러시아 시인은 굴락에서 쓴 연작시에서 셰익스피어의 비극들을 "헛소리에 불과한" —— 전례 없는 소련의 악의 본질을 강조하기 위해 상투적으로 수없이 반복한 관용구 —— 것으로 냉소적으로 언급하고 있다. 독일 철학자이자 사회 이론가인 테오도르 아도르노가 아우슈비츠 이후 더 이상 시는 존재할 수 없다고 말했던 것처럼 러시아인들은 굴락 이후 더 이상 『맥베스』는 존재할 수 없다고 말했다.

잘못된 주장이다. 대량학살과 인종말살이 늘 이데올로기를 근거로 한 것은 아니었다. 몽골의 유럽인 학살이 이데올로기 때문이었던가? 르완다와 부룬디의 인종 갈등이 이데올로기적인 것인가? 또한 나는 의사 생활을 하면서 근본적인 악은 공식적인 이데올로기의 재가 없이 대규모로 존재할 수 있다는 사실을 전혀 의심하지 않는다. 많은 사람이 자신이 살고 있는 작은 세계의 맥베스이며 살해한 사람의 수로 악이 측정되는 것은 아니다.

러시아인들의 주장은 『맥베스』에서 야비한 음모와 살해당한 사람의 숫자를 희곡의 가장 중요한 측면 —— 무대에서 공연되는 연극을 보았지만 텍스트를 아주 세밀하게 연구하지 않은 상상력이 부족한 사람들에게서나 볼 수 있는 유형의 해석 —— 으로 받아들이고 있다. 솔제니친 —— 결국 20세기 악에 대한 위대한 전문가들 중 한 사람 —— 은 살해한 사람의 수에 대해서도 정확하지 않았다. 작품 속에서 죽거나 살인당한 사람의 수는 연극이 공연될 때마다 되풀이되기 때문이다. 맥더프가 잉글랜드로 피신한 합법적인 왕위 상속자 맬콤에게 맥베스를 전복시키려는 시도를 이끌어 줄 것을 타진하러 갔을 때 그는 다음과 같은 현실을 강조하고 있다.

> 아침마다
> 새 과부들 신음하고 새 고아들 울부짖고
> 새 슬픔이 하늘 치니 하늘은 스코틀랜드와
> 공감하듯 반향하며 비슷한 통곡이
> 되울려 퍼집니다.

셰익스피어는 맥베스의 권력에 대한 갈증의 직접적 결과로써 전체주의적 테러와 같은 어떤 것이 지배하고 있다는 사실을 분명히 하고 있다. 솔제니친이 바로 인정하게 될 것과 같은 분위기다. 상대적으로 맥베스 통치 초기 그의 악이 백일하에 드러나기 전 레녹스는 다음과 같이 말하고 있다.

> 용감한 뱅코는 너무 늦게 다녔는데
> (괜찮다면) 플리언스가 죽였다고 할 수 있죠,
> 도망쳤으니까. 너무 늦게 다니면 안 돼요.

독재정권은 정치적 살인을 전통적으로 살인을 피해 현장에서 도망친 사람들의 탓으로 돌린다. 그들이 죄가 없다면 책임도 없다. 그런데 그들은 왜 도망쳤는가? 레녹스의 말은 그 같은 독재정권하에서 무력하게 살아가야 하는 사람들의 신랄한 아이러니를 정확하게 포착하고 있다.

맥베스는 적이 될 수도 있는 사람들 —— 물론 살인이 자행될 때마다 더욱더 넓어져 가는 계층 —— 의 집에 스파이를 심어 놓았다고 자랑한다. "매수한 내 하인을 심어두지 않은 집은 하나도 없어요." 염탐이나 공포는 솔제니친의 주장처럼 저주받은 20세기의 발명품은 아니었으며 전제정치는 새롭게 발명된 것이 아니었다. 그것은 인간의 영혼 그 자체에서 계속 진행되고 있다.

셰익스피어는 솔제니친 못지않게 정치·경제체제에서 앞잡이 기관원들과 함정수사의 역할을 이해하고 있었다. 맥더프가 처음 맬컴의 지원을 요구했을 때 맬컴은 자신도 아주 많은 악덕의 소유자이기 때문에 자신이 맥베스에 대항하는데 적합한 지도자라는 사실을 부정한다. 악이 지배하는 곳에선 자신도 악인인 체하는 것이 최선이다. 하지만 마침내 맥더프가 믿을만하다는 확신이 들자 맬컴은 자기부정을 철회하고 자신이 왜 다음과 같은 기이한 방식으로 거짓말을 했는지 설명하고 있다.

> 악마 같은 맥베스가
> 갖가지 술책으로 자신의 손아귀에
> 날 넣으려 하였기에 적절히 현명하게
> 과신과 성급함을 자제했소.

맥더프가 귀족 로스에게 "스코틀랜드는 여전하오?"라고 묻자 그는 다음과 같이 대답한다.

> 아, 불쌍한 나라!
> 못 알아볼 지경이오. 어머니가 아니라

무덤이라 할 수밖에 없는 그곳에선

무지한 자 말고는 어떤 것도 웃지 않고

탄식과 신음과 대기 찢는 비명을 토해도

아무도 주목하지 않으며, 격렬한 슬픔은

흔해 빠진 감정 같소. 조종을 듣고도

누구인지 안 물으며, 착한 사람 목숨이

모자 위의 꽃보다 더 빨리 시들어

병들기도 이전에 죽습니다.

이 구절은 실로 소비에트 시대를 연상시키지 않는가?

다시 맬컴은 맥베스의 군대와 마지막 전투를 하려는 장군들에게 다음과 같이 연설한다.

여러분, 잠자리가 안전할 그날이

가깝다고 믿습니다.

맬컴은 맥베스의 지배에 불만을 가진 소수의 반체제 귀족 도당의 잠자리인 "우리들의 잠자리"라고 말하지 않는다. 그는 일반적인 "잠자리"라고 말하고 있다. 솔제니친이 언급한 이데올로기로 물든 전체주의 체제의 특징이 아닌가. 이데올로기로 물든 전체주의 체제에서 시민들은 집이나 침실에서도 자기 생각을 토로할 수 없을 정도로 안전하지 못하다. 다시 말해서 잠자리도 안전하지 않은 것이다. 셰익스피어가 알고 있었던 것처럼 동의 없는 지배는 테러 이데올로기를 수반하며 그것들

없이는 유지될 수 없다.

맥베스에게 이데올로기가 없었다는 솔제니친의 주장은 맞는 말이다. 맥베스는 한편으론 야심 때문에 다른 한편으로 아내에게 약하고 보잘것없는 남자로 보여지는 것에 대한 두려움 때문에 자극받는다. 맥베스의 행동에 어떤 철학적 혹은 정치적 정당화도 부여하지 않음으로써—— 예를 들어 맥베스가 제거한 왕이 전복시켜 마땅할 만큼 나쁜 사람이라고 주장할 수 없게 함으로써 또한 맥베스가 단 한순간도 조국과 민중의 행복을 위해 행동한 척 할 수 없게 함으로써 —— 셰익스피어는 바로 sub specie aeternitatis(영원한 모습으로)로 생각되는 인간의 본성을 직접적으로 파고든다. 셰익스피어는 물론 모든 사람이 특정 시대 특정 장소에서 살고 있다는 사실을 알고 있었다. 하지만 그의 주된 관심은 인간의 역사 속에서 우연히 일어난 일이 아니라 바로 인간 본성의 본질에 대한 것이었다. 사실 『맥베스』는 당시의 역사적인 상황을 에둘러 은유하고 있다. 예를 들어 뱅코는 제임스 1세의 선조로 믿어지고 있으며 따라서 마녀들이 뱅코에게 그는 왕이 아니지만 많은 왕들의 선조가 될 것이라고 말하는 장면은 당시 군림하고 있던 군주에 대한 일종의 아첨이었다. 하지만 그 같은 지엽적인 문제의 중요성은 주로 현학자들의 관심사일 뿐이다. 『맥베스』가 단지 제임스 1세 시대의 지배를 정당화하기 위한 세심한 시도에 불과했다면 이 작품이 줄루어로 번역(나는 언젠가 줄루어로 번역되어 공연된 것을 본 적이 있다)되어 줄루 독자들에게 상당한 의미를 주지는 못했을 것이다. 『맥베스』는 위대한 문학은 보편성을 갖고 있다는 사실을 보여주는 증거다.

셰익스피어가 맥베스의 행동에 이데올로기적 이유만이 아니라 유일하게 보편적인 인간 본성에서 유래하는 것 이외에 어떤 심리적인 동기를 부여하지 않은 것은 셰익스피어 천재성이다. 악당이란 인상을 받을진 모르지만 무대에서 맥베스는 악당이 아니다. 그는 "불구로, 마무리되지 않은 채 내 시대 이전/거의 절반도 완성되지 않은 이 살아 있는 세계로 보내진" 리처드 3세는 아니다. 그의 육체적 불구는 그의 도덕적 불구 상태를 그럴듯하게 설명하며 병행하고 있다. 반면 맥베스는 영웅으로 훌륭한 대의명분을 가진 용감한 군인으로 용감하고 충성스럽게 선왕 덩컨의 왕국을 구한다(전쟁터에서 적군과 맞서 싸우는 맥베스의 위업을 들자 덩컨왕은 "오, 용맹한 사촌이여! 훌륭한 신사로다!"라고 칭송한다). 맥베스는 정신 병질자도 사회 병질자도 아니다. 그는 우리보다 더 나쁠 것도 없는 본성을 가진 보통 사람이다. 물론 그 점이 맥베스가 우리에게 섬짓한 예로 대변되는 이유이다.

또한 맥베스는 변명은 아니지만 더 나중에 저지른 범죄들에 대해 정상참작을 고려할 수 있는 부정의나 배은망덕의 희생자도 아니다. 그는 불평할 여지가 없다. 오히려 그는 운 좋게도 귀족태생이며 군복무에 대해 왕에게 분에 넘치는 보상을 받는다. 승리 후 처음으로 맥베스를 맞이한 덩컨은 다음과 같이 말한다.

배은망덕 중죄가 바로 지금까지도
내 가슴을 눌렀소. 그대는 너무 앞서
보답에 가장 빠른 날개를 달아도 느려서
그대를 못 잡겠소. 공로가 좀 적었더라면
과인이 감사와 보상의 비례를

맞출 수 있을 텐데!
모든 걸로 갚아도
그대 몫을 못 갚는단 이 말만 하겠소.

맥베스가 덩컨에게 경시 당했다는 주장은 할 수 없다. 그런데도 맥베스는 덩컨을 시해한다.

맥베스는 자기 가정이나 경제적 상황을 불평할 수도 없다. 후에 덩컨이 맥베스의 성에 도착했을 때 그는 맥베스 성의 아름다움과 평안을 다음과 같이 말하고 있다.

좋은 곳에 자리 잡은 성이구려, 공기가
가볍고 향긋하게 과인의 감각에
몸을 맡기는구려.

파멸의 길에 들어서기 시작했을 때 맥베스는 이미 어떤 사람도 더 이상 부족한 것이 없는 상태였다.

맥베스 역시 마찬가지 말을 하고 있다. 그는 특히 앞으로 저지르게 될 범죄에 대한 동기는 없지만 전적으로 내부로부터의 권력에 대한 욕망을 갖고 있다는 사실을 인정하고 있다.

내 의도의
옆구리를 찌르는 박차는 오직 하나
치솟는 야심.

이 같은 욕구는 특히 맥베스가 뱅코를 암살하기 위해 고용한 두 명의 자객들과 대비된다. 그들이 무대에 등장하기 전 맥베스는 이미 그들에게 뱅코가 그들이 겪은 재난을 야기한 장본인이라는 정보를 전달(물론 허위로)하며 그들에게 독설을 퍼붓는다.

지난번 만남에서
이 점을 밝혀줬고 증거를 같이 살펴보았다.
너희들이 어떻게 속았고 좌절당했으며
앞잡이들, 조종자, 그 밖의 모든 것을.
그래서 반편이나 미친놈도 '뱅코 짓이다.'
말할 수 있도록.

두 명의 적은 자신들의 실망에 대한 모든 책임을 져야 할 적이 있다는 소리를 간절히 듣고 싶었을 뿐이다. 자객들은 세계에 대해 적의를 가진 사람들의 원형으로 원한을 인격화하고 있다. 맥베스처럼 세계에 대해 적의를 가진 사람들은 그로인해 쉽게 악에 경도된다. 두 번째 자객은 다음과 같이 말한다.

폐하, 저는 이 세상의
더러운 풍파에 너무나 격분하여
세상을 괴롭히는 일이라면 무엇이든
개의치 않습니다.

이어 첫 번째 자객이 다음과 같이 덧붙인다.

> 저 또한 너무나
> 재난에 지치고 불운에 시달려
> 생명을 운에 맡겨 팔자를 고치든지
> 죽든지 할 겁니다.

표면적으로 그들은 자신들의 흉악한 행위를 정당화할 수는 없다 하더라도 어떤 이유를 갖고 있다. 물론 우리는 그들의 실망과 좌절이 현실적인 것인지 아니면 상상에 불과한 것인지, 자초한 것인지 부당한 것인지 여부에 대해 알 수는 없다. 하지만 그것은 중요한 문제가 아니다. 셰익스피어의 작품을 통해 우리는 복원이라는 명목으로 악을 저지르는 자기연민 —— 더 나아가 우리 자신을 포함한 모든 자기연민 —— 은 위험하다는 사실을 이해하게 된다.

그러나 맥베스는 분개하지 않는다. 그는 부당한 대우에 대해 불평하지는 않는다. 따라서 분개가 인간이 저지르는 악행의 원인이긴 하지만 근본적이거나 유일한 악행의 원인은 아니다. 맥베스는 자신의 야심 때문에 악을 저지르게 된다. 그리고 우리 모두는 지위와 권력을 얻기 위해 책략을 쓰는 것이 불가피한 사회에서 살고 있기 때문에 내적으로 맥베스를 이해하고 있다. 맥베스는 도덕적 양심의 가책을 느끼지 않는 우리 자신이다.

맥베스가 보통 사람들에게선 찾아 볼 수 없는 어떤 악을 편애하는 것으로 묘사하지 않음으로써 또한 맥베스가 자신의 행위를 야기하거나 정당화할 수 있는 가능한 모든 상황을 배제함으로써 셰익스피어는 모든 인간의 마음을 관통하고 있는 선악의 경계를 깊이 탐구하고 있다. 솔제니친은 셰익스피어 작품에서 나오는 악인들에 대해 은근히 경멸적인 평가를 하고 있지만『수용소 군도』의 다음과 같은 구절에서 셰익스피어의 통찰력을 인정하고 있는 셈이다. "선악의 경계선은 국가, 계급, 정치적 당파들 사이에서 그어져 있는 것이 아니라 바로 개개의 인간들 마음속에서 그리고 모든 인간의 마음속에 관통해 있다는 사실이 점차 분명해지게 되었다(수용소에 있는 나에게)." 우리에게 선악의 경계선을 보여준 사람은 바로 셰익스피어이다.

셰익스피어는 선악의 경계를 드러내는 것 이상을 하고 있다. 그는 우리에게 변명거리나 특별한 성향을 갖지 않은 보통 사람들이 얼마나 쉽게 선악의 경계를 넘나들 수 있는지를 보여줄 뿐 아니라 선악의 경계를 넘어설 때 어떤 일이 일어나게 되는지에 대해서도 보여주고 있다. 그리고 많은 사람들이 끔찍한 결과에 이르는 선악의 경계를 쉽게 넘어서지만 선악의 경계는 늘 존재한다는 사실을 입증하면서 셰익스피어는 인간이 더 이상 선해지려 노력할 필요가 없을 정도로 완벽한 사회제도가 만들어질 수 있다는 유토피아적 환상을 깨고 있다. 원죄 —— 다시 말해서 그 안에 악에 대한 유혹을 내포하고 있는 인간의 본성에 내재되어 있는 죄 —— 는 늘 주변 환경에 대한 조작을 근거로 한 완벽에 대한 시도를 무위로 돌리게 한다. 악의 예방은 언제나 바람직한 사회제도 이상의 것을 요구한다. 악의 예방은 영원히 욕망에 대한 개인적 자제와 의식적 제한을 요구하게 될 것이다.

맥베스는 연극이 시작하기 이전에 야심적이었다. 그것이 3명의 마녀가 코도의 영주이자 미래 스코틀랜드의 왕으로 그를 맞이했을 때 맥베스가 놀란 이유다. 마녀들은 그의 은밀한 생각을 반영하고 있다. 하지만 그때까지 맥베스는 자신의 야심을 윤리적으로 억제하고 있었다(맥베스 부인이 "당신은 위대해지고 싶고/ 야심도 없지 않지만 그에 따른/ 사악함이 없어요"라고 말하고 있는 것처럼). 마녀들과 만난 후에도 혁명의 성공이 역사적 필연이라면 자신이 굳이 혁명에 참여해야 하는 것인지 여부에 대해 고민하는 마르크스주의자처럼 맥베스는 고민하고 있다.

> 운에 따라 왕 될 거면, 글쎄, 운에 따라
> 관을 쓰게 되겠지.

러시아의 마르크스주의자들이 레닌을 필요로 했듯이 맥베스는 맥베스 부인을 필요로 한다. 단순한 전투 중에 단호했던 맥베스는 맥베스 부인이 없었다면 평화의 복잡성 속에서 끊임없이 망설이게 되었을 것이다. 사실 그렇게 되면 맥베스라기보다는 햄릿으로 불러야 마땅할 것이다.

맥베스 부인이 맥베스가 행동에 옮길 수 있도록 활기를 불어넣은 도구는 굴욕이었다. 그녀는 맥베스가 잘못이라고 생각하고 있는 것을 실행할 수 있도록 그에게 굴욕감을 준다. 마찬가지로 나의 많은 환자들은 동료 집단에게 약해 보이는 것이 두려워 마약을 복용하기 시작한다. 맥베스는 아내를 사랑하고 존경하지만(그는 아내를 "나의 위대한 사랑스러운 동지"라고 부른다) 맥베스 부인은 그의 사랑 —— 그리고 그의 본질적이고 근절시킬 수 없으면서 흔히 존경하고 사랑하는 사람에게 존경받고 사랑받고자 하는 칭송할만한 인간의 욕망 —— 을 악의 목적을 위해 악용한다. 교훈은 많은 상황에서 아무리 훌륭한 덕목이라 할지라도 어떤 강력한 감정이나 욕망도 윤리적 통제를 벗어나게 되면 악한 목적으로 변질될 수 있다는 사실이다.

셰익스피어에게 인간의 본성은 우리의 결정에 따라 선할 수도 악할 수도 있는 잠재력이 있다. 맥베스는 야심적이지만 동료에게 정당한 인정을 바란다는 의미에서 야심은 좋은 기질일 뿐 아니라 맥베스는 그 이외의 것에 대해선 문제시하지 않을 정도로 그렇게 야심적이지는 않다. 그의 인정받고자 하는 야심은 말하자면 그의 야심에 경계와 한계를 설정한다. 맥베스 부인은 남편의 성찰적 양심을 알고 있다.

하지만 그 성품이 걱정돼요.
최고로 빠른 길을 택하기엔 너무나
인정미가 넘쳐요

맥베스 부인은 남편이 자기가 원하는 데로 행동하도록 인정미를 버리고 맥베스가 자신의 좋은 기질을 포기하게 만들어야 했다.

하지만 역설적으로 극단적인 악을 대표하고 있는 것으로 일반적으로 받아들여지고 있는 맥베스 부인은 천성적으로 악한 것이 아니라 잠재적인 악을 가지고 있었을 뿐이다. 다시 말해서 그녀는 악을 선택했다. 맥베스 부인은 야망의 자극에 복종하려면 자신의 본성이 갖고 있는 선의 잠재력을 억눌러야 할 필요가 있다는 사실을 인정하고 있다.

자 너희 악령들아,

흉계에 따라 나를 지금 탈성시킨 다음에
최악의 잔인성을 머리끝에서 발끝까지
가득히 채워다오! 내 피를 탁하게 만들어
동정심의 접근과 통로를 막아다오
그래서 본성 중의 측은심이 날 찾아와
잔인한 내 목표가 흔들리지 않도록.

권력을 위해 모성을 포기하는 맥베스 부인의 유명한 대사는 그 어느 문학에서보다도 악의 의도적 선택을 가장 오싹하게 환기시키고 있다.

난 젖 빨린 적 있어서
내 젖 먹는 아기 사랑 애틋함을 알아요.
난 고것이 내 얼굴 보면서 웃더라도
이 없는 잇몸에서 젖꼭지를 확 뽑고
골을 깼을 거예요, 내가 만일 당신처럼
이 일 두고 맹세했더라면.

그리고 여전히 핵심적인 것은 남아 있다. 진짜 정신병질자는 우선 양심의 가책을 느끼지 못한다. 악해지기 위해서 대부분의 사람들은 내면의 선을 억누를 필요가 있다. 마찬가지로 선해지기 위해 대부분의 사람은 내면의 악을 억제해야 한다. 악이나 선 중 어느 한쪽의 최종적 승리는 존재하지 않는다.

사실 맥베스 부인의 비극은 자기 내면에 있는 선의 힘을 지나치게 과소평가했다는 점이다. 결과적으로 내면의 선은 맥베스 부인에게 복수한다. 왜냐하면 맥베스 부인은 "자아와 폭력의 손길로/ 생명을 빼앗기기" 때문이다.

맥베스 부인의 심리학적인 오류는 내면의 선이 대가 없이 간단히 무시될 수 있으리라 생각했다는 점이다. 맥베스 부인과 맥베스가 덩컨과 두 명의 시종을 살해함으로써 피에 물든 후 그녀는 "자러가요/ 적은 물로 우리는 무혐의가 될 테니"라고 말한다. 나의 환자들 중 얼마나 많은 사람이 벌을 받지 않고도 파렴치하게 행동할 수 있다고 생각하는지!

무죄증명에 대한 맥베스 부인 생각의 천박성은 그녀가 "아라비아 향수를 다 뿌려도 이 작은 손 하나를 향기롭게 못하리라"라고 인정하는 몽유병에 걸려 돌아다니는 장면에서 완벽하고도 고통스럽게 드러난다. 약간의 물이 핏자국을 씻어 낼 수는 있지만 죄와 유죄라는 사실은 씻어 낼 수 없는 것이다!

맥베스는 맥베스 부인의 모욕에 굴복한다. 사회 심리학자인 스탠리 밀그램이 자신의 저서 『권위에의 굴복』에서 기술한 유명한 실험을 연상하게 한다. 이 실험에서 연구자들은 말만 사용해 보통 사람들 —— 악에 대한 어떤 특별한 성향이 없는 맥베스처럼 —— 에게 전혀 낯선 사람들에게 위험한 전기적 충격이라고 믿고 있는 것을 가하도록 유도했다.

하지만 셰익스피어는 사회적 압력이 늘 나쁘다고 믿을 만큼 그렇게 미숙하지 않았다. 오히려 다른 사람들에게서 호의적인 평가를 받고 싶어 하는 욕망은 존경과 다른 가치 있는 속성의 원천이다. 예를 들어 맥더프가 맥베스에게 희생될 운명을 한탄하는 맬컴의 암시에 대해 답하면서 그는 다음과 같이 말한다.

그 보다는

치명적인 칼을 잡고 올바른 사람처럼

쓰러진 조국을 위해 싸웁시다.

맥더프가 말한 올바른 사람들은 그들이 공유하고 있는 가치로 강화된 공동 계획에 참여한다. 시워드는 아들이 맥베스를 전복시키기 위한 마지막 전투에서 죽었다는 소식을 듣고 다음과 같이 말한다.

그렇다면 하느님의 병사로다!

머리카락만큼이나 많은 아들 있다 해도

더 고운 죽음을 바라지는 않겠소.

명예를 지키고 의무를 다해야 한다는 사회적 덕목이 없었다면 사실상 아직 권력을 잡고 있는 맥베스를 떠난 다른 사람들처럼 젊은 시워드는 달아나 목숨을 부지했을 것이다. 그의 죽음에 의미를 부여하고 있는 것은 희생할 가치가 있는 죽음이라는 사실이다. 그리고 그 같은 의미는 아버지의 슬픔을 한정짓게 한다.

맥베스는 희곡 전체를 통해 그가 저지른 짓이 도덕적으로 잘못된 것이라는 사실을 알고 있다. 그는 결코 그게 그거지라는 식(현대의 많은 상대주의자들이 주장하듯이)으로 치부하지는 않는다. 따라서 그는 악은 선을 모르기 때문이라는 식의 플라톤식 이론을 한사코 거부한다. 아내와 달리 맥베스는 적은 물로 자신들의 행위가 씻겨질 수 있다고 스스로를 기만하지 않는다. 오히려 덩컨을 시해하자마자 그는 자신이 구제될 수 없을 정도로 위태로워졌다는 사실을 알고 있다.

저 대양 모든 물로 내 손에서 이 피를
씻어낼 수 있을까? 아냐, 내 손이 오히려
광대무변 온 바다를 핏빛으로 물들여
푸른 물을 다 붉게 하리라.

또한 맥베스는 곧 자신이 저지른 짓을 후회한다. 그는 살인을 저지른 후 바깥 문 두드리는 소리를 들으며 다음과 같이 말한다. "덩컨이나 두드려 깨워라. 그랬으면 좋겠다!"

맥베스는 자신이 더 이상 잠들 수 없다는 사실을 알고 있다. 그는 자신의 희생자들을 부러워하게 될 정도로 자신이 최초로 저지른 악행에 대한 대가로 스스로 죄수에게 내려지는 징벌을 가한다.

마음의 고문으로
안절부절 얼빠진 채 누워 있는 것보다
마음 편해 보자고 침묵시킨 죽은 자와
동거함이 더 낫겠소.

시간의 화살은 한쪽 방향으로만 날아간다. 맥베스는 몇 차례 이미 저질러진 일을 되돌이킬 수 없다는 사실을 언급하고 있다. 말만이 해악을 저절로 원상태로 돌려 나쁜 것을 좋게 만들 수 있게 된다는 듯이 억제할 수 없는 공개적 고백을 하고자하는 욕망에 사로 잡혔을 때의 혼란스러운 생각들에서 나타나고 있다.

> 난 지금 피 속으로
> 너무 깊이 들어가 더 아니 나아가도
> 돌아감은 건넘만큼 힘겨울 것이오.

맥베스는 아내가 자신에게 덩컨을 죽이도록 모욕할 때 이 희곡에서 핵심적인 대사를 말하고 있다.

> 당신이 생각하는 그것을 가지고 싶지요?
> 그런데 속담 속의 불쌍한 괭이처럼
> "하고 싶어." 그 말에 "감히 못해." 대꾸하며
> 스스로 비겁자로 살 거예요?

이어 그가 답한다.

> 제발 그만.
> 남자다운 일이면 난 무엇이든 감행 하오
> 더 할 사람 없을 거요.

다시 말해서 일단 선을 넘어 어떤 사람에게서 모든 인간성을 박탈하게 되는 경계가 있다. 경계는 우리가 인간일 수 있게 해주며 경계는 가볍게 넘어서는 안 된다. 그것이 예술에서 경계를 넘어서는 것에 대한 경탄이 아주 철저하게 경솔한 이유다. 그리고 그것이 영국에서 가장 악명 높은 여자 살인범인 미라 힌들리가 최후까지 감옥에 수감되어 있었던 이유다. 미라 힌들리와 그녀의 공범인 이안 브래디는 1960년대 초반 내키는 대로 서너 명의 어린아이를 고문해 살해했고 그녀는 삶의 대부분을 감옥에서 자기 구명 운동을 하며 보냈다. 미라 힌들리는 자신이 변했으며 오래 전에 사회에 진 빚을 갚았다고 주장했다.

하지만 인생은 대차대조표의 문제가 아니다. 감옥에서 아무리 많은 세월을 보냈어도 어린아이들을 고문하고 살해한 짓을 보상할 수는 없다. 만약 복역한 것으로 보상이 가능하다면 사전에 복역을 하고 석방되었을 때 범죄를 저지를 수 있는 자격을 얻게 되는 셈이다. 힌들리의 희생자들은 죽었으며 부활할 수 없다. 미라 힌들리는 자신이 저지른 짓을 원상태로 되돌릴 수 없다.

『맥베스』는 우리의 행동에 대한 한계를 수용함으로써 우리의 인간성을 보존하라고 경고하고 있다. 맥더프가 자신은 냉혹한 방탕자라고 자인한 맬컴에게 말한 것처럼

무절제한 방탕은
내면의 폭정

우리가 중요한 규율에 복종하기만 한다면 우리는 자유로울 수 있다.

2003

섹스와 셰익스피어 독자[7]

셰익스피어의 희곡들도 여느 다른 것들처럼 유행에 따른다. 최근 내가 살고 있는 지역의 레퍼토리 시어터에서 공연한 『햄릿』에서 왕자는 무대에서 오필리아를 강간한다. 이 같은 사실은 소수자 집단의 정서나 문화를 존중하고 그들에게 상처주는 언동을 삼가는 관객들에게 이어지는 오필리아의 정신이상을 완전히 설명해준다. 마침내 이해하기 어려웠던 오필리아의 고통을 이해할 수 있게 되면 그녀가 오래 된 짧은 곡조를 노래하는 이유가 이해된다. 셰익스피어의 작품들은 거의 어떤 문제에도 유용한 것처럼 보인다.

처음으로 공연된 이후로 거의 400년 동안 『이척보척』은 그다지 호응을 얻지 못했으며 경멸당하기까지 했다. 드라이든,[8] 사무엘 존슨 그리고 콜리지[9]는 『이척보척』을 몹시 싫어했다. 드라이든은 『이척보척』이 "불가능한 것들에 근거하고 있으며 혹은 이 희극이 웃음을 불러일으키거나 중대한 관심사를 불러일으키지 못할 정도로 천하게 씌어졌다"고

---

7) 이 칼럼의 『이척보척』 인용문은 셰익스피어 대전집 3권 『이척보척 以尺報尺』, 1995년, 대광간, 김재남 역을 인용.

주장했다. 사무엘 존슨은 "이 희곡에서 셰익스피어는 선악을 정확히 분배하지 못하고 있으며 ……셰익스피어는 희곡의 등장인물들을 옳고 그른 것을 구분하지 않고 진행시키고 있으며 결말에서 더 이상의 고려 없이 간단히 처리하고 있다"고 생각했다. 콜리지는 『이척보척』을 "셰익스피어의 천재적 작품들 중 가장 곤란한 작품 —— 말하자면 다소 유일하게 곤란한"이라고 말했다.

그런데 20세기 후반기에 이 작품은 갑자기 셰익스피어의 가장 흥미로우면서도 호기심을 자아내는 작품들 중 하나가 된 것처럼 보인다. 이 작품이 제기하고 있는 의문 —— 국가가 국민에게 성도덕 규범을 강제할 권리와 의무를 어느 정도까지 갖고 있는가에 대해 그리고 더 심도 있게 성적 열정이 인간화되는 방법 —— 은 이 작품이 초연된 이후 지금까지 그 어떤 시기보다도 현재의 우리에게 타당해 보인다. 예를 들어 의사 생활을 하면서 나는 매일 통제되지 않으며 결과적으로 통제될 수 없는 정열의 결과들을 보았다. 그 결과는 살인, 무차별 폭력, 불행이었다.

---

8) John Dryden 1631~1700
영국 시인 · 극작가 · 비평가. 비평면에서 『극시론(劇詩論, 1668)』 등을 중심으로 서사(序詞)와 종결부에 대해 풍부한 지적 수준을 보였으며, J.스위프트에 이르는 〈고대와 근대의 우열논쟁〉 속에서 근대의 우위를 인정하면서도 고전과 셰익스피어를 모범으로 삼고 국민적 자각에 입각한 고전주의 문학론을 전개했다. 번역론 · 풍자시론 등에서 나타나는 강인한 비평정신은 현대에서도 역시 높은 수준과 설득력을 지니고 있다.

9) Samuel Taylor Coleridge 1772~1834
영국 시인 · 평론가 · 철학자. 대표적 평론 『문학적 자서전』(1817)이나 강연, 담화 『수첩』 등에 의한 셰익스피어론은 평론사에 있어서 거장의 면모를 보여준다. 그의 철학적 방법론은 18세기 합리주의를 비판하고, 상상력의 우위를 주장하는 것으로 I.칸트 이후의 독일 선험론철학을 흡수하면서 독특한 시적 직관과 심리적 통찰로 뒷받침되어 있다. 특히 언어 분석에 바탕을 두는 작품의 유기적 통일성의 강조는 20세기의 뉴크리티시즘(新批評) 등에 큰 영향을 주었다. 그의 사색은 종교 · 신학 · 정치에까지 미쳤고, 19세기 중엽의 그리스도교운동과 정치사상은 그로부터 많은 영향과 자극을 받았다. H.리드는 그에게서 S.A.키에르케고르적인 '실존주의자'를 발견하였으며 방대한 『수첩』은 S.프로이트를 예언하는 심층심리에 대한 성찰로 차 있다. 오늘날의 콜리지는 박식함과 사상의 편협한 구분을 뛰어 넘은 탐구자로서, 낭만주의의 대표적 시인 · 평론가로 재평가되고 있다.

그리고 늘 그렇듯 셰익스피어가 제기한 의문에 대한 그의 해답은 미묘하며 어떤 이데올로기를 가진 사람이나 추상적 이론을 가진 사람들이 일찍이 할 수 있었던 것보다 훨씬 더 미묘하다. 셰익스피어는 냉소주의적이지 않은 현실주의자이자 유토피아주의를 갖지 않은 이상주의자이기 때문이다. 그는 존재하고 있는 인간과 존재해야 할 인간 사이의 긴장이 영원히 해결되지 않은 채 남게 될 것이라는 사실을 알고 있었다. 인간의 불완전성이 모든 것이 허용될 수 있다는 변명이 될 수 없는 것처럼 인간의 불완전성이 완고한 불관용의 이유가 되어서는 안 된다.

빈센티오는 확실한 권력을 쥐고 있는 지배자이며 따라서 많은 책임을 지고 있는 비엔나의 공작이다. 불행하게도 그는 상황들을 방치하고 있었다. 그는 부도덕한 것을 금하는 법률이 사문화되게 하였으며 비엔나 사람들은 제멋대로 살아가고 있었다. 그는 그 같은 결과를 좋아하지 않았다.

이 나라에는 과거 14년 이래 잠 재워둔

여러 가지 준엄한 법률이 있고.

말하자면 사나운 말들을 제압하기 위한

고삐이자 재갈인 것인데,

노쇠한 사자가 굴속에 들어박힌 것같이

지금 좀처럼 먹을 것을 잡으러 나가지 않습니다.

자식을 귀여워하는 아비가 회초리를 쓰지 않고,

다만 위협만을 하기 위하여 자식들의 눈앞에 내보이면,

자식들은 그것을 무서워하지 않고 멸시하는 것과 같이,

법률도 집행력이 없어지면

있으나 없으나 마찬가지이며,

방탕한 자들이 정치를 경멸하게 마련이오.

그리고 젖먹이는 젖어미를 때리게 되고,

모든 질서는 깨지게 마련이오.

공작은 어떤 조치를 취해야 한다는 사실을 알고 있었지만 자신이 그 일을 할 순 없었다.

지금까지 관대하게 해 둔 것은 내 과오였으니까,

새삼스레 엄벌을 내리면 폭정이 되겠지요,

용서해 놓고, 벌을 내리는 격이 되니까요…….

따라서 공작은 잠시 비엔나를 떠나 있겠다고 제안한다. 표면적으로 장기 여행을 떠나는 것이었지만 사실은 수사로 변장해 자신이 없는 동안 비엔나에서 일어나는 일들을 지켜보았다. 그는 청교도들과 유사한 강직한 도덕적 원칙론자인 앤젤로를 대리인으로 임명한다. 『이척보척』이 초연되었을 당시 청교도들은 런던 시의회에서 영향력을 확대해가고 있었다. 청교도들은 셰익스피어의 예술과 생계가 달려 있는 연극과 극장이 미덕을 파괴하고 악을 고무하는 것으로 생각하고 극장들을 폐쇄하고 싶어 했다.

앤젤로는 인간의 나약함을 경멸한다. 공작에 따르면

……저 앤젤로는 깔끔하고

극히 조심성 있는 사람으로 거의 냉혈적인 인물이오.

그 사람은 식욕이 있어도

빵을 돌 이상으로 즐기지 않을 정도요.

공작의 권력을 넘겨받은 앤젤로는 비엔나에 있는 모든 사창가를 폐쇄한다고 공포하고 '젊은 신사' 클라우디오를 체포해 결혼을 약속하고 관계를 가져 줄리엣이 아이를 임신하게 한 죄목으로 사형을 선고했다. 이것은 간통을 금하는 법률에 정확히 일치하는 처분이었다.

막 수련 수녀로 수도원에 들어간 클라우디오의 아름답고 정숙한 누이 이사벨라는 오빠의 생명을 구하기 위해 앤젤로에게 탄원하러 간다. 처음에 그는 그녀의 소청을 거부한다. 하지만 이어 앤젤로는 다른 남자들처럼 그녀에게 강렬한 욕망을 느끼게 된다. 그는 "내 이제까지는 색욕에 빠지는 자를 보면, 이상히 생각하여 냉소하고 있었는데!"라고 독백한다.

앤젤로는 이자벨라가 자기와 동침한다면 오빠의 목숨을 살려주겠다고 제안한다. 하지만 수사로 변장한 공작의 여러 가지 책략으로 앤젤로는 자신의 전 약혼자 마리아나와 동침하게 된다. 앤젤로는 마리아나의 지참금이 바다에 수장되자 냉정하게 마리아나와의 인연을 끊었었다. 하지만 마리아나와 동침한 후에도 이사벨라와 관계를 가졌다고 믿은 앤젤로는 약속을 저버리고 클라우디오의 처형을 지시한다. 공작의 책략으로 그 같은 불행은 방지된다. 공작은 비엔나로 돌아와 앤젤로가 위선적인 악인임을 공개적으로 폭로하고 그에게 사형을 선고한다 ── 희곡

제목인 『이척보척』. 하지만 마리아나와 이사벨라가 그를 위해 간청한 덕분에 앤젤로는 죽음을 면하게 된다. 앤젤로는 마리아나와 결혼하고, 공작은 이사벨라와 결혼하며 클라우디오는 줄리엣과 결혼한다. 청교도주의는 완전히 패배하게 되며 끝이 좋으면 만사가 좋은 것이다.

『이척보척』은 직업 배우가 무대에서 공연하는 것을 본 최초의 셰익스피어 연극이었다. 1962년 당시 아버지께서는 방학 중 스트래드포드에서 공연된 연극에 나를 데리고 가셨다. 당시 내가 이 연극의 도덕적 의미를 많이 이해했다고는 생각지 않으며 분명 연극이 제기한 의문이 이후 나의 직업 생활에서 그렇게 중요하게 될 것이라고는 깨닫지 못했다. 엄격하고, 보편적이며 거의 청교도적인 도덕 선언으로 여겨졌기 때문에 타고난 바람둥이인 아버지에겐 다소 불쾌한 경험이었을 것이다.

공교롭게도 연극에서 공연했던 배우들 중 아직도 기억하고 있는 배우는 앤젤로 역을 맡은 배우다. 유명한 연극배우이자 영화배우인 마리우스 고링이 당시 앤젤로 역을 맡았었다. 무대에서 그를 본지 30년 이상 지난 1998년 86세인 그의 부음 소식을 들었을 때 그는 나의 기억 속에선 아직도 앤젤로 역을 할 때의 부르고뉴 우단 튜닉과 타이츠를 입고 있던 모습이었다.

이상하지만 우연하게도 고링의 아버지 찰스 고링은 나처럼 감옥에서 의사로 일했었다. 닥터 고링은 당시 지배적이었던 이탈리아 실증주의 범죄학 이론을 반박하는 『영국의 기결수들 The English Convict』이라는 두꺼운 책을 저술했다. 이탈리아 실증주의 범죄학 이론의 가장 유명한 지지자인 세자로 롬브로소는 범죄자는 경사진 이마나 좁은 미간 같은 외모로 곧 알아볼 수 있는 생물학적 특징이 있다고 주장했다. 닥터 고링은 수백 명의 영국인 죄수들을 머리에서 발끝까지 측정해 각각의 측정치가 다른 모든 사람과 어떤 상호관련이 있는지를 조사하는 종합적인 테스트를 감행했다. 그는 생물학적 범죄 유형 같은 것은 존재하지 않는다는 결론을 내린다.

당시 닥터 고링의 주장은 범죄학 분야에 결정적인 영향을 주었고 범죄자는 태어나는 것이 아니라 만들어진다는 견해가 지배하게 되었다. 하지만 이탈리아 실증주의 이론에 대한 결정적 반증이 없었기 때문에 그 이후로 범죄에 대한 생물학적 이론들은 활기를 얻어 여전히 뒤틀린 모습으로 다시 호응을 얻고 있다. 어떤 시대 혹은 어떤 특정 계급의 사람들이 다른 시대나 다른 계급의 사람들보다 쉽게 범죄를 저지르게 되는 이유라는 중요한 질문에 결코 답할 수 없는데도 범죄성 유전자와 절도, 공격성에 대한 신경 생물학은 다시 한번 인기 있는 연구주제가 되고 있다.

괴링 박사가 받은 영향은 크지 않아 보이지만 생물학적인 것과 사회적인 것 사이의 관계, 인간과 동물 사이의 관계는 『이척보척』의 중요한 주제다. 그리고 셰익스피어는 생물학에 적절한 관심을 보이고 있다. 셰익스피어의 작품은 청교도적인 것에 반대할 뿐 아니라 비판적이긴 하지만 성적 충동과 성적 충동에 따른 강렬한 쾌락의 힘을 인정하고 있다. 연극의 희극적 인물들(그리고 『이척보척』은 셰익스피어의 희극들 중 하나로 열거되고 있으며 비극적 결과는 회피되고 있는데 불과하다)은 늘 간통을 단순히 인간 존재의 변함없는 환영할만한 특징으로 기꺼이 받아들이고 있다. 분명 포주 역할을 하는 사창가 여관 주인 오버딘 부인, 그녀의 종업원 폼피, '멋쟁이' 루쇼는 자신의 완고한 원칙과 고유한 인간적 본성 간의 피할 수 없는 갈등 때문에 앤젤로가 빠지게 된 것 같은 깊은 악으로 빠져들지는 않는다. 완전한 도덕적 완고함보다는 어떤 도덕적 융통성이 더 바람직하다. 게다가 아무리 도덕적으로 완벽하다 해도 이사벨라와 함께 하는 밤보다는 그들과 함께하는 밤이 훨씬 더 유쾌할 것이다. 그리고 오버던 부인과 그녀의 친구들에 대한 셰익스피어의 견해는 어땠을까 생각할 때 그것은 분노가 아니라 애정이었다.

이런 희극적인 등장인물들은 인간 본성에 대한 통찰력을 보여주고 있다. 앤젤로가 "비엔나 교회의 모든 사창가를 폐쇄시키라"고 명령했다는 사실을 오버던 부인이 알게 되었을 때 폼피는 다음과 같은 말로 위로한다.

너무 걱정하지 마십쇼. 좋은 변호사에게는 손님이 절대로 끊어지지 않는다고 합니다.
장소가 바뀐다고 장사를 바꿀 필요는 없습니다.

어떤 법률로 금지시키든 역사상 가장 오래된 직업은 유지될 것이다. 마찬가지로 오버던과 폼피보다 사회적으로 더 높은 계층의 난봉꾼인 루쇼는 공작에게 앤젤로 경에 대해 말하면서 "정사(情事) 같은 일이야 좀 더 관대해 줘도 될 것인데, 그것이 너무나 엄격합니다"라고 언급하고 있다. 공작은 "악덕이 너무나 보편적으로 행해지고 있으므로, 엄하게 하지 않으면 좀처럼 그치지 않을 것이요"라고 답한다. 약빠른 현실주의자인 루쇼는 앤젤로처럼 자신의 도덕적 열광주의로 현혹된 사람만이 즉시 인정하지 않을 어떤 진실을 말하고 있다. "먹고 마시는 것을 금하지 못하는 이상 그 같은 일을 완전히 근절하기는 불가능하지요." 현실에서 욕망은 끊임없이 분출하고 있다.

하지만 셰익스피어는 그렇다고 해서 끊임없는 욕망의 분출을 어쩔 수 없는 사실로 최종적으로 수용하지는 않는다. 그는 어떤 방식으로든 욕망은 영원하며 완전히 근절할 수 없기 때문에 어떤 성 관계도 바람직하며 도덕적으로 동등하다고 말하지는 않는다. 예를 들어 셰익스피어는 현대의 절대적인 성적 자유 —— 그 산물인 아이에 대한 무관심한 방치, 학대, 병적인 질투, 성 폭력과 자기 중심주의적 야만 —— 를 오늘날 우리 사회 인텔리겐차들처럼 자기만족적 무감각으로 보게 될 것이라고 생각하지는 않는다. 오히려 셰익스피어는 절대적인 성적 자유를 혐오했다. 그는 문명화라는 억제력이 제거될 경우 인간의 본성에 숨겨져 있는 것들이 절대적인 성적 자유의 결과로 드러나게 될 것이라고 생각했기 때문이다. 셰익스피어는 오로지 본능에 따라 살아가는 고귀한 야만의 지지자는 아니다. 오히려 그가 두려워하고 혐오했던 것은 인간의 본성에 내재해 있는 야만성이었다. 오버던 부인이 제공한 서비스는 사실상 필요한 안전판이긴 하지만 모든 친밀한 인간관계 모델로서의 성적 자유는 세속적 파멸에 이르는 환락의 길이다.

사실상 희곡의 중요 등장인물 중 섹스를 단순히 생물학적 혹은 동물적 기능으로 따라서 어떤 도덕적 고려도 할 필요가 없다고 생각하는 사람은 한 사람도 없다. 물론 앤젤로처럼 섹스를 단지 도덕적 문제로, 어떤 대가를 치르던 억압해야 할 충동으로 보는 것은 섹스엔 어떤 도덕적 중요성도 없다고 보는 것처럼 왜곡된 것이다. 지나친 도덕적 엄숙주의는 도덕이 전혀 존재하지 않는 것과 마찬가지로 확실하게 비인간화에 이르게 한다. 그리고 도덕적 열정 때문에 앤젤로의 여자와의 관계는 결국 마리아나와 파혼하는 데서 볼 수 있듯이 냉담하게 계약적이거나 자연적 충동이 너무 강해 거부할 수 없게 될 때 강간자의 충동이 된다.

앤젤로의 비인간적인 열정의 첫 번째 희생자인 클라우디오는 성 관계의 도덕적 내용을 부정하지도 따라서 자신이 줄리엣을 임신시켰다는 사실을 변명하지도 않는다.

> ……나는 정당한 계약에 의해,
> 저 줄리엣과 동침한 것이오.
> 당신도 저 여자를 알고 있지만, 저 여자는 분명히 나의 아내요.
> 다만 일반에게
> 공포되지 않은 것뿐이오.

따라서 클라우디오는 줄리엣에 대한 사랑과 그녀와 결혼하겠다는 성실한 약속은 변명의 여지가 있는 것이며 다른 사람의 눈에 그렇게 보이기를 바라고 있다. 하지만 잘못을 저질렀다고 스스로 믿고 있거나 적어도 애초에 가장 바람직하다고 생각한 방식으로 행동하지 못했을 때 정상참작에 대한 고려만을 요청할 수 있을 뿐이다. 따라서 클라우디오는 자신이 무죄라고 주장하지는 않으며 단지 모든 형식이 완전히 갖추어질 때까지 기다리지 않았던 죄는 용서받을 수 없는 것은 아니다. 그리고 분명 우리는 그의 입장을 동정하고 있다. 그렇지 않다면 그의 행위와 앤젤로가 가하려는 처벌 사이의 불균형이 우리에게 그토록 충격적이지는 않을 것이며 따라서 이 연극의 긴장은 사라져 버리고 말 것이기 때문이다. (앤 해더웨이가 결혼한 지 6개월 만에 셰익스피어의 첫 아이를 낳은 것이 우연은 아니었을 것이다.) 앤젤로가 클라우디오를 벌금형에 처하고 그에게 준엄한 교훈을 주는데 그쳤다면 드라마는 그것으로 끝나버리고 말았을 것이다.

하지만 클라우디오가 자신이 유죄임을 인정하긴 해도 그는 또한 자신이 비엔나의 관대한 시대정신의 희생자임을 지적하고 있다. 루쇼가 감옥으로 가는 클라우디오를 보고 "왜 체포되었소?"라고 묻는다.

루쇼, 방탕이 지나친 탓이오.
너무 과식하면 배탈이 나듯이
방탕이 지나치면
벌을 받게 마련이오.

그리고 비엔나의 다른 사람들처럼 클라우디오는 결과에 대한 심각한 고려 없이 이러한 자유에 편승해왔다.

인간은 쥐가 쥐약을 탐식하듯이
우리의 본성은 나쁜 짓에 골몰하다가
결국 과식하여 죽고 마오.

다시 말해서 우리의 본성적 성향에 대한 제한들은 단지 필요한 것에 불과한 것이 아니다. 우리의 본성적 성향에 대한 제한들은 문명화된 존재의 없어서는 안 될 조건이다. 우리의 본성이 원하는 데로 방치하게 되면 저절로 선한 것에 이르는 것이 아니라 대개는 악에 이르게 된다.

물론 클라우디오의 누이동생 이사벨라는 결혼 이외의 성관계에 대해 찬성하지 않는다. 이사벨라가 오빠를 살려 줄 것을 간청하기 위해 앤젤로에게 갔을 때 그녀는 다음과 같은 말로 시작하고 있다.

제가 제일 무섭게 생각하는 일,
그리고 엄한 처형이 있기를 바라는 악한 일이 있습니다.
그런데 결코 그것을 변호해선 못쓴다는 것을 알고 있습니다만
변호하지 않으면 안 되게 됐습니다…….

후에 앤젤로의 사악한 제안을 말해주기 위해 감옥에 있는 오빠를 찾아갔을 때 잠시 망설이다 클라우디오가 결국 동생의 순결보다 자신의 생명이 더 중요하며 따라서 앤젤로의 제안에 응해줄 것을 요청하자 이사벨라는 경악한다. 분노한 이사벨라는 다음과 같이 답하고 있다.

죽어 버리세요!
나의 굴욕으로 오빠의 운명을 구할 수가 있다 해도.

이것은 연극에서 이사벨라가 오빠에게 한 마지막 말이다. 따라서 현대의 비평가들은 오빠의 목숨을 희생하고서라도 순결을 지키려는 그녀의 맹렬한 주장이 당혹스럽고, 불균형하며 독선적이어서 호소력이 없다고 생각한다.

하지만 현대 비평가들의 반응은 역사에 대한 이해나 상상력의 결핍

을 증명한다. 전 역사를 통해 순결은 중요한 덕목으로 존중되었다. 바로 순결은 성 관계를 통제하고 문명화하는데 도움이 되기 때문이다. 물론 순결은 흔히 끔찍하게 과대평가되기도 한다. 예를 들어 지난주에만 해도 쿠르드인 이슬람교도 망명자가 16살짜리 자기 딸의 목을 벤 채 출혈로 사망하도록 방치했다. 자기 딸이 서양식의 노출이 심한 옷을 입고 남자 친구와 섹스를 했기 때문이었다. 하지만 이사벨라는 순결을 전혀 중시하지 않는 사회는 부부간의 정절도 하찮게 여기게 된다는 사실을 알고 있다. 그렇게 되면 우리는 절대적 자유와 그에 따른 모든 부수적인 문제로 되돌아가게 된다. 이사벨라는 죄를 짓게 될 때 자신의 영혼만이 아니라 사회정신에 미칠 영향에 대해 두려워하고 있다.

하지만 미덕과 이상이 우리가 인간적일 수 있게 하는 것의 일부를 구성하고 있다면 셰익스피어는 미덕과 이상이 또한 균형되어야 한다는 사실을 의미하고 있다. 연극이 끝날 무렵 이사벨라는 순결을 버리고 공작과 결혼한다. 이사벨라의 결혼은 시간과 장소에 따른 제한이 존재하지만 삶의 전 과정에 걸쳐 동일한 제한이 가해지는 것은 아니라는 사실을 암시하고 있다. 극단적으로 추구되는 순결은 미덕이 될 수 없으며 악은 아니라 해도 적어도 악을 자극하게 될 것이다. 앤젤로가 호전적으로 순결을 추구하지 않았다면 이사벨라에 대한 사악한 시도는 좀더 절제될 수 있었을 것이다.

더욱이 놀라운 사실은 난봉꾼이자 방탕자인 루쇼도 순결의 가치를 알고 있다는 사실이다. 루쇼가 이사벨라에게 접근해 앤젤로에게 오빠의 생명을 구해달라고 청원하라고 요구할 때 그는 다음과 같이 말한다(그리고 루쇼가 이사벨라에게 단지 아첨하는데 불과하다는 징후는 없다).

당신은 이제 하늘나라에 오를 성자가 된 사람,
이 세상을 버리고 불멸의 영혼이 된 사람이므로
거의 성자를 대함과도 같은데
그 앞에서 함부로 거짓말을 할 수가 있나요.

이러한 말은 섹스에 도덕적 중요성이 없다고 생각하는 사람의 말은 아니다. 오히려 그의 말은 섹스를 유감스럽지만 피할 수 없는 유혹이라 생각한 성 바울의 견해를 가지고 있는 사람의 말이다. 루쇼는 대부분의 사람이 너무 약해 피할 수 없는 유혹이라고 결론짓는다. 하지만 그 자신의 행동은 앤젤로처럼 억지로 사도 바울의 견해를 강요하는 것은 불가능하다는 살아 있는 반박 증거다.

수사로 변장한 공작이 오버던 부인의 종업원인 폼피에게 한 말은 연극의 핵심적인 사항을 제시하고 있다. 명심해야 할 것은 비엔나의 도덕적 해이에 대해 책임이 있는 사람은 공작이었지만 그가 이전에 '준엄한 법률'을 강제하기를 꺼렸던 이유는 누구나 자기가 원하는 것은 무슨 일이든 할 수 있어야 한다는 이데올로기적 믿음 때문이라기보다는 오히려 태만, 나약함, 비겁함과 인기에 대한 욕망 때문이었을 것이다. 그는 방탕하지 않았고 다른 사람들의 방탕함에 대해서도 찬성하지 않는 신중하고 교양 있는 사람이었다. 그는 폼피에게 다음과 같이 말한다.

저런, 몹쓸 놈! 뚜쟁이 놈! 고약한 뚜쟁이 놈!
너는 사람에게 나쁜 짓을 하게 하는 것을
생업으로 하고 있는 사람이다. 좀 생각해 봐라.

그런 더러운 짓으로

밥통을 채우며 등에 옷가지를 붙이는 것을 대체 어떻게 생각하

느냐?

남에게 야만무도한 짓을 시켜서,

마시고, 먹고, 입고, 그리고 살고 있다고 자신에게 말해 봐라.

그런 더럽고 짐승 같은 짓을 하는 것이

생활이라고 할 수 있겠나?

이것은 입바른 말에 불과한 것은 아니다. 수사로 변장하고 있었기 때문에 종교적 권위를 갖고 행동했을 공작은 폼피를 감옥에 투옥시킨다.

핵심적인 단어는 '짐승 같은'이라는 표현이다. 즉 그들의 짐승 같은 짓이다. 공작은 짐승 같은 짓으로 사랑과 헌신 같은 인간적 속성 없는 성행위를 의미하고 있다. 사랑이 없다면 섹스는 동물적인 행위 ── 문자 그대로 짐승 같은 ── 에 불과하다. 그리고 연극의 전제가 분명히 하고 있는 것처럼 법이나 제도가 너무 취약할 때 짐승적인 것은 인간적인 것에 대해 승리한다. 아기는 젖어미에 의해 사회화되는 것이 아니라 욕망이 좌절될 때마다 젖어미를 때린다. 유아기에는 본능적일 뿐이다. 욕망을 꺾고 욕망을 통제하는 법을 배울 때 ── 다시 말해서 문명화됨으로써 ── 에야 비로소 인간은 완전한 인간이 된다.

따라서 셰익스피어는 청교도 ── 그는 분명 미덕 같은 것이 존재하기 때문에 더 이상 쾌락은 존재하지 않게 될 것이라고는 생각하지 않았다 ── 는 아니지만 도덕 문제에서 완전한 자유주의자도 아니었다. 한편으로 "완전히 근절"시키려는 앤젤로의 유토피아적 계획은 인간 본

성 그 중에서도 아마도 인간의 욕망을 근절시키고자 하는 바로 그 자신의 인간 본성이라는 암초에 부딪쳐 실패(역사가 입증하고 있듯이)하게 된다. 다른 한편으로 완전히 본능에 따라서만 행동하는 것은 짐승 같은 짓을 하게 되고 결과적으로 인간성의 천박함에 이르게 된다. 따라서 셰익스피어는 자신의 입장을 유토피아적 전체주의자들과 자유주의적 근본주의자들 사이에 위치하게 한다. 셰익스피어는 현재 우리가 대면하고 있으며 앞으로도 언제나 대면하게 될 문제들에 대하여 쉬운 해답을 제시하지는 않는다. 그의 답변은 철학적 제1원리로부터 주장하고 싶어하는 사람의 두 가지 유형의 유혹인 가혹한 엄격함과 억제 혹은 극단적인 자비와 관대함을 요구하지 않는다. 다시 말해서 그는 우리에게 인간성과 균형을 맞추기를 요구하고 있다. 우리는 본성 때문에 우리에게 지워진 한계를 인정함과 동시에 스스로 절제하기 위한 노력을 포기하지 말아야 한다. 우리가 한계에 대한 인정과 자기절제의 노력을 포기한다면 이데올로기에 굴복하거나 본능에 따라 살아가는 짐승 같은 인간으로 변하게 될 것이다. 혹은 이데올로기에 굴복하면서도 본능에 따라 살아가는 짐승 같은 모습으로 살아가게 될 것(우리 시대의 기이한 위업)이다.

2003

D. H. 로렌스가 포르노그래피 작가인 이유

노골적인 문화는 사람들을 야비하게 만들며 파격에 무조건 환호를 보내는 사회분위기에서 절제는 오래 유지될 수 없다. 그래셤의 법칙은 화폐뿐 아니라 문화에도 적용된다. 고급문화가 지켜지지 않는다면 저급문화가 고급문화를 몰아내게 된다.

우리나라보다 비속화가 더 진전된 나라는 없다. 적어도 이 점에서 우리는 세계를 주도하고 있다. 불과 얼마 전만 해도 절제된 예절로 유명했던 나라가 이제는 욕망의 비속성과 욕망을 충족시키기 위한 제어되지 않은 반사회적 시도들로 악명을 떨치고 있다. 지방과 도시의 중심지에서 주말이면 예외 없이 벌어지는 일반적 취태는 남녀 간의 지독하게 노골적이고, 폭력적이며 피상적인 관계와 더불어 진행되고 있다. 우리 사회에 이혼과 사생아의 증가는 진정한 인간관계가 확산되는 징표가 아니라 특히 가난한 사람들 사이에서 혼란과 불행으로 이어지는 제어되지 않은 쾌락주의의 결과다. 억제력이 제거되고 폭력적 불화가 이어진다.

이상하게도 예절의 혁명은 아래로부터의 어떤 폭발적 분출을 통해 일어난 것이 아니다. 오히려 속박을 거부하는 것은 지적인 엘리트 진영

이었다. 예절의 혁명은 거부해야할 구속이 거의 남아있지 않은 현재에
도 여전히 진행되고 있다.

　예를 들어 공적인 인물 특히 정치인의 사생활과 관련된 언론의 경
쟁적인 선정성은 이데올로기적 목적을 갖고 있다. 즉 미덕의 개념을 파
괴하고 미덕의 가능성을 부인해 결국 억제의 필요성을 부인하는 것이
다. 미덕을 옹호하려는 사람이 더러운 손(우리 중에 순결한 손을 가진 사람이
얼마나 되겠는가?)을 가지고 있다는 사실이 드러나면 혹은 살아가면서 한
때 그가 주장하는 미덕과 반대되는 악에 빠져있었다는 사실이 드러나면
미덕 그 자체는 위선에 불과한 것으로 폭로된다. 따라서 우리는 우리가
선택한 방식으로 행동할 수 있게 된다. 인간 조건에 대한 종교적 이해방
식 —— 인간은 미덕을 필요로 하지만 결코 완전한 미덕을 얻을 수 없는
타락한 피조물이라는 사실 —— 을 잃어버린 것은 진정한 지적 교양의
측면에서 보면 이익이 아니라 손실이다. 세속적 대체물 —— 끊임없이
쾌락적 선택을 늘려감으로써 세속적인 삶의 완벽성을 믿는 것 —— 은
인간 본성에 대한 이해도에서 상대적으로 미숙할 뿐만 아니라 훨씬 현
실적이지 못하다.

　신문의 예술과 문학 지면에서 엘리트들은 금지를 금지할 것과 성찰
없는 도덕률 폐기론을 끊임없이 요구하고 있다. 최근 영국의 유력지
「옵저버 Observer」의 최근 예술 섹션을 예로 들어보자. 이 섹션의 눈
길을 사로잡는 중요한 두 꼭지의 기사는 팝가수인 마릴린 맨슨과 작가
글렌 덩컨을 찬양하고 있다.

　「옵저버」의 비평가는 이 팝가수에 대해 다음과 같이 쓰고 있다. "충
격을 주는 마릴린 맨슨의 능력은 강한 바람 속에 있는 추처럼 흔들린

다.⋯⋯그는 초기엔 실제로 두려워하고 있었다. 당시 그는 고향인 플로리다에서 나타나 중산층 미국인들이 소중하게 간직하고 있는 모든 것들에 대해 전쟁을 선포했었다. 맨슨은 스릴을 맛보기 위해 발굴한 뼈다귀를 흡연한 이야기를 그럴듯하게 늘어놓았다. ⋯⋯하지만 ⋯⋯ 맨슨의 자서전은 그가 총명하고 유쾌한 사람이라는 사실 —— 그가 음란한 취향을 충족시켜줄 수 있는 성적 쾌락을 위해 청각 장애인 열성 팬들을 덮치긴 했지만 —— 을 보여주고 있다. 그는 악의 화신이라기보다는 예술인이 되었다. 교회 집단은 아직도 그의 록 콘서트를 나치 집회라 부르며 피켓 시위를 하고 있다. 하지만 어떤 바보도 맨슨이 파시스트 식 불장난과 동시에 록앤롤 콘서트와 대중적 행동에서 확실한 성공을 거두었다는 사실을 알 수 있다."

이 리뷰의 저자 —— 청각 장애인에 대해선 조심스럽게 '귀머거리'로 지칭하기를 주저하지만 그들이 변태적 성적 만족에 이용되고 있는지 여부에 대해한 그다지 개의치 않는 것처럼 보인다 —— 는 독자에게 중산층 미국인들은 그 같은 구경거리를 혐오스럽게 느낄 정도로 소박하지도 순진하지도 건강하지도 않다는 사실을 전달하려고 애쓰고 있다. 예를 들어 유명해지려고 가학적 연쇄살인을 저지른 자의 실명을 거론하지 않는 것처럼 말이다. 이런 식의 반응은 세속적 악마 숭배자들보다 멍청하고 착실한 기독교인을 지지하게 되면 사회적 위신을 잃게 되는 것이라고 생각한다 —— 물론 어느 것에도 충격받지 않고 어느 것에도 반대하지 않겠다는 결심 그 자체가 하나의 관습이긴 해도. 실제로 파시즘에 대항해 싸우고 생명의 위험을 감수하며 그 과정에서 동료를 잃은 사람이나 파시즘의 지배하에서 고통받은 사람들은 장난삼아 파시스트 방식을 흉내 내는 짓이 불쾌할 뿐 아니라 삶의 말년에 현실에 대해 절망하게 되는 이유라는 사실은 비평가의 상상력이나 공감의 영역을 넘어선 것처럼 보인다. 파시즘은 유행이 아니다.

마지막 문장의 '어떤 바보도'라는 표현은 미묘한 형태의 지적 속물주의이자 아첨이다. 그는 도덕적 판단과 원칙이 미치지 않는 곳에서 생활하는 학식이 풍부한 사람이자 전문가들인, 지식인 엘리트의 매력적인 범주로 독자들을 끌어들이려는 의도로 '어떤 바보'라는 표현을 사용하고 있다. 그렇게 되면 독자들은 교양 있고 잘못을 깨우친 사람들로서 단지 겉모습에 미혹되지 않으며 시대에 뒤떨어진 사고방식을 근거로 비난하거나 공적인 품위 같은 사소한(그리고 압제적인) 고려에 흔들리지 않는 범주에 속하게 되는 것이다. 저자는 파시즘식 불장난을 지켜보는 청중 속에 어떤 바보는 없을지 몰라도 아이러니하게도 불장난이 추구하는 재미는 보지 못하고 파시즘을 받아들이게 될 많은 바보들이 있을 수 있다는 생각은 하지 않고 있다. 얼마 전 어떤 신문사에서 '콘서트'에 참석해 그 주된 세일즈 포인트가 청중에게 오줌을 싸고 토하는 것으로 그룹 구성원 모두가 수없이 'motherfucker'라 외치며 끊임없이 청중에게 욕을 하는 그룹에 대한 기사 작성을 요청받았다. 수천 명이 '콘서트' —— 사실상 반향하는 방음벽, 음탕한 가사를 부름으로써 강조되고 있는 불협화음의 전자 소음 —— 에 참석했으며 그들 중에는 6살 밖에 되지 않은 수백 명의 어린아이들도 있었다. 이 불행한 어린이들에게 이 콘서트는 '진흙탕에 대한 향수 nostalgie de la boue'가 아니라 그들이 숨쉬고 살고 문화를 받아들이는 진창 boue 자체로 그 어린아이들은 진창에 완전히 빠져있었다. 그것은 어린아이들이 지금 허우적대는 것이 전혀 바람직하지 않을 것 같은 진창이다. 어떤 바보도 이것이 어린아이에게 어울리는 광경이 아니라는 사실을 알 수 있지만 많은 바보들 —— 그들의 부모들 —— 은 모르고 있다.

「옵저버」의 글렌 덩컨과의 인터뷰 제목은 '어두운 악마적 전율'로 인터뷰를 한 기자는 자신이 덩컨 작품의 사도마조히즘에서 '유쾌한 충격' —— 물론 특권계급에 속한 그녀에겐 순전히 체면을 손상하는 즐거움 이외의 다른 어떤 유형의 충격 —— 을 받았다고 생각하고 있다. 또 다른 사도마조히스트적 문학 작가인 메리 게이츠킬보다 "그는 성 폭력과 잔인성의 어두운 숲으로 훨씬 더 깊이 들어가는 모험을 감행해왔다" —— 사실상의 칭찬, 게이츠킬은 비평적으로 '그녀의 금기에 대한 단호한 불장난' (파리들이 똥에 꾀이듯이 금기에 끌리는 지식 계급은 얼마나 경박한가), '혐오스러운 세부 묘사의 명민한 사용'으로 환영받았다. 물론 약간의 혐오스러운 세부묘사보다 인간의 자유, 성숙, 자기 인식을 확장하기에 더 훌륭한 것은 존재하지 않는다. 다시 말해서 천성적으로 사람들은 어떤 것에도 굽히지 않을 만큼 단호할 수도 없고 아주 혐오스러운 세부묘사를 할 수도 없다.

물론 덩컨씨의 사도마조히스트적 습관에 대한 생생한 묘사는 음란하고 관능적이다. 하늘이시여 그 같은 추잡한 환원적 사고로부터 우리를 보호하소서. "그것이 출판업자들에겐 아무리 훌륭한 판매 강조점 —— 우리 아주 솔직해지기로 하자, 성숙한 사람은 어떤 진실도 마주할 수 있기 때문이다 —— 일지라도 말입니다." "나약한 사람들 (예를 들어 파시즘이 단지 문체상의 처리에 적합한 주제라고 생각지 않는 사람들 같은) 을 위한 것이 아닌" 성적인 장면은 단순히 상업적인 것이 아니라 심각한 철학적 중요성을 갖고 있다. 저자가 인터뷰하는 사람에게 말했던 것처럼 그는 당연히 심각한 사상가로서의 명성을 얻게 되었다. 즉 "빌어먹을 섬뜩한 일들이 벌어지고 있으며 나는 화자(話者)가 그 같은 관점에서도 삶의 방식을 이해하기를 원했습니다." 따라서 성적인 장면들은 불필요하다거나 더욱이 대중의 주목을 끌기 위한 것은 더더욱 아니다 —— 그렇다고 인간적 선택의 결과도 아니다(빌어먹을 섬뜩한 일들은 선택되지 않았으며 그것은 단지 벌어지고 있고 불가피할 뿐이다). 그것은 허용될 수 있는 것의 한계에 대한 중요한 형이상학적 의문들을 제기하고 있다.

솜씨, 품위, 어떤 것은 말하거나 직접적으로 묘사해서는 안 된다는 이해력의 상실 같은 타락한 문화적 악순환은 정확히 언제 시작된 것일까? 우리는 어떤 행동, 예절 그리고 존재 방식을 예술적 묘사로 위엄을 갖추는 것이 은연중에 그러한 것들을 찬미한다는 사실의 진가를 언제부터 더 이상 인정하지 않게 된 것일까?

애덤 스미스의 말처럼 한 나라에는 많은 파멸의 원인이 존재한다. 그리고 이 같은 사실은 경제처럼 한 나라의 문화에도 적용된다. 흔히 건설보다 더 빠르고 쉬우며, 자의식이 더 많긴 하지만 문화적 파괴 작업은 어느 한순간의 작용은 아니다. 로마는 하루아침에 무너지지 않았다.

예를 들어 1914년 버나드 쇼는 런던 무대에서 엘리자베스 두리틀의 '말도 안 되는 소리!'라는 대사로 센세이션을 불러일으켰다. 물론 지금은 자극도 없고 순진하기까지 한 이 세찬 항의의 외침이 불러일으킨 센세이션의 효과는 전적으로 그 같은 대사가 비웃고 있는 관습에 의존하고 있다. 하지만 이 같은 대사로 화가 난 사람들(그리고 일반적으로 이어지는 사건에 대한 설명에서 어리석은 것으로 취급되는)은 본능적으로 센세이션은 같은 장소에서 두 번 일어나지는 않으며 앞으로 이 같은 효과를 내기 위해선 '말도 안 되는 소리!' 보다 훨씬 더 강도가 셀 필요가 있다는 사실을 알고 있었다. 논리와 관습 파괴의 관습은 확립되었고 따라서 수십 년이 지난 후 가장 극단적인 수단이 아니면 어떤 식으로도 센세이션을 불러일으키기 어렵게 되었다.

하지만 최근 우리 문화사에서 식자층의 미숙함을 이상적인 예술적 노력으로 기정사실화한 특이한 사건이 있다면 그것은 음란 서적 D. H. 로렌스의 『채털리 부인의 연인』 무삭제판을 출판하기 위한 펭귄 북 출판사의 유명한 1960년 재판이었다. 이 재판은 법률적 제재가 없을 때 문화적 솜씨와 억제가 허무하게 사라질 것인지 여부에 대한 의문을 제기했다. 이 사건에서 많은 웃음거리가 되었던 검사 멜빈 그리피스 존스만이 잘 이해하고 있었으며 특히 당시 정부에 다음과 같이 조언했다. 『채털리 부인의 연인』 출간이 법적으로 이의가 제기되지 않는다면 혹은 이 재판에 질 경우 그것은 사실상 음란물에 관한 법률의 종언을 의미하게 된다는 것이다. 신의 부재에 따른 도덕적 결과에 대해 도스토예프스키가 말했던 유명한 금언을 약간 각색하자면 『채털리 부인의 연인』이 출판된다면 어떤 내용의 책도 출판될 수 있을 것이다.

펭귄 북 출판사는 로렌스의 소설을 오랫동안 출판하고 싶어 했지만 1960년에야 출판을 결정했다. 의회가 1959년 음란물 관련법을 개정했기 때문이었다. 개정된 법률 조항의 목적은 포르노그래피 발행을 금지하는 반면 전체적으로 퇴패와 타락을 의도한 것으로 받아들여졌던 이전의 음란물 규정이 적용되던 문학작품을 보호하는 것이었다. 하지만 애초에 이 법은 예술, 문학 혹은 학문의 이익이 퇴폐와 타락을 예방할 목적에 우선할 수 있다는 규정을 담고 있었다. 게다가 이 법은 해당 외설 작품의 예술적 혹은 문학적 장점을 변호할 수 있도록 '전문가' 증언 요청을 허용하고 있다. 펭귄 북 출판사가『채털리 부인의 연인』출간을 제의한 시기는 분명 펭귄사가 이 책이 음란물로 고발당할 것이라는 사실을 알고 있었다는 점을 시사하고 있다.『채털리 부인의 연인』출판은 펭귄사가 '전문가'의 증언 즉 엘리트의 의견에 책의 변호를 맡길 수 있을 때까지 기다릴 필요가 있었다. 새로운 법안의 초안을 작성했던 사람들 중 한 명으로 후에 자유주의적 내무장관이 된 로이 젠킨스가 포함되었다. 새로운 법안은 결국 문학을 보호하고 포르노그래피를 억제하기보다는 그 반대의 결과를 가져왔다. 후에 젠킨스가 관대한 사회가 문명화된 사회라고 선언했듯이 법안 초안 작성자들이 원했던 것이긴 했지만 인정할 수 없는 결과였다.

엘리트들은 재판 중 책을 옹호하는데 열을 올렸다. 변호인은 E. M. 포스터와 레베카 웨스트 같은 거물 전문가 명단으로 채워져 있었다. 재판은 분명 검사의 졸렬함에서 도움을 받았다. 검사는 상류계급에서 자신이 청년기를 보낸 후 사회가 변했다는 사실에 주목하지 못했던 것처럼 보인다. 그는 이후로 농담거리가 된 극히 거만한 모습으로 재판을 시작했으며 그가 재판 시작 시 판사에게 한 이야기로 아직도 —— 그리고 유일하게 —— 기억되고 있다. "재판장님께서 이 책을 시험해 볼 수 있는 방법들 중 하나는 재판장님께서 어린 아들이나 딸 —— 소년들 뿐 아니라 소녀들도 읽을 수 있기 때문에 —— 이 이 책을 읽어도 좋을지 자문해 보는 것입니다. 재판장님께선 이 책을 소장하시겠습니까? 재판님께서 아내나 하인들이 읽기를 바라시는 책입니까?" 당연히 재판정엔 웃음이 터졌고 이어 음란물 법안을 강화하려는 실패한 노력에 대해 상원에서 논쟁이 벌어지는 가운데 '무죄' 판결이 선고되었다. 귀족 상원들 중 한 명은 자신의 딸이 『채털리 부인의 연인』을 읽는 것에 대해 어떻게 생각하느냐는 질문에 딸이 읽는 것은 개의치 않겠지만 자신의 사냥터지기가 읽는다면 아주 신경이 쓰일 것이라고 답변한 것으로 보도되었다.

그리피스 존스는 어떤 개인들에겐 무해한 것이 사회 전체엔 무해하지 않을 수도 있다는 가능성을 서투르게 제기하며 따라서 예술가, 작가 그리고 지식인들은 자기 작품이 어떤 파장을 미칠지에 대해 고려할 책임이 있다는 사실을 지적했다. 분명히 논쟁의 여지는 있지만 본질적으로 불합리한 문제제기는 아니었다. 하지만 사건은 그의 실언 때문에 결코 반전되지 못했다. 그리고 단순한 실언이 논쟁 중인 중요한 문제를 모호하게 할 수 있다는 사실은 이미 사회를 지배하고 있던 정신의 천박성을 분명히 하고 있다.

사실 전문가의 증언은 그 방식에서 그리피스 존스의 법정 개시 연설만큼이나 비합리적이며 그 효과는 훨씬 더 파괴적이다. 예를 들어 저명하고 교양 있으며 아주 품위 있는 케임브리지 학장인 헬렌 가드너는 로렌스가 '씹'이라는 단어를 끊임없이 사용한 것은 아니더라도 되풀이해서 쓰고 있는 문제에 대해 질문을 받았을 때, 그녀(다른 증인들과 마찬가지로)는 로렌스가 어쨌든 그 단어에 내포되어 있는 음란성을 박탈해 덜 음란하고 더 세련되게 만들었다고 답변했다. 헬렌 가드너는 형이상학적인 시에 대해 연구하며 거의 평생을 살았다. 재판장에 대한 최후 변론에서 그리피스 존스 —— 비합리적이고 악의적이며 거만하긴 하지만 —— 는 비속어에 대한 금기들을 약화시킬 때의 사회적 영향에 대해 전문가 증인들보다 훨씬 더 현실적이라는 사실을 입증하고 있다. "가드너 씨는 '나는 이 단어가 책에서 그렇게 자주 사용되고 있으며 매번 사용될 때마다 최초의 충격은 줄어든다는 바로 그 사실에 대해 생각하고 있으며……' 저는 언어의 반복 사용이 이 언어의 사용에 대한 거부감을 완화시킨다고 생각하고 있습니다. 아닌가요? 그렇지 않고 그것이 옳다면 다음과 같이 말하는 것이 끔직하지는 않을 겁니다. '좋습니다, 우리가 이 단어를 사용하는 것의 충격에 대해 잊는다면, 우리가 늘 사용한다면 누구도 충격을 받지 않을 것이고 모두가 이 단어를 사용하게 될 것이며 그것이 옳지 않겠습니까?' 판사님께선 똑같은 시험을 모든 것에 적용할 순 없습니까? 추잡한 사진들을 수없이 보게 된다면 그 충격과 효과는 사라지고 그렇게 되면 추잡한 사진들은 도처에 범람하게 될 겁니다!" 40년 후 나의 상담실을 방문해 사무실에 있는 전화를 부서뜨리지 못하게 하자 자기 어머니에게 "알았어, 씹팔!"하고 말하는 3살짜리 어린아이의 말을 들었다면 놀란 사람은 그리피스 존스가 아니라 가드너씨였을 것이다.

증인들은 부정직하지 않은가 하는 의혹이 들 정도로 피고 측의 사례를 지지하기 위해 로렌스의 작가로서의 지위를 지나치게 과장하고 있다. 사실 로렌스 사건은 예술적 한계의 제거 그리고 넌더리나는 문명의 억제력을 부식시키기 위해 자신들이 전개하고 있는 사회 운동의 시험대에 불과했다. 헬렌 가드너는 증언을 하면서 작품의 문학적 가치를 평가할 때 고려해야 할 두 가지가 있다고 말했다. 즉 저자가 무엇을 말하려고 하는가와 말하고자 하는 바를 얼마나 성공적으로 말하고 있는가 하는 점이다. 두 가지 측면에서 고려했을 때 로렌스는 실패하고 있으며 비참하게 실패하고 있다. 분명 당시 노팅햄프셔 광부의 아들이 소설을 쓴다는 사실은 주목할만한 일이었고 그것이 로렌스가 블룸스베리 그룹[10]의 총애하는 프롤레타리아트가 된 이유다. 하지만 희귀하다는 이유만으로 지적·미학적 가치에 대한 판단력이 흐려져서는 안 된다. 예를 들어 로렌스의 산문은 단조로우면서도 지나치게 공을 들이는 어려운 위업을 실현하고 있다. 책을 덮게 하는 다음과 같은 문장을 찾아볼 수 있다. "그녀가 달려가자 비에 젖은 둥근 머리통과 도망치느라 앞으로 기울어진 젖은 등판 그리고 빗물이 반짝거리는 둥그스름한 궁둥짝만이 그에게 보였다. 웅크린 채 도망치고 있는 여자의 경이로운 나체였다."[11] 폴로니우스는 "그것 굉장한데! '반짝거리는 엉덩이' 라 좋군."라고 경탄했을 것이다.

　　근본적으로 재미가 없는 이러한 문장(전형적인 것과는 거리가 먼)은 유머 감각이 균형감을 필요로 하는 한 심각한 도덕적 결점을 나타내고 있다. 물론 서머셋 모옴이 언젠가 지적한 것처럼 아주 평범한 작가들만이 늘 최선을 다한다. 하지만 아주 나쁜 작가들은 로렌스처럼 대개 자신이 할 수 있는 최악의 짓을 저지른다. 다음의 인용문은 사냥터지기인 멜러즈가 채털리 부인이 멜러즈의 아이를 임신한 후 채털리 부인의 아버지 맬컴 경과 나눈 대화와 관련된 문장이다.

---

10) The Bloomsbury Group
1906년부터 30년경까지 런던과 케임브리지를 중심으로 활동한 영국의 지식인·예술가의 모임. 작가 A.V.울프·E.M.포스터, 경제학자 J.M.케인스가 멤버이고 철학자 B.A.W.러셀·G.E.무어, 정치학자 G.L.디킨슨도 관계를 맺고 있었다. 그들 대부분이 명문가 출신이었다. 19세기 영국의 도덕주의를 예리하게 비판하였고 자유롭고 회의적인 지성, 미(美)와 우정을 존중함을 신조로 삼았다. 그들은 각기 자신의 영역에서 20세기문화의 개척자가 되었고 지성에 대한 신뢰와 세련된 미적 감각을 지니고 있었다. 엘리트주의자라는 비판도 받았지만, 자유인으로 사상·예술·생활을 통일하는 것이 그들의 이상이었다.

11) 이 칼럼의 『채털리 부인의 연인』은 세계문학전집. 2003년 민음사 간, 이인규 옮김을 인용.

마침내 커피가 나오고 웨이터가 가고 난 다음에야 비로소, 멜컴 경은 여송연에 불을 붙이고서 본론을 꺼냈다. 호감이 섞인 따뜻한 어조였다.

"자, 이보게, 젊은 친구, 내 딸애를 어떻게 할 생각인가?"

씨익 웃는 듯한 미소가 멜러즈의 얼굴을 스쳤다.

"글쎄요, 훈작님께서는 어떤 생각이신지요?"

"그 애가 자네 아이를 임신한 게 확실해 보이더군."

"영광스럽게도 그리 되었습니다!" 씨익 웃으며 멜러즈는 대답했다.

"암, 진정코 영광이지!" 멜컴 경은 뿜어내는 듯한 웃음을 짤막하게 터뜨렸다. 그러고는 스코틀랜드 사람 특유의 호색적인 태도를 띠며 말했다. "암, 영광이고말고! 그래, 아랫도리 기분이 어땠나, 응? 좋았겠지? 이 사람아, 안 그래?"

"네, 좋았습니다!"

"틀림없이 그랬을 거야! 하, 하! 딸애는 바로 이 아비를 아주 꼭 닮았으니까 말이야! 사실, 나도 정말로 근사한 섹스라면 결코 마다한 적이 없다네. 비록 그 애 어머니가……. 어, 거룩하신 성자님들이시여 도우소서!" 그는 하늘을 향해 두 눈을 치켜떴다. "하지만 그 아이를 뜨겁게 달궈놓은 것은 자네인 셈이지. 그래, 자네가 그렇게 한 거야. 내 능히 알 수 있네. 하, 하! 그 아이한텐 내 피가 흐르고 있지! 그런데 바로 자네가 그 아이의 건초 더미에다 확실하게 불을 질러준 거야."

영국 문학에서 이보다 더 형편없고 더 노골적이거나 더 무감각한 문장을 찾아보기는 힘들 다. 물론 이것은 놀라울 정도로 비현실적이다 (그리고 로렌스는 현실주의자라고 주장한다). 어떤 아버지도 남자들이 술자리에서나 하는 식으로 자기 딸에 대해 이야기하지 않으며 죽은 아내에 대해서 이런 식으로 말하는 홀아비도 없을 것이다. 이 같은 문장은 인간관계를 최악의 공통분모로 축소시키는 것이다. 그렇게 되면 인간은 농가의 가축과 다름없는 존재가 된다. 게다가 로렌스는 자신이 더 세속적이고 생물학적이기 때문에 자기가 속한 사회 계급의 다른 사람들보다 뛰어난 사람이라는 자신의 견해를 받아들이기를 원하면서 맬컴 경을 인정하고 있다.

로렌스는 진지하긴 하지만 중요한 작가는 아니다. 중요한 작가란 삶에 대한 전망이 지적이거나 도덕적으로 우리가 고려할만한 가치가 있는 사람을 의미한다. 로렌스는 자신의 많은 부분을 멜러즈와 동일시한다. 책의 어떤 부분에서 멜러즈는 로렌스 철학의 핵심을 선언하고 있으며 그것은 인간존재에 대한 그의 모든 성찰을 요약한 것으로서 세계에 대한 그의 마지막 신조의 표명이었다. "나는 어떤 것을 믿는다, 나는 따뜻한 마음이 존재한다고 믿는다. 특히 사랑에 빠진 따뜻한 마음이 존재한다고 믿는다. 나는 남자가 따뜻한 마음을 가진 여자와 섹스를 할 수 있다면 그리고 여자가 그것을 친절하게 받아들인다면 모든 것이 순조로울 것이라고 믿는다." 이상하게도 남자와 여자 사이의 관능적인 성 관계를 통해 사회가 완벽해질 수 있다는 생각은 지적인 고려를 할 가치가 없는 일종의 환상이다. 그것을 청년기의 방황이라고 치부하는 것은 많은 총명한 젊은이에게 부당한 일이다. 많은 저명인사들이 법정에서 로렌스는 콘래드[12]와 비교될만한 20세기의 가장 위대한 작가들 중 한 사람이라고 기꺼이 증언했다는 사실은 엘리트들이 취향과 판단력을 상실하고 있다는 사실을 보여준다. 그들의 인정으로 나쁜 작가이자 그 보다 더 나쁜 사상가가 영향력 있는 중요한 문화 인물로 변모했으며 그의 노골적이고 이기주의적인 상상력 결핍은 그 이후로 더 노골적이고 더 이기주의적인 상상력이 결핍된 사람들에 의해 끊임없이 널리 알려지고 있다.

하지만 상상력 결핍이 진리에 대해 정직하거나 충실한 것은 아니다. 오히려 그와는 거리가 멀다. 성 생활은 늘 그리고 언제나 단순한 동물적 기능을 넘어선 어떤 것으로 인간화되려면 다양한 정도의 불투명한 베일로 가려져야 할 인류의 전체적 경험이기 때문이다. 본질적으로 비밀스러운 것 다시 말해서 자의식적이고 인간적인 것은 노골적으로 얘기될 수 없다. 그 같은 시도는 진리가 아니라 조잡한 것에 이르게 할 뿐이다. 음담패설은 우리의 본능이 비밀주의에 치러야 할 대가다. 음담패설을 넘어서 모든 베일을 찢어버리게 되면 포르노그래피에 이르게 될 뿐이다. 따라서 본질적으로 로렌스는 그런 지루한 장르에서조차도 지루한 것이긴 하지만 포르노작가에 불과하다.

엘리트를 제외하면 검열법 완화에 대한 요구가 그렇게 거세지 않았었다. 사실 검열법이 완화되기까지 일반 독자들은 D. H. 로렌스의 작품에 대해 분명히 제한된 욕구를 보여주고 있었다. 하지만 검열법이 완

---

12) Joseph Conrad 1857~1924
영국 소설가. 폴란드 베르디체프 출생. 본명은 요제프 테오도르 콘래드 코르제니오프스키이다. 인간의 마음 속 깊이 다가오는 윤리적 작가로서 문명의 그늘에 가려진 죄악과 물욕이 가져오는 정신적 황폐, 사회적 책임과 배반 등 윤리적 주제에 날카로운 감각을 보여주었다.

화되어 책이 출간되자마자 영국 가정 4가구당 한 집 꼴로 로렌스의 책을 비치하게 되었다. 호리병 속의 지니가 아주 합법적으로 병 속에서 벗어나게 되었고 공급은 수요를 창조해 욕망은 점점 더 심해지고 있다.

　물론 검열이 예술에 해가 되며 따라서 늘 정당화될 수 없다는 것은 일반적인 편견이다. 그래도 검열이 예술에 해가 되어 정당화될 수 없다면 인류에게 남은 예술적 문화유산은 거의 없었을 것이고 우리는 예술적 황금시대에 살고 있어야 한다. 우리는 검열할 수는 없지만 혹평할 수는 있다. 따라서 우리는 D. H. 로렌스와 마릴린 맨슨과 글렌 덩컨으로 이어지는 통탄할만한 그의 진부한 제자들이 '어둡고 악마적인 전율'로 세계를 밝게 하기보다는 어둡게 하고 있다고 말하는 것을 귀찮아해서는 안 된다.

2003

버지니아 울프의 분노

어머니께서 독일을 영원히 떠나 다시는 부모님을 보지 못하게 된 1938년 버지니아 울프는 『기니 금화 세 닢』을 출간했다. 그것은 여성이 어떻게 전쟁을 막을 수 있는가 하는 것에 대한 내용이었다.

물론 국가 중대사와 관련해 버지니아 울프의 이름을 연상하는 경우는 없다. 오히려 그 정반대다. 그녀는 국가의 중대사들에 대해 괴팍스러운 혐오감을 갖고 있었다. 버지니아 울프는 국가 중대사를 자기감정의 더 섬세하고 미묘한 차이에 주의를 기울이는 진정한 인생사와 별개의 통속적인 오락이라고 생각했다. 블룸스베리 그룹 —— 버지니아 울프가 주창자로 영향력 있고 끊임없이 연대기에 기록되는 영국의 소규모 탐미주의자 집단 —— 의 다른 구성원들처럼 버지니아 울프는 자신들처럼 인생이란 대 논쟁과 같은 중대사에 민감한 사람들은 추잡한 사회적 관습에 얽매여서는 안 되며 자신의 영혼이 공명하는 울림의 자극에 따라서만 행동하는 것이 자신들의 의무(자신들의 기쁨인 것은 물론이고) 라는 명제에 헌신했다. 하지만 대중적인 시대에 개인적 파격에 대한 정당화는 더 이상 사회적으로 우수한 유형의 사람들에게만 한정될 수 없다. 얼마 지나지 않아 엘리트에게 허용된 것은 대중에게도 허용되게 된다. 그리고 점차 하층계급이 도덕적 태도를 결여하게 되는 것처럼 예상할 수 있는 사회적 재난이 일어났을 때 블룸스베리 그룹의 영향력을 흡수한 (사실상 빠져있는) 엘리트들은 도덕적 태도를 결여한 하층계급의 증가가 애초에 사회와 사회 관습에 대한 자신들의 적대감이 처음부터 정당화될 수 있는 증거로 받아들인다.

『케임브리지 영문학 입문서』는『기니 금화 세 닢』을 게재하고 있다. 그런데 정확히 어떤 장르의 고전일까? 정치 철학? 현대사? 사회학적 분석? 아니다. 그것은 기본적으로 장르로서의 자기연민과 희생자 집단의 표준구이다. 이 점에서 버지니아 울프의 책은 시대를 앞서고 있으며 3류 고등 교육기관에서 여성학 학과목의 참고서가 될만하다. 울프의 책만큼 개인적인 것과 정치적인 것이 서툴게 뒤섞인 경우는 없었다.

『기니 금화 세 닢』은 중요하다. 버지니아 울프는 이 책에서 자신이 쓴 어떤 소설에서도 설명하지 않고 암시하는데 그쳤던 노골적인 세계관을 드러내고 있기 때문이다. 버지니아 울프의 소설 대부분은 문단과 영어권 인문학 분야에서 우상과 같은 지위를 누리며 수많은 젊은이들에게 영향을 미치고 있다. 따라서『기니 금화 세 닢』은 사실 독창성이 풍부한 텍스트다.『기니 금화 세 닢』을 통해 우리는 어떤 우회적 표현도 거치지 않고 버지니아 울프의 진짜 생각을 알 수 있게 된다. 그리고 그녀의 생각은 과장되고 경박하며, 적대적이고 어리석다. 이 책의 제목으로는 '특권을 부여받았으면서도 극히 학대받고 있다고 느끼는 방법' 이 더 어울린다.

기니는 파운드나 실링 같은 화폐 단위를 의미한다. 울프의 시대에도 기니 동전이나 기니 지폐는 실제론 존재하지 않았다. 그것은 관념적 단위에 불과한 것으로 경매하는 예술품 구매 같은 상류 사회 사람들의 거래, 외과의사의 보수, 혹은 이 책에서처럼 자선 기부금 지불에 사용되었다. 버지니아 울프는 매 1기니의 기부에 대해 자신의 요구 세 가지를 기록하고 있다. 우선 자신의 사회가 지적 자유를 보호하고 평화를 조장하기 위한 저명한 법률가에 의한 것. 두 번째는 대학 재건과 확장을 도울 수 있는 케임브리지 대학 여자 단과대학 총장에 의한 것, 세 번째 전문직 여성들이 생활에서 자신의 지위에 필요한 야회복을 구입할 수 있게 하는 전문직 여성을 위한 사회적 재산에 의한 것.

『기니 금화 세 닢』은 전쟁 위협이 여성의 조건과 어떻게 결부되는지를 증명하려고 한다. 버지니아 울프는 세대 전체를 통해 전쟁은 남성의 활동이었으며 같은 세월 동안 남성들은 여성을 억압해 왔다. 따라서 남자가 여자에 대한 억압을 멈추고 여자를 동등한 인간으로 대우한다면 더 이상 전쟁은 없을 것이라고 말하고 있다. 미학에서 이데올로기적 측면으로 채신을 떨어뜨리는 짓은 버지니아 울프처럼 권태로워하고 몹시 신경질적이며 순종 혈통의 말처럼 아름다운 여자에겐 혐오스러운 일일 것이라고 생각할 수도 있다. 하지만 일반적으로 생각해볼 때 버지니아 울프는 자기 주위에서 성전이 무너지게 할 준비를 완전히 갖추고 자신의 반감이 보상받게 될 가장 혁명적이고 파괴적인 유형의 철저한 속물임을 드러내었다. 문명이 붕괴한다 해도 나의 자아는 만족해야 한다!

버지니아 울프의 책에 대한 나의 원고는 사르트르와 드 보부아르 같은 모든 최악-최선(혹은 최선-최악)의 사람들을 알고 있었던 프랑스 작가이자 인류학자인 미셸 라이리스의 총서에 있는 다소 혹평한 첫 번째

판이다. 라이리스의 주석은 지난 시대에 우아한 솜씨로 씌어져 자신에게 특별한 영향을 미친 3쪽의 목록과 62, 63 그리고 64쪽의 위의 바깥쪽 모서리에 작은 ×표로 구성되어 있다.

그렇다면 62, 63 그리고 64쪽은 무슨 말을 하고 있는가. 61쪽에서 버지니아 울프는 케임브리지 여자 대학의 재건과 확장에 필요한 기부요청에 대해 자신의 종잡을 수 없는 답변을 시작하고 있다. 교육과 관련해 버지니아 울프는 분명 더 많은 여성에게 같은 기회를 허용하는 것 이상을 원하지 않고 있다. 버지니아 울프는 세계대전 이전의 모든 교육은 세계대전이 발발하는 것을 막지 못했으며 오히려 세계대전을 경험한 사람들 사이에서 경쟁심을 고취시킴으로써 사실상 세계대전을 유발시켰다고 주장했다. 그녀는 다음과 같이 쓰고 있다. "우리는 필요한 유형의 교육에 대해 될 수 있는 데로 서둘러 논의해 보자." 과거는 악, 어리석음, 잔인함, 여성에 대한 억압 목록에 불과하기 때문에 그녀가 꿈꾸는 대학은 "실험적이고 모험적인 대학이어야 한다. 그것은 그 자체의 방침에 근거해 세워져야 한다."

그러면 이 방침들은 어떤 것일까? "그것은 조각된 석재나 색유리가 아니라 먼지를 축적시키지 않고 전통을 범할 수 있는 어떤 싸고 쉽게 연소될 수 있는 물질로 세워져야 한다." 이것은 분명 탐미주의자가 취하기엔 기이한 건축학적 입장이다. 이 같은 악의적인 실제적 결과들은 영국 어디에서나 찾아 볼 수 있다. 이 같은 건축학적 입장의 영향으로 도시 경관은 예외 없이 파괴되고 있다. 무가치한 것(따라서 가사일이나 다른 억압적 형태의 보존)을 회피하는 것이 인생의 가장 고귀한 목적이 된다. 버지니아 울프가 '전통' 과 결부해 '범하다' 라는 단어를 사용할 때 그녀는 자신의 혁명적 정신 상태를 나타내고 있다. '범하다'는 일반적으로 극악한 범죄나 대량학살 혹은 어떤 다른 재난을 목적으로 하기 때문이다. 버지니아 울프에겐 어떤 특정 전통이 아니라 전통은 일반적으로 제거될 필요가 있는 것이다.

버지니아 울프가 꿈꾸었던 대학은 어떤 비품들이 설치되어야 할까? 물론 지금까지 이야기되고 생각되어 온 것들 중 최상의 것들은 아니다. 그녀는 "유리상자 속에 보관된 묶여진 책이나 초판본을 구비한 박물관과 도서관들을 구비하지 말라"고 충고한다. 아니 "사진들과 책들은 늘 새롭고 늘 변화하도록 합시다. 각 세대마다 자신의 손으로 값싸게 새로이 장식하게 합시다."(지금까지 우리는 미셸 라이리스가 주목한 내용을 담고 있는 쪽들을 반복하고 있다.) 새로운 것이 새롭다는 미덕만으로 오래된 것보다 더 낫다는 천박한 믿음의 표현으로 블레어 총리가 영국의 경쟁력 강화를 위해 문자 이전으로 돌아가 경쟁력 있는 '디자인 영국'을 만들겠다는 Cool Britannia avant la lettre 선언과 다름없다.

그리고 가장 중요한 것은 버지니아 울프가 꿈꾸었던 대학에선 무엇을 가르치게 될 것인가 하는 문제다. "다른 사람들을 지배하는 기술이 아닌 것, 그리고 지배, 살인, 토지와 자본을 획득하는 기술이 아닌 것."(버지니아 울프는 밀턴, 워즈워스 그리고 비트겐슈타인의 대학에 대해 말하고 있다는 사실을 생각하라.) "이 대학은 가난한 사람들이 싸게 배울 수 있고 실습할 수 있는 의학, 수학, 음악, 그림과 문학 같은 교과목들만 가르쳐야 한다." 가난의 보다 나은 미덕과 가난한 사람들을 가정하고 버지니아 울프는 분명 의학을 일종의 간디주의적 가내 수공업으로 이해하고 있다 (그녀는 개인적으로 자신은 늘 이용 가능한 최상의 전문가를 이용했지만). 버지니아 울프가 상상한 의학은 거의 달빛을 받으며 약초들을 캐고, 식탁에서 수술을 하는 전원시인과 여자 마법사들이 수행한다. 이어 그녀는 이러한 유형의 대학은 "인간이 교제하는 교과목을 가르쳐야 한다. 즉 다른 사람들의 삶과 정신을 이해하는 기술과 그와 관련되어 말하고 옷을 입고 요리하는 것과 같은 사소한 기술들을 가르쳐야 한다." 덧붙이자면 체계적 사상가가 아닌 버지니아 울프는 여기서 자신이 또한 그들을 구원하고 있다고 주장하는 바로 사소한 가사일의 세계에 여성들을 가두어둘 것을 제안하고 있다는 사실을 깨닫지 못하고 있다.

버지니아 울프의 이상적인 대학 —— 전쟁을 조장하기보다는 막는 유형 —— 은 어쨌든 엘리트주의적인 것은 아니었다. 그녀가 생각한 대학은 "부자와 가난한 자, 똑똑한 자와 어리석은 자를 파렴치한 차별로 구분하지는 않게 될" 것이다. 오히려 그녀가 생각한 대학은 "모든 정신, 육체, 영혼의 서로 다른 정도와 유형이 만나 협력하게 될" 장소가 될 것이다. 지력에 대해서도 전적으로 일방적으로 판단하지는 않게 될 것이다. 버지니아 울프에게 경쟁하고자 하는 충동은 인간의 본성에 고유한 것이 아니며 폭력투쟁으로 이끌게 할 뿐이다. 따라서 있을 수 있다 해도 실패할 수도 있는 최선에 대비해 스스로를 시험하는 일은 존재하지 않는다. 대신 사람들은 끊임없이 자부심, 서로 간의 경하와 모든 이에 대한 관대함의 따뜻한 분위기에 빠져들 것이다.

물론 완전한 관용을 가정하고 있는 미래의 상태가 현재의 관용이나 현재에서 비롯된 관용을 의미한다고 생각하는 것은 잘못이다. 그와는 거리가 멀다. 버지니아 울프는 자신을 반대하는 사람들이나 다른 생각을 하는 사람이 평화롭게 살게 내버려 두지는 않을 것이다. 미셸 라이리스가 마지막으로 주목한 다음 쪽에서 그녀는 문화적 갱신에 대한 자신의 화전식 개념을 분명하게 표현하고 있다. "획득된 기니는 구태의연한 계획에 근거한 대학 재건에 낭비되어서는 안 된다.……따라서 기니는 '넝마, 가솔린, 성냥'에 책정되어야 한다. 그리고 기니 지폐로 대학을 도배해야 한다. 기니 지폐를 가지고 대학을 전소시키라. 오랜 위선들에 불을 지르라. 불타는 건물의 불빛이 나이팅게일을 놀라게 하고 버드나무를 진홍빛으로 물들게 하라. 그리고 '교양계급 남자의 딸'들이 불 주변에서 춤을 추며 불꽃 위에 한 움큼씩 낙엽을 쌓아 올리게 하라. 그리고 그들의 어머니들이 위쪽 창에 기대어〔아마도 불타 죽기 전에〕'그것을 불태워라! 그것을 불태워라! 우리가 이런 교육을 끝낼 수 있도록!'라고 외치게 하라."

버지니아 울프가 바로 다음 문장에서 주장하고 있는 이러한 방화의 문장은 그냥 해보는 말이 아니다. 이어 그녀는 그 같은 범죄의 자기 파멸적 본질을 지적함으로써 방화에 대한 선동에서 약간 물러나기는 한다. 하지만 버지니아 울프가 불태워버리라고 제안하고 있는 대학이 애초에 그것을 불태워버릴 수 있는 물질을 구입하기 위한 임의적 수입의 기니를 벌 수 있게 여자들을 훈련할 필요가 있는 한에서다. 굉장한 딜레마다! 논리적은 아닐지 몰라도 그녀 주장의 열정은 분명하고 아마도 버지니아 울프의 문학적 혁신 뒤에 잠재된 의도적 파괴의 동기들에 대해 새로운 해석을 가능하게 하고 있다. 그녀는 자기 이전에 존재했던 모든 것에 대한 위대한 증오자에 불과하다.

이 거대한 증오의 원천은 무엇일까? 어떤 사람들은 알려진 것처럼 그녀가 어린 시절 의붓 형제인 조지와 제랄드 덕워스에게 고통받았던 성적학대 때문이라고 말한다. 하지만 버지니아 울프가 받은 학대의 정도와 중대성에 의문이 제기되고 있으며 어쨌든 전쟁을 막는다는 명목으로 문명을 파괴하려는 성공한 56살 유명한 소설가의 욕망을 설명(정당화는 말할 것도 없고)하지는 못한다. 그리고 만일 어린 시절 받았던 성적 학대가 버지니아 울프의 증오에 대한 설명이라면 그것은 분명 그녀에 대한 신망을 높이지는 못할 것이다. 자신이 성적 학대를 받게 했기 때문에 문명 전체가 파괴될 필요가 있다는 결론은 '어떤' 부정의의 존재도 정의를 구현하고자 하는 모든 노력을 부끄럽게 한다는 결론과 다를 바 없기 때문이다. 버지니아 울프에게 친숙한 균형감이 결여된 자기연민은 사실상 바로 그녀의 정신적 특징이다.

버지니아 울프는 상류 중산계급 태생일 뿐 아니라 지적 엘리트들 중 엘리트에 속한다. 그녀는 스티븐 가문 사람으로 아버지 레슬리 스티븐 경은 저명한 에세이스트, 편집자, 비평가, 기념비적이고 장대한 『영국인명사전』의 주간이었으며 한때 토머스 하디 작품의 발행자이기도 했다. 그는 문학계와 지식인 사회에 있는 사람은 모두 알고 있었다. 버지니아 울프의 삼촌 제임스 피츠제임스 스티븐은 저명한 법학자이자 역사가, 재판관, 정치철학자로 자유에 대한 존 스튜어트 밀의 에세이에 대해 아주 재기 넘치는 고전적 반론을 저술했다. 버지니아 울프는 보기 드문 지적 환경에서 성장했으며 그 같은 환경에선 분명 자기 연장자들의 위업을 능가하는 것은 말할 것도 없고 그 같은 위업에 필적하는 것도 어려웠을 것이다. 아버지와 삼촌의 위업을 능가할 수 있는 유일한 방법은 물론 그들이 정립한 모든 것을 비방하고 파괴하는 것이다.

버지니아 울프의 사료 편집은 매우 현대적이다. 그녀는 자신이 가진 반감의 퇴보적 투영을 정당화하기 위해 기록들을 철저히 조사한다. 버지니아 울프에게 어쩔 수 없는 불만족과 한계를 가진 인간의 조건 같은 것은 존재하지 않는다. 그녀는 자기가 원하는 것들을 모두 조화시킬 수 있다. 예를 들어 자유와 안전 혹은 예술적 노력과 완전한 헌신은 끊임없는 조화 속에서 지속된다. 영국 상류 중산계급 여자로서, 그리고 자신이 '교양계급 남자의 딸' 들이라 불렀던 사람들 중 한 명으로서, 버지니아 울프는 사회적으로 세계의 여타 다른 사람들보다 우수하며 이상하게도, 사실 특이하게도 부당하게 대우받고 있다고 느꼈다. 바로 '교양계급 남자의 딸' 이라는 표현은 그녀가 과장과 자기연민 사이에서 동요하고 있다는 사실을 보여주는 기이한 표현이다. 버지니아 울프는 '교양계급 남자의 딸' 이라는 표현으로 좋은 집안 출신과 유전자적으로 우수한 정신 덕분에 어떤 유형의 육체노동을 할 수 없지만 '시스템적' 부정의 때문에 공적이고 지적인 일들에 전적으로 참여하지 못하는 여성계급을 의미하고 있다.

버지니아 울프의 계급 묘사에서 자기연민은 속물근성과 경합하고 있다. 전문직 여성이 야회복을 구입할 수 있도록 기부를 요구한 자선가에 대한 그녀의 답변은 '교양계급 남자의 딸' 들이 재정적 어려움에 처해있다는 사실(그녀의 관점에서 재정적 어려움은 사회적 하층계급의 사람들에게만 해당되는 경우이다)에 대한 분노로 떨고 있다. 버지니아 울프는 저명한 법률가에게 "우리는 우리가 속한 계급의 남성들에 비해 상대적으로 취약할 뿐 아니라 노동계급 여성들에 비해서도 취약하다"라고 쓰고 있다. "경제적으로 '교양계급 남자의 딸' 은 농장의 인부들과 같은 수준이다." "사회는 당신들〔교양계급의 남자, 그녀와의 대화자도 그들 중 하나다〕

에게 아주 관대하며 우리['교양계급 남자의 딸' , 그녀는 그들 중 하나다]에게 아주 가혹하다. 진실을 왜곡하고, 정신을 불구로 만들고, 의지를 구속하는 부적절한 형식이다." 따라서 그것은 파괴되어야 한다. 아마도 그 의지가 구속되고 그 정신이 불구가 된 사람들에 의해.

실제로 불황기에 영국 남녀 노동 계급이 감수했던 어려움에 대해 조금이라도 알고 있는 사람들에게 교양 계급 딸들 측의 고통이 같거나 심지어 더 심했다고 에둘러 하는 말은 역겨움을 불러일으키는 말이다. 하지만 그 같은 말은 전후 지속적인 번영기에 기하급수적으로 증가한 제멋대로인 분개한 계층에 분명 호소력이 있었다.

버지니아 울프에 따르면 자기가 속한 계급의 여성들은 수세기 동안 남자들에게 너무 의존해 자신들의 의견을 갖거나 더욱이 자신들의 의견을 표현할 수는 더더욱 없었다. 책의 후반부에서 너무 엄중하고 비의적이어서 상속녀만이 합당할 수 있는 독립된 수입의 기준을 제시하긴 했지만 그녀에게 '독립된 의견' 은 불가피하게 독립적 수입에 근거하고 있다. 예를 들어 빅토리아 시대의 소설가이자 자서전 작가로 가난과 싸운 올리펀트 부인은 버지니아 울프가 제시한 기준에는 미칠 수 없었다. 그녀는 아이들의 양육을 위해 돈을 벌어야 했기 때문이다. (버지니아 울프는 해결책으로 교양계급 여성들의 딸들은 모든 지저분한 금전적 조건들에서 자유롭게 예술 작품을 창작할 수 있도록 —— 혹은 전혀 어떤 일도 안 하도록 —— 정부 보조금을 지급받아야 한다고 제안했다.) 그 모든 수단을 즉시 갖고자 하는 그녀의 욕망 —— 납세자의 무조건적인 지원 때문에 궁극적으로 독립적일 수 있는 —— 은 권리에 대한 그녀와 같은 유형의 불평하기 좋아하고 무책임한 감각을 입증하고 있다.

　　19세기 문학 전체에 대한 버지니아 울프의 유일한 결론은 여성들은 "그들의 유일한 직업을 얻기 위한 시도" 즉 결혼 때문에 끊임없이 조롱당하고 있다는 사실이다. 마치 방대하고 주요한 문학이 여성들에게 인생에서 다른 역할은 부여하지 않으며 남자와 여자의 관계를 단지 지배와 복종으로 묘사하고 있다는 듯이. 제인 오스틴의 책을 읽어 보면 버지니아 울프의 주장이 너무 기이해 그것은 새빨간 거짓말이 되고 만다. 그러면 공상주의적 낙천주의자인 버지니아 울프는 경멸의 대상인가 아니면 애정 심지어 경탄의 대상일까?

　　남성에 대한 여성의 우화적 영향에 관해서 버지니아 울프는 그 중 어느 것도 갖게 되지 않을 것이다. 그녀는 그것이 "경멸할 가치조차 없는 것"으로 "우리 중 많은 사람이 자신을 단지 스스로를 창녀라 부르며 그것을 사용하기 보다는 런던 번화가의 등불 아래서 공개적으로 우리의 입장을 분명하게 하는 것이 더 낳을 것이다"라고 쓰고 있다. 나는 버지니아 울프의 생각이 런던 번화가 등불 아래에 있는 매춘부라는 사실을 알고 아주 흥미로웠다는 사실을 인정한다. 하지만 정직하기보다는 과장된 자기연민에 빠진 경우가 이보다 더 분명하게 드러난 경우가 있을까?

　　자신의 적개심을 부추기는데 도움이 된다면 사건, 추세 혹은 감정에 대한 어떤 해석도 버지니아 울프에겐 어리석거나 모순되지 않는다. 세계대전 발발에 대한 '교양계급 남자의 딸' 들의 분명한 열의를 설명하면서 그녀는 다음과 같이 쓰고 있다. "그들은 잔혹하고 열등하며 위선적이고 어리석은 사적인 가정교육을 자신도 모르게 아주 혐오하기 때문에 그것에 벗어날 수 있게 해주는 어떤 비천한 일 〔공장과 병원 일 같은〕도 떠맡으며 아무리 치명적인 일을 하는 역할이라 해도 수행하게 된다. 무의식적으로 그들은 멋진 전쟁을 갈망한다." 그들이 학살자로 자원한 남성들과 같은 애국심에 따라 행동한다는 사실은 버지니아 울프에겐 불가능한 일이었다. 그녀는 교양계급의 딸들은 영국인이라는 사실을 확실히 부정하고 있기 때문이다. 마르크스가 상상했던 프롤레타리아처럼 그들은 조국을 갖지 않는다. 버지니아 울프는 "영국의 법은 우리를 부정하고 있으며 영국의 법이 오랫동안 우리에게 민족주의라는 완전한 오명을 계속해서 부정하기를 기원하자"라고 기록하고 있다. 일찍이 두 가지 방식으로 원했듯이 그녀는 어떤 순간엔 배척당하고 있다고 불평하고 다음 순간엔 구성원이 되는 것이 가치가 없다고 말하고 있다. 버지니아 울프는 불평가 마르크스의 재미없는 버전 같다. 마르크스는 자신을 받아들이고자 하는 어떤 클럽의 구성원이 되고 싶지 않았다. 불평가인 마르크스에게 농담인 것이 버지니아 울프에겐 진지한 정치 철학이다.

버지니아 울프는 '교양 계급 남자의 딸' 들 가운데 출생률 하락을 더 이상 전쟁에 병사를 공급하기를 거부한 것으로 설명하고 있다. 따라서 출생률 하락은 장기간 지속되었으며 사회 모든 계급에 영향을 미치고 있다 —— 나폴레옹 시대 이후로 전쟁이 없었던 스웨덴에서조차 —— 는 사실을 무시하고 있다.

논리적 정확성이 결여된 데 대해 버지니아 울프를 전적으로 비난할 수는 없다. 그녀는 다음과 같이 쓰고 있기 때문이다. "'교양계급 남자의 딸' 들은 늘 그날그날의 생각을 실천하고 있다.……그들은 찻잔을 젓고 요람을 흔드는 중에도 생각하고 있다." 이러한 자기연민 부분에 대해 문학 비평가 Q. D. 레비스는 버지니아 울프는 보통 사람의 감탄을 받을 자격이 없으며 어느 쪽 요람 끝을 흔들지 알지 못할 것이라는 기억할만한 반박을 하고 있다.

분개는 버지니아 울프의 정신 질서에서 아주 큰 역할을 하고 있기 때문에 그녀의 지적 노력의 상당부분은 자신의 분노를 정당화하는데 할애되고 있다. 따라서 버지니아 울프는 60년 전에 죽기는 했지만 사실상 아주 현대적 인물이다. 그녀는 자신의 이기주의와 함께 보호하고 보존할 가치가 있는 어떤 것이 자기가 출현하기 전에 창조되거나 성취되었다는 사실을 절대적으로 인정하지 못하고 있다. 어떻게 '교양 계급 남자의 딸' 인 우리가 직업을 갖고도 여전히 문명화된 인간으로 남을 수 있을까? 이는 버지니아 울프와 비슷한 시기에 활동했던 리스터[13], 버겐헤드 경, 혹은 마르코니[14] 같은 직업인들은 스스로 문명화되거나 문명을 위해 어떤 기여도 하지 못했다는 것을 의미하는 의문이다. 과거의 위업들을 경멸적으로 부정함으로써 아주 많은 생각을 하고 노력하면서 대가를 치른 버지니아 울프는 세련된 것들을 권태롭게 응시했기 때문에 그녀 자신의 삶을 가능하게 한 물질적 지적 조건들을 전체적으로 오해했다.

버지니아 울프가 책에서 과거의 위업을 넌지시 인정하고 있는 유일한 경우는 과거의 위업을 칭찬하기 위해서가 아니라 친애하는 동포들이 과거의 위업을 결여하고 있다고 모욕을 가하기 위해서이다. 아웃사이더 (정직하게 자신을 지칭하는 것과 거리가 먼 그녀처럼)가 애국심에 대한 유혹을

---

13) Joseph Lister 1827~1912
영국 외과의사. 무균(無菌)수술 창시자. 애식스주 업턴 출생. 아버지인 J.J.리스터는 색지움렌즈 · 현미경의 개량으로 유명하다

14) Guglielmo Marconi 1874~1937
이탈리아의 무선통신발명가 · 기업가. 볼로냐 출생. 부유한 집안에서 태어나 학교교육은 받지 않고 가정교사의 지도를 받았다

느낀다고 가정하자. "그렇게 되면 그녀는 영국의 그림과 프랑스의 그림을, 영국의 음악과 독일의 음악을, 영국의 문학과 그리스 문학을 비교하게 될 것이다.…… 이 모든 비교들이 이성으로 정확히 이루어졌을 때 아웃사이더는 자신의 무관심에 아주 합당한 이유들이 있음을 알게 될 것이다." 여기에 셰익스피어나 뉴턴, 렌[15]이나 터너[16]의 작품은 전혀 존재하지 않는다. 『영국인명사전』 첫 번째 편집자의 딸은 특이하게 그들의 업적을 언급하지 않고 있다. 그리고 애국주의가 예술과 과학 모두에서 동시에 우위에 있어야만 정당화된다고 믿는 것은 특이하다. 말하자면 노르웨이나 볼리비아 애국자에게 극히 곤란한 신조이다.

버지니아 울프에게 애국심은 자신이 공격하고 있는 많은 '비현실적 충성' 들 중 하나에 불과하다. 그녀에게 학교, 대학, 교회, 클럽, 가족, 어떤 유형의 전통이나 구조 —— 한정된 자부심조차 —— 에 대한 충성은 마르크스의 허위의식과 같은 것이다. 버지니아 울프가 비현실적이라기보다는 현실적 충성이라고 생각하고 있는 것으로 제시하고 있는 유일한 실마리는 소포클레스의 『안티고네』의 짧은 검토 중에 나타나고 있다. "당신은 우리가 경멸해야 하는 비현실적인 충성들이 어떤 것인지 우리가 존중해야 할 현실적인 충성이 어떤 것인지 알고 싶은가? 인간의 법과 신의 법에 대한 안티고네의 대비를 생각해보라.……사적인 영역에선 자유롭게 개인적인 판단을 할 수 있으며 그 같은 자유가 자유의 본질

---

15) Sir Christopher Wren 1632~1723
영국 건축가. 고딕 건축의 영향이 강했던 영국에서 I. 존스와 함께 이탈리아 르네상스 건축에 자극받아 영국 르네상스 건축을 완성했다.

16) Joseph M. William Turner 1775~1851
영국 풍경화가.

이다." 루이 14세는 자신이 국가라고 주장했을 뿐이다. 버지니아 울프는 자신이 신의 법이라고 주장하고 있다. 버지니아 울프에게 유일하게 현실적이고 진정한 충성은 자기 자신에 대한 충성이다.

감정적 지적으로 부정직한 버지니아 울프와 같은 사상가는 당연히 모든 학파의 분개에 필수적 기술인 관련된 모든 도덕적 구분을 붕괴시키게 된다. 우리는 몇 번이고 그녀가 어떤 것에 대한 주석에 넌지시 잘못된 유추를 하면서 또 다른 것에 부적절하게 결부시키는 것을 알 수 있다. 즉 영국 경찰과 나치 돌격대는 둘 다 제복을 입고 있기 때문에 영국 경찰은 잔인하다와 같은 것이다. 진리를 찾기보다는 "당신의 분노를 유지"하기 위해 설계된 현대적 말장난의 주된 특징들 중 하나다.

『기니 금화 세 닢』을 읽고는 이 책이 야만적 위협이 드리우고 있는 특이하게 위험한 역사적 시점에 씌어졌다는 생각을 하기는 힘들다. 다른 많은 사람들과 마찬가지로 다가올 재난을 예견하지 못했다고 해서 버지니아 울프를 비난할 수는 없다. 하지만 그녀는 유대인 남편과 함께 히틀러의 독일을 여행했을 때 직접 나치의 악의를 볼 기회가 있었다. 외무성은 안전을 보장할 수 없으니 독일로 가지 말라고 권고했다. 하지만 버지니아 울프가 독일 여행에서 배운 것은 영국 사회 —— 여성, 특히 교양 계급의 딸들에 대한 영국 사회의 불공정성과 함께 —— 가 더 나쁘지는 않다 하더라도 나치 초기의 모습이라는 사실이었다. 적어도 나치는 야만적 행위를 저지를 수 있는 용기를 가졌으며 영국처럼 위선적이지는 않다는 것이다.

따라서 어떤 사람이 신문에 여성 고용이 남성 대량 실업의 원인이며 여성이 마땅히 있어야 할 곳은 가정이라는 식의 기사를 게재했을 때

버지니아 울프는 다음과 같이 논평하고 있다. "거기서 우리는 그가 이탈리아인이거나 독일인이었다면 독재자라고 부를 수도 있는 초기 형태의 사람을 보게 된다. 신, 자연, 성(性)에 따라 결정된 것인지 아니면 인종에 따라 결정된 것인지는 중요하지 않으며 그는 자신이 다른 사람에게 그들이 살아가는 방법과 해야 할 것을 명령할 권한이 있다고 믿고 있다."

그 주제에 대한 기사 게재자의 견해를 히틀러의 그것과 비교하면서 그녀는 다음과 같이 잇고 있다. "하지만 그 차이는 어디에 있는 것일까? 그들 양측 모두 같은 말을 하고 있지 않는가? 영어를 하든 독일어를 하든 모두 독재자의 목소리가 아닌가? 그리고 우리 모두는 해외의 독재자는 아주 추잡한 동물일 뿐 아니라 매우 위험하다는 사실에 동의하지 않는가? 그리고 그는 여기 우리들 가운데서 추한 머리를 드러내고 독을 뿜으며 잎에서 꿈틀대는 아직 성장하지 않은 풀쐐기처럼 웅크리고 앉아 있다. 바로 영국의 심장부에. 웰스씨의 말을 인용해 '자유의 현실적 말살이 일어나게 될 것'은 이런 인간들에서 비롯되는 것이 아닌가? 그리고 그 같은 독을 호흡하며 그런 벌레 같은 인간과 싸워야 하는 사람은 여성이 아닌가? 공개적 주목을 받으며 무장한 채 싸우고 있는 사람들만큼이나 분명하게 여성들은 자신의 사무실에서 조용히 무기도 없이 파시스트나 나치와 싸우고 있다."

버지니아 울프는 계속해서 문자적 진실을 은유와 구별하지 못하고 있다. 여성 해방을 위한 투쟁을 논의하면서 그녀는 다음과 같이 말하고 있다. "사실 전투원들이 새롭게 상처를 가한 것은 아니며 기사도는 허락되지 않았다. 하지만 그대들은 시간을 허비하는 전투가 헛되이 피를 뿌리는 전투만큼 치명적이라는 사실에 동의할 것이다."

치명적? 그만큼 치명적이라고? 버지니아 울프가 영국 국교회와 나치 정당의 차이를 구분하기 어려워하는 것도 그리 놀랄 일은 아니다. 여성 성직자 임명을 반대하는 영국 국교회 위원회를 언급하면서 그녀는 다음과 같이 쓰고 있다. "성직자들과 독재자들 양 측이 두 개의 세계〔남자에겐 공적인 영역과 여성에겐 가정〕에 필수적인 것이라고 판단한 강조점은 그것이 자신들의 지배에 필수적이라는 사실을 증명하기에 충분하다."

거듭해서 버지니아 울프는 자신의 분노와 원한으로 맹목적이 된다. 평화의 이름으로 그리고 사람들 사이의 모든 경쟁을 회피하기 위해 모든 의식(儀式)적·공식적 영예를 회피할 필요를 논의하면서 그녀는 자신과 같은 정직한 사람은 "개인적 장식품이 싫기 때문이 아니라 그 같은 영예의 표시가 얽죄고, 고정시켜 파괴하는 명백한 결과 때문에 개인적 영예의 표시 —— 메달, 리본, 휘장, 후드, 가운 —— 없이 지내게 될 것이다"라고 쓰고 있다. 또한 "흔히 그렇듯 여기서 파시스트 국가들의 예에서 직접적으로 배울 수 있다. 우리가 원하는 것의 본보기는 갖고 있지 못하지만 아마도 그만큼 가치가 있는 우리가 원치 않는 것에 대한 일상의 분명한 본보기는 갖고 있기 때문이다. 그리고 인간의 정신을 최면 상태에 빠지게 하기 위해 그들이 우리에게 준 메달, 상징, 질서의 힘 등의 본보기 때문에 우리의 목적은 그 같은 최면술에 굴복하지 않는 것이어야 한다." 따라서 대학 학위 평의회와 뉘렘베르크 집회 간의 현실적 차이는 존재하지 않는다.

평화 증진에 기여할 수 있는 방법을 물은 법률가에 대한 답변에서

"옥스퍼드에서든 케임브리지에서든, 정부든 수상이든, 영국에서든 독일에서든, 이탈리아에서든 스페인에서든, 유대인에 대한 것이든 여성에 대한 것이든, 당신은 이제 독재의 전체적인 죄악을 분명히 알고 있을 것이다"라고 쓰고 있다. 다시 말해서 영국의 결점과 독일의 결점 간에, 혹은 아직도 여성회원의 가입을 인정하지 않고 있는 영국의 사교 클럽과 나치 수용소 간에 의미 있는 차이는 존재하지 않는다. 소포클레스의 『안티고네』에서 나오는 독재자 크레온에 대해 언급하면서 그녀는 다음과 같이 쓰고 있다. "그리고 그는 〔안티고네〕를 할러웨이〔법을 위반한 여성 참정권자들을 일시적으로 감금했던 여자 감옥〕나 집단 수용소가 아니라 무덤에 가두었다." 버지니아 울프 주장의 특이한 방식은 할러웨이를 집단 수용소와 동일시한다는 사실이다.

버지니아 울프에게 제복을 입은 사람은 그 제복이 SS의 제복이건 철도청 직원의 제복이든 게슈타포나 런던시 경찰국의 제복이든 본질적으로 악이다. 제복의 차이는 존재하지 않으며 그 모든 것은 똑같은 재난에 이르게 된다. 이상하게도 버지니아 울프는 나치의 분서갱유와 장서와 함께 대학을 전소시켜 새로운 책으로 낡은 책들을 대체하자는 자신의 제안을 비교하진 않고 있다. 나치도 새로운 책들에 아주 호의적이었다. 나치가 영국을 점령했다면 그녀는 그들에게서도 공통된 대의명분을 발견했을 것이다. 저명한 평화애호가인 법률가가 버지니아 울프에게 보호하기를 원했던 문화와 지적 자유는 "다소 추상적인 여신들"이었기 때문이다.

자기 나라의 모든 기존 제도가 세계 역사에서 일찍이 확립되었던 최악의 전제정치들만큼이나 억압적이고 포악한 것이라고 믿는 사람, 그리고 자신의 내적 자유이외의 것이나 국가에 대한 충성은 모두 잘못이라고 믿는 사람, 따라서 모든 제복은 똑같은 악이며 따라서 그 같은 것들 사이에 선택의 여지는 없으며 어떤 경우에든 전쟁은 남성 정신 병리학의 발현이자 경쟁적 교육이 가져온 지배에 대한 욕망의 발현이라고 믿으며 결국 정의의 전쟁 같은 것은 있을 수 없다고 믿는 사람은 언제든 사용할 수 있는 모든 궤변적 변명을 늘어놓을 수 있는 반역자가 될 것이다. 버지니아 울프는 외국의 침략자들에 대해 조국을 맹렬히 지켜낼 사람처럼 보이지는 않는다. 그녀는 '교양 계급 남자의 딸'로서 자신의 삶이 이미 너무 견딜 수 없기 때문에 지켜야할 것이 아무것도 없다고 믿었다. 1936년 국회의원이었던 E. F. 플레처가 "영국 하원은 독재자들에 용감히 맞서야 한다고 촉구"했을 때 버지니아 울프는 근본적 악에 대항하기 위한 욕망이 아니라 "지배에 대한 욕망"만을 보았을 뿐이다. 이 같은 견해는 플레처가 연설을 하고 있던 시각 그의 아내가 그가 자신을 선생님으로 부르고 자신의 모든 지시에 지체 없이 복종할 것을 요구했기 때문에 그를 떠난 후 브리스톨 법정에서 재정 지원을 신청한 남편의 요구에 대한 버지니아 울프의 견해(그리고 여기서 나는 그녀의 글을 그대로 전달하고 있다는 사실을 지적하지 않을 수 없다)와 아주 유사하다. 주목할만한 사실은 버지니아 울프가 횡포한 남편과 다를 바 없다고 생각하는 사람은 히틀러가 아니라 히틀러에 용감히 맞서 싸울 것을 제안한 바로 그 남자다.

버지니아 울프에겐 영국이라고 나치 독일보다 지적으로 더 자유로운 것은 아니다. "올리펀트 부인은 자신의 두뇌, 자신의 매우 경탄할만한 두뇌를 팔고 있으며 생계비를 얻기 위해 자신의 문화를 팔고 지적 자유를 예속시키고 있다." 그리고 모든 작가들은 다소 같은 처지에 놓여 있다. 버지니아 울프는 여성으로서 그리고 작가로서 하지만 무엇보다 특권을 받고 태어났다는 사실이 인간의 조건과 한계를 바꾸지 못한다는 슬픔을 깨닫게 된 인간으로서 이의를 제기하고 불평을 하고 있다.

그렇다면 버지니아 울프의 견해에 따르면 독일과 전쟁을 하게 될 경우 여성들은 실제로 어떻게 해야 할까? 나치의 승리여부는 분명 대수롭지 않은 문제이기 때문에 버지니아 울프의 답변은 분명했다. 즉 여성들은 어떤 일도 해서는 안 된다는 것이다.

"여성들의 첫 번째 의무는……무기를 들고 싸우지 않는 것이다.……다음으로 그들은 군수품 만드는 일이나 부상자를 돌보는 일〔부상당하면 간호를 받을 수 있으리라고 예상한 남자들은 싸우려는 왜곡된 자극을 받게 되기 때문에〕을 거부해야 한다.……여성들이 맹세할 다음 의무는 남자 형제들이 전쟁에 참여하도록 부추기지 말거나 설득해 전쟁에 참여하는 것을 단념시키는 것이다. 하지만 어떤 경우에도 여성들은 완전한 무관심을 유지해야 한다." 이어 그녀는 1937년 연설에서 자신은 "전쟁을 돕기 위해 양말을 깁는 일도 하지 않을 것"이라고 말한 런던 외곽 울위치 여시장을 현명하고 용감한 사람으로 격찬했다.

그런데 버지니아 울프가 책을 쓰고 나의 어머니께서 영국에 도착한 지 얼마 되지 않아 전쟁이 일어났다. 이상하게도 당시 17살로 버지니아 울프와 교양 계급 남자의 딸들이 받았던 그 어느 것보다 훨씬 더 강력하게 교육에서 배제당했던 나의 어머니는 불리한 입장이었는데도 영국과 이전 조국 간의 도덕적으로 의미 있는 차이를 곧 간파할 수 있었다. 물론 버지니아 울프의 견해가 효과가 있었다면 어머니는 오래 살지 못하셨을 것이다. 교양 계급 남자의 딸들이 살았던 잔인한 독재 정치를 알지 못했던 어머니는 대 공습 중에 밤에는 화재감시원 낮에는 탱크 엔진을 만드는 기계공이 되었다. 어머니께서는 양말을 짜는 일도 거부하지 않았다.

전쟁이 일어나고 폭탄이 떨어지기 시작하자(울프부부의 런던집을 파괴하며) 버지니아 울프도 나치의 승리가 그렇게 좋지는 않을 것이라고 생각하기 시작했다. 더욱 놀랍게도 그녀는 이전에 자신이 경멸해 마지않았던 바로 그 사람들에게서 미덕들을 보기 시작했다. 1940년 작곡가 에델 스미스에게 보낸 편지에서 다음과 같이 쓰고 있다. "이 전쟁은 모든 유형의 사람들에 대해 기이하고 유쾌하면서도 특이한 감탄을 자아내게 한다. 날품팔이 잡역부들, 가게 주인들, 게다가 더욱 놀라운 것은 정치인들 적어도 윈스턴 처칠에 대한 것, 그리고 여기 트위드를 입은 냉혹한 분별력을 가진 진짜 우둔한 여인들에 대한 것이다."

현실적으로 버지니아 울프는 자신이 주목한 미덕들이 어떤 깊은 원천에서 비롯되었는지 혹은 처음부터 존재했지만 그것을 보지 못한 것인지 의아해 했을 것이다. 전쟁으로 이전의 젠체하는 자신의 극단적인 경박함이 드러나자 자살을 결심하게 되었을 수도 있다. 훌륭한 삶이 판단의 문제라면 전쟁은 성인으로서 살면서 그녀가 한 것이 아무 것도 없다는 사실을 입증했다. 낮에는 렌치를 들고 밤에는 헬멧을 썼던 나의 어머니는 주옥같은 산문으로 자기도취적 분노를 감추었던 버지니아 울프보다 문명(버지니아 울프가 실제로는 존재하지 않는 것처럼 『기니 금화 세 닢』에서 인용부를 사용해 썼던 단어)을 위해 더 많은 일을 한 셈이다.

하지만 버지니아 울프가 우리 시대에 살았더라면 적어도 자신과 같은 성격의 정신 —— 천박성, 부정직, 원한, 시샘, 현학적 오만, 자기도

취, 경박함, 속물근성 그리고 극단적인 잔인성 —— 이 서구 세계의 엘
리트들 중에서 승리를 거두고 있다는 사실을 지켜보며 만족감을 느꼈을
것이다.

2002

리트들 중에서 승리를 거두고 있다는 사실을 지켜보며 만족감을 느꼈을

인류를 사랑하는 방법 그리고
인류를 사랑하지 않는 방법

거의 모든 지식인들이 인간의 복지 특히 가난한 사람들의 복지를 추구한다고 주장한다. 하지만 대량학살을 자행한 장본인들이 인류의 행복을 위한 일이었다고 주장하지 않고 대량학살을 자행했던 경우는 없으며 박애주의 감정은 분명 다양한 형태로 나타날 수 있다.

19세기 두 명의 위대한 유럽 작가인 이반 투르게네프와 칼 마르크스는 다양한 형태의 박애주의를 아주 생생하게 입증하고 있다. 두 사람 모두 1818년 태어나 1883년 죽었으며 그들의 삶 또한 이상하게도 상당히 유사한 측면을 보이고 있다. 그렇지만 그들은 인간의 삶과 고통을 아주 다른 방식으로 보게 되며 사실상 대립하고 있다. 말하자면 서로 다른 시각에서 인간의 삶과 고통을 성찰하고 있다. 투르게네프는 인간을 늘 의식, 개성, 느낌, 도덕적인 힘과 취약성을 부여받은 개인들로 보고 있다. 반면 마르크스는 인간을 궁극적으로 사회조건에 규정되기 때문에 아직 완전한 인간이 아닌 일반적 지배력에 영향을 받는 구체적 실례로 보았다. 투르게네프가 인간을 본 곳에서 마르크스는 인간의 계급을 보았다. 투르게네프가 민중을 본 곳에서 마르크스는 신민을 보았다. 이 같은 두 가지 세계관은 우리 시대에도 지속되고 있으며 어떤 식으로든 우리가 우리의 사회 문제에 제시한 해결책에 깊은 영향을 미치고 있다.

투르게네프와 마르크스의 비슷한 이력은 비슷한 시기에 베를린 대학에서 공부한 것으로 시작된다. 그들은 당시 유행하던 헤겔리즘에 도취해 깊은 영향을 받았다. 투르게네프와 마르크스는 모두 대학 철학교수직을 기대했으나 결국 두 사람 모두 대학에 자리를 잡지는 못했다. 그들 둘 다 후에 혁명적 무정부주의자가 된 미하일 바쿠닌, 철학자 부루노 바우어, 그리고 급진주의적 시인 게오르그 헤르베르크 등 베를린에 많은 지인이 있었다. 그들은 둘 다 돈 문제는 개의치 않았다. 그들 모두 유복하게 태어났기 때문에 돈이 문제가 될 여지는 없었다. 투르게네프의 시가 마르크스의 시보다 많이 발표되기는 했지만 둘 다 낭만주의 시인으로 문필가로서의 삶을 시작했다.

그들의 문학적 영향력과 취향은 비슷했다. 둘 다 그리스와 라틴 고전을 폭넓게 섭렵했으며 셰익스피어를 원어로 인용할 수 있었다. 둘 다 칼데론[17]의 작품을 읽기 위해 스페인어를 배웠다. (물론 투르게네프는 또한 자기 삶의 위대하지만 만족할 수 없었던 사랑인 유명한 프리마 돈나 폴린느 비아르도의 모국어를 말하기 위해 스페인어를 배웠다.) 둘 모두 프랑스의 7월 왕조에 반기를 든 1848년 혁명이 일어나자 다른 곳에서 벌어지고 있는 일들을 관찰하기 위해 브뤼셀을 떠난다. 투르게네프가 자신의 작품들 중 일부를 헌정한 가장 가까운 친구 파벨 아넨코프는 브뤼셀에서 마르크스를

---

17) Pedro Calderón de la Barca 1600~1681

에스파냐 극작가. 작품의 주요 주제는 사랑과 명예와 가톨릭으로의 절대적인 귀의와 국왕에 대한 충성심이었으며, 서정적 표현의 격조와 치밀한 구성력을 갖춘 작가로 알려져 있다. 우화적이며 철학적인 종교극『인생의 꿈』(1635)은 걸작으로 꼽힌다.

잘 알고 있었으며 그에 대한 솔직한 묘사를 남겼다.

투르게네프와 마르크스는 비밀경찰의 감시를 받았고 성인이 된 이후 대부분 망명지에서 살다가 죽었다. 투르게네프는 무분별했던 청년기에 그리고 마르크스는 중년의 나이에 둘 모두 하녀에게서 자식을 낳았다. 하지만 마르크스와 달리 투르게네프는 자식을 인정하고 양육비를 지급했다.

둘 모두 짓밟히고 억압당하는 사람들을 동정한 것으로 알려져 있다. 교육과 경험은 비슷했지만 투르게네프와 마르크스는 전혀 다른 반응을 보였다. 한 사람은 개인의 고통에 뿌리를 둔 현실적인 것이었던 반면 또 다른 사람의 동정은 추상적이고 일반적이어서 현실적이지 못했다.

투르게네프의 1852년 소설『무무』와 그보다 4년 먼저 씌어진 마르크스의『공산당 선언』을 비교해 보면 두 사람의 차이를 확인해 볼 수 있다. 거의 같은 분량의 두 작품은 어려운 상황에서 씌어졌다. 혁명 활동으로 프랑스에서 추방된 마르크스는 브뤼셀에서 거주하고 있었고 그는 브뤼셀에 머물고 싶지도 않았고 수입도 없었다. 반면 투르게네프는 반농노제 —— 따라서 전복적인 —— 를 암시하는『사냥꾼 일기』를 썼다는 이유로 모스크바 남서쪽에 있는 외딴 자신의 영지 스파코예에서 가택 연금 상태에 있었다.『사냥꾼 일기』출판을 허용한 검열관은 연금이 박탈된 채 해고당했다.

『무무』는 농노제 시대의 모스크바를 배경으로 하고 있다. 게라심은 체격이 좋고 힘이 센 귀머거리이자 벙어리인 농노였다. 게라심의 주인은 늙고 전제적인 봉건 지주로 그를 시골에서 도시로 데리고 왔다. 말을 할 수 없었던 게라심은 또한 지주 소유의 타치아나라는 농민 소녀에게

서투르게 구애한다. 하지만 소설에서 이름도 밝혀지지 않는 미망인으로 심술궂은 지주는 기분이 상해 일시적 기분에 따라 타치아나를 자신의 농노들 중 한 명인 카피톤이라는 주정뱅이 신기료장수에게 결혼시키기로 결심함으로써 게라심의 희망을 짓밟는다.

얼마 후 게라심은 진흙탕 시냇물에 빠진 어린 강아지를 발견한다. 그는 강아지를 구해 건강하게 다 클 때까지 돌보아 준다. 그는 강아지를 자신이 발음할 수 있는 무무라 불렀고 지주의 모스크바 집에 있는 사람들은 모두 그 개의 이름을 무무로 부르게 된다. 게라심은 유일하게 진실한 친구인 개를 점차 진심으로 좋아하게 된다. 그는 작은 방에서 개와 함께 생활했고 개는 가는 곳마다 그를 따라 다닌다. 개는 게라심을 매우 좋아한다.

어느 날 지주는 창문을 통해 무무를 보고 개를 데려오라고 말한다. 하지만 지주를 두려워한 무무는 그녀에게 이를 드러내고 으르렁거린다. 지주는 곧 개가 자기를 싫어한다는 사실을 알고 개를 없애버리라고 명령한다. 지주의 하인들 중 한 명이 개를 데려가 낯선 사람에게 팔아 버린다. 게라심은 미친 듯이 무무를 찾아 헤매지만 결국 찾지 못한다. 하지만 무무가 스스로 길을 찾아 돌아오자 그는 더할 나위 없는 기쁨을 느낀다.

불행하게도 무무는 다음날 밤 짖어대어 지주의 잠을 깨게 된다. 지주는 자기만 개가 짖는 바람에 잠에서 깨게 되었다고 믿는다. 그녀는 이번에는 개를 죽여 버리라고 명령한다. 그녀의 하인이 게라심에게로 가 몸짓으로 그녀의 명령을 전달한다. 피할 수 없다는 사실을 깨달은 게라심은 자기가 직접 개를 죽이겠다고 약속한다.

거의 참을 수 없을 정도로 연민을 자아내는 두 개의 단락이 이어진다. 첫 번째 단락에서 게라심은 그 지역의 선술집으로 무무를 데리고 간다. "선술집 안에 있는 사람들은 게라심을 알고 있었고 그의 몸짓을 이해했다. 그는 야채수프와 고기를 주문하고 테이블에 팔을 올려 놓고 앉는다. 무무는 게라심의 의자 옆에 서서 총명한 눈으로 조용히 그를 바라보고 있다. 무무의 털은 말 그대로 반짝이고 있었다. 분명 최근에 빗질이 된 털이었다. 그들이 게라심에게 야채수프를 가져왔다. 그는 빵을 떼어내 수프에 넣고 고기를 잘게 잘라 사발을 바닥에 놓는다. 언제나처럼 조심스럽게 먹기 시작한다. 무무의 입과 코 부분은 거의 음식에 닿지 않는다. 게라심은 오랫동안 무무를 눈여겨본다. 갑자기 두 개의 굵은 눈물방물이 그의 눈에서 떨어진다. 하나는 개의 이마에 떨어지고 다른 하나는 수프로 떨어진다. 그는 손으로 얼굴을 덮는다. 무무는 사발에 있는 음식 절반을 비우고는 입을 핥으며 물러선다. 게라심은 일어서 수프 값을 지불하고는 떠난다."

게라심은 무무를 강으로 데리고 가다 도중에 두 개의 벽돌을 집어든다. 강둑에서 그는 무무와 함께 배를 타고 약간 멀리까지 노를 저어 나아간다.

"마침내 게라심은 갑자기 아주 슬픈 표정으로 벌떡 일어선다. 이어 끈으로 벽돌을 묶고 올가미를 만들어 무무의 목에 건 채 강 위로 무무를 들어 올려 마지막으로 무무를 바라본다.……두려움 없이 편한 마음으로 무무는 그를 마주보며 가볍게 꼬리를 흔든다. 게라심은 얼굴을 찡그리며 고래를 돌리고는 놓아 버린다.……게라심에겐 물에 빠진 무무의 낑낑거리는 소리도 첨벙첨벙하는 물소리도 들리지 않는다. 아무리 조용한 밤에도 어떤 소리를 들을 수 있는 것처럼 게라심에겐 아무리 소란스러운 낮에도 정적에 묻혀 조용하다. 이윽고 게라심이 다시 눈을 떴을 때 배 주위에 물결이 치며 작은 파문이 경주를 하듯 앞서거니 뒤서거니 퍼져가고 있었다. 이어 한참 후에 한두 개의 넓은 잔물결만이 둑을 향해 파문을 일으켰다."

무무가 죽은 후 게라심은 자기 마을로 도망쳐 들에서 노예처럼 일한다. 하지만 다시는 인간이나 개에게 친밀한 애착을 갖지 않는다.

세련된 귀족이자 혁명적인 러시아인 망명자 알렉산드르 게르첸은 이 소설을 읽고 분노로 몸을 떨었다. 토머스 칼라일은 이 소설이 자기가 읽었던 책들은 중 감정적으로 가장 감동적인 이야기라고 말하고 있다. 존 갤스워디 Jhon Galsworthy는 이 작품에 대해 "일찍이 씌여 진 글들 중 전제주의의 잔혹성에 대한 저항을 자극하는 최고의 작품이다"라고 말하고 있다. 투르게네프가 『무무』를 읽게 한 그의 친척들 중 한 명은 후에 "이런 식으로 다른 사람의 경험과 고통을 이해하기 위해선 얼마나 인간적이고 선해야 한단 말인가!"라고 쓰고 있다.

이 이야기는 자서전적인 성격이 짙으며 전제적이고, 변덕스럽고, 독선적이고 이기적인 지주는 저자의 어머니 바바라 페트로브나 투르게네바이다. 일찍 남편을 여읜 그녀는 자신의 영지에선 절대 군주였다. 모두 사실은 아니겠지만 그녀의 잔인성에 대한 많은 이야기가 전해지고 있다. 예를 들어 자신이 지나갈 때 인사를 하지 않았다는 이유로 그녀는 두 명의 농노를 시베리아로 보내 버린다. 그리고 게라심의 모델은 바바라 페트로브나의 소유인 안드레이라는 귀머거리에 벙어리인 농노였다.

분명 『무무』는 어떤 사람이 또 다른 사람에게 독단적 권력을 행사하는 것에 대한 감동적인 항변이지만 정치적으로 도식화되어 있지는 않다. 분명 농노제에 직접적으로 반대하고 있지만 이 이야기는 잔인성이 봉건 지주에 국한된 것이며 농노제만 철폐되면 잔인성에 대한 경계는 불필요하게 될 것이라고 말하지는 않는다. 권력이 인간관계의 변할 수 없는 특징이라면 —— 그리고 물론 마르크스를 포함해 젊은이와 일부 지식인들은 권력이 인간관계의 변할 수 없는 특징이 아니라고 생각할 수도 있다 ——『무무』는 권력이 행사될 때 동정, 억제 그리고 정의가 언제나 요구된다는 사실을 보여주고 있다. 이것이『무무』가 러시아에서 농노제가 철폐된 지 140년이 지난 후에도 감동적인 힘을 잃지 않는 이유다.『무무』는 특정 시대, 특정 장소를 배경으로 하고 있지만 보편성을 잃지 않고 있다.

투르게네프는 보편적 논리를 충분히 입증하고 있으면서도 등장인물들을 고유한 인격적 특성을 가진 개인들로 그리고 있지는 않다. 등장인물들은 단지 억압 때문에 철길 위를 달리는 기차처럼 예정된 방식에 따라 행동하게 되는 어떤 집단이나 계급의 구성원은 아니다. 그리고 등장인물들 중 가장 비천한 사람들에 대해서까지 투르게네프의 세심한 관찰은 인간성에 대한 아주 강한 믿음을 증언하고 있다. 대귀족으로서 유럽 최고의 지성들과 교류하기는 했지만 그는 말하거나 들을 수 없는 비천한 농민이라 해도 진지하게 다루어야 한다고 생각했다. 투르게네프의 억압된 농민들은 자유의지를 부여받고 도덕적 선택을 할 수 있는 완전한 인간들이었다.

투르게네프는 무무에 대한 게라심의 애정과 지주의 이기적인 변덕을 대비하고 있다. "왜 벙어리 따위가 개를 가져야 하지?" 그녀는 '벙어리'도 자신만의 감정과 관심을 가질 수 있다는 사실은 잠시도 고려해

보지 않고 자문한다. "누구 허락을 받고 그 놈이 내 마당에 개를 풀어놓은 거야?"

투르게네프는 토지를 소유한 미망인의 거의 절대적인 권력이 어쨌든 바람직하지 않다고 말하고 있다. 피상적이고 독선적인 방식이지만 종교적인 그녀는 신을 주인이 아니라 하인으로 보고 있다. 그리고 그녀는 신이든 법이든 자신의 의지를 행사할 때 한계를 인정하지 않는다. 그녀가 행사한 의지의 결과는 불행, 끊임없는 노여움, 불만족 그리고 우울증이다. 변덕을 만족시킨다고 해서 즐거움이 찾아오지는 않는다. 그것은 진정한 욕망이라기보다는 변덕에 불과하기 때문이다. 그리고 —— 그녀가 복종하곤 했던 것처럼 그리고 그녀 자신이 받아 마땅하다고 믿고 있는 것처럼 —— 그녀는 당시에도 용납할 수 없는 것으로서의 모든 저항을 경험하고 있다.

예를 들어 무무를 데려왔을 때 달콤하고 호감을 주는 어조로 개에게 말을 한다. 하지만 개의 반응이 신통치 않자 그녀는 어조를 바꾼다. "이 개새끼를 데리고 나가! 더러운 개새끼 같으니라구!" 애정 어린 헌신으로 무무를 키운 게라심과 달리 지주는 개가 자신을 곧 사랑하기를 원한다. 자신은 바로 지주이기 때문이다.

권력 때문에 그녀는 부정직해지고 자기반성을 하지 못한다. 무무를 물에 빠져 죽게 한 후 게라심이 사라지자 "그녀는 화를 내고 눈물을 흘리며 무슨 일이 있어도 그를 찾아내라고 명령한다. 그리고 개를 죽이라고 명령한 적이 없다고 맹세하며 마침내 〔자신의 집사〕를 꾸짖는다." 지주가 자신의 책임을 부인한 것은 놀라운 일이다. 권력은 부패한다는 사실을 투르게네프는 알고 있다. 그리고 분별없는 소원에 대한 제한을 받아들이지 못하게 되면 행복은 불가능하다. 하지만 투르게네프는 사회 제도가 이러한 위험을 제거할 수 없으리라는 사실도 이해하고 있다.

투르게네프는 지주의 권력에 복종하는 사람들이 고난을 겪고 있기 때문에 고귀하다고 믿지도 않는다. 그들은 음모를 꾸미고 묵인하고 때로 분별없이 잔인하기까지 하다. 게라심에 대한 조롱은 단지 그의 육체적 힘에 대한 두려움 때문에 제한되며 그들은 최소한 그의 곤경을 동정하지 않는다. 지주의 집사인 가브릴라가 농노 대표로 게라심에게 가 무무를 영원히 보이지 않게 없애 버려야 한다고 말하기 위해 게라심의 문을 두드리며 "문 열어!"라고 외친다. 개는 연신 짖어대지만 대답은 없었다. 그는 "할 말이 있으니 문 열라구!"라고 다시 외쳤다.

"아래에서 스테판이 말했다. '가브릴라 안드레이치, 그는 귀머거리라 듣지 못해요.' 모두가 웃음을 터뜨렸다."

이 때나 소설의 어떤 곳에서도 그들의 웃음에 동정은 존재하지 않는다. 잔인성은 지주에 국한된 것이 아니다. 게라심에 대한 농노들의 비정함은 늘 나의 어린 시절의 어떤 장면을 상기시킨다. 당시 나는 11살이었다. 나는 축구 경기 입장권을 사기 위해 줄을 서고 있었다. 당시 나는 이제는 더 이상 기억나지 않는 이유로 축구 경기에 열광하고 있었다. 줄은 길었고 적어도 2시간은 기다려야 했다. 어떤 늙은 맹인 남자가 아코디언을 켜면서 노래를 하며 줄을 따라 걷고 있었다. 그와 동행인 사람은 컵을 내밀고 자선을 구걸했다. 맹인과 그의 동행이 라디오를 갖고 있는 몇몇 젊은 노동자 계급의 남자들을 지나칠 때 그들은 볼륨을 올려 맹인의 노래가 들리지 않게 했다. 그들은 맹인의 동료가 그를 데리고 갈 때 맹인이 당황해 하는 모습을 보고 큰 소리로 웃으며 라디오 소리를 줄였다.

그 젊은이들을 제지하거나 그들이 얼마나 혐오스러운 짓을 했는지 말해 주는 사람은 없었다. 나도 너무 무서워서 그렇게 하지 못했다. 하지만 이 사소한 광경에서 나는 인간이 인간에게 저지를 수 있는 비인간적인 능력이 항구적이며 그것은 사회적 조건, 계급 혹은 교육과 상관없는 능력이라는 사실을 알게 되었다.

후에 내가 태평양에 있는 어떤 섬에서 수년간 의사로 생활할 때 일어난 사건으로 이러한 교훈은 강화되었다. 높은 철조망으로 둘러싸인 마당이 있는 작은 정신 병원 옆에 나환자 수용소가 있었다. 매일 오후 나환자들은 철조망 앞에 모여 이상한 춤을 추고 보이지 않는 박해자에게 소리를 질러대는 그들의 행동에 대해 소리를 지르듯이 정신병자들을 놀려대곤 했다.

잔인함에 대한 승리는 자유를 지키기 위한 것처럼 늘 경계심을 필요로 한다. 그리고 그것은 『무무』에서처럼 동정적 상상력의 발휘를 요구한다.

투르게네프에서 마르크스(『공산당 선언』은 마르크스와 엥겔스의 공동저작으로 알려졌지만 거의 전적으로 마르크스의 작품이다) 로 관심을 돌리게 되면 슬픔과 인간적 동정보다는 끊임없이 짜증스러운 세계를 발견하게 된다. 투르게네프처럼 마르크스가 아무 것도 가진 것이 없는 약자의 편에 선 것은 사실이지만 전체적으로 실체가 없는 방식이었다. 투르게네프가 우리가 인간적으로 행동하도록 이끌기를 바라는 지점에서 마르크스는 우리에게 폭력을 부추겼다. 더욱이 마르크스는 박애주의 시장에서 경쟁자를 인정하지 않았다. 그는 모든 잠재적 현실 개혁자들에 대해 통렬하기로 악명을 떨쳤다. 말하자면 하층 계급일 경우 그들은 불행의 원인을 꿰

뚫어 볼 수 있는 철학적 훈련이 부족하다고 비난했으며 상층 계급일 경우엔 위선적으로 '시스템'을 보존하려한다고 비난했다. 자신만이 악몽을 꿈으로 전환시키는 비밀을 알고 있다는 것이다.

사실상 그의 추종자들이 자행한 대학살은 『공산당 선언』에 내재되어 있었다. 『공산당 선언』의 신조에 내재된 불관용과 전체주의는 다음과 같이 표현되고 있다. "공산주의자들은 다른 노동 계급의 정당에 대립되는 분리된 정당을 설립하지 않는다. 그들은 프롤레타리아트 전체의 이익과 분리된 별개의 이해관계를 갖고 있지 않다."[18]

다시 말해서 변덕스러운 개인들은 말할 것도 없고 다른 정당들이 존재할 필요가 없다. 사실 공산주의자들은 프롤레타리아트의 이익을 아주 완벽하게 표현하고 있기 때문에 공산주의자들을 반대하는 사람은 누구든 분명 프롤레타리아트의 이익에 반대하는 것이다. 게다가 공산주의자들은 "그들의 목적은 기존의 모든 사회 조건을 강제로 전복시킴으로써 성취될 수 있다고 공개적으로 선언"하고 있기 때문에 레닌과 스탈린이 폭력으로 반대자들을 제거한 것은 전적으로 올바른 것이 된다. 이어 인간은 사회 경제 구조속에서 자기 입장에 따라 결정된다는 마르크스의 주장에 따르면 인간은 자신들의 증오를 선언할 필요조차 없다. 말하자면 그것은 직권상으로 알려질 수 있는 것이다. 농촌 자본가 쿨락에 대한 살해는 마르크스주의적 인식론을 실제적으로 적용한 사례였다.

『공산당 선언』을 읽다 보면 『맥베스』에서 마녀들의 속삭임으로 시작되는 것처럼 유령같은 마르크스주의적 파국의 행렬이 그로부터 막이

---

18) 이 칼럼의 『공산당 선언』은 세계를 뒤흔든 선언 시리즈 1, 데이비드 보일 지음, 유강은 옮김 2005, 그린비간을 인용했음.

오르는 것처럼 보인다. 공산주의 프로그램의 8항과 9항을 예로 들어보자(재미있게도 시나이 산에서 발표된 하느님의 프로그램처럼 총 10개의 항목이 존재한다). "8. 평등한 노동의 의무. 특히 농업을 위한 산업단체의 확립. 9. 농업과 산업의 결합, 도시·농촌 간 모순에 대한 점진적 제거의 조장." 촌락을 파괴하고 그것들을 논 한가운데 반쯤 완성된 고층 아파트로 대체한 폴 포트 체제와 차우세스쿠의 '시스템화'를 경험한 사람들은 자신들이 겪었던 불행의 기원을 쉽게 알게 될 것이다.

『공산당 선언』은 현재의 조건하에서 그것의 가능성을 부정할 때를 제외하곤 인간의 개인적인 삶을 언급하지 않는다. 사실 마르크스는 독일식으로 모욕적인 심한 냉소를 퍼부을 때만 몇몇 저자를 실명으로 언급했을 뿐이다. 마르크스에게 개인이나 진정한 인간은 존재하지 않았다. "부르주아 사회에서 자본은 독립적이며 특성을 갖고 있는 반면 살아 있는 개인은 의존적이며 개성을 갖고 있지 않다."

따라서 마르크스가 '부르주아' 혹은 '프롤레타리아트' 처럼 범주로만 이야기한다고 해서 놀랄 것은 없다. 그에게 개별적 인간은 복제품에 불과하며 엄청난 다른 많은 존재와 그들의 동일성은 같은 유전자를 갖고 있기 때문이 아니라 경제 체제에 대해 같은 관계를 갖고 있기 때문이다. 전체적 인간을 알고 있는데 왜 개별적인 인간에 대해 연구하겠는가?

인간 전체를 단지 부호로 환원한 것이 『공산당 선언』에서의 유일한 일반화도 아니다. "현재의 가족인 부르주아 가족은 어떤 토대에 근거하고 있는가? 자본에, 사적인 이익에 근거하고 있으며……하지만 이러한 사물의 상태는 프롤레타리아들 가운데 가족의 실제적 부재 속에서 공창 제도 속에서 그 보충물을 찾는다. 가족과 교육, 부모와 자식의 공허한 상호관계에 대해 부르주아의 허튼 소리들은 훨씬 더 역겨워지게 되고 현대 산업 활동에 의해 프롤레타리아들 속에서 모든 가족의 유대는 갈기갈기 찢어지고 그들의 자식들은 단순한 상품이자 노동의 도구로 변모된다.……부르주아는 자기의 아내에게서 단순한 생산의 도구를 보게 된다.……일반적인 매춘부에 대해 말하지 않고 자기 마음대로 할 수 있는 자기들의 프롤레타리아트들의 아내와 딸들을 갖는데 만족하지 못하는 우리의 부르주아는 서로의 아내를 유혹하는데서 가장 큰 기쁨을 얻는다. 부르주아의 결혼은 현실적으로 아내의 공유체계이며 따라서 기껏해야 공산주의자들이 비난받게 될 것은 위선적으로 숨겨진 것 대신 공개적으로 합법화된 여성 공유를 시작하고 싶어한다는 사실이다."

이 말들에 내포된 증오와 분노에 대해 오해할 수는 없다. 분노는 현실적이고 강력한 감정이긴 하지만 필연적으로 정직한 것도 어떤 방법으로든 늘 충족될 수 없는 것도 아니다. 특히 지식인들에겐 늘 어떤 사람의 미덕은 악에 대한 증오에 비례하며 악에 대한 증오는 이어 고발에 대한 열정으로 측정되어야 한다고 생각하고자 하는 유혹이 존재한다. 하지만 마르크스가 이 같은 말을 썼을 때 그는 분명 그 말들이 기껏해야 야만적 풍자이고 최악의 경우 고의적으로 판단을 그르치게 하거나 파괴하려는 의도적 왜곡이라는 사실을 알고 있었다.

가족을 가진 사람으로서 마르크스는 성공적인 가장은 아니었다. 그는 부르주아로 살았지만 그의 삶은 혼란스럽고 자유분방하며 아주 비참했다. 마르크스의 두 딸 로라와 엘레노어는 자살했으며 그들의 삶에 마르크스가 간섭한 것도 자살하게 된 원인 중 하나였다. 하지만 마르크스에 대해 아무리 적대적인 사람이라 해도 그가 아내인 제니 폰 베스트팔

렌을 말하자면 다축 방적기인 '생산 도구에 불과한 것'으로 보았다고 주장할 수는 없었다. 마르크스 청년기 시(詩)의 절반 정도는 가장 열정적이고 낭만적인 용어로 그녀에게 구애하는 것이었고 그것은 그가 『공산당 선언』을 쓰기 불과 몇 년 전이었다. 그리고 후에 부부관계가 냉냉해지긴 했지만 그래도 마르크스는 아내의 죽음에 심한 영향을 받아 아내가 죽은 후 오래 살지 못했다. 마르크스는 인간에 대한 정보를 주로 책에서 얻긴 했지만 분명 남녀 관계에 대한 『공산당 선언』의 묘사가 엄청나게 왜곡되었다는 사실을 알고 있었다. 따라서 그의 분노는 분명 자신이 갖고 있지 못하다는 사실을 알고 있지만 가져야 한다고 느꼈던 정신의 관대함이나 인류에 대한 사랑을 가정하기 위한 시도로 전적으로 인위적 —— 많은 현대의 분노들처럼 —— 이다.

그가 개별적인 삶과 현실 속에서 살아가고 있는 인간의 운명에 대해 관심이 없었다는 사실은 때로 가장 큰 어려움에 맞서서도 존경할만한 가족생활을 유지하기 위한 노동자들의 고귀한 시도들을 인정하지 못하고 있다는 점에서 두드러진다. 노동자들이 가족적 유대를 갖지 못하고 있으며 그들의 자식이 상품에 불과하다는 것이 사실일까? 그들은 누구를 위한 상품에 불과한 것일까? 거래는 거래를 하는 사람과 별개로 존재할 수 있다는 듯이 그 해답을 모호하게 내버려 둔 것은 엄밀하지 못한 마르크스의 정신을 보여주고 있다. 공연히 능글맞게 웃듯이 그의 분노만이 명확하다.

또한 부르주아 가족이 현실적으로 깨어지고 그렇게 되면 '가족의 실제적 부재'는 현실적으로 부정할 수 없는 사회적 사실이 될 것이라는 그의 사고방식에 영향을 받은 급진적 지식인들이 그 같은 이상을 수행함으로써 어떤 일이 일어날지 상상도 하지 못했다는 점에서 마르크스가 이해하고 있던 비현실성은 분명해진다. 당연히 성적인 질투가 증가하고, 어린아이에 대한 학대와 무관심이 확산되며 개인 간의 폭력이 증가할 것(모두 전례 없는 물질적 번영을 누리고 있는 상황 속에서)이라는 사실은 인간의 마음에 대해 마르크스보다 더 깊이 알고 있는 사람들은 누구나 예측할 수 있을 것이다.

파리에서 투르게네프와 알고 지내다 그가 죽은 지 일년 후에 그에 대한 에세이를 쓴 헨리 제임스[19]는 투르게네프의 섬세함을 마르크스의 미숙함에 대조해 언급하고 있다. "큰 귀감이 되고 있는 사람들이 흔히 그렇듯 그는 많은 상이한 조각들로 구성되어 있다. 그에게서 늘 놀라는 것은 단순성과 가장 다양한 관찰의 결과물을 혼합한다는 것이다.……〔언젠가〕나는 감동해 그에게 귀족적 기질을 갖고 있다고 말했다. 더 많은 지식의 관점에선 특이하게 멍청해 보이는 말이었다. 그는 그런 유형의 어떤 정의에도 속하지 않으며 그가 민주적이라고 말하는 것은 (그의 정치적 이상이 민주주의라 하더라도) 마찬가지로 그를 피상적으로 설명하는 것이다. 그는 삶의 이면을 느끼고 이해하고 있었다. 그는 상상력이 풍부하고 성찰적이며 전혀 도식적이지 않다.……우리의 앵글로-색슨, 프로테스탄트, 도덕주의, 전통적 기준은 그와 거리가 멀며 그는 사물을 끊임없이 새롭게 하는 자유와 자발성으로 판단했다. 아름다움에 대한 감각, 진리와 정의에 대한 사랑은 그의 본성의 토대다. 하지만 그와의

---

19) Henry James 1843~1916

미국 소설가 · 비평가. 뉴욕 출생. 일생을 독신으로 지내며 예리한 관찰을 근저에 둔 독자적인 시점(視點)의 문학을 개척하였다. 그는 특정한 인물을 설정하고 그 사람의 시점과 의식을 통하여 현실을 파악하는 방법으로 소설의 드라마성과 리얼리티를 추구하였다

대화가 갖는 매력의 절반은 사람들이 위선적인 말투와 독단적인 판단을 단순히 우스꽝스러운 것으로 만드는 분위기를 조성하는 것이다."

나는 마르크스에 대해 이런 식으로 말할 수 있는 사람이 있으리라 생각하지 않는다. 마르크스가 "노동자에겐 조국이 없다. 우리는 그들이 갖고 있지 않은 것을 그들로부터 빼앗을 수 없다"라고 썼을 때 그는 우리가 알고 있는 한 자신 이외의 다른 사람의 삶의 관점을 이해하기 위해 전혀 노력하지 않은 사람으로서 기술하고 있다. 그가 민족주의 감정의 죽음을 선언한 것은 적어도 시기상조였다. 그리고 그가 부르주아는 프롤레타리아 혁명이 불가피하게 수반한 문화적 손실을 애석해하겠지만 "그 같은 문화는……대다수에겐 하나의 기계로서 행동하기 위한 훈련에 불과한 것"이라고 썼을 때 그는 노동자들이 자유롭고 품위 있게 해주는 매개요소로써 문화를 습득하기 위한 감동적인 시도들을 인정하지 않고 있다. 많은 노동자들이 했던 것처럼(그들이 도서관과 대학에서 빌린 책들은 아직도 영국의 중고도서점에서 발견되고 있다) 빅토리아 시대에 낮에는 공장에서 일하고 밤에는 러스킨, 칼라일, 흄 그리고 애덤 스미스의 작품들을 읽기 위해 얼마나 불굴의 의지를 가져야 하는지 이해하기 위해 대단한 상상력이 필요한 것은 아니다. 하지만 마르크스는 문화를 알고자 하는 노동자의 노력을 이해하려고 노력할 준비가 되어 있지 않았다. 그는 그런 노력은 할 가치가 없다고 생각했기 때문이다. 마르크스가 학계의 교양 속물들에게 어떤 본보기를 제시한 것 아닌가 하는 의문이 들 수도 있을 것이다. 학계의 교양 속물들은 자신이 이익을 얻었던 것을 다른 사람에 대해서는 파괴해 왔다.

마르크스와 달리 투르게네프가 억압된 사람들에 대해 표현했던 동정은 살아 숨쉬는 인간을 위한 것이었다. 투르게네프는 헨리 제임스가 '인생의 이면'이라 불렀던 것을 이해하고 있었다. 투르게네프는 역사의 종말은 존재하지 않으며 피할 수 없는 묵시도 존재하지 않는다는 사실을 이해하고 있었다. 반면 마르크스는 공산주의가 도래하면 모든 모순이 해결되고 모든 갈등이 종식되며 그 때 인간은 제도가 완벽해지기 때문에 선해지게 되고 정치·경제적 통제는 단지 차별 없이 모두의 이익을 위한 단순한 관리로 변화하게 되면서 역사는 끝을 맺게 된다고 주장했다. 일반적인 상식, 인간의 본성에 대한 이해를 결여한 마르크스의 종말론은 자기 주위에 있는 실재적 인간보다 그에겐 더 현실적이었던 추상개념에 기초를 두고 있다. 물론 투르게네프는 일반화의 가치를 알고 있었으며 농노제와 같은 제도들을 비판할 수 있었지만 어떤 어리석은 유토피아적 환상도 갖고 있지 않았다. 그는 인간은 타락한 피조물이며 개선할 수는 있겠지만 완벽해질 수 없는 존재라는 사실을 알고 있었기 때문이다. 따라서 투르게네프의 이름과 관련된 희생자는 존재하지 않는다.

마르크스는 사람에 대해 알고 있다고 주장했지만 그의 적들 이외의 다른 사람들에 대한 것이었고 사실상 자신의 적들에 대해서도 알지 못하고 있었다. 헤겔주의적 변증법에 심취했지만 마르크스는 삶의 이면에는 관심이 없었다. 친절이나 잔인함도 그의 마음을 움직이지는 못했다. 인간은 단지 언젠가 영광된 오믈렛이 만들어질 수 있도록 깨어져야 할 달걀에 불과하다. 그리고 인간은 영광된 오믈렛을 만드는 수단이 될 것이다.

우리의 사회 개혁자들 —— 그들의 언어, 그들의 관심사, 그들의 스타일, 그들이 생각하는 범주들 —— 을 볼 때 그들은 마르크스를 더 연상시키는가 아니면 투르게네프를 더 연상시키는가? 제목으로도 내용을 예상할 수 있는 『햄릿과 돈키호테』라는 놀라운 에세이를 썼던 투르게네프는 마르크스 스타일이 승리했다는 사실을 알았더라도 놀라지는 않았을 것이다.

기이한 운명의 뒤틀림으로 러시아에서 냉정한 마르크스주의적 유토피아주의자들은 투르게네프의 소설 『무무』를 냉소적으로 이용할 수 있다는 사실을 알게 되었다. 그들은 이전 사회의 모든 흔적을 파괴하는 과정에서 자신들의 무시무시한 잔인성을 정당화하기 위해 투르게네프의 『무무』를 수천만부 인쇄했다. 대량학살을 정당화하기 위해 이용되었던 투르게네프의 이야기에 일어났던 일보다 더 끔찍하고 터무니없는 경우가 있었을까? 인간의 마음과 정신에서 부끄러움과 인간성에 대한 진실한 감정을 비워내는 지적인 추상 개념의 능력을 더 생생하게 표현한 예가 있었을까?

하지만 투르게네프와 마르크스의 인생 궤적에서 차이가 있는 세부 항목을 상기해보기로 하자. 마르크스가 묻힐 때 그의 장례식을 찾은 사람은 거의 없었다(마르크스는 자기를 좋아하고 많은 희생을 했던 자기 아버지의 장례식에도 참석하지 못했기 때문에 시적인 의미의 복수일 수도 있겠다). 투르게네프의 유해가 프랑스에서 상트 페테르부르크로 반환될 때 비천한 사람들 중에서도 가장 비천한 사람들을 포함한 수만 명의 사람들이 존경을 표했으며 아주 당연한 일이었다.

2001

잊혀진 천재 슈테판 츠바이크의 외로운 죽음

1942년 2월 22일 영국 국적의 두 사람이 브라질 페트로폴리스의 자기 집에서 진정제 과다 복용으로 자살한다. 여자가 남자의 손을 잡고 그의 어깨에 머리를 부드럽게 올린 채 침대에 누워있는 사진은 내가 알고 있는 가장 가슴 아픈 이미지들 중 하나다. 이 부부의 장례식은 수천 명의 조문객이 애도하는 국장 —— 영국이 아닌 브라질에서 —— 으로 치러졌다. 남자는 오랫동안 독일에서 가장 유명한 작가들 중 한 명으로 오스트리아계 유대인 슈테판 츠바이크였고 그의 작품들은 50개국 언어로 번역되었다. 여자는 그의 비서이자 두 번째 부인인 로테 알트만이었다.

츠바이크는 영국에 망명해 영국 여권을 소지하고 있었지만 그의 작품은 그가 선택한 나라에서 그리고 어떤 영어권 국가에서도 제대로 된 평가를 받지 못했다. 그가 얻은 사소한 명성조차 지금은 소멸되고 있으며 고급 문학에 소양이 있는 영어권 강연자들 사이에서도 그는 거의 잊혀지고 있다. 영국, 미국 그리고 오스트리아의 대형 서점도 그의 책을 재고로 가지고 있는 경우는 드물다.

프랑스에선 사정이 다르다. 프랑스에선 그의 단편 소설과 장편 소설은 물론 그의 자서전, 비평서 그리고 역사 연구서들이 아직도 재판을 거듭하고 있다(독일 점령기를 제외하면). 보급판도 거의 어디에서나 찾아볼 수 있으며 공항에서까지 판매되고 있다. 그에 대한 자서전이나 문학 비평 연구서들은 정기적으로 출판되고 있으며 그는 20세기의 위대한 작가들 중 한 명으로 거의 세계적인 주목을 받고 있다. 적어도 나는 이 점에서 프랑스가 옳다고 생각한다.

츠바이크의 저작엔 주된 두 가지 주제가 지배하고 있다. 첫 번째 것은 인생에서 정열이 차지하는 역할이다. 흄이 말한 것처럼 이성이 정열의 노예이거나 노예여야 한다면 우리가 사회에서 품위 있게 함께 살기 위해선 우리의 정열을 어떻게 통제하고 조화시킬 수 있겠는가? 그리고 만약 츠바이크의 작품이 제시하고 있듯이 통제의 필요와 표현의 필요가 끊임없는 긴장 관계라면 인간의 실존적인 어려운 처지에 대한 추상적이거나 완벽한 해결책은 존재하지 않는다. 따라서 단순한 신조(그리고 삶과 비교할 때 모든 신조는 단순하다)와 관련된 교조적 언급으로 존재의 모순을 해결하려는 어떤 시도도 편집광이나 야만주의로 끝을 맺게 될 것이다. 그리고 그 같은 현실은 츠바이크의 두 번째 중대한 관심사였다. 즉 정치적 신조에 따른 문명의 파괴 —— 츠바이크의 세계를 파괴하고 그를 극단적인 자살에 이르게 한 두 차례 세계대전이 예시하고 있는 것처럼 —— 가 그것이다.

츠바이크는 1881년 오스트로-독일 문화에 완전히 동화된 비엔나의 부유한 부르주아 유대계 가정에서 태어났다. 그의 삶은 더할 나위 없는 행복한 삶에서 고통으로 이어지는 오랜 몰락의 과정이었다. 브라질에 망명 중이던 60살에 회상에 도움이 되는 자료 없이 쓴 회고록에서 츠바이크는 교양 있고 관대한 코스모폴리탄적 사회에서 살아가는 행복을 기술하고 있다. 교양 있고 관대한 코스모폴리탄적 분위기가 팽배한 사회에서 정치는 부수적인 관심사가 된다. 어떤 전쟁(정부 그 자체처럼)도 먼 곳에서 국지적으로만 일어났기 때문에 삶에 거의 영향을 미치지 않았다. 모든 것은 견실하고 항구적인 모습 —— 물론 망상적인 —— 을 띠고 있었다. 누구나 미래를 위한 계획을 세울 수 있었다. 돈은 늘 그 가치를 유지하고 이자율은 변하지 않았기 때문이다. 매년 눈에 보이는 물질적 진보에 따른 즐거움은 인간은 인간에 대해 늑대로 남아 있다는 자각으로도 흐려지지 않는다. 즉 도덕적 진보는 물질적 진보만큼이나 당연해 보였다.

츠바이크가 보기에 합스부르크의 비엔나는 매우 문명화되어 있었다. 합스부르크의 비엔나는 정치적 그리고 군사적으로 무력했기 때문이었다.

비엔나는 유럽에서 문화에 대한 열망이 가장 강렬한 도시다. 오스트리아 자체라 할 수 있는 황제가 수백 년간 정치적으로 야심을 품거나 군사적 성공을 거둔 적이 없었고 예술적 우위를 성취한 것에서 아주 강한 애국적 자부심을 느끼고 있었기 때문이었다. 한때 유럽을 지배했던 합스부르크 제국은 오랫동안 제국의 가장 중요하고 번영한 지역인 독일, 이탈리아, 플레미쉬, 왈로니아가 파괴되었다. 하지만 궁정 소재지로 천년 전통을 보존하고 있는 수도는 고색창연한 장대함이 손상되지 않고 남아 있었다.

비엔나의 문화적 지적 화려함과 정치적 쇠락 간의 대비는 분명 츠바이크가 평생 간직한 평화주의에 영감을 불어넣었다. 그는 비엔나인들의 이상을 침략적인 독일 혹은 빌헬름적인 것과 대비하고 있다.

어떤 사람은 이 오래된 도시인 비엔나에서 편안하고 즐거운 삶을 살고 있으며 북쪽의 우리 이웃인 독일인들은 열심히 일하고 진지한 모습과 엄격한 질서에 복종하는 모습을 보여주는 대신 평화롭게 삶을 즐기며 잘 먹고, 축제와 극장에서 즐거움을 누리며 게다가 훌륭한 음악을 만드는 우리 다뉴브강가 사람들을 심술과 선망 그리고 어떤 경멸감을 가지고 깔본다. 사실상 다른 모든 사람의 삶에 독을 불어넣어 망쳐버리는 독일적 '가치들' 대신, 다른 사람을 지배하고자 하는 갈망 대신, 늘 주도하는 존재 대신, 우리는 비엔나에서 애정 어린 잡담을 주고받으며 가족의 재회에서 즐거움을 맛보고, 시샘 없이 누구나 우호적인 만족한 정신을 함께하고 싶어한다. 그것은 약간 방만해 보일 수도 있다. 오랜 비엔나의 속담처럼 '공존공영'은 나에겐 오늘날에도 어떤 지상 명령보다도 더 인간적으로 보이는 금언이다.……

츠바이크가 살았던 전락이전 프란츠 조셉 황제의 비엔나는 그랬다. 프란츠 조셉 황제는 교양은 거의 없었지만 수개 국어를 사용하는 흔들리는 제국(이 제국은 아주 오래 존재했다는 사실 이외에 정당화할 수 있는 여지없이 존재하고 있었다)을 온전히 보전하는 것 이외의 다른 야심은 거의 없었다. 황제는 신민들의 일상적인 삶에 개입하고 싶어하지 않았다. 비엔나인들은 20세기에 그랬던 것처럼 아직 깊이 정치화되지는 않고 있었다.

하지만 합스부르크 비엔나의 개인적 자유가 크긴 했지만 깊은 철학적 기초에 근거해 있다기보다는 차라리 오랜 세월에 걸쳐 유기적으로 발전했던 비공식적인 심리적·문화적 특성에 근거한 것이었다. 대격변의 호된 시련 속에서 이러한 것들은 취약한 보호막임이 입증되었다. 여기에 츠바이크가 해결책은 말할 것도 없고 생각조차 하고 싶어하지 않은 모순이 있다. 진정한 자유는 비공식성을 요구하지만 비공식성은 자유의 적에 대항할 보호막을 제공하지 못한다. 모든 평화주의자들처럼 츠바이크는 탐욕스러운 늑대들에게서 평화로운 양들을 보호하는 법에 대한 질문을 회피하고 있다. 그는 분명 늑대가 언젠가 채식주의의 이점을 발견하게 되리라는 비현실적인 희망을 가졌다.

츠바이크의 에덴과 같은 비엔나에선 비공식적 규율과 전통이 입법자들이 제정한 법이나 권리보다 훨씬 더 깊이 국민의 삶을 지배하고 있었다. 예를 들어 츠바이크는 아버지가 수백만 달러짜리 공장을 소유해 경제적 여유가 있었지만 전통적으로 제국의 상층 귀족계급 사람들이 자주 찾는 호텔 자헤르에서의 저녁식사를 거부했다고 자세히 이야기하고 있다. 츠바이크의 아버지는 자신을 진정으로 원하지 않는 곳에 주제넘게 나서는 일은 분별없는 짓이라고 느꼈다. 또한 그는 자신을 원하지 않는다는 사실에 개의치 않았다(오늘날엔 거의 생각조차 할 수 없는 태도). 그의 실제적 자유는 자신의 욕망을 충족시키고도 남을 정도였다. 사람이 합리적으로 어떤 것을 더 바랄 수 있겠는가?

츠바이크는 프로이트와 절친한 친구가 되어 그에 대한 연구서인 삼부작 『치유자들』(프란츠 안톤 메스머[20])와 메리 베이커 에디에 초점을 맞추고 있는 다른 부분들로 프로이트가 매력을 느끼지 못하게 약간 아이러니하게 나란히 배치하고 있다)을 발표했다. 하지만 츠바이크는 전적으로 프로이트 이전의 방식에서 아버지에 감탄했고 아버지를 본받았다. 자수성가한 츠바이크의 아버지는 늘 겸손하고 위엄을 갖추고 서두르지 않았으며 그의 (좋은) 개성에 유리한 시대에 살았기 때문에 아주 화려하게 성공할 수 있었다.

아버지께서 전적으로 당시의 시대정신과 보조를 맞추며 유리한 기회들이 제시된 유혹에도 사업 확장에 대해선 신중하셨다. 게다가 이러한 신중함은 탐욕이 없었던 아버지의 천성적 자제심에도 잘 맞았다. 아버지께서는 당대의 시대정신인 '안전 제일주의' 라는 신조를 받아들였고 따라서 자본을 '확실한' 사업 ―― 당시에는 여전히 우호적인 표현 ―― 에 투자하는 것이 은행에서 융자를 얻거나 저당을 잡히며 방만하게 사업을 확대하는 것보다 더 중요하다고 생각했다. 평생 누구도 신용장이나 대부자 명단에서 아버지의 이름을 본 적이 없으며 늘 은행 ―― 당연히 은행들 중에서 가장 견실한 로드차일드 ―― 에 가용 자금을 갖고 있었다는 사실은 아버지에겐 자부심의 문제였다.

츠바이크가 아버지를 칭송하고 이어 자신을 기술하고 있는 다음의 단락에서 츠바이크 자신의 성격에 대한 핵심적인 것이 드러나고 있다.

---

20) Franz Anton Mesmer 1734~1815
오스트리아 의학자. 그의 치료법 〈메스머리즘〉은 일종의 최면술. 암시요법(暗示療法)이라 할 수 있는 것으로 후세에 많은 영향을 미쳤다.

아버지는 예절, 사회적 매력과 문화 —— 그는 피아노를 아주 잘 쳤고 불어와 영어를 아주 우아하고 정확하게 구사했다 —— 에서 대다수 아버지들의 동료들보다 훨씬 뛰어났지만 모든 공식적 영예와 명예직을 거부했으며……위대한 기업가로서 흔히 제시받았던 어떤 직함이나 명예도 추구하거나 수용하지 않았다. 결코 어떤 것도 부탁하지 않고 "부탁합니다"라든가 "감사합니다"라고 말해야 할 상황에 처하지 않았다는 은밀한 자부심은 어떤 외부적 명예보다도 아버지에겐 더 중요했다.……똑같은 은밀한 자부심 때문에 나는 늘 어떤 경의를 표하는 명예도 거부했고 훈장, 직함 혹은 어떤 협회의장직도 수용하지 않았으며 어떤 학술원, 어떤 위원회, 혹은 상을 수여하는 심사위원에 속한 적도 없다. 단순히 공식적인 행사에 참석한다는 사실만으로도 나에겐 일종의 고문이며 다른 사람을 위한 경우라 해도 어떤 것을 부탁해야 한다는 사실을 생각하는 것만으로도 말하기도 전에 침이 마르게 된다.……내가〔주목의 대상이 되는 것〕을 꺼리게 만드는 것은 내 안에 있는 나의 아버지와 그의 은밀한 자부심이다. ……내가 확실하게 느끼고 있는 유일하게 좋은 것인 내적 자유의 느낌은 아버지 덕분이기 때문이다.

츠바이크는 자신의 개인적 이상이 사회적인 것이라고 시사한 적은 한번도 없다. 다시 말해서 한번도 공식적인 행사에 참석하거나 학술원 회원자격을 받아들인 적이 없었다. 하지만 아주 자유롭게 행동하며 행복하게 살아갈 수 있는 세계에서 성장했지만 츠바이크는 더 이상 그런 식으로 살아갈 수 없는 세계에 빠져들었다는 사실을 알게 되었다. 그가 빠져 있는 곳은 인간이 어떤 자유를 향유하려면 악에 저항하기 위해 조직화해야 하는 세계였다. 그 같은 세계에서 어떤 집단적 제도나 노력에 구속되기를 거부하는 츠바이크는 유약하고 기생적으로 보였다.

다시 말해서 참여의 결여라는 아주 애매한 개성 때문에 츠바이크는 내부로부터 자신의 소설 속 다른 세계로 들어갈 수 있었고 훨씬 더 중요한 것은 독자들도 이러한 세계 속으로 들어갈 수 있도록 전달할 수 있었다는 사실이다. 그가 자신이 속했던 이외의 장소에 있었다면 그의 작품은 특이한 감정이입의 특성을 결여했을 것이다.

츠바이크는 어린 시절부터 문학과 고급문화에 대한 강박관념을 갖고 있었다. 19살 때 그는 비엔나에서 발간되던 신문인 「신 자유 언론 Neue Freie Presse」(당시 현대 시오니즘의 창립자인 테오도르 헤르츨이 편집장으로 있었다)의 문학 섹션에 첫 번째 시 모음은 물론 자신의 최초의 중요한 논문을 발표했다. 하지만 츠바이크는 곧 자신이 어떤 말을 하기엔 너무 어리다는 사실을 알게 되었고 그는 경험을 얻기 위해 베를린과 파리로 여행을 떠난다. 여행을 하면서 그는 그들의 시대에 가장 중요한 저자가 된 많은 젊은이들을 만났다. 이어 매춘부, 뚜쟁이에 대한 이해를 넓혀가면서 상류 부르주아 출신이었기 때문에 알지 못했던 밑바닥 계층의 추악한 현실에 대해 알게 된다. 츠바이크는 수년간 모더니스트인 벨기에 시인 에밀 베해렌 Emile Verhaeren의 작품을 독일어로 번역한다. 번역 일은 그가 작가가 되고 싶지만 아직 독창적인 것을 창조할 만큼 성숙하지 않은 젊은이들에게 권하는 주제넘지 않은 유형의 문학 작업이었다.

물론 세계 대전은 츠바이크가 그토록 높게 평가했던 구세계를 산산 조각으로 부수어 버린다. 하지만 츠바이크는 자신의 이상에 점차 적대적이 되어 가는 분위기에서도 전쟁 전의 자기 이상에 집착했다. 되풀이해서 그의 작품은 개인적 자유의 가치를 칭송하며 추상적인 관념들이 인간을 인도하여 인생의 딜레마에서 벗어나게 할 수 있다는 사실을 부정했다. 츠바이크는 그 목적이 아무리 고귀하다 해도 어떤 협회나 집단에 참여하는데 여전히 두려움을 느끼고 있었다. 그는 '당파의 노선'을 지지하기로 한 선택이 자신의 양심의 명령과 맞서게 되는 것을 결코 원치 않았다. 물론 츠바이크가 일반적 원칙이 전혀 없었던 것은 아니었다. 정신병자가 아니라면 일반적 원칙이 전혀 없을 수는 없다. 하지만 잔인함보다는 친절함을 더 선호하는 것은 특수한 사례들을 고려할 때 많은 것을 이해시키지는 못한다. 특수한 사례들은 구체적인 상황에서 어떤 친절이 존재해야 하는지에 관한 성찰을 필요로 한다. 때로 감상적이라고 비난받았던 츠바이크는 분명 도덕적 감상주의나 도덕적 엄숙주의에 반대했다.

그의 장편 소설 『연민에 대한 경계』는 감상적이고 위선적인 연민에서 비롯된 참혹한 결과를 탐구하고 있다. 1차 세계대전 직전에 구상된 이 소설에서 잘생긴 젊은 기병(화자)이 헝가리 지방도시에 배치된다. 그곳에서 그는 엄청난 부를 일궈 귀족이 된 유대인 행상인 헤어 폰 케케스팔바의 불구인 딸을 만난다. 좋은 의도였지만 그녀에 대한 피상적인 동정의 표현으로 이 기병은 다른 유형의 관계에 대한 희망을 불러일으킨다. 하지만 너무 늦어버릴 때까지 젊은 기병은 그녀가 잘못된 희망을 버리도록 하지 못한다. 이어 실망한 젊은 여인은 자살하게 된다. 츠바이크는 재기 넘치는 명쾌함으로 선한 의도에서 비롯된 감정적 부정직함의 결과들 —— 애초에 냉담했던 것보다 훨씬 더 나쁜 결과들 —— 을 추적하고 있다.

츠바이크는 단편 소설의 거장이었다(이 같은 사실이 영어권에서 그의 작품이 성공하지 못한 이유다. 다른 나라에선 츠바이크의 작품들이 수백 만부씩 판매되었는데도 영어권 출판업자들은 단편 소설이 수익성이 없다고 생각하고 있다). 그는 짧은 이야기 속에서 평이하지만 경각심을 불러일으키는 언어로 거대한 역사적 변화를 포착할 수 있었다. 예를 들어『부흐멘델 Buchmendel』에서 츠바이크는 개인의 운명을 통해 1차 세계 대전의 민족주의적 광기가 파괴하는 코스모폴리탄적 관용을 상징적이면서도 효과적으로 표현하고 있다.

부흐멘델은 비엔나에 있는 유대인 고서적상인이다. 전쟁이 일어나기 전 오랜 세월 동안 그는 비엔나 카페에서 일을 하고 있었다. 부흐멘델은 책을 위해 살았고 그 이외의 다른 삶은 없었다. 그는 중고 서적상들에게선 보기 드물게 놀라울 정도의 학식을 갖추고 있었다. 비엔나의 학자들(브람스, 프로이트, 브로이어, 말러, 클림트, 슈니츨러, 릴케, 그리고 호프만스탈의 비엔나를 상기하라)은 누구나 서지 정보에 대해 그에게 조언을 받았다. (츠바이크도 나치의 등장으로 강제로 처분하게 되기 전까지 세계에서 가장 큰 개인 장서 소유자 중 한 사람이었다.)

부흐멘델은 초세속적이다. 그가 원하는 것은 거의 없었으며 돈에 대한 관심도 최소한에 그쳤다. 부흐멘델이 주문도 하지 않고 온종일 자리를 차지하고 있었지만 카페주인은 많은 저명인사들에게 자문 요청을 받는 사람이 손님이라는 사실을 행복해했다. 카페 주인은 다른 사람들처럼 부흐멘델이 문명의 보호자로서 문명에 기여하고 있다는 사실을 이해하고 있었고 그 자신이 교양이 높은 카페주인은 부흐멘델을 손님으로

맞이하는 것을 영광으로 생각하고 있었다. 그러던 와중에 전쟁이 일어
난다. 부흐멘델은 전쟁에 개의치 않고 아무 일 없는 듯이 자기 일을 해
나간다. 그는 적국의 수도인 런던과 파리로 서지 리뷰를 받지 못하는 이
유를 묻는 편지를 보냈다는 이유로 체포된다. 군 검열관들은 이 서신이
첩자의 암호라고 추정했다. 그들은 전쟁 시에 서지 정보에 관심을 갖는
사람이 있다는 사실을 인정할 수 없었다.

정부 당국자는 러시아 갈리치아에서 태어난 부흐멘델이 오스트리
아 시민조차 아니라는 사실을 알게 된다. 적국의 재류 외국인 수용소에
강제 수용된 그는 당국이 실제로 그가 서적 상인에 불과하다는 사실을
알게 될 때까지 2년간 수용소 생활을 한다.

부흐멘델이 수용소에서 풀려났을 때 비엔나는 변해 있었다. 더 이
상 제국의 중심이 아닌 비엔나는 하나의 언어를 사용하는 쇠퇴한 국가
의 무력한 수도가 되었다. 부흐멘델이 찾던 카페의 주인도 바뀌어 새로
운 주인은 부흐멘델을 이해하지도 환영하지도 않았으며 그를 쫓아냈다.
부흐멘델의 삶은 그가 가치 있는 공헌을 했던 문명처럼 산산조각 나 버
리고 집을 잃은 그는 곧 폐렴으로 사망한다.

츠바이크는 부흐멘델이 특이하고 그의 삶이 1차원적이고 발전이 중
단되기까지 했지만 그의 국적에 신경 쓰는 사람이 없었기 때문에 비엔
나 문명에 독특한 공헌을 할 수 있었다는 사실을 분명히 한다. 코스모폴
리탄적 고객들에겐 그의 일과 지식이 그가 어떤 집단의 일원이라는 사
실보다 훨씬 더 중요했다. 거대 집단이나 귀에 거슬리는 집합체의 요구
가 개인의 자유에 미치는 파괴적인 영향을 츠바이크는 그 누구보다도
잘 알고 있었다. 그는 공포에 질려 우리 사회의 지적 생활을 특징짓고

있는 편집광적 불협화음 —— 성적, 인종적, 사회적, 평등주의적 ——
을 지켜보았을 것이다. 편집광들은 더 큰 집단적 선을 명목으로 다른 사
람의 자유를 법률로 제한할 것을 요구하고 있다. 그의 작품은 우리의 정
신과 동정이 분열되어 불러일으키고 있는 갈등에 대한 세련된 묵언의
항변이다.

개인적 도덕성의 영역에서 츠바이크는 단순한 도덕적 규칙의 완고
한 적용보단 예리한 통찰력과 동정을 호소하고 있다. 츠바이크는 사회
전통과 개인 성향 양자의 요구를 인정하고 있으며, 그는 누구보다도 정
열의 힘이 아무리 도의적인 사람의 윤리관이라도 압도할 수 있다는 사
실을 훌륭하게 환기시키고 있다. 다시 말해서 그는 인간은 완벽할 수 없
는 타락한 피조물이지만 완벽해지려고 노력해야 한다는 종교적 견해를
받아들이고 있다(츠바이크 자신은 종교적인 사람이 아니긴 했지만). 예를 들어
그의 단편소설 『어떤 여인의 삶에서의 24시간』에서 그는 정열에 휩쓸려
24시간 동안 남은 평생을 합한 것보다 더 강렬하게 살았던 어떤 여인에
대한 이야기를 말하고 있다.

책은 윌리엄 블레이크의 「무구(無垢)의 노래」('불완전성의 노래'가 더
적절하지만)에 대한 인용으로 시작한다.

매일 밤 그리고 매일 아침
고통을 위해 어떤 사람은 태어난다.
매일 아침 그리고 매일 밤
어떤 사람은 달콤한 기쁨을 위해 태어난다.

이야기는 1차 세계 대전 직전의 리비에라에 있는 한 펜션에서 일어난다. 다루기 힘든 사건이 이 작은 사회의 평온을 깬다.

앙리에트의 남편〔부유한 프랑스인 부르주아 기업가〕은 평소처럼 나무르 출신 친구와 도미노 놀이를 하고 있었다. 앙리에트 부인은 해변 옆의 테라스로 저녁 산책을 나간 이후로 돌아오지 않고 있었고 사고가 난 것은 아닐까 걱정이었다. 대개 그렇듯 육중하고 굼뜬 공장주는 해변을 따라 내려갔다. 어둠 속에서 울려 퍼지는 "앙리에트! 앙리에트!"라는 그의 목소리는 공포로 끊겨지며 어떤 두려움과 치명적인 상처를 입은 거대한 동물의 원시적 본성을 전달하고 있었다. 웨이터와 급사들은 분주하게 계단을 오르내렸고 투숙객들은 모두 잠에서 깨었다. 경찰이 불려졌다. 하지만 이 뚱뚱한 남자는 그 와중에도 비틀거리면서 사람들 사이를 헤집고 다녔다. 조끼 단추가 풀려진 채 쿵쿵거리며 걷는 그는 흐느끼며 어둠 속에서 "앙리에트! 앙리에트!"하며 헛되이 아내의 이름을 부르짖었다. 아이들은 위층에서 잠에서 깨어 잠옷을 입고 창문 밖을 바라보며 엄마를 불렀다. 그들의 아버지는 아이들을 안심시키기 위해 서둘러 위층으로 올라갔다. 이윽고 거의 말할 수 없이 아주 끔찍한 어떤 일이 일어났다.……갑자기 크고 뚱뚱한 그 남자는 지친 얼굴빛으로 변하며 삐걱거리는 의자에 털썩 주저앉았다.……그의 손엔 편지 한 통이 쥐어있었다. "모두 돌아오라고 하십시오!" 그가 거의 들리지도 않는 목소리로 말했다. "모두 들어오십시오. 소용없는 일입니다. 아내가 저를 떠났습니다."

잠시 후 "우리는 그의 육중한 몸집이 안락의자에 무겁게 주저앉는 소리와 이어 전에는 울어 본 적이 없는 남자에게서 야생동물의 흐느낌 소리를 들을 수 있었다.……감정적 폭발을 방해해 모욕을 주었다는 듯이 갑자기 우리는 발소리를 죽이며 각자 자기 방으로 돌아왔다. 건물이 쉬기 위해 서서히 눕는 것 같은 어둠 속에서 상처 입은 인류의 표본 같은 사람이 속삭이고, 중얼거리고, 투덜거리고, 한숨을 쉬고, 홀로 몸을 떨며 흐느꼈다."

버려진 남편에 대한 츠바이크의 동정은 아주 현실적이다. 그는 우리가 그에게 동정을 느끼게 하고 있다. 이 단편소설은 결코 이데올로기적으로 결혼, 부르주아에 반대하는 것은 아니다. 하지만 츠바이크의 동정은 또한 이 남자의 아내인 앙리에트로 확대되고 있다. 다음날 펜션의 투숙객들은 앙리에트에 대해 격렬한 논쟁을 벌인다. 화자는 어리석게 행동한 앙리에트가 이내 자기 행동에 대해 몹시 후회하며 괴로워하게 될 것이 거의 확실하다고 생각하고 있다. 따라서 그녀는 비난뿐 아니라 동정도 받을 만하다. 결국 그녀의 결혼이 행복했다면, 감추어진 감정적 심각성이 존재하지 않았다면 그녀는 그 같은 행동은 하지 않았을 것이다.

앙리에트에 대한 화자의 이해는 이제 늙어가면서 완벽한 예절을 갖춘 영국인 귀족 여성 C부인의 관심을 끈다. 그녀는 그를 따로 데리고 가 그에게 자기 이야기를 들려 준다. 그녀의 이야기는 간통이 잘한 짓이라고는 할 수 없어도 전통적 관점에서 자신도 앙리에트를 비난하고 싶지 않은 이유를 설명하고 있다. 오래 전 C부인은 행복한 결혼 생활을 하던 남편이 죽은 후 몬테카를로로 여행을 떠났다. 그곳의 카지노에서 그녀는 상습적으로 도박을 하는 잘생긴 젊은 폴란드 귀족을 주목하게 된다. 그는 분명 마지막 한 푼까지도 탕진해 버린 상태였고 자살할 생각으로 카지노를 떠났다. 그녀는 따라가 그의 목숨을 구하고 이어 자연스럽게 그와 호텔에서 열정적인 밤을 보내게 된다.

다음날 그녀와 젊은 폴란드 귀족은 그 지역을 즐겁게 드라이브하며 그곳에서 작은 성당으로 들어간다. 그는 도박을 영원히 끊겠다고 맹세하고 열정적 사랑에 빠진 C 부인은 그가 도박하기 위해 자기 가족에게서 훔친 액수 —— 발각될 경우 영원히 불명예스럽게 될 도둑질 —— 만큼의 돈을 그에게 준다. 하지만 그는 폴란드로 돌아갈 열차를 타지 않고 카지노로 되돌아간다. 그녀는 그날 밤 남자가 그 돈을 모두 도박으로 탕진하는 것을 보았고 그 와중에 그는 그녀를 모욕하기까지 한다.

C부인은 무가치한 사람에게 자신의 정열을 낭비했고 츠바이크는 분명 그녀가 잘했다거나 다른 사람이 따라야 할 모델로 제시하지는 않았다. 하지만 가슴은 이성이 알 수 없는 이유들을 간직하고 있다. 따라서 열정에만 따르면 비인간적이 되는 것처럼 가슴이 이성이 알 수 없는 이유들을 간직한다는 사실을 인정하지 않거나 고려하지 않는 경우에도 비인간적이 된다.

츠바이크는 억제와 절제만이 진정한 정열과 감정을 느낄 수 있다고 암시하고 있다. C 부인은 바로 "무례하지 않고 단호하게 대화를 끝낼 수 있는 특이하게 영국적인 능력"을 가진 독립심이 강한 영국 여성이기 때문에 그녀의 정열은 아주 위대하다. 감정적인 삶이 병적 흥분에 접근할수록, 연이은 외부적 겉치레에 가까워질수록 점점 더 진실에서 우러나는 것은 적어진다. 감정은 열정적 표현과 같아져 결국 영원히 불성실해지게 된다. 츠바이크는 현대적인 감정적 무절제를 정직이 아니라 점차적으로 느낄 수 없게 되거나 진실로 느끼고자하지 않는 증표로 간단히 처리하고 있다.

츠바이크는 다른 많은 사람들보다 먼저 조국 오스트리아에 몰려드는 동란의 전조를 보았다. 그는 나치가 오스트리아를 평화롭게 내버려두지 않을 것이라는 사실을 깨닫고 1934년 런던에 아파트를 구입한다. 1936년까지 그는 자신이 영원한 망명자라는 사실을 받아들였다. 다른 독일인 망명자들은 소리 높여 나치를 비난하지 않는다고 츠바이크를 비판했다. 일부 사람들은 츠바이크가 독일에서의 자기 수입을 온전히 보존하기 위해 나치와 화해하려 했다고 비난하기까지 했다. 하지만 터무니없는 비난이었다. 그의 책은 나치가 불태워버린 첫 번째 책들 중 하나였기 때문이다.

하지만 그가 나치에 반대하는 집단에 참여하거나 나치의 공포에 대해 목소리를 높이지 않은 것은 사실이다. 그는 자유로운 인간으로서 나치에 반대하는 표현일지라도 나치가 자신의 표현방식에 대해 명령할 수 있기를 원하지 않았다. 위기 시에 부적절한 그의 괴팍스러움에 대해선 거의 강조할 필요가 없다. 하지만 츠바이크는 귀에 거슬리는 비난은 나치에게 일종의 승리를 안겨주는 것이라고 느꼈다. 그의 경우 다른 사람들에 대해 말하지 않았기 때문이었다. 그리고 역사와 인생에서 지식인이 차지하는 역할에 대한 중요성을 과대평가하고 있는 많은 지식인들처럼 츠바이크는 나치를 경멸할 가치도 없는 것으로 보았다. 그들의 신조와 세계관은 너무 명백하게 우스꽝스럽고 도덕적으로 가증스러운데 왜 그들에 대해 이의를 제기하면서 시간을 낭비하겠는가?

　　나치를 공개적으로 비난하게 된 가장 근접한 경우는 그의 탁월한 역사 연구들 중 하나(그의 정확성은 늘 역사 전문가들로부터 칭찬을 받았다)로 1936년 발표된 『이단의 권리 : 캘빈 대 카스텔리오』였다. 카스텔리오는 신학적 교리라는 명목으로 16세기 자유 언론에 대한 캘빈의 전체주의적 억압을 비난했다. 자신의 문학적 방식에 진실한 츠바이크는 독자들 스스로 그것을 이끌어 내도록 하기는 했지만 책에서 캘빈의 제네바와 히틀러의 독일 간의 대비는 너무 명백했다. 예를 들어 캘빈은 책들을 불태웠을 뿐만 아니라 도시를 지배하기 위한 첫 번째 시도에 실패한 후 추방되었던 사건에서 힘을 이끌어 냈다. 히틀러 역시 독일에서 권력을 얻기 위한 최초의 시도인 맥주홀에서의 반란이 실패한 후 옥고를 치루면서 힘을 이끌어 냈다.

　　츠바이크는 카스텔리오에게서 자신의 역할을 찾았다.

　　사상의 전쟁에서 최고의 전투원은 경솔하지만 열정적으로 전투에 참여하는 사람들이 아니라 투신하기 전에 오랫동안 망설이며 서서히 성숙한 결정을 내리는 사람들이다. 일단 어떤 측면에서도 용납할 수 없게 되어 투쟁을 피할 수 없을 때가 되서야 비로서 그들은 무거운 마음으로 전투에 임하게 된다. 하지만 가장 굳건하고 단호한 사람들은 분명 그들이다. 카스텔리오의 경우가 그렇다. 진정한 인문주의자로서 그는 타고난 투사는 아니었다. 화해가 그의 평화적이고 심오한 종교적 기질에 더 잘 어울렸다. 그의 전임자인 에라스무스처럼 그는 모든 세속적이고 신성한 진리가 해석의 여지가 많은 다양한 한계가 있다는 사실을 알고 있었다. ……그는 모든 의견을 신중하게 받아들였고 자신이 관계되지 않은 싸움에 성급하게 참여하기보다는 침묵을 지키기를 더 좋아했지만 끊임없이 의문을 품었기 때문에 냉정한 회의론자가 되지는 않았다.

물론 나치를 간단히 처리하는 일이 그렇게 쉬운 일은 아니다. 괴팍한 탐미주의자의 경멸로 그들을 패배시킬 수는 없다. 훨씬 더 단호한 조치들이 필요하다. 하지만 이데올로기 시대에 앞서 태어난 츠바이크는 하나의 이데올로기에 대한 유일한 대안이 반대 이데올로기 일 것이라고 생각하는 세계에서 살고 싶어하지 않았다. 유럽에서 온 소식에 절망하고 그가 자신이 가치를 부여했던 모든 것에서 단절되거나 다시 자신의 모국어로 독자를 만나게 되리라는 희망이 사라진 상태에서 츠바이크가 브라질에서 자살하자 토마스 만은 그를 날카롭게 비판했다. 토마스 만은 츠바이크의 자살은 "적들"에게 위안을 주는 "자신과 동시대인들에 대한 이기주의적 경멸로 의무 태만" 이라고 말했다.

츠바이크의 죽음이 나치들에게 큰 위안이 되었을지는 의문이지만 토머스 만은 문명을 위협하는 야만주의를 패배시키기 위해 아무리 사소한 일이라 해도 자기가 할 수 있는 일은 무엇이든 하는 것이 모든 인간의 의무라는 점을 언급하고 있다. 츠바이크는 사실 이기적이었다. 이 경우엔 잘못된 것이긴 했지만 그는 자유의 대가가 자기가 보기에 그 결과가 불확실한 거대한 집단적 노력 속에 매몰되는 세계에서 살고 싶지 않았다.

츠바이크의 자살에 대한 해답은 카스텔리오의 삶에서 찾을 수 있을 것이다. 사실 자유로운 탐구에 대한 카스텔리오의 믿음은 그가 죽은 오랜 후(사실상 200년 이상이 지난 후)에 캘빈의 편협한 신정정치 이상에 대해 승리하지만 그들이 살아 있는 동안 캘빈은 전선의 전 영역에서 승리했고 카스텔리오는 단지 질병이 "캘빈의 발톱에서 그를 구해냈기 때문"에 처형을 모면했다. 자살은 히틀러의 발톱 혹은 히틀러가 만든 세계의 발톱에서 츠바이크를 구해낸 질병이었다. 그는 나치즘이 영원히 승리하게 될 것이라고 생각하지는 않았지만 적어도 충분히 오랫동안 승리할 것이라고 생각했다. 그렇게 되면 그는 자기 책의 독자를 다시 가질 수 없거나 갖도록 허용되지 않게 될 것이다. 따라서 그에겐 더 이상의 '존재 이유'가 남아 있지 않았다.

히틀러는 츠바이크가 죽은 지 겨우 3년 만에 패배했다. 최소한 서구엔 자유가 되돌아왔다. 하지만 츠바이크가 현대 세계를 좋아했을지는 의문이다. 츠바이크는 오늘날 이데올로기 투쟁의 강렬함, 감정적 천박성, 문화의 비속성에 경악했을 것이다. 츠바이크의 작품을 읽음으로써 우리는 어리석음과 악을 통해 우리가 20세기에 점차 잃게 된 것이 무엇인지를 배우게 된다. 물론 우리가 획득해 온 것을 우리는 당연한 것으로 받아들이고 있다.

2004

디스토피아적 상상력

20세기가 많은 디스토피아를 만들어 낸 이유는 무엇일까? 디스토피아 소설들은 이상적인 미래가 아니라 상상할 수 있는 끔찍한 미래를 묘사하고 있다. 결국 20세기보다 더 큰 물질적 진보를 경험한 적이 없으며 당연히 과거에 인간을 괴롭혔던 걱정들에서 더 자유로웠던 적은 없었다. 내전이나 체제가 의도적으로 조장한 지역을 제외하면 기아는 거의 사라졌으며 역사상 처음으로 많은 사람들이 성경에서 나오는 인간의 수명 —— 혹은 더 긴 —— 을 희망할 수 있게 되었다. 의학은 한때 인구 자체를 격감시켰던 치명적인 전염병을 정복했다. 루이 14세가 상상할 수도 없었던 사치를 향유할 수 없다는 것이 지금은 참을 수 없는 빈곤의 증거가 되었다.

하지만 기술의 진보 덕분에 결핍에서는 해방되었지만(물론 욕망에서 해방된 것은 아니지만) 세속적 구원에 대한 정치 계획 —— 공산주의와 나치즘 —— 은 그 잔인성에서 유일무이한 것은 아니라 해도 그것이 자행된 단호함, 효율성, 철저함에서는 분명 그 유례를 찾아 볼 수 없는 야만주의를 해방시켰다. 유토피아적 이상을 실현하려는 시도들은 예외 없이 모든 계급 혹은 인종을 제거하기 위한 노력으로 귀결되었다. 많은 사람들 특히 지식인들은 지구상의 사람들이 모두 공명정대하고 모든 사람이 유쾌하고 현명한 유토피아적 조건들을 인간의 자연스러운 상태로 보게 되었다. 자연스러운 상태에서 타락한 원인은 악의적인 계급이나 인종의 존재로만 설명된다. 희망이 비현실적인 곳에서 공포는 대개 과장되며 꿈만 꾸는 곳에선 악몽이 실현된다.

유토피아적 꿈과 그 꿈을 이루기 위한 강제적 사회 계획의 한 세기가 디스토피아에 대해 풍부한 상상력이 나래를 편 한 세기였다는 사실은 어쩌면 당연한 것처럼 보인다. 사실 『타임머신』에서 〈블레이드 러너〉에 이르는 디스토피아는 분명한 문학 그리고 영화의 장르가 되었으며 알더스 헉슬리의 『멋진 신세계』와 조지 오웰의 『1984』는 서구인의 정신 내용의 일부가 되어 문학을 모르는 사람들조차 현재를 비판하는데 이러한 작품들을 인용하고 있다.

디스토피아적 이미지를 생각해 낸 사람들은 자연에 대한 인간의 지배력이 강화되면 강화될수록 더 행복해질 것이라고 믿는 낙관주의보다는 자연에 대한 인간의 지배력이 커지면 커질수록 인간 자신에 대한 통제는 줄어들게 될 것이라고 믿는 비관주의로 미래를 바라보고 있다. 그들은 기술적 진보의 이점들은 사람들이 그것을 이용하게 될 사악한 목적에 비하면 사소한 것에 지나지 않게 될 것이라고 말하고 있다.

고도의 디스토피아를 그린 작품들은 그들이 묘사하고 있는 기술적 통찰력 때문에 아직도 우리의 관심을 끌고 있는 것은 아니다. 그들이 묘사하고 있는 고안물들은 대개 현재의 관점에선 웃음이 나올 만큼 소박하다. H. G. 웰스의 타임머신은 상아, 니켈, 석영으로 만들어진 정교한 자전거에 지나지 않는다. 과학적 선견지명에 대한 헉슬리의 명성에도 불구하고 『멋진 신세계』에서 전송장비로 가득 찬 라디오 리포터의 알루미늄 모자는 오늘날 우리에겐 우스꽝스러운 것으로 여겨진다. 『1984』에서 오웰은 윤활유로 작동되는 너트와 볼트로 가득 찬 컴퓨터 —— 머더보드라기보다는 스팀엔진 같은 —— 를 상상했다.

하지만 이 같은 기술적 소박함은 문제가 되지 않는다. 디스토피아를 상상해 낸 사람들의 목적은 도덕적이고 정치적인 것이기 때문이었다. 그들은 미래를 예측하려 했다기보다는 걱정스럽게 —— 절망적으로 —— 현재에 대해 논평하고 있다. 디스토피아들 —— 가장 두드러진 특징이 그 저자들이 중요한 사회적 추세라고 받아들인 것에 대한 과장이며 공간보다는 시간이 더 많이 이동하는 상상의 세계로의 여행을 묘사하고 있다 —— 은 그들 시대의 불안에 대한 예민한 지표들과 받아들여진 진보 관념에 대한 귀류법 reductio ad avserdum(혹은 역겨움 ad nauseam)이었다. 이 같은 디스토피아는 아직도 우리에게 낯설어 보이지 않는다.

디스토피아적 작품들에 담겨있는 불안들 중 일부는 이제 우리에겐 불필요하거나 잘못된 가정에 기초해 있는 것처럼 보인다. 하지만 지금도 그들의 작품을 읽는 것은 유익하다. 디스토피아적 작품을 읽는 것은 현재의 걱정들에 거리를 두고 그러한 걱정들 역시 망상은 아닐까 여부를 생각해볼 수 있는 계기가 되기 때문이다. 예를 들어 웰스의 『타임머신』은 경험적 관점에서 그 대부분이 근거가 없는 것으로 입증된 그가 살던 시대의 사회 · 의학적 두려움에 대한 논문이었다.

웰스의 영웅은 800,000년 후의 미래로 여행한다. 그는 인류가 두 가지 종족으로 분할되어 있다는 사실을 알게 된다. 낮에 활동하는 엘로이와 밤에 활동하는 지하인간 멀록이 그들이다. 엘로이는 부드럽고, 약한 인간으로 체격이 작고 몸짓과 행동이 나약하다. 그들은 에로틱한 놀이의 단순한 즐거움과 맛있는 과일을 먹으면서 시간을 보낸다. 지하 공장에서 애써 일하는 멀록은 엘로이가 편안한 삶을 누리는데 필요한 모든 것을 만들고 있다. 하지만 인간 거미들처럼 멀록은 어두워진 후 지상으로 올라와 엘로이를 사냥해 잡아먹는다.

웰스의 시대에 뒤떨어진 사회적 다윈이즘과 우생학적 강박관념은 그의 소설에서 아주 분명하게 드러나고 있다. 웰스는 사회가 두 가지 사회 계급으로 나뉘어져 실제적으로 서로 다른 존재 조건 때문에 서로 다른 종으로 분리되어 발전할 것이라고 생각했다. 한편으로 자본을 소유한 사람들은 살아남기 위해 투쟁할 필요가 없기 때문에 정신적으로 그리고 육체적으로 유약해지게 되고 또 다른 한편으로 노동자들은 가혹한 노동으로 점차 발육이 정지되고 비도덕적이며 분노하게 된다. 웰스가 상상한 미래의 디스토피아는 이러한 분할이 극단에 이르게 되었을 때 벌어지게 될 일을 보여 주고 있다.

『타임머신』이 처음으로 출간된 지 4년 후 보어전쟁이 일어난다. 영국 신병모집 부서는 웰스가 두려워했던 최악의 공포를 입증하는 것처럼 보였다. 놀라울 정도로 많은 영국의 노동 계급 남자들이 군이 요구하는 신체조건에 미달되었다. 신체조건에 미달된 사람이 너무 많았기 때문에 군 당국은 신병모집 기준을 낮추어야 했다. 명문 사립학교인 이튼의 청소년들은 같은 또래 빈민가 학교의 학생들보다 키가 6인치나 더 컸다. 사실상 두 가지 국민들이 있었고 웰스처럼 다윈에 몰두한 사람에겐 두 가지 종으로의 분할이 임박한 것처럼 보였다.

하지만 웰스가 죽은 지 50년도 지나지 않아 영국인들의 평균 신장은 10년마다 1인치씩 커졌다. 생존 투쟁이 점점 덜 필사적이 되고 생존이 점점 확실히 보장되면서 엘로이와 멀록의 신장은 더 커지게 되었다.

분리된 카스트로의 사회 분할은 또한 1907년 발표된 잭 런던의『강철 군화』의 디스토피아에서도 차용되고 있다. 잭 런던은 길드 시대 Gilded Age의 금권정치가가 용병을 고용해 점점 더 비참해진 프롤레타리아트와 맞서는 미국을 예견하고 있다. 자신들의 부를 지키기로 결심한 부호 정치가들은 자신들의 파시스트 조직 강철 군화를 동원한다. 그들은 미국의 헌법적 자유를 철저히 파괴하여 대중 테러가 연이어 일어나고 남미 스타일의 실종(런던이 놀라운 선견지명으로 묘사하고 있는)이 일상화된다. 런던은 자본을 소유한 자들과 팔 수 있는 것이 자신의 노동뿐인 사람들 간에 점차 확대되고 있는 불평등에 대해 마르크스 이론을 전적으로 수용하고 있다. 다만 한 가지 중요한 예외는 잭 런던은 프롤레타리아트 혁명을 먼 미래의 일로 믿고 있었다는 사실이다. 어쨌든 인간은 짓밟히는 벌레처럼 강철 군화 아래에서 꿈틀거리게 될 것이다.

평범한 사람들을 좋아하는 모든 디스토피아주의자들처럼 잭 런던은 프롤레타리아트에 대해 낯부끄러운 찬사로 일관하지 않는다. 그는 강철 군화를 싫어하지만 그렇다고 그가 추상 개념에 불과한 프롤레타리아트를 사랑하고 있었다는 의미는 아니다. 런던이 혁명 속에서의 프롤레타리아트를 묘사할 때 작가의 의도와는 상관없이 우리는 강철 군화의 편에 서게 된다.

그것은 마침내 자기 주인들의 피를 찾아 노호하는 행렬이 아니라 폭도, 거리를 채우는 무시무시한 강물, 음주와 사악함으로 미쳐버린 나락의 사람들이다. 나는 전에 나락에 떨어진 사람들을 본 적이 있고 그들의 빈민가를 경험했었기 때문에 그들에 대해 안다고 생각했었다. 하지만 나는 이제 처음으로 나락에 떨어진 사람들을 보고 있다는 사실을 알게 되었다. 무언의 냉담함은 자취를 감추고 이제는 두려울 정도로 역동적인 황홀한 광경들이 펼쳐진다. 그것은 증오에 취해, 피에 대한 갈망에 취해 구체적인 분노의 파도로 나의 시야를 지나쳐 솟아오른다. 누더기와 넝마를 걸친 남자, 여자, 아이들, 그들의 모습으로 더렵혀진 존엄함을 가진 동시에 낙인찍힌 악마 같은 기질을 가진 원숭이이자 호랑이인 활기 없는 흉포한 지성, 무력한 폐병환자이자 털이 많이 난 거대한 짐승, 뱀파이어 사회에 생명의 즙을 빨아 먹힌 창백한 얼굴, 육체적 추악함과 타락으로 부어올라 부푼 모습들, 쇠약해진 간악한 노파와 족장처럼 수염이 난 해골들, 괴로워하는 젊은이와 괴로워하는 세대, 마귀 같은 얼굴들, 질병과 고질적인 영양실조의 공포로 말라비틀어지고, 뒤틀리고 일그러진 괴물들. 거부이자 삶의 찌꺼기, 노호하는 울부짖음, 비명을 내지르는 악마 같은 무리들.

그리고 런던에겐 이것이 인류의 마지막 희망이자 유일한 희망이다. 멀록이 오히려 나아 보인다.

두 명의 중요한 문학계 디스토피아주의자 헉슬리와 오웰이 영국인이었다는 사실은 당연해 보인다. 20세기에 영국인은 절망적인 비관주의의 분위기 속에서 살아야 했기 때문이다. 20세기는 영국으로선 끊임없는 국가적 쇠퇴의 시기였다. 세계열강이자 세계적인 영향력을 행사했던 지위에서 20세기를 맞았던 영국은 벨기에나 네덜란드 같은 나라들에게 뒤지지 않기 위해 애쓰는 변두리 지역으로 끝을 맺게 된다. 사실 영국인들은 물질적 관점에서 세기 초보다 세기 말에 훨씬 더 큰 풍요를 누렸지만 인간의 행복감은 자신의 절대적 조건 뿐 아니라 다른 사람들과의 비교에 좌우된다. 영국에선 물질적 진보가 절망과 함께 진행되었으며 말하자면 디스토피아적 상상력을 위한 자양분이 만들어진 것이다.

헉슬리의 『멋진 신세계』는 1932년 발표되었다. 오웰의 『1984』도 1949년 모습을 드러내었다. 헉슬리는 영국인의 삶이 점차 미국화되는 것을 두려워했다(헉슬리는 책이 출간된 직후 미국의 캘리포니아로 이주하기는 했지만). 또한 오웰은 2차 세계 대전 중 일어났던 영국식 삶의 소비에트화가 진행되는 것을 두려워했다. 이 두 사람에겐 모두 자기의 조국이 더 이상 전 역사를 통해 자신의 경로를 입안할 수 있을 만한 지적, 문화적, 도덕적 활력을 갖지 못한 채 개인이 대항해 투쟁할 수는 있지만 헛수고가 될 세력의 지배하에 놓인 것처럼 보였다.

두 권의 책이 묘사하고 있는 디스토피아는 거의 성경적 의미에서 예언적이기 때문에 경종을 울릴 수 있는 힘을 가지고 있다. 헉슬리와 오웰의 책은 우리가 우연히 그 지배하에 있다는 것을 알게 된 정치체제와 무관하게 인간의 삶을 가난하게 만들게 될 추세에 끊임없이 저항할 것을 요구하고 있다.

헉슬리의 『멋진 신세계』는 아주 아득한 미래를 배경으로 하고 있다. 그의 불안이 정당화된다고 입증할 수 없다는 주장은 오랫동안 불가능할 것이다. 특정 계급의 사람들이 헉슬리가 전망한 것과 같은 방식으로 유전자 조작이나 환경조작을 경험할 것 같지는 않다. 다시 말해서 알파 플러스에서 입실론 마이너스 세미-머론에 이르는 불변의 예정된 계층의 구성원들이 존재하게 되는 일은 결코 없을 것이다. 하지만 이탈리아 과학자가 인간 복제를 준비하고 있듯이, 섹스가 생식에서 분리되고 있듯이, 생식이 섹스와 분리되고 있듯이 헉슬리의 전망이 전적으로 억지스러운 것으로 생각하기만도 점차 어려워지고 있다.

『멋진 신세계』는 오늘날 지배적인 체제와 점차 유사해지고 있는 성적인 체제를 묘사하고 있다. 10살도 안 된 어린 소년이 심리학자를 찾아야 한다. 이 소년은 선생님들이 요구하는 것처럼 소녀와의 에로틱한 놀이에 빠지고 싶어하지 않기 때문이다. 우리는 이러한 상황에 급속히 접근해 가고 있다. 학교에서 성교육은 점점 더 일찍 시작되고 있을 뿐만 아니라 아주 어린 연령대를 위한 출판, 영화 그리고 텔레비전 프로그램들은 점점 더 에로틱해지고 있다. 젊은이들은 처음 성경을 접할 때 어떤 죄책감을 느끼곤 했었지만 지금은 성 경험을 갖지 못했다는 사실을 부끄러워하는 형편이다.

요즘의 자유주의자들처럼 헉슬리의 디스토피아에서 계몽과 허용은 동의어가 되고 있다. 부화장 검사소 소장은 학생들에게 계몽되지 못했던 과거에는 어땠었는지에 대해 다음과 같이 말하고 있다.

"내가 지금 너희들에게 말하려 하는 것은 믿을 수 없게 들릴지도 모른다. 하지만 너희들이 역사를 잘 모른다면 과거에 대한 대부분의 사실들이 믿기지 않는 소리로 들릴 것이다" 라고 그는 말했다.

그는 놀라운 진실을 털어 놓는다. 아주 오랫동안……어린아이들 간의 에로틱한 놀이는 비정상적인 것으로 받아들여졌다(웃음이 터져 나온다). 그리고 비정상적일 뿐 아니라 실제적으로 비도덕적이었다(그럴 리가!). 따라서 엄격하게 억제되었다. 깜짝 놀라며 믿을 수 없다는 듯한 표정이 그의 이야기를 듣고 있던 어린 학생들의 얼굴에 나타났다. 불쌍한 어린아이들을 즐기지 못하게 하다니? 그들은 그 사실을 믿을 수 없었다.……

"그래서 어떻게 됐죠?" 아이들이 물었다. "결국 어떻게 됐나요?"

"끔찍한 일이 일어났지.……끔찍한 일이," 그는 되풀이해 말했다.

후에 소장의 상급자로 10명의 세계 관리자들 중 한 명인 무스타파 몽드는 "가족생활의 끔찍한 위험들을 밝혀낸 최초의 사람은 프로이트다. 세계는 아버지들로 가득 차 있었고 따라서 불행으로 가득 차 있었다. 어머니로 가득 차 있었으며 따라서 새디즘에서 순결에 이르는 온갖 유형의 도착들로 가득 차 있었다. 형제들, 자매들, 삼촌들, 아주머니들로 가득 차 있었다. 따라서 광기와 자살로 가득 차 있었다." 집에 대해서 말하자면 "남자, 정기적으로 아이를 낳는 여자, 온갖 연령대의 토끼 같은 소년, 소녀들이 몇 개의 작은 방들에서 숨 막힐 정도로 오밀조밀 모여 살았지. 소독도 잘 안 된 감옥처럼 숨쉴 수도 없는 좁은 공간은 어둡고, 질병이 들끓고 냄새가 났지."『멋진 신세계』에서 '어머니' 란 내가 아이 아버지의 신원을 묻는 일을 하는 도시 지역에서 그 말이 상스러운 것처럼 음란한 말이었다. 『멋진 신세계』에서처럼 '아버지' 란 말은

"음란한 것이 아니라……포르노그래피적 부도덕함이라기보다는 단지 추잡한 신성모독에 불과하다." 인간관계라는 측면에서 우리는 거의 헉슬리의 디스토피아에 이르고 있다.

헉슬리 자신은 제도로서의 가족에 대해 매우 상반된 태도를 보였다. 그는 가족이 앞으로 해체될 뿐 아니라 해체되어야 한다고 느꼈다. 하지만 그의 상상력은 그의 논리적 사고를 압도하고 있었다. 따라서 그는 "모두가 모두에게 속하는" 세계의 공포를 전달할 수 있었으며 그 같은 세계에선 누구도 다른 어떤 사람에게 깊은 애착을 가질 수 없게 된다.

헉슬리가 구상한 디스토피아의 궁극적 목표는 감각적 욕망을 즉시 만족시키는 것으로서의 행복한 인생이라는 관념이다. 무스타파 몽드는 학생들에게 멋진 신세계에서 사는 그들이 얼마나 큰 행운을 누리고 있는지를 증명하려 한다.

"여러분의 삶을 생각해 보세요" 무스타파 몽드가 말했다. "여러분들 중에서 극복할 수 없는 장애에 부딪쳐 본 적이 있는 사람이 있습니까?"

질문은 부정적 침묵으로 답해진다.

"여러분들 중 어떤 욕망을 의식하고 그것을 충족하는 데 오래 기다려야 했던 사람이 있나요?"

"예," 소년들 중 한 명이 주저하며 말했다.

"말해 보세요" 부화장 검사소 소장이 말했다.……

"한번은 제가 원하는 소녀가 저에게 자신을 허락할 때까지 거의 4주를 기다려야 했었죠."

"그럼 자네는 결과적으로 강렬한 감정을 느꼈겠군?"

"엄청났죠!"

"엄청나다, 정확한 표현이군," 관리자가 말했다.

이 단락은 약 30년 전 영국에서 시작되었던 신용 카드의 광고 문구를 연생시킨다. "원하는 것을 얻기 위해 기다릴 필요가 없습니다." 이 광고는 즉각적인 만족이 늘 터무니없는 이자가 붙는 청구서를 제시한다는 사실은 전혀 제시하지 않고 있다.

헉슬리는 연이어 욕망을 충족시키며 사는 삶은 천박하고 이기적인 인간들을 양산하게 된다는 사실을 요약하고 있다. 사실 그는 언젠가 썼던 것처럼 "지구 전체 인구의 약 99.5%는 영국의 고상한 대중들만큼이나 어리석다"라는 말로 시작할 정도로 인류에 대해 좋지 않은 평가를 내리고 있다. 평생 욕망을 즉시 만족시킨 이후에 사람들은 여타 천지만물에서 인간을 구분하는 성스러운 불꽃을 지닐 수 없을 것이다. 그들은 죽을 때까지 재미를 추구하게 될 것이다. 『멋진 신세계』의 죽어가는 사람을 위한 파크 레인 병원에서 "침대에 누워 죽어가는 환자들의 맞은편에 있는 모든 침대의 끝 쪽엔 텔레비전이 있습니다." 나는 내가 근무하는 병원에 대해 생각한다. 병원에서 죽어가는 사람들은 늘 이 세계에서 바보 같은 소리를 해대는 텔레비전 드라마 장면과 소리를 들으며 세상을 떠난다.

헉슬리는 즉각적인 만족을 주는 삶을 사는 사람들은 어떤 유형의 고독도 견딜 수 없을 것이라고 생각했다. 무스타파 몽드의 설명처럼 "사람들은 이제 결코 홀로 있지 않는다. 우리는 사람들이 고독을 증오하게 만들었으며 고독해지는 것이 거의 불가능하도록 그들의 삶을 조정하고 있다." 즉각적 만족에 맡겨진 삶은 항구적인 유아화를 초래한다. "64살에 심미안은 7살 이었을 때의 그것이다." 우리 사회에서 세대 간의 단축은 이미 벌어지고 있다. 13살짜리의 지식, 심미안 그리고 사회적 성취는 흔히 28살짜리의 그것과 다를 것이 없다. 청소년은 조숙한 성인이며 성인들은 영원한 청소년들이다.

오웰의 『1984』는 헉슬리가 책에서 묘사한 것보다 더 직접적으로 동시대적 사건들을 언급하고 있다. 이야기는 먼 미래보다는 가까운 곳에서 일어나고 있으며 분명 그 시각을 스탈린주의에 맞추고 있다. 베를린 장벽이 무너지기 전 공산주의 세계를 여행할 때 내가 만났던 이 책을 읽은(물론 은밀하게) 사람들은 누구나 이 책에 형언할 수 없을 정도로 감탄했다. 공산주의 국가에 발을 들여 논 적도 없는 사람이 물리적 환경 —— 곳곳의 양배추 냄새, 황폐해진 회색 건물들 —— 에 대해서 뿐만이 아니라 그 정신적 도덕적 분위기까지 그렇게 훌륭하게 묘사할 수 있었다는 사실에 대해 놀라움을 표했다.

그것은 공산주의 체제가 『1984』를 경고가 아니라 하나의 청사진으로 받아들인 것처럼 보인다. 1989년의 나처럼 평양에 있는 거대한 육상 경기장으로 입장하는 '위대한 지도자' 김일성을 본 사람이라면 누구나 "빅 브라더의 지혜와 당당한 위풍에 대한 찬가"를 상기하게 될 것이다. 오웰은 "리드믹한 소리를 통해 의도적인 의식의 혼란 상태에 빠지는 자기 최면적 행동에 몰입하며 자신의 느낌을 속이고, 표정 관리를 하고 다른 사람들이 하는 대로 하는 것은 본능적 반응이다"라고 쓰고 있다. 자기보존이기 때문에 본능적인 것이다. 위대한 지도자는 바로 오웰이 묘사한 것처럼 자신을 숭배하며 조직화된 자연스러움으로 150000명의 사람들이 팔을 들어 올릴 때 무감각하게 계속에서 몇 분 동안 그곳에 서 있는다. 그것은 『1984』가 출판된 지 약 40년 후의 일이었다.

차우세스쿠의 루마니아에서 텔레비전은 정신을 마비시킬 정도로 상세하게 매년 수확한 수치들을 보도한다. 반면에 모든 사람이 몇 개의 보잘 것 없는 감자를 얻기 위해 몇 시간 동안이나 줄을 서고 있다. 『1984』에서 빅 브라더의 오세아나에 있는 텔레스크린은 3개년 계획의 초과 달성 뉴스로 전주민을 괴롭힌다. 반면 충분한 물품은 하나도 존재하지 않는다. 대개 나는 오웰의 '영웅' 윈스턴 스미스가 사용하는 것과 똑같은 비누로 세수를 한다. 그리고 스미스가 오세아나에서의 삶의 질에 대해 회상할 때 나는 공산주의 체제하의 알바니아나 루마니아 사람들의 목소리를 듣는다. "불편함과 오물 그리고 희소성, 끊임없는 겨울, 단단하게 굳어버린 양말, 작동한 적이 없는 승강기, 차가운 물, 모래 같은 비누, 산산조각 나는 담배, 이상하게 고약한 맛이 나는 음식들에 역겨움을 느낀다면 이것은 사물의 자연스러운 질서가 아니라는 증표가 아닐까?"

공산주의 체제 이외에 다른 체제를 경험해 보지 못한 사람들은 자신들의 삶이 윈스턴 스미스가 에어스트립 원(『1984』에서 나오는 영국의 새로운 이름)에서의 삶이 자연스럽지 않다고 결론내리고 있는 것처럼 "자연스럽지" 않다는 사실을 알고 있다 —— 그 이유를 확실히 알 수는 없지만 —— 고 말했을 것이다. 나의 알바니아와 루마니아인 친구들은 다른 방식의 삶에도 나름의 문제가 있기는 하겠지만 자신들의 문제는 인간의 본성을 침해한다는 점에서 독특하다고 말할 것이다. 공산주의체제하에선 어떻게 살까 하는 것에 대한 오웰의 상상적 이해는 내가 느끼듯이 그들에게도 천재적인 것처럼 보인다.

『1984』에서 오웰이 묘사하고 있는 전체주의 세계는 다행스럽게도 이슬람식 버전을 제외하면 이제 심각한 위협이라기보다는 역사적 호기심으로 남게 되었다. 하지만 헉슬리의 생각처럼 오웰이 생각했던 것들 중 상당수는 스탈린주의의 위협이 사라졌다 해도 유효하게 남아있다. 오웰은 우리에게 스탈린주의에서 비롯된 것만큼이나 현대성의 조건에서 비롯되는 바람직하지 않는 추세들에 대해 경고하고 있기 때문이다. 오웰의 두려움은 단지 스탈린주의 국가들에 대한 자신의 직관적 이해와 스페인 내란 기간에 공산주의자들의 행동에 대해 자신이 알고 있었던 지식에서 비롯된 것이 아니라 2차 세계 대전 중 BBC방송의 관료주의에 대한 자신의 경험에서 비롯된 것이었다. BBC방송의 관료주의를 통해 그는 오도하고 조작하는 현대 대중 매체의 잠재력을 직접 목격했던 것이다.

오웰이 가족을 어떤 식으로 다루고 있는지 살펴보기로 하자. 『1984』에서 부모는 자식들을 두려워한다. 당의 청년 조직인 스파이는 어린이들에게 사상을 주입시킨다. 스파이는 은밀한 사생활 영역에서조차 모든 정치적 이단에 대한 고발을 보상하며 장려한다. 결과적으로 사생활은 존재하지 않게 된다. 지금 우리 사회에선 부모들이 통제할 수 없는 자기 자식들을 두려워한다. 타락한 대중문화의 폭력적이고 이기적인 가치에 물든 또래집단이 그들에게 사상을 주입하고 있는 것이다. 두 가지 경우에 부모는 더 이상 도덕적 권위의 원천이 아니다. 오웰은 이러한 자연 질서의 전복을 풍부한 상상력으로 맞서도록 강요하고 있다.

우리는 또한 두 가지 모순된 생각을 갖고 두 가지 생각 모두에 동의하는 능력인 이중적 사고를 한다. 그들 자신의 제도적 이익을 추구하면서도 우리 자신의 복지를 위해 행동하고 있다고 주장하는 거대 관료조직이 존재하는 한 이중적 사고는 남아 있게 될 것이다. 그리고 언어 개혁을 통해 어떤 생각들을 말로 나타낼 수 없게 하려는 시도는 뉴스피크[21]이외에 정치적으로 어떻게 더 정확하게 표현할 수 있겠는가?

오웰의 책은 또한 현대의 정치화된 역사에 대한 예언적 전망을 제시하고 있다. 윈스턴 스미스는 어린아이들의 역사책에서 한 단락을 베끼고 있다.

오래 전 명예로운 혁명 이전의 런던은 오늘날 우리가 알고 있는 것과 같은 아름다운 도시가 아니었다. 당시 런던은 음침하고, 더럽고, 비참한 곳으로 먹을 것도 충분치 않았으며 수백 수천의 가난한 사람들은 신도 신지 못하고 비바람을 피해 잠들 수 있는 잠자리조차 없었다. 너희들과 비슷한 또래의 어린아이들이 무자비한 주인을 위해 하루에 12시간씩 일을 해야 했다. 무자비한 주인은 게으름을 피우면 채찍으로 어린아이들을 때렸으며 곰팡내 나는 빵 조각과 물 이외에는 아무 것도 주지 않았다. 부자들은 이런 끔찍한 가난 속에서도 30명이나 되는 하인을 부리며 겨우 몇 채 되지 않는 거대한 저택에서 살고 있었다. 이 부자들은 자본가들이라고 불렸다. 그들은 맞은 쪽 사진에 있는 사람처럼 사악한 얼굴을 한 뚱뚱하고 심술궂은

---

21) Newspeak 정부 관리 등이 여론 조작을 위해 일부러 애매하게 말하여 사람을 기만하는 표현법으로 『1984』에 나오는 조어다.

인간들이었다. 사진에서처럼 그는 프록코트라는 검은 색의 긴 외투를 입고 반짝이는 난로 연통처럼 이상하게 반짝이는 모자를 쓰고 있다. 이 모자는 톱 해트라는 것이다. 이것은 자본가들의 제복으로 그 이외의 사람이 이런 복장을 하는 것은 허용되지 않았다. 자본가들은 세계에 있는 모든 것을 소유했고 그 이외의 사람들은 그들의 노예였다. 그들은 토지, 주택, 공장과 돈 모두를 갖고 있었다. 자본가들은 자신들에게 복종하지 않는 사람은 감옥에 처넣거나 죽도록 굶주리게 할 수 있었다. 보통 사람이 자본가들에게 말할 때는 굽실거리며 인사를 해야 했으며 모자를 벗고 "선생님"이라고 불렀다.

이처럼 풍자적 문장으로 기록된 유형의 역사 편찬은 실제로 학술 연구의 다양한 분야(여성학, 흑인, 동성애 등)에서 전형적으로 분노를 드러내는 방식이다. 이러한 방식의 역사 연구에서 역사는 현실이었건 상상이었건 분노를 정당화하고 자극하기 위해 사용되는 현재의 슬픔에 대한 퇴보적 투영이다.

이러한 역사 편찬의 목적은 모든 사람에게서 살아 있는 과거와 문화에 대한 현실감각을 단절시키기 위한 것이다. 사실상 20세기의 두 가지 중대한 디스토피아를 결합하고 있는 중요한 주제는 삶을 견뎌낼 수 있으려면 역사 감각과 문화전통을 보존할 필요성이다. 이 주제는 헉슬리와 오웰이 본질적으로 급진주의자들이었기 때문에 훨씬 더 효과적이다. 헉슬리는 1930년대 파시즘과 불장난을 했던 옥스퍼드의 사회주의자였으며 이어 미국 태평양 연안의 정신적 지도자가 되었다. 오웰은 청년기부터 사회주의자였으며 평생 현상 유지에 대해 비판적이었다. 두 사람 모두 미래에 대해 심사숙고했던 것처럼 인생에서 보존은 변화만큼이나 중요하다는 사실을 알고 있었다. 다시 말해서 과거는 현재와 미래만큼이나 중요하다는 것이다.

헉슬리와 오웰의 디스토피아에서 사람들은 의도적 정책 때문에 과거와 단절되어 있다는 사실을 알게 된다. 무스타파 몽드는 멋진 신세계를 가져다 준 혁명은 "과거에 대한 반대운동과 함께 일어났다." 박물관을 폐쇄하고 역사 기념비들을 폭파(탈리반의 아프가니스탄처럼)하고 옛날 책들을 금지한 것이다. 『1984』에서 "과거는 폐지되었다." "역사는 멈췄다. 당이 늘 올바른 끊임없는 현재만이 존재하는 것이다."

이 같은 디스토피아적 공학이 나의 조국에서도 진행되고 있다. 교육자들의 의도적 결정으로 수십만 명의 어린아이들이 자기 나라에 대해 한 가지 역사적 사실도 알지 못하고 학교를 떠나고 있다. 박물관이 예술 작품을 전시하기 위해 전통적으로 사용하는 역사 원칙들이 깨어지고 말하자면 시대 구분 없는 여자의 초상화들처럼 비역사적인 주제에 따라 전시되고 있다. 의미 없는 유리상자가 지금은 그 유명한 도시 공간의 역사적 연상에 대한 '교정물'로 런던 트라팔가 광장의 경사면에 설치되어 있다. 의도적으로 사람들의 역사 감각을 읽게 하는 것이다.

헉슬리와 오웰의 작품에선 한 남자가 과거에서 절연하는 비인간성에 저항하는 것을 상징화하고 있다. 두 명의 작가들에게 그는 인간이 자기 이해의 절정에 도달했을 때를 대표하고 있다. 자기 이해가 없다면 인간의 삶은 그 깊이와 초월의 가능성을 잃게 된다. 『멋진 신세계』에서 신비하게도 남아있던 셰익스피어의 책을 소유했기 때문에 남자는 단순한 쾌락주의적 삶으로 약해지지 않을 수 있게 된다. 그에겐 몇 줄의 문장이면 멋진 신세계의 천박성을 깨닫기에 충분하다.

저의 슬픔의 근원을 꿰뚫어 보는

세상에 초연한 변함없는 동정이 존재할까요?

오, 사랑하는 어머니, 저를 버리지 말아주세요!

『1984』에서 윈스턴 스미스가 사람들이 아직 인간적이던 혁명 이전의 시기에 대한 어떤 꿈에서 깨어날 때 그는 자신도 모르게 셰익스피어라고 중얼거린다.

이 장면은 다시 평양을 연상시킨다. 나는 위대한 인민의 학습소 앞에 있는 거대하지만 거의 황량하다시피 한 광장에 있었다 —— 평양에서 열린 광장들은 수십만의 인간 로봇들의 행렬로 채워지지 않을 경우엔 모두 황량하게 비어 있다. 그 때 어떤 젊은 한국인이 은밀하게 나에게 다가와 "영어를 하십니까?"라고 물었다.

긴장된 순간이었다. 북한에서 한국인과 외국인 간에 감시받지 않는 접촉은 "빅 브라더를 타도하라!"라는 외침만큼이나 상상할 수 없는 일이었다.

"그래요" 내가 대답했다.

"저는 외국어학교 학생입니다. 디킨스와 셰익스피어의 작품을 읽는 일은 저의 삶에서 가장 큰 즐거움이자 유일한 즐거움입니다."

그것은 일찍이 살면서 경험했던 것들 중 가장 어리벙벙하게 하는 의사소통이었다. 우리는 곧 헤어져 다시는 만날 수 없었다. 그에게 디킨스와 셰익스피어의 작품(북한 체제는 전혀 다른 목적에서 이들의 작품을 젊은

이에게 읽게 했다)은 단지 자유가 아니라 진정한 인간의 삶 그 자체를 보장하고 있었다.

오웰과 헉슬리는 평양에 가서야 알게 된 나와 달리 그 이유를 이해할만한 상상력을 갖고 있었다.

2001

잃어버린 예술

최근에 뉴욕에서 잠깐 둘러 본 두 개의 미술 화랑에선 20세기 미학적 감수성을 변모시킨 혁명을 전형적으로 보여주고 있는 전시회를 하고 있었다. 이스트 77번가에 있는 애덜슨 갤러리 Adelson Galleries에선 지금까지 공개되지 않았던 메리 카사트의 판화와 스케치를 전시했다. 두 블록 떨어진 이스트 79번가에 있는 설렌더 오레일리 갤러리 Salander-O'Reilly Galleries엔 마요르카의 호안 미로 재단 박물관 Fundacio Pilar 1 Joan Miro에서 온 호안 미로의 '후기 걸작들' 중 16점이 걸려 있었다. 카사트의 작품이 완성된 지 80년 후에 그려진 미로의 그림들은 전혀 다른 세계의 인공물처럼 보였다. 같은 날 두 가지 전시회를 보면서 나는 감수성에서의 대격변이 현실적으로 바람직한가 여부와 본질적으로 그것이 불가피했었는지 여부에 대해 의문을 갖지 않을 수 없었다. 물론 그것이 바람직한가 여부는 더 쉬운 문제다.

미로는 20세기 가장 위대한 화가들 중 한 명으로 가장 비범한 재능을 가진 사람이었다. 때문에 처음엔 미로의 후기 작품들이 혼란과 무정부상태로 전락한 것은 늙어서 쇠했기 때문일 것으로 생각했다. 이 그림들은 1973년부터 그리기 시작한 것으로 당시 그는 80살이거나 그보다 나이를 더 먹었었다. 하지만 결국 미켈란젤로, 티티앙, 틴토레토와 샤르댕 같은 화가들은 그가 자신의 '후기 걸작들'을 그릴 때의 극단적 변덕과 경고를 넘어선 어떤 것이었다. 이러한 유화들이 증명하고 있는 타락으로서의 미학적 쇠퇴는 단지 개인적인 것이 아니라 예술 시대의 쇠퇴이다.

미로는 메리 카사트가 죽은 1924년보다 31년 앞선 1893년에 태어났다. 미로가 그림을 그리기 시작할 때 메리 카사트는 앞이 보이지 않아 은퇴해야 했지만 이 두 예술가의 삶이 오랫동안 중첩되어 있다는 사실은 아주 오랜 전통에 대한 파괴 속도와 갑작스러움을 나타내고 있다. 카사트의 그림들이 세계에 대한 강렬하고 건설적인 사랑을 보여주고 있는 반면 미로의 '후기 걸작들'은 이상하게 미숙한 세계에 대한 철저히 파괴적인 태도를 보여주고 있다.

누구나 메리 카사트를 어머니와 아이들을 그린 화가로 알고 있다. 1913년 출판된 그녀에 대한 최초의 책은 당연히 『아이들과 어머니들의 그림 Un peintre des enfants et des meres』이란 제목으로 출간되었다. 하지만 주제 때문에 카사트가 온화함을 위주로 한 나약한 감상주의자로 결론내리는 것은 아주 잘못된 판단이다. 카사트와 미로의 차이는 분명 개인이 가진 도덕적 용기의 문제는 아니었다. 그런 용기는 메리 카사트에게도 충분했기 때문이다.

카사트는 그녀가 화가가 되기를 바랐던 상층 미국인 중산계급인 부모의 바람에 도전했다. 물론 카사트가 속한 계급의 딸들은 삶의 열정이 아니라 사회적 교양으로써 그림을 그리거나 스케치할 것이 기대되었다.

메리 카사트 어머니와 아이 1893

또한 카사트처럼 거장의 사사를 받기 위해 자기 마음대로 파리로 가버
리는 일은 거의 없었다. 카사트는 동시대의 영국인 여성 메리 킹즐리를
연상시킨다. 메리 킹즐리는 아버지를 돌보다 아버지가 죽자 서아프리카
의 강, 시내, 맹그로브가 울창한 습지로 가 물품 교역을 하다 결국 글을
쓰게 된다. 열대에서의 활동들에 대한 매력적이고, 정보가 풍부한 그녀
의 글은 아직도 아프리카에 대한 고전적인 설명으로 인정받고 있다.

카사트도 정치에 순응하지는 않았다. 그녀는 여성이 투표권을 가져

베르메르 우유 따르는 하녀

야 한다고 굳게 믿고 있었고 친구이자 수집가인 루이진느 하비메이어
Louisine Havemeyer가 계획한 1915년 뉴욕 작품 전시회는 여성 참정
권 기금 모금을 위한 것이었다.

　하지만 과거에 대한 카사트의 태도는 파괴적인 것(선배들의 미술 작품
에 대한 그녀의 연구는 철저하고 심오했다)은 아니었으며 본질적으로 혁신을
미덕으로 보지도 않았다. 어떤 다른 성질이나 목적과 분리된 독창성은
기본적으로 칭찬할만하다는 견해는 그녀에겐 아주 낯선 생각이었다. 카

사트는 그런 생각을 야만적이라고 생각했다.

어머니와 아이들 혹은 자기들 방에서 남의 눈을 피해 홀로 있는 여성들에 대한 카사트의 그림들은 아주 감동적이다. 카사트의 그림들은 그 모든 실망과, 노고, 그리고 어려움에도 삶을 살아볼만한 가치가 있게 만드는 달콤 씁쓸하게 스쳐지나가는 순간들을 포착해 슈베르트의 노래나 베르메르의 그림 같은 이상하게 정의하기 어려운 성질을 갖는다. 그러한 순간들은 즐거울 뿐 아니라 우울하다. 이러한 순간들은 스쳐지나가기 때문이다. 초월적 아름다움을 가지고 있지만 측정할 수 없을 정도로 너무 짧다. 리즈크스뮤지엄에 있는 베르메르 그림의 〈우유 따르는 하녀〉를 볼 때 우리는 물병에서 떨어지고 있는 우유의 소박한 흐름이 얼마나 아름다운지, 그 궤적이 얼마나 놀랍도록 우아한지, 그것을 비추는 빛의 역할이 얼마나 미묘한지를 알게 된다 —— 처음으로. 하지만 우리는 동시에 그 순간이 지속될 수 없다는 사실을 알고 있으며 사실상 그 아름다움의 일부는 바로 그것이 일시적이라는 사실에 기인한다. 오래 지속되지는 않지만 완벽성은 사실상 이 세계의 일부이다. 그리고 이러한 인식 때문에 그렇지 않았다면 추악함으로 가득했을 우리의 존재와 화해하게 된다. 우리의 삶에서 베르메르적 순간들이 존재한다면 우리는 적어도 간헐적으로라도 평온해질 수 있게 될 것이다. 그리고 그 정도면 충분하다.

메리 카사트는 부드러운 빛과 색의 조화가 뛰어 났던 베르메르처럼 어머니와 아이의 모습을 그리고 있다. 유화보다는 판화가 훨씬 뛰어난 그녀는 우아한 시각적 언어로 아이에 대한 어머니의 애정이 가장 감동적으로 드러나는 정확한 순간을 묘사하고 있다. 감상적이거나 인위적으로 아름답게 꾸미려 하지는 않는다. 완벽하게 현실적인 순간이다. 결국 어머니들은 실제로 자기 아이들을 포근하게 사랑한다. 카사트는 몇 개의 아주 단순한 선들(일반적으로 많은 연습, 연구, 육체적 권태의 결과로 생각한다)로 감정적 결속을 나타내는 몸짓을 전달하고 있다. 예를 들어 그녀는 일반적으로 외관상으로 절제된 친밀함을 가진 어머니의 손을 관찰했다. 때문에 빈틈없이 정확한 어머니의 손에 대한 묘사에서 헤아릴 수 없는 사랑의 육체적 상호관계를 볼 수 있다. 카사트는 추함만이 진정 실재적인 것이며 인생에서 그 이외의 모든 것은 환상이란 독단에 동의하지 않는다.

카사트는 혁신적이긴 하지만 주제에 대한 집중력 외에는 이전에도 다루어진 적이 있는 주제였다. 그녀는 분명 빅토리아 시대의 그림들 특히 당시 어린아이들에 대한 무시무시한 많은 것에 대해 강하게 반발하고 있다. 묘사의 오류, 감상적인 생각, 말하자면 묘사의 유치한 소녀취향 Little-Nellism에 대해 반대한 것이다. 카사트가 화가로 활동하던 시기에도 로렌스 알마-타데마경[22]이나 상징주의 화가인 레옹 프레데릭 Léon Frédéric 같은 화가들은 여전히 어린아이에 대한 가장 무시무시한 그림들을 창조해내고 있었다. 알마-타데마와 프레데릭 같은 화가들은 자신들이 느끼는 것이 아니라 자신들이 느껴야 한다고 생각한 감정들을 표현하려고 노력했다. 물론 이것은 감상적인 생각의 원천들 중 하나다.

---

22) Lawrence Alma—Tadema 1836~1912
네덜란드 태생의 영국 화가. 드론레이프 출생. 안트베르펜의 아카데미에서 공부하고 1870년 이후 런던에서 살았다. 화려한 색채, 사실적인 표현으로 고대 그리스 · 로마 · 이집트 등의 역사화와 풍속화를 그렸다. 공간의 전개를 강조하는 화면구성과 고고학에 흥미를 가졌고 시대고증도 엄밀히 하였다. 그의 작품들은 초기 할리우드의 역사영화 제작에 큰 영향을 미쳤다.

다시 말해서 허영이 연민에 보내는 존경의 표시다. 따라서 알마-타데마와 프레데릭은 스스로나 세계에 대한 진실은 그리지 못했다.

알마-타데마나 프레데릭 같은 화가들에 대한 카사트의 거부는 그것과 결별하는 만큼 전통으로 되돌아가는 것이었다. 아델슨에서 그녀의 판화들을 보았을 때 나는 40년 전 처음 본 이후로 내가 좋아했던 그리고 기회가 날 때마다 다시 찾곤 했던 어떤 그림을 떠올렸다. 그 그림은 카사트의 작품보다 200년 이상 일찍 그려진 피터 호흐의 작품으로 피터 호흐는 평범한 것에서 아름다움을 보여주는 능력에서 베르메르에 버금가는 화가다. 런던의 왈라스 콜렉션엔 〈딸에게 사과를 깎아주는 여인〉이란 그림이 전시되어 있다. 네덜란드식 내부 장식을 배경으로 앉아 있는 여인이 어머니가 하는 것을 유심히 바라보며 앞에 앉아 있는 자기 딸을 위해 사과를 깎아주고 있다. 전통적 의미에서 어머니나 딸은 아름답지 않다. 이 그림 속의 어머니와 딸은 사실상 분명 평범하다. 아름다움은 단순히 그들 얼굴의 육체적 특성에서가 아니라 어머니와 딸 간의 관계와 그 순간에 있다. 이 평범한 장면에서 지나간 시대의 어떤 한순간뿐 아니라 형언할 수 없는 훨씬 더 심오하고 지속적인 인간의 진실에 대한 표현을 볼 수 있다.

화풍으로 볼 때 메리 카사트는 당시 당대의 많은 화가들에게 깊은 인상을 주었고 19세기 후반기 파리에서 작품이 널리 전시되었던 일본 판화 제작자들에게 강한 영향을 받았다. 그녀가 사용했던 색채의 형태, 인간적 품격, 빈틈없이 사실적인 윤곽, 아주 판화적인 특징들은 일본 미술에 대한 그녀의 창조적 반응을 나타내고 있다. 예를 들어 〈머리장식 The Coiffure〉이나 〈목욕하는 여인 Woman Bathing〉 같은 작품에서 여성의 모습들 중 일부는 거의 19세기 일본인 화가 우타마로 키타가와[23]에게서 영향을 받고 있다.

이상하게도 메리 카사트 시대 이후로 서구와 일본의 미술은 폭넓게 확산되는 방향으로 진행되었다. 서구 예술가들 —— 적어도 진지하게 고려되기를 원하는 사람들 —— 은 다시는 카사트가 드라이포인트기법의 스케치로 〈오리 먹이주기 Feeding the Ducks〉에서 표현되어 말하고 있는 것과 같은 인간의 삶과 세계에 대한 솔직하고 변치 않는 다정함으로 표현하지 않고 있다. 우리는 카사트의 〈오리 먹이주기〉에서 오리에게 빵 조각을 던져주며 즐거워하는 어린 아이를 걱정스럽게 지켜보며 두 명의 여인이 노 젖는 배에 앉아 있는 것을 볼 수 있다. 메리 카사트 이후로 실제든 아니면 가정된 것이든 서구 예술가들은 세계에 대한 각성에 압도당한 것처럼 보인다. 때문에 그들은 오리에게 먹이를 주는 것과 같은 주제는 본질적으로 감상적이고 사소하기 때문에 관심을 가질 가치가 없는 것처럼 생각하게 되었다. 이와 대조적으로 일본의 판화제작자들 —— 예를 들어 20세기 초의 하수시 가와세와 요시다 히로시 —— 은 계속해서 자의식 없이 세계의 아름다움을 묘사하며 찬양하고 있다. 1945년 이후가 되서야 일본의 미술가들은 아름다움을 직접적으로 묘사하는 것을 두려워하게 만드는 각성을 경험하게 된다.

그 대비는 교훈적이다. 일본 예술가들이 자신들의 목판화 전통 —— 그들은 단지 자신들의 위대한 선조의 모방자에 불과한 것이 아니

---

23) Utamaro Kitagawa 1753?~1806
일본화가. 그의 작품은 여성의 섬세한 표정 변화를 묘사하였고 한정된 선묘(線描)로 명쾌하고 솔직한 미적 효과를 실현하고 있다. 실재인물을 모델로 한 유형적(類型的) 표현을 통해 개개인의 개성적 용모를 미묘하게 구분하여 묘사함으로써 초상화가로서의 뛰어난 자질을 발휘하였다.

호안 미로의 그림, 1933

라 그들의 제자들이다 —— 을 계속해서 발전시킬 수 있다고 느꼈다는 것은 서구 미술가들과 실제적으로 일본 미술가들에게서 일어난 감수성의 변화가 단순한 미학적 문제는 아니라는 사실을 보여주고 있다. 감수성의 변화가 일어난 것은 미술가들에게 세계의 아름다움, 삶에 대한 애정과 삶의 위대함을 묘사할 수 있는 기법과 이상이 고갈되었기 때문이 아니었다. 변화의 이유는 모든 곳에 존재하고 있었다.

그렇다고 미술가들이 오랜 전통 모두와 단숨에 절연했다는 말은 아니다. 그랬다면 그들은 아름다운 것들은 하나도 창조하지 못했을 것이다. 전혀 그런 것은 아니다. 미로도 초기 작품들은 아주 아름다운 형태와 색채를 가지고 있으며 그 풍부한 심상이 유쾌하고 즐거운 화가였다.

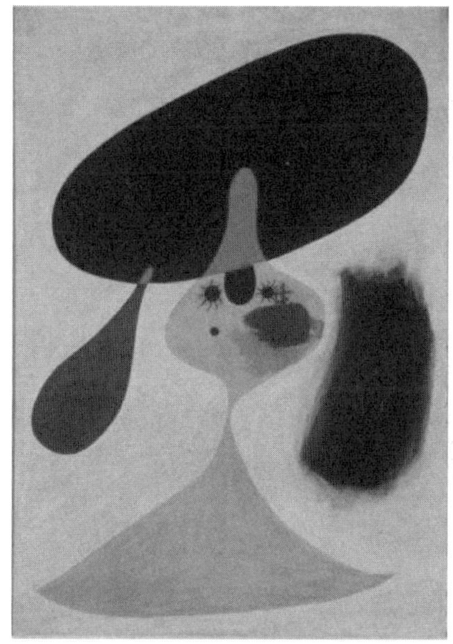

호안 미로의 어린 소녀의 초상, 1935

예를 들어 지금은 베른의 쿤스트뮤지엄에 있는 1933년 6월의 〈그림 Peinture〉에서 배경의 화려한 색채는 희미하게 반짝이며 열대의 석양에서처럼 변하고 있다. 반면 끝없이 암시적이고 우아하게 묘사된 형태의 매력적인 드라마가 그 앞에서 일어나고 있으며 분명 여성적인 그 그림들 중 하나는 검은 부츠를 신거나 스타킹을 신은 하얀 다리를 거의 무릎을 굽히지 않고 발을 높이 뻗고 있다. 미로는 완전히 상징적(적어도 그의 예술적 청년기 이후로)이거나 완전히 추상적이지는 않았다. 예를 들어 1935년 작 〈어린 소녀의 초상 Portrait of a Young Girl〉은 놀랍도록 경제적으로 게다가 검열관 같은 애정으로 젊음의 아찔한 경솔함과 허영을 전달해내고 있다.

뒤샹의 푸른 컵

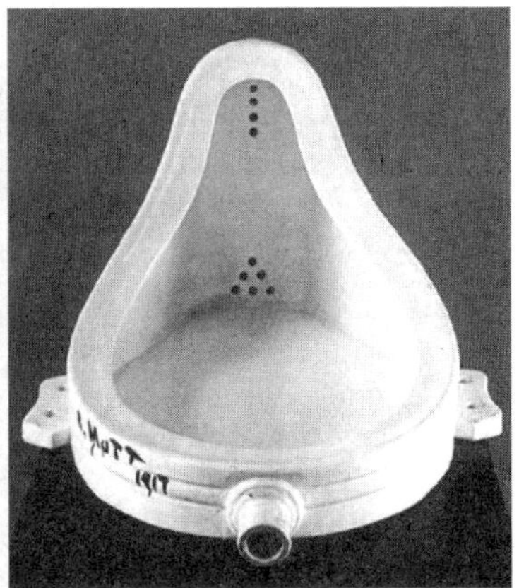

뒤샹의 샘

　　그렇지만 미로처럼 재능있고 총명한 사람들이 예술적 무정부 상태로 끝을 맺게 되는 내림세의 악순환을 시작한다. 소변기로 유명한 뒤샹[24]은 데생솜씨가 상당히 뛰어난 화가였다. 하지만 머지않아 놀랄 것도 없이 우리는 데생솜씨도 없는 소변기들을 보게 된다. 형태와 색채 감각에 대한 미로의 재능은 설렌더-오레일리 전시회의 '후기 걸작들'에서 여전히 정확하게 볼 수 있지만 캔버스에 물감을 던지고 물감이 떨어지

---

24) Marcel Duchamp 1887~1968

프랑스 화가. 1904년에서 10년경까지 인상파 · 후기 인상파 · 야수파 등의 영향을 받으면서 제작하였다. 입체주의 그룹에 참여하여 차츰 큐비즘을 배우게 되나 연속사진 등에서 자극을 받아 본질적으로는 정적 (靜的)인 큐비즘의 표현과는 다른 운동과정의 표현에 관심을 돌렸다. 동시에 기계의 이미지에 매달려 인체를 기계적인 성(性)의 오브제운동으로 다루게 되었다. 이리하여 12년에는《계단을 내려가는 누드》를 비롯하여《급속히 나체들에게 에워싸인 왕과 왕녀》《처녀에서 신부로의 이행(移行)》《신부》 등을 연달아 그렸다. 그러나 다음해, 망막적(網膜的) 예술(캔버스상에 관념을 구축하지 않고 눈만을 위해 제작된 예술)에는 관심을 갖지 않고, 그림 그리는 행위를 거의 포기하게 된다. 15~23년 유리판 대작인《독신자들에 의해서 나체가 된 신부》라는 작품에 착수, 사랑과 욕망의 형이상학을 기계적 이미지로써 표현했다. 그 뒤 뒤샹은〈예술〉을 버리고 체스에 몰두하는 나날을 보냈는데, 그런 생활방식 자체가 표현행위에 대한 조소(嘲笑)로서 적지 않게 영향을 미쳤다. 뒤샹은 그 사상과 생활태도 자체로써 기성의 예술개념을 부정하여 현대미술의 동향에 영향을 주었다.

호안 미로의 불에 태운 캔버스, 1973

게 하는 그의 기법은 예술적 통제의 가치나 목적에 대한 믿음을 상실했다는 사실을 보여주고 있다. 이제부턴 어떤 짓을 하던 상관이 없게 된다. 그는 자기 작품이 자신을 위해 작용할 수 있는 우연을 원한다. 그는 유쾌한 형태가 나타나기를 기대하면서 캔버스에 불을 붙여 구멍을 내지만 예상할 수 있는 미학적 그리고 상징적 빈약함만 드러날 뿐이다. 미술에서도 군비경쟁의 논리가 지배하게 된다. 미로 이후로 나타나는 멍청이들은 자신이 표현하고 싶은 것이라기보다는 이전에 해본 적이 없는 것에 대해서만 집착한다. 미로의 후기 작업은 바로 예술적 의미의 가능성에 대한 공격이다. 우연과 파괴가 연출이나 통제에 못지않거나 더 낳은 것이라면 감각 그 자체에 어떤 의미가 존재할 수 있을까?

서구 예술에서 이런 식으로 나타나는 무정부주의는 두 가지 원인에 기인한다. 우선 1차 세계 대전이후 새로운 감수성이 예술과 지적 엘리트들을 지배하게 된다. 그처럼 커다란 대격변 이후에 어떻게 세계를 서정적으로 묘사할 수 있겠는가? 세계대전과 같은 대격변 이후에 세계를 서정적으로 묘사하는 짓은 천박하고 무감각한 일이 될 것이다. 적어도 지식인들에겐 그렇게 보였다. 그들 중에 사물을 다른 사람들보다 더 깊이 있고 진지하게 사물을 느낄 필요는 직업적 우연이었다. (유럽보다 1차 세계 대전에 덜 연루되었던 일본인들은 2차대전을 겪고 나서야 자신들의 전통적 서정주의를 비정통적으로 만들게 된다.)

사회문화 비평가인 테오도르 아도르노가 2차 세계대전이후 예술의 최종적 죽음을 선언했을 때 그는 이러한 정신적 경향을 능숙하게 표현하고 있다. 그는 아우슈비츠 이후 더 이상 예술작품을 창조하는 것은 불가능하다고 말했다. 세계는 너무 끔찍해졌다. "죄 없는 자는 한 사람도 존재하지 않는다"라고 그는 선언했다. "사고(思考)의 책임이 면제된 것처럼 보이는 삶의 표현 같은 사소한 즐거움들은 무례한 어리석음, 알기를 무감각하게 거부하는 요소를 갖고 있을 뿐 아니라 사소한 즐거움에 정반대되는 것에 직접적으로 이용된다. 어떤 나무가 꽃을 피우는 것조차 공포의 그림자 없이 꽃이 보이는 순간은 사람들을 속이는 것이다. 즉 '얼마나 아름다운가!' 라는 순진한 감탄조차 터무니없이 불쾌한 존재에 대한 변명이 되며 공포가 드리워진 시선 이외에 더 이상의 아름다움이나 위안은 존재하지 않는다.……"

지금 일어나고 있듯이 우리가 최악의 시대에 살고 있으며 우리가 견디고 있는 —— 혹은 적어도 듣거나 읽어 본 —— 공포는 본질적으로 인간의 역사에서 전례가 없었던 것이라는 생각에는 어떤 불쾌한 위안이 존재하고 있다. 두 차례의 세계 대전, 가공할만한 기아, 굴락과 아우슈비츠 따위가 역사상 다른 어떤 공포와도 전혀 다른 유형이기 때문에 진정 전통적인 예술적 노력은 잉여적일 뿐 아니라 인간성에 대한 실제적 배반이 되는 것일까? 베르메르가 30년 전쟁이 절반도 진행되지 않은 시기에 태어났다는 사실을 기억해야 하지 않을까? 삼십년 전쟁으로 독일 인구의 삼분의 일이 죽었다. 당시 길가에는 썩은 시체들이 널려 있었고 경작지들은 황폐해졌으며 마을들은 파괴되어 도시마다 대학살이 자행되고 축재의 유일한 형태는 약탈이었다. 이 끔찍한 전쟁을 종식시킨 조약은 베르메르가 살고 있던 곳에서 불과 수마일 떨어진 곳에서 서명되었다는 사실을 기억해야 하지 않을까? 삼십년 전쟁은 베르메르가 알기를 무감각하게 거부하는 것에 대해 유죄라는 사실을 의미하는 것일까? 그리고 세계 대전은 진정으로 그 이후로 어머니들은 자기 자식을 카사트가 활동했던 전쟁 이전의 프랑스 어머니보다 덜 사랑하게 되었다는 사실을 의미하는 것일까?

어쨌든 20세기의 대격변에 특이하게 끔찍한 어떤 것이 존재한다는 사실을 인정한다고 하자. 물론 20세기의 대격변은 본질적으로 소름끼치는 일이었다. 하지만 절망의 부수적 원인은 기술적으로 가능한 것 —— 역사상 처음으로 인류 대다수를 위한 더할 나위 없는 삶 —— 과 그러한 기술적 가능성이 실제로 적용된 것 간의 괴리에 존재한다. 인간은 마침내 합리적 사고와 조직을 가진 양지바른 고지에 도달할 수 있도록 종교와 다른 미신들의 짐으로부터 스스로를 해방시켰지만 마음속에서 자신의 어둠과 원죄라는 교리에 대한 우화적 진실을 발견하게 되었을 뿐이다.

하지만 품위 있는 분별력을 가진 사람들이라면 공포의 그림자를 연상하지 않고는 더 이상 나무에 핀 꽃을 볼 수 없게 되었다는 사실이 과

연 20세기의 특별히 끔찍한 사건들에서 비롯된 것일까? 부모 세대들 중 어떤 사람들은 아버지가 어머니를 때리는 것을 보았기 때문에 여자를 때리지 않게 되었다고 말하는 반면 또 다른 사람들은 아버지가 어머니를 때리는 것을 보았기 때문에 여자를 때린다고 말한다. 마찬가지로 대격변에 직면해 삶의 아름다움에 대한 서정적 평가가 훨씬 더 중요해졌다고 주장할 수도 있다. 미술사가인 언스트 곰브리치 경은 1938년 나치 독일이 오스트리아를 합병한 이후 게슈타포에게 곧 체포될 운명이었던 고향 비엔나의 몇몇 친구들에 대한 이야기를 하고 있다. 그들은 자신들이 함께하는 마지막 자유의 시간이자 아마도 살아 있는 마지막 시간이라고 생각했던 시간들을 베토벤 4중주를 연주하며 보냈다.

세계 대전들과 같은 사건 이후에 세계에 대해 더 이상 예술적으로 찬미하는 것은 불가능하다는 생각은 이상하게 뒤틀린 낭만주의와 고질적인 감상주의가 혼합된 넌센스일 뿐이다. 예술가들은 자신이 다른 사람들보다 그 사건들을 더 깊이 있게 느끼고 있다는 사실을 입증하기 위해 아도르노 같은 태도를 취한다. 따라서 예술가들에게 꽃을 피우고 있는 나무는 자신에게 더 이상 꽃을 피운 나무에 불과한 것이 아니라 꽃을 피운 교수목이나 곧 핵폭발로 시꺼멓게 불타버려 형해만 남게 될 나무인 것이다. 중요한 것은 느낌의 깊이다. 하지만 이런 태도는 위선에 불과하다. 아도르노 같은 인물이 "전쟁이후 더 이상 성적 쾌락을 느낄 수 없다" 혹은 "더 이상 음식의 맛을 느낄 수 없다"라고 말했다고 가정해보면 이 모든 주장이 헛소리라는 사실이 금방 드러나게 된다. 예술은 바로 인간이 자신의 한계와 약점을 이해하고 그것들을 뛰어넘는 수단이다. 예술이 없다면 끊임없는 변화만이 이어질 뿐이다.

메리 카사트의 모성 1890

　사실상 미로의 저술과 선언들은 감상적 헛소리로 가득 차 있다. 어떤 미술가가 말한 것을 지나치게 강조하는 일은 공정치 못하며 —— 결국 그는 작가나 언론이 아니라 화가다 —— 미로가 자신의 예술가적 소명에 충실했다는 사실은 의문의 여지가 없다. 하지만 그가 말한 것은 분명 그의 실습과 어떤 관계가 있으며 그의 시대의 아주 많은 지식인들처럼 그는 자신의 견해에서 아주 부정직했다.

　징후로서 미로가 사용하는 '부르주아'와 '혁명적'이라는 두 가지 단어를 예로 들어 보자. 미로가 각각의 단어에 어떤 가치를 부여하고 있는지를 추론하는 일은 별로 어렵지 않다. 즉 부르주아는 늘 비난의 용어였고 혁명적이라는 단어는 늘 찬동을 의미한다. 그에게 부르주아는 늘 일종의 반유대주의 신문 「스튀머 Der Stümer」에서 반유대주의가 제거된 계급에 대한 관점으로 뚱뚱하고 자기만족적이고 호전적이고 돼지 같은 성질을 의미한다. 또한 혁명적이란 단어로 그는 공격적이고 혁신적인 어떤 것을 의미하며 정의와 자유로 끝나는 경향이 있다. 혁명적이란 평화를 가로막는 모든 것을 강제적으로 철폐함으로써 평화를 가져오는 것을 의미한다.

그러면 호안 미로는 실제적으로 자신의 그림을 누구에게 팔았을까? 또다시 그 같은 답변을 추론하는 것은 그다지 어렵지 않은 일이다. 미로 자신이 지칭했던 것처럼 "부르주아의 뺨을 갈기는" 그의 그림을 부유한 부르주아만큼 높게 평가하는 사람들은 없는 것으로 밝혀졌다. 현실적 혁명에 대해서처럼 미로가 예술가의 삶이나 그가 그렇게 격렬하게 요구했던 예술적 노력의 자유에 대한 부르주아의 영향을 아주 깊이 고려했던 흔적은 보이지 않는다.

예술적 전통의 극단적 해체에 대한 두 번째 중요한 원인은 미로가 즐겨 하곤 했던 것과 같은 유형의 정치적 헛소리와 밀접한 관련이 있다. 즉 선행자들과 결별한 독창적 예술가에 대한 낭만적 숭배로 "독수리눈을 가진……용감한 코르테즈처럼……아무 말 없이, 데리언의 산봉우리에서"라는 식이다. 현실주의 전통 속에서 새로운 어떤 것을 말하기는 점점 더 어려워졌기 때문에 전통은 버려질 필요가 있었다.

게다가 버려지는 것보다 더 나쁜 것이 있다. 미로의 '후기 걸작들'의 목록에서 호안 미로 재단 박물관 소장의 첫 번째 말은 다음과 같다.

육체적으로 노쇠했지만 정신적으로 젊었던 미로는 자신의 그림세계를 공격했을 당시 아주 초기부터 창작을 이전에 있었던 모든 것을 파괴하는 행위로 이해한 자신의 태도를 극단적 결과에 이르게 했다. 그는 순박한 회화를 그리는 것과 콜라주로 되돌아가 캔버스에 물감을 던져 창조적 파괴의 폭발에 사로잡혀 캔버스를 찢고 불태웠다. 이러한 태도는 '회화를 살해'하고자 하는 그의 욕망을 달성한 것으로 결국 본성 그 자체를 지배하는 것과 같은 법칙에 따라 새로운 삶, 새롭고 설레는 형태가 파괴로부터 생겨날 수 있었다.

메리 카사트는 급진적이긴 했지만 그녀에 대해 이런 식으로 말하는 사람이 있을까? 사실 야만인이 아니라면 누가 진심으로 이러한 말들을 문자 그대로의 의미로 말할 수 있겠는가? 야만인이 아니라면 창조하고 싶어하는 사람들은 누구도 홀로 설 수 없으며 전통은 사실상 창조의 안티테제가 아니라 창조의 전제조건이라는 사실을 알고 있다. 창조가 이전에 있었던 모든 것을 파괴하는 행위라는 부질없는 생각을 내뱉는 것의 문제는 백만은 안 되더라도 천 명 정도의 바보들은 늘 그 같은 말을 믿게 된다는 사실이다.

미로는 사실상 자신은 '회화를 살해'(이 말이 어떤 의미이든 간에)해 회화에서 모든 구상주의적 요소들을 제거하고 싶다고 말하고 있다. 그는 1924년 "나는 그림으로 나타낸 모든 전통(그 같은 독소!)에서 벗어나고 있다"고 쓰고 있다. 1931년 「아호라 Ahora」에서의 인터뷰에서 그는 "나에게 유일하게 명확한 것은 내가 파괴하고자 한다는 것, 내가 회화에서 존재하는 모든 것을 파괴하고자 한다는 사실이다. 나는 회화를 전적으로 경멸한다.……회화는 나를 역겹게 한다"라고 쓰고 있다. 거의 반세기가 지난 후 파리 잡지 「렉스프레스」가 인터뷰한 어떤 사람은 그의 미술에 대해 그의 작품을 본 "사람들은 웃음을 터뜨리고 때로 얼굴을 얻어맞은 것 같은 인상을 받는다"고 말했다. 미로는 "충격이 크면 클수록 바람직하다! 강한 충격을 주어야 한다. 폭력은 자유롭게 한다"라고 답변했다.

미로의 주장은 1936년 살라망카 대학에서 미구엘 드 우나무노[25]와 논쟁에서 파시스트인 밀란 아스트레이 장군의 유명한 폭언 "Muera la inteligencia! Vive la muerte!"(지성에 죽음을! 죽음이여 영원하라!)와 다를 것이 없다. 또한 외부 세계에 대한 서정적 묘사에 반기를 들게 한 현대적 전쟁이 그렇게 끔찍하게 착수한 감수성은 연민, 자비, 보통 사람의 사랑에 대한 폐지로 바데-마인호프 무리의 세계관을 승인하는 것으로 끝을 맺는다. 어떤 사람은 베토벤의 음악이 세계와 너무 조화되게 해후에 어린아이들의 머리를 쓰다듬고 싶어지기 때문에 베토벤 음악을 듣는 즐거움을 스스로 거부했던 레닌을 떠올린다. 강한 충격을 주고 싶어 하고 자유롭게 하는 폭력적 권력을 믿는 사람도 자신 속에 존재하는 애정이라는 끔찍한 나약함에 빠지고 싶지 않았던 것이다

미로는 또한 변화가 진보라는 견해 —— 외로운 창조자로서의 예술가가 갖게 되는 아주 당연한 결과 —— 에 동의했다. 그는 많은 예술가

---

25) Miguel de Unamuno y Jugo 1864~1936
에스파냐 사상가 · 작가. 빌바오 출생. 에스파냐정신혁명을 지향하는 〈1898년 세대〉의 지도자였다. 우나무노는 처음에 근대 유럽에 대해 긍정적인 견해를 가지고 있었지만, 97년 자신의 정신적 위기와, 이듬해 미국—에스파냐전쟁의 패배를 거치면서 반근대 · 반이성주의적인 경향을 강화시켜 갔다. 그의 이러한 키에르케고르적 · 실존주의적 사상이 하나로 통일되어 《돈키호테와 산초의 생애(1905)》을 낳았다.

들처럼 당대의 과학 그리고 기술 진보에 압도 당했을 것이다. 하지만 자연 법칙과 예술적 창조의 법칙 간의 유추가 잘못된 것처럼 과학에서의 진보와 예술에서의 진보 간의 유추 또한 잘못된 것이다. 최상의 형태로 표현된 예술은 우리에게 우리의 존재를 예술가가 살았던 시대의 특수성과 예술가가 살았던 시대와 관계없거나 적어도 인류의 전 역사를 통해 공감을 얻고 있는 보편성, 이 두 가지 측면을 통해 설명하고 있다. 시대적 특수성과 인간적 보편성을 구현한 예술은 일시적인 것을 뛰어넘어 우리 존재의 가장 근본적인 조건에 우리를 조화시킨다. 과학사와 달리 예술사에선 나중에 오는 것이 필연적으로 이전에 존재했던 것보다 뛰어난 것은 아니다.

미로의 '후기 걸작들' 은 인간존재와의 거의 모든 접촉을 잃고 있으며 장식으로서조차 이어지지 못하고 있다. 그의 실패는 가까이 카사트의 작품들과 비교할 때 더욱 더 분명해진다. 카사트의 후기 작품에서 미로의 후기 작품으로 넘어가면서 사람들은 보편적인 인간적인 작품에서 독선만이 지배하는 작품을 보게 된다.

2001

길레이[26]의 음울하지
않은 도덕성

부르주아의 미덕 —— 사려, 검약, 근면, 정직, 온화, 예의바름, 자제와 같은 —— 에 경탄하며 널리 보급하고 싶어 하는 사람들은 때로 다음과 같은 의문으로 괴로워한다. 가능성은 희박하지만 모두가 부르주아의 미덕을 자신의 것으로 받아들이게 되면 세계는 어떻게 될까? 세계는 더 재미없는 곳(물론 더 질서 잡혀있다 해도) —— 일종의 스위스의 아름다운 국제 관광도시 루체른이나 베브의 확대 —— 이 되지 않을까? 하는 의문들이다. 아무리 매력적이라 상상하도록 강요받는다 해도 끔찍하게 권태로운 천국보다 지옥에 대한 묘사가 훨씬 생생하고 흥미롭다는 사실은 분명 우연이 아니다. 악은 고통과 같다. 즉 개별적인 매순간은 유감스러울 수 있지만 아무리 현명한 사람도 악 모두를 제거하기 바랄 수는 없을 것이다. 사실 악의 가능성이 없는 삶 따라서 악이 실제로 행해지는

---

26) James Gillray 1756~1815

영국 풍자화가. 알코올중독과 1811년경부터 앓기 시작한 정신병 발작으로 자살했다. 그의 풍자만화는 크게 사회적 · 정치적인 것으로 분류되며 같은 시대의 화가 중 가장 신랄한 비판정신을 가진 화가로서 인정된다. 기백에 찬 그로테스크한 묘사로 나폴레옹이나 프랑스혁명, 영국 왕실 등 사회 · 정치적 요인들을 노골적으로 풍자한 작품이 많다.

일이 없는 삶은 모든 도덕적 의미를 박탈당하게 될 것이다. 그리고 일단 세계가 고결해진다면 더 이상 인생의 쾌락은 존재하지 않게 될까?

　지독히 깐깐하고, 흥을 깨거나 고집스럽고 편협하게 보이지 않으면서 미덕을 지지하고 악을 공공연히 비난하는 문제는 이제 미덕과 악 간에 차이가 있다는 사실을 부정하거나 미덕과 악의 가치를 뒤집는 경향이 있다. 예를 들어 위반되고 있는 것이 무엇인가에 관계없이 뛰어넘는다는 것은 본질적으로 선이라는 듯 예술 비평의 어휘에서 '초월하는' 보다 더 호평하는 단어는 없다. 마찬가지로 금기를 위배하는 사람은 그 금기의 내용과 상관없이 영웅이 된다. 고집스럽게 오래된 도덕적 통찰력에 집착하는 사람은 그 어떤 사람보다 많은 비난을 받는다.

　최근 런던의 테이트 갤러리 Tate Gallery에서 개최된 위대한 영국의 풍자만화가 제임스 길레이(1756-1815)의 작품 전시회는 영국에서 도덕과 예절에 대한 비판이 늘 청교도주의, 편협, 야비함과 결부된 것은 아니며 오히려 한때는 활력 있고, 유쾌하며 아주 재미있었다는 사실을 증명하고 있다. 하지만 전시회에서 웃는 관람객은 거의 없었다. 현대 도시에서 성당의 역할을 가장 근접하게 수행하고 있는 화랑은 문화의 성전이기 때문에 재미를 노골적으로 드러내는 소리는 말할 것도 없고 미소를 짓는 것도 신성모독이 될 것이다. 길레이의 전시회 직전 파리 오르세이 박물관에서 개최된 오노레 도미에[27] 작품 전시회에서도 마찬가

---

27) HonorG Daumier 1808~1879
프랑스 화가. 마르세유 출생. 독학으로 석판화를 배웠으며, 그것으로 생계를 삼았다. 1828년 이후 사회 풍자적인 경향을 보다. 그의 풍자화는 고자세의 관료로 만족하고 있는 시민계급까지 철저히 해부했다. 48년 혁명 후에는 본격적인 유채(油彩)와 수채(水彩)에 주력하였고, 인간생활의 감정을 사실적으로 그려내는데 독자적인 경지를 열었다. 같은 시대의 밀레가 빈농의 애수와 시정(詩情)을 경건하게 그려낸 것에 비하여, 그는 도시 하층민의 고뇌를 전형적으로 표현하여, 발자크 · 보들레르 등에게 극찬을 받았다.

오도레 도미에 가르캉튀아 1831

지로 무표정한 태도로 일관하는 관객들을 볼 수 있었다. 전시된 작품들이 놀랍도록 익살스러운 소재라는 면에서 볼 때 관객들의 태도는 영웅적이라고 표현할 수 있을 정도로 근엄한 표정이었다.

벽이 길레이의 놀라운 작품들로 뒤덮여 있는 테이트 화랑 전시실에 들어서는 순간 길레이는 묘사하거나 풍자하는 것이 아니라 창조하고 있으며 사람들을 하나의 세계에서 살게 하고 있다는 사실을 깨닫게 된다 —— 길레이에 대해 이미 아무리 많은 것을 알고 있다 생각했다 하더라도. 그것은 풍요롭고, 상상력이 넘치며, 생명력으로 약동하는 디킨스의 작품과 같은 것이다. 디킨스의 작품들처럼 길레이의 작품은 비판이나 풍자 대상에 거침없이 냉소를 드러낼 때에도 정신을 드높인다. 그것은 요즘은 거의 찾아보기 힘든 제약받지 않은 정신의 두려움 없는 자유의 표현이며 그것은 개성이나 개인주의를 의문시하지 않는 자유로운 사회에서만 가능하다. 우리는 인간의 나약함, 어리석음 그리고 악이 조금도 나약함, 어리석음 그리고 악이 아니라고 생각하는 것 —— 오히려 우리 주위에 있는 그 모든 것을 한층 더 자각하고 전시회를 나서게 된다 —— 이 아니라 인생은 제대로 보기만 한다면 더할 나위 없이 풍요로운 경험이라고 생각하며 전시회를 나오게 된다. 재미와 도덕적 관점 양자를 가질 수 있으며 재미와 도덕적 관점이 서로 배치되는 것은 아니다.

그에 앞선 스위프트와 그 이후의 디킨스처럼 길레이는 비틀기는 하지만 분명하게 하는 렌즈를 통해 모든 것을 보고 있다. 이 렌즈는 그가 관심을 가진 모든 사람과 모든 사물의 두드러진 도덕적 특성을 강조하고 순화시키며 비본질적인 것을 걸러낸다. 이러한 식의 시각은 독창적인 천재성의 특성(물론 독창적 천재성의 유일한 특성은 아니다)이다. 그것은 디킨스에게처럼 길레이에게도 두 번째 천성이 되었다. 디킨스는 자기 작품에 나오는 인물들이 서투른 모방에 불과하다는 비난에 답변하면서 『마틴 처즐위트 Matin Chuzzlewit』서문에서 자신의 비평가들에겐 서투른 모방일지 모르지만 볼 수 있는 눈과 들을 수 있는 귀를 가진 사람들이 쉽게 찾아 볼 수 있는 사람들에 대한 솔직한 묘사라고 쓰고 있다. 다시 말해서 문제는 자신의 작품이 아니라 지각 대상에 대한 비평가들의 제약되어 있는 부족한 상상력이라는 지적이었다.

길레이의 작품이 그가 살아생전 그렇게 유명했다는 사실을 고려할 때 길레이의 삶에 대해선 놀라울 정도로 알려진 것이 거의 없다. 그는 가난한 집에서 태어났고 그의 아버지는 1745년 퐁테누아 전투 Battle of Fontenoy에서 기병으로 팔을 잃었다. 때문에 일반적인 길레이의 몰인정한 작품 중에서 유일하게 명백히 동정을 표현하고 있는 작품은〈국채를 갚는 새로운 방법〉이라는 판화의 왼쪽의 아래 쪽 모서리에 두 팔이 절단되고 의족을 한 채 앉아 자선을 구걸하고 있는 퇴역군인에 대한 것이었다. 이 판화에서 조지 3세는 금이 든 가방을 들고 재무부에서 나오고 있는 한편 이미 자신의 주머니를 금으로 채운 윌리엄 피트 수상은 더 많은 금을 제안하고 있다.

군에서 강제로 퇴역한 후 길레이의 아버지는 보헤미아에서 시작된 근본주의자 기독교 종파인 모라비아교도의 교회 관리인이 되었다. 모라비아 교도들은 청교도적 부인자들이어서 아플 때면 천국의 청렴함을 위해 이 돌이킬 수 없이 부패한 세계를 뒤로 한 채 떠날 수 있도록 병이 낳기 보다는 죽게 해달라고 기도했다. 제임스의 큰형 존은 7살 때 중병을 앓았을 때 옆에 자기 관을 가져다 달라고 간청했다. 그 직후에 그가 죽어 가면서 한 말은 "저를 잡지 마세요. 아, 가게 해 주세요, 저는 가야합니다!"였다. 이 같은 기도는 흔히 조지 왕조시대 런던에서 응답을 받았다. 길레이가 태어나던 시기에 런던에서 어린아이들의 절반이 5살이 되기 전에 사망했으며 길레이는 여섯 명의 형제들 중 성인이 될 때까지 살아남았던 유일한 아이였다.

어떤 감정적 흔적이 남는다 해도 종교적 광신자들의 자식들이 유아기에 받았던 교육의 교리들을 거부하는 것은 특이한 일이 아니었다. 길레이에게 지상에서의 삶이 무가치한 야비한 것이라는 믿음의 잔재는 세속적 삶에 대한 넘치는 애정과 충돌했으며 결과적으로 심오한 애정에 상당한 잔인성을 결합해 인류에 대한 어떤 사사로움 없는 올바른 조롱으로 이어졌다.

여타 다른 것에 대해서 개인으로서의 길레이는 수수께끼로 남아 있다. 그는 자신이 묘사한 덕분에 아주 유명해진 상류사회 사람들보다는 손일하는 사람들과 선술집에서 어울리기를 더 좋아했다. 길레이는 거리와 국회에서 상류 사회 구성원들을 스케치했다. 선술집에서 그와 어울렸던 사람들은 길레이가 그렇게 눈에 띄게 유명한 사람인 줄은 몰랐다고 전해진다. 그의 겸손은 무의식적인 것이었으며 손일하는 사람들과 함께 어울린 것이 분명 그의 세속적 전망과 위선을 간파해 드러내는 능력을 보존하는 데 도움이 되었다.

또한 초기에 많은 형제들을 잃었기 때문에 어떤 초연함을 배울 수 있었을 것이다. 또한 국립 초상화화랑에 있는 그의 유일한 자화상은 이상하게도 회색빛 —— 사실상 초상화의 주색 —— 으로 어둠침침하면서도 온화하다. 그의 자화상을 통해 알 수 있는 유일한 것은 쉽게 개성을 정의할 수 없는 그는 자신을 내세우지 않는 사람이라는 사실이다. 쉽게 정의할 수 없는 그의 개성이 바로 그가 창조한 그림세계를 엄청나게 뚱뚱하거나 이상하게 마른 사람들로 가득 차 다른 사람들의 작품에서 찾아볼 수 없는 활력으로 반향하게 했을 것이다. 허영, 탐욕, 순진함, 이중성과 궤변이 지배하고 있는 그림 세계는 길레이에게 가장 중요한 것이었다. 그리고 길레이에게 세계라는 극장은 자신의 내적 드라마보다 더 중요했다.

하지만 엄청난 내적 드라마가 있었을 것이다. 길레이는 어떤 사람과도 친밀한 관계를 가졌던 적이 없는 것으로 알려져 있기 때문이다. 그는 성년기 삶의 대부분을 세인트 제임스가 판화 상점 위에 있는 험프리 부인의 집에서 살았다. 험프리 부인은 길레이의 출판업자이자 사업 파트너였다. 화기애애하게 함께 살기는 했지만 그들의 관계가 성적인 것은 아니었다(험프리 부인은 길레이보다 훨씬 나이가 많은 과부였다). 길레이는 성관계에 문제가 있었던 것처럼 보인다. 그는 성 접촉을 추악하고 우스 꽝스럽거나 두 가지 모두인 것으로 묘사하고 있다. 길레이의 외설에 대 한 혐오감은 스위프트에 못지않았다. 또한 그가 프랑스 대혁명의 지나 침을 알리는 판화를 디자인할 때 그는 자코뱅 당원들이 수녀를 채찍질 하는 장면에 약간 지나치게 애정을 기울여 시간을 할애했다. 사실 길레 이가 채찍질을 묘사할 때(프랑스 대혁명이 영국해협을 건너게 되면 어떤 일이 일 어날지 묘사하는 판화에서처럼, 이 판화에서 피트 수상은 상의가 벗겨진 채 기둥에 결 박당해 급진적인 반대파 찰스 제임스 폭스에게 채찍을 맞고 있다) 마다 우리는 그에 게서 이 주제에 대해 일반적인 매력 이상의 것을 간파하게 된다. 또한 결국 길레이가 자신의 내적 악마들을 통제할 수 없게 되었을 때, 외부 세계에 대한 묘사에 더 이상 만족할 수 없을 때, 그는 미쳐버리게 된다. 길레이는 죽기 전 몇 년간 그를 루벤스라 믿었던 험프리 부인의 간호를 받았다.

길레이의 스케치 솜씨는 주제가 우아하지 못한 만큼이나 우아했고 (그는 당시 갓 설립된 왕립 미술 아카데미에서 훈련을 받았다) 구도는 분명했다. 길레이는 어떤 실수도 허용할 수 없을 정도의 속도로 작업했다. 그는 바 로크식 세부묘사와 고전적 단순성 모두에 정통해 있었다. 길레이는 자 신의 판화들 중 일부를 너무 많은 동시대적 암시로 채웠기 때문에 프러 시아의 월간지 특파원은 그 암시들을 독자들에게 모두 설명하기 위해 잡지의 여러 쪽을 할애해야 했다. (길레이는 프러시아에서 아주 인기가 많았다. 프러시아에서 그의 판화들은 흔히 복제되었으며 당시의 정치·사회문제에 대한 거칠 것 없는 논평은 경이와 시샘을 불러일으켰다. 또한 그의 논평들은 군국주의화된 프러시아에서 그 같은 논평을 허용한 사회가 어떻게 즉시 붕괴되지 않고 실제적으로 번영하는지에 대한 역설적인 의문을 제기했다.) 기껏해야 수년간의 정규 교육을 받았지만 길레이는 밀턴과 셰익스피어의 작품들을 인용했다. 프러시아 논평자들은 길레이가 인용한 구절들은 "영국인이라면 누구나 알고 있다"고 주장했으며 이 같은 주장은 영국에 고급문화가 광범위하게 확산되어 있다는 사실을 의미하고 있다. 그리고 분명 길레이는 자신이 어떤 것을 그리든 문학과 깊이 있게 접하면서 얻은 삶에 대한 세련되고 미묘한 전망을 불어넣고 있다.

예를 들어 길레이의 상징적인 가장 중요한 걸작으로 그의 가장 유명한(그리고 가장 단순한) 판화들 중 하나는 〈당세풍의 대조가 되는 것, 혹은 공작의 거대한 발에 한결 뒤지는 공작녀의 작은 신발〉이다. 우아하고 아름답게 보석이 박힌 가죽 슬리퍼를 신고 옆을 향한 섬세한 두 개의 여자 발 사이에 침대에 엎어져 버클이 채워진 신을 신은 두 개의 거대한 남자 발이 있다. 성행위가 더 암시적으로 묘사될 수는 없다(그리고 길레이의 혐오감은 동의보다는 폭행을 암시하는 이 남녀의 육체적 불균형에 의해 분명해진다).

이 우아하게 묘사된 판화는 조지 3세의 둘째 아들 요크 공과 작고 평범한 프러시아 공주 프레데리카와의 결혼에 대해 아첨하는 공식 논평을 통렬하게 풍자하고 있다. 프레데리카에 대해 아첨할만한 것을 찾던 언론은 작고 섬세한 그녀의 발과 그녀가 신은 신의 아름다움에 주목했다. 「모닝 포스트」의 어떤 기고자는 이 같은 언론의 논평에 대해 외국인들이 대부분의 영국 신문들은 "제화업자들이 주도하고 있다.……그들은 요크의 슬리퍼를 신은 공작녀에 대해 너무 말이 많다"라고 추정할 것이라고 쓰고 있다.

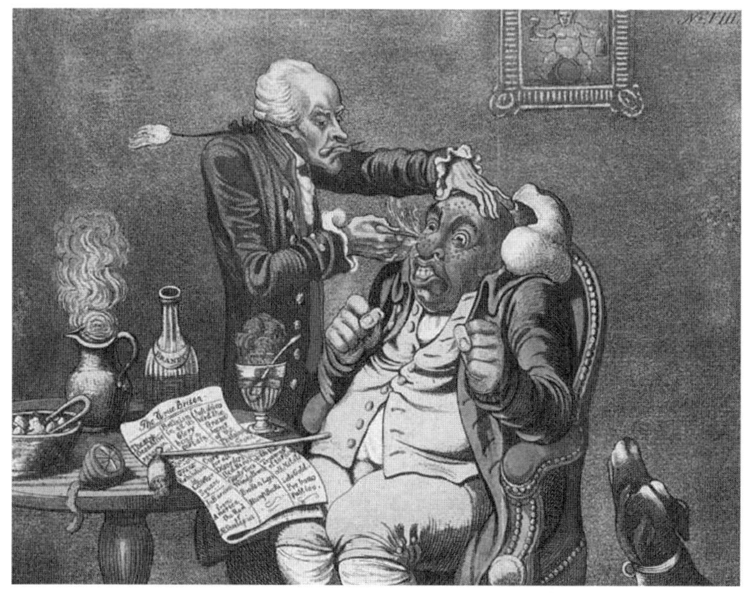

길레이의 철제 견인차, 1801

이러한 우스꽝스럽고 역겨운 칭찬을 단호히 끝장내버린 것은 길레이의 판화였다. 길레이는 모든 사실은 공개되어야 한다는 억지스럽고 비인간화된 견해를 받아들이지 않으면서 아첨에 넌지시 이의를 제기하는 동시에 진실을 옹호하고 있다. 그는 어떤 섬세한 감정을 드러내면서도 판화로 공주 —— 공주의 평범함과 대중적 명성은 그녀 자신의 잘못도 그녀가 바랐던 바도 아니었다 —— 가 아니라 그녀를 칭찬하면서 스스로 우스꽝스러워진 아첨꾼들에게 상처를 주고 있다. 아첨의 대상을 모욕하지 않고 아첨꾼들을 비판하는 일을 그보다 더 잘 해낸 사람은 없었다.

물론 길레이는 여론에 호소했고 그는 그렇게 하는데 선구자였다. 그는 욕설과 어리석음(또한 정치적인 것만이 아니라)을 폭로하는 것이 그들의 욕설과 어리석음을 끝내게 하지는 못해도 제한하는데 도움이 될 것

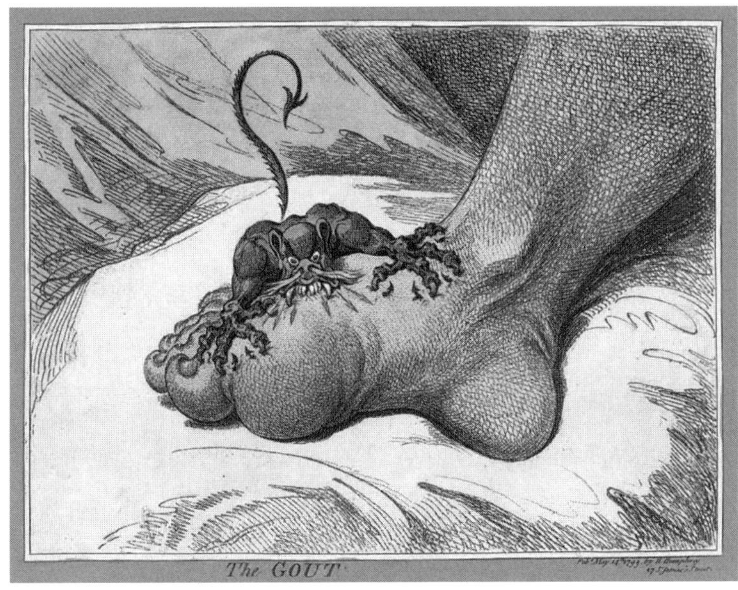

길레이의 통풍, 1799

이라는 사실을 알고 있었기 때문이다. 대중적 비판은 대중의 진보에 필수적이며 길레이는 그것의 힘을 알고 있었다. 예를 들어 그는 어느 정도 혼자 힘으로 '철제 견인차'를 분명 술꾼의 빨간 코에 붙이고 있는 퍼킨에 대한 재미있는 판화를 발표함으로써 런던에 거주하고 있던 미국인 돌팔이 의사 벤자민 퍼킨을 파멸시켰다. 속아 넘어가기 쉬운 환자 옆에 있는 테이블 위엔 퍼킨 식 광고가 게재된 신문이 놓여있었다. "빨간 코, 통풍에 걸린 발가락, 가스가 찬 내장, 부러진 다리, 굽은 등과 같은 모든 질환에 대한 분명한 치료." 상식을 지키는데 조롱만한 것은 없으며 일단 길레이의 판화를 본 사람은 만병통치라는 퍼킨의 거짓 약속을 더 이상 믿을 수 없었다. 당시의 다른 모든 풍자화가들처럼 길레이는 의학에 큰 관심을 보였고 염증이 난 환자의 큰 발가락 사이로 자기 창의 슴

205

베를 박아 넣는 푸른 작은 악마로서 통풍 ── 특히 조지 시대의 질병 ── 을 묘사한 그의 판화는 일찍이 그려졌던 질병 중에서 가장 명확한 그림 묘사였다.

하지만 무엇보다 길레이는 정치 풍자만화로 기억되고 있으며 이 분야에서 최초의 개업자 중 한 사람인 그를 능가하는 사람이 있는지 의심스럽다. 언젠가 조지 오웰은 정치 저작을 하나의 예술로 전환시키고 싶다고 말했다. 길레이는 그보다 150년 앞서 정치 풍자만화를 예술로 승화시키고 있다.

사람들은 때로 그가 오랫동안 정부 보조금을 받았다는 사실 때문에 길레이의 진실과 정직성을 의심한다. 또한 사람들은 야당이 그의 판화를 사거나 지급할 돈이 없기 때문에 정부 측으로 전향했다고 말했다. 하지만 2세기가 지난 후 아무런 정보가 없는 사람이 그가 지지하는 정치인들과 그가 공격하는 사람들을 구별하기는 쉽지 않다. 분명 그에게 보조금을 주는 재무성 지불 총감독인 수상에 대한 그의 풍자 그림들은 결코 아첨하고 있지 않다. 판화들에서 피트는 정직한 것이 아니라 늘 어색하고, 서투르고, 냉담하며 끊임없이 깜짝 놀라는 것으로 그려지고 있다. 육체적으로는 길레이가 과장한 소인국 어린 소년 Little Boney으로 묘사한 나폴레옹만이 피트보다 더 우스꽝스럽게 묘사될 정도였다.

길레이의 정치적 변화는 금전적 이해관계보다는 그가 살았던 시대의 프랑스 대혁명, 이데올로기 정치의 출현, 민주주의의 확대, 낭만주의의 여명과 같은 엄청난 사건들에 의해 결정되었다. 그는 애초에 온건한 프랑스 대혁명 지지자였지만 프랑스 대혁명의 과도함 때문에 곧 혁명에 대한 반대자로 돌아섰다(그가 정부 보조금을 받기 훨씬 이전). 먼저 혁명가, 이어 나폴레옹 프랑스와의 투쟁은 전면전과 같은 점점 더 절망적인 상황이 되어 가면서 조지 3세에 대한 그의 태도는 누그러지게 된다. 애초에 조지 3세를 비열하게 위선적이고 인색한 인물로 묘사 —— 예를 들어 표면적으로는 서인도 플랜테이션에서의 불쌍한 노예들에 대한 동정이라고 하지만 실은 푼돈을 아끼려는 경제적 이유로 차에 설탕을 넣기를 거부하는 식으로 —— 했던 길레이는 조지3세를 나폴레옹 프랑스의 진위가 모호한 보편화 주장에 대한 영국 국민의 저항의 상징으로 봄으로써 더 관대해지게 되었다. 길레이는 어떤 문필가보다도 동포의 결함에 대한 시각을 잃지 않으면서 조국의 자유를 옹호했던 애국자였다.

충실하게 애국적이면서도 자기 사회에 대한 명민하고 유머 넘치는 비판적 시각을 유지하고 있던 길레이는 후에 냉전이라는 거대한 투쟁기간의 대다수 지식인들을 넘어서는 위업을 성취했다. 길레이는 더 큰 악과 더 작은 악에 대한 시각을 결코 잃지 않았다. 그가 살던 시대의 영국이 부패하고 그가 노골적으로 드러내고 비아냥거리기를 주저하지 않았던 다른 악들과 속물근성으로 만연해 있긴 했지만 이런 영국과 프랑스 대혁명의 과도함 혹은 나폴레옹의 세계지배 중 선택할 수 있는 것이 없다고 결론짓지는 않았다. 양식이 있는 모든 사람들처럼 길레이에게 선택은 완벽함과 지상의 지옥 간이 아니라 늘 더 낳은 것과 더 나쁜 것 간의 선택이었다. 그는 최선이라고 믿지 않으면서 더 낳은 것을 선택했으며 결코 자신과 같은 비평가의 역할이 불필요해지게 되는 시대가 올 것이라고는 생각하지 않았다.

길레이가 소중하게 생각했던 가치는 무엇이었을까? 거의 환상적이긴 하지만 그의 많은 판화에 혼란스럽게 싹트고 있었던 것은 완전히 제

길레이 은행으로의 행진

거할 수는 없지만 자의적 권력의 행사를 줄이고 법 앞의 평등에 기초해 있는 헌법적 질서에 대한 믿음이었다. 〈은행으로의 행진〉에서 그는 자신들은 책임이 없다고 믿으며 따라서 자신들을 둘러싸고 있는 시시한 녀석들을 악랄하게 짓밟을 권리(이 경우에 말 그대로)를 갖고 있다고 생각하는 자들의 오만을 비웃고 있다. 이 판화에서 우리는 가톨릭 차별 철폐에 반대하는 1780년의 고든 폭동[28] 이후 매일 잉글랜드 은행을 지키기 위해 행진했던 의용군을 볼 수 있다. 1780년의 고든 폭동은 자기는 마음대로 행동해도 된다고 생각하고 거리에서 버둥거리는 보통사람들을 밟으며 자기애적 만족에 도취해 어리석게 거들먹거리며 무릎을 굽히지 않고 발을 높이 들어 행진하는 맵시 있는 장교들이 주도했다. 길레이는 너무 애정을 기울여 어리석게 거들먹거리는 맵시꾼을 묘사하고 있기 때문에 통렬하긴 하지만 거칠고 사나운 사회비평을 다소 완화시키고 있다. 결과적으로 우리는 맵시꾼의 허식을 철저히 비웃게 된다. 턱없는 오만을 나쁜 것은 물론 웃음거리로 만들면서 길레이는 공포정치가 도래하지 않도록 돕고 있다. 그의 비판은 강렬하긴 하지만 명랑하고 기분 좋은 것이었다.

길레이에게 자신이 살던 시대와 혁명 이후의 영국과 나폴레옹 프랑스 간의 본질적 차이는 법이 금하지 않는 것을 허용하는 법률하에서 자신의 고유한 이익을 추구하는 자발적인 자유로운 사람의 나라와 법이 요구하지 않는 것을 금하는 법률하에서 살고 있는 종복의 나라 간의 차이였다.

길레이가 칭송했던 것 중에는 교역의 자유와 나폴레옹이 경멸한 소매상인의 자유가 포함되어 있었다. 길레이는 소매상인들을 잘 알고 있었으며 그들을 친구로 생각했다. 따라서 교역의 자유가 없기 때문에 언제나 누더기를 걸친 채 병들어 말라 있는 보통의 프랑스인들과 달리 그는 당연히 전형적인 보통 영국인을 뚱뚱하고 튼튼한 모습으로 번창하고 있으며 프랑스인들 보다 〈엄청난 소화력〉(후에 조지 4세가 된 평판이 나쁜 섭정 왕자에 대한 길레이의 노골적인 묘사들 중 하나의 제목을 인용한 것)을 갖고 일하

---

28) Gordon Riots

영국 사상 최대의 민중폭동. 1778년 가톨릭교도의 신분상 차별이 처음으로 일부 철폐된 데 대해 조지 고든 경(卿)이 이끄는 프로테스탄트협회가 반대운동을 일으켰다. 80년 6월 2일 동협회의 호소에 의한 청원행진(請願行進)이 거행되고, 5~6만명 정도의 사람들이 의사당을 둘러쌌는데, 그 중 일부가 폭도화하여 대규모의 폭동사건을 일으켰다. 가톨릭교회와 학교, 부유한 가톨릭교도의 점포와 주택, 유력한 정치가의 저택 등이 차례로 피습되고 한때는 잉글랜드은행도 폭도의 공격목표가 되었다. 또한 시내에 있는 감옥도 습격받아 2000명에 가까운 죄수들이 풀려났다. 군대가 폭동진압에 성공한 것은 사건 발생 1주일째가 되던 8일의 일이었다. 죽은 사람은 확인된 것만 285명, 체포된 사람은 458명이고, 그 중 25명이 처형되었다. 고든 경은 폭동에 대한 책임이 없다고 인정되어 무죄석방되었다.

길레이의 위험에 처한 플럼 푸딩, 1805

는 경향이 있는 것으로 묘사한다.

하지만 길레이가 인간 존재의 아이러니에 대해 무감각한 것은 아니었다. 그는 조국을 적국들보다 더 나은 나라로 만들고 있다고 믿고 있는 가치들에 애국적으로 집착하긴 했지만 분명 외국인을 혐오하지는 않았다. 사실상 그는 빈번하게 도덕적으로 동등한 가치라는 유혹에 굴복하곤 했다. 예를 들어 〈위험에 처한 플럼-푸딩 —— 혹은 석참을 먹고 있는 국가 미식가〉는 일찍이 발표되었던 가장 유명한 정치 풍자화들 중 하나로 그는 피트 수상이 나폴레옹과 식탁에 앉아 세계를 플럼 푸딩 형태로 칼로 썰어 조각내고 있는 장면을 보여주고 있다. 피트는 대양을 먹고 나폴레옹은 유럽을 먹는 이 장면에서 길레이는 어떤 사소한 도덕적 차이도 암시하지 않고 있다.

길레이는 프랑스 보통 사람들의 국가와 영국 보통 사람들의 복 받은 국가를 대비할 때도 아이러니한 특징을 도입하고 있다. 길레이에게 영국의 보통 사람은 결코 매력적인 인물이 아니다. 예를 들어 〈프랑스의 자유, 영국의 노예제〉라는 제목의 판화에서 그는 커다란 구운 쇠고기를 과식할 준비를 하고 있는 터질 듯이 뚱뚱한 대머리의 보통 영국인 —— 바로 오늘날 영국 축구 훌리건의 전형적인 모습 —— 이 다음과 같이 외치는 장면을 묘사하고 있다. "아! 죽일 놈의 정부! 그 놈들이 빌어먹을 세금으로 우리를 파산시킬 거야 —— 제기럴! 정부는 우리 모두를 노예로 만들어 굶겨 죽이고 있어!" 보통 영국인의 반대편에는 마르고 누더기를 걸친 채 초라한 방안에서 꺼져가는 불앞 걸상에 앉아 게걸스럽게 부추를 뜯어 먹고 있는 보통의 프랑스인이 다음과 같이 말하고 있다. "아! 거룩하신 주여! 자유를 축복하소서. 의회 만세! —— 더 이상 세금은 없다! 더 이상 노예제는 존재하지 않는다! —— 자유로운 시민들 뿐! —— 하! 하! —— 물고기가 뛰놀고! 젖과 꿀이 흐르네!"

비참한 운명에 대한 프랑스인들의 불합리한 만족에서 길레이는 한 세기가 더 지나서야 그 절정에 이르게 되고 지금도 우리와 함께하고 있는 정치 이데올로기라는 인간의 자기 기만이라는 새롭고 강력한 원천을 지적하고 있다. 그는 정치적 추상 개념이 가장 기본적인 현실의 의미를 감추거나 변화시킬 수 있다는 사실을 깨닫게 되었다. 한편 보통의 영국인들은 축복은 생각지 않는 타고난 인간의 성향을 보이며 불평하고 있다. 불평만 늘어놓는 타고난 인간의 본성은 분명 무자비한 이데올로기적과 맞서는 시기엔 유해한 것이었다.

당시 가장 위대한 정치 철학자인 에드먼드 버크와 길레이의 관계

길레이의 자유의 나무

또한 역설적이었다. 열심히 독서를 하며 교양을 갖추고 있던 길레이는 버크의 저작을 읽는 것을 좋아했으며 그의 철학적 교훈을 받아들였다. 사실상 〈자유의 나무 —— 영국인을 유혹하는 악마에 대하여〉는 에드먼드 버크 철학에 대한 간결한 그림설명으로 이해될 수 있다. 두 그루의 나무들 중 정의라 불리는 배경에 있는 나무는 녹색 잎이 우거져 있다. 법과 종교라는 이름표가 달린 두 개의 커다란 줄기는 행복, 자유, 안전이라는 건강한 열매를 맺고 있다. 반대라 불리는 배경의 나무는 마치 벼락을 맞은 듯이 죽어 있다. 이 나무의 두 개의 줄기는 인권과 방탕이다. 곁가지들에는 붉은 황금빛의 썩은 사과가 달려 있고 한입이 베어져 있는 각각의 사과엔 민주주의, 음모 그리고 혁명과 같은 유혹들이라는 이름표가 붙어 있다. 나무를 따라 이중 턱의 머리로 마무리 된 녹색뱀인 머리를 짧게 깎은 급진주의 휘그당 지도자 찰스 제임스 폭스가 미끄러져 내려가고 있으며 영국의 보통 사람을 나타내는 인물에게 개혁이라는 이름표가 붙은 사과를 내밀고 있다. 폭스는 "좋은 사과라네, 친구 —— 좋은 사과라구!"라고 말하고 있다. 하지만 유혹의 진정한 의미는 그것으로부터 폭스의 뱀 꼬리가 나타나고 있는 자유라는 붉은 혁명 모자, 두 그루 나무뿌리들의 차이에서 분명해지고 있다. 정의의 나무뿌리는 기존 영국헌법의 평민, 국왕, 귀족이며 반대의 나무 뿌리는 시기, 야심과 실망이다. 이는 의미상으로 반대의 나무의 썩은 과일들이 표시하는 아름다운 추상 개념들에 대한 사랑이라기보다는 프랑스 혁명의 급진주의 뒤에 있는 진정한 동기인 믿을 수 없는 감정들이라는 사실을 보여주고 있다.

　보통의 영국인들은 뚱뚱하고 이해가 느린 시골뜨기이긴 하지만 분명 기민하다. 보통의 영국인들은 아름다운 추상 개념이라는 사이렌의 노래에 저항할 만큼은 현명하다. 그는 "겁나게 좋은 사과네예!"라고 사투리로 대답한다. "헌데 다른 나무에서 딴 과실로 주머니가 꽉 차있습니다. 게다가 저는 모과나무 열매가 싫습니다, 그 열매는 지랄스럽게 썩어 버려 포도나무처럼 보여도 배가 아프게 될까 겁이 나는 군요!" 번지르르한 폭스의 지적 총명함이 자유롭게 태어난 영국인의 상식이라는 오랜 지혜를 대적할 수는 없다. 나는 1980년대에 게릴라 반란 중 살바도르에서 만났던 살바도르 농민을 떠올렸다. 그는 반란군이 인간적인 면에서 정부군보다 더 나을 것이라는 사실을 인정했다. 하지만 그래도 그는 반군이 승리하기를 원치 않았다. 살바도르 농민은 반군의 추상 개

길레이 인도의 구조자를 공격하는 정치적 산적, 1788

넘에서 약속이 아니라 위협을 보았기 때문이었다. 그의 집과 농장은 보잘 것 없는 것일 수도 있지만 그것들은 그의 소유였다.

길레이의 〈자유의 나무〉는 다른 어떤 메시지보다 더 버크적이다. 하지만 보통의 영국인들처럼 에드먼드 버크는 길레이의 작품에서 결코 아첨하는 관점에서 나타나고 있지 않다. 오히려 길레이는 버크를 감추어진 안건 —— 예를 들어 그가 부패에 대해 7년 동안 탄핵하려한 인도 총독 워렌 헤이스팅스를 공격할 때 악의에서 동기를 부여 받았던 —— 을 가지고 있는 위험한 사람으로 호리호리하고 굶주린 제수이트 가면을 쓴 사람으로 묘사하고 있다. 어떤 판화에서 버크는 갑옷, 성직자의 사관모를 차려입고 성장한 말에 올라 타 나팔 총을 쳐든 채 코끼리를 탄 워렌 헤이스팅스를 잠복해 기다리고 있는 것으로 묘사되고 있다. 또 다른 판화에서는 선출될 수 없는 절망의 구렁텅이를 가로질러 거만하게 야당이라는 4륜 마차의 말을 몰고 있는 높은 지위의 정치적 무능력자로 그려지고 있다. 1782년 공직에서 사임한 이후 버크는 아이러니컬하게도 〈은퇴한 킨킨나투스〉(로마를 구한 후 은퇴해 전원생활을 한 독재자)로 묘사되었다. 제수이트 복장을 한 그는 감자로 가득 찬 침실용 변기에 걸터앉아 아일랜드 헛간에서 우울하게 감자를 깎고 있다.

또 다른 판화에서 버크는 피트 수상이 다지는 기계를 통해 영국인들을 갈아 금화를 만들어 낼 때 피트 수상의 발밑에서 기부를 구걸하며 엎드려있다. 가장 유명한 것은 단순히 프랑스 대혁명에 대한 승인을 설교하고 국민의회에 축하메시지를 보낸 급진적 비국교도 성직자 리처드 프라이스 박사를 놀라게 하기 위해 구름에서 유령처럼 나타나고 있는 날카롭고 가늘고 긴 코에 안경을 쓰고 왕관과 성직자의 십자가 위에서 팔짱을 끼고 있는 모습이다. 이 판화의 제목 ── 음모를 감지하다 혹은 무신론적 혁명가들이 그의 한밤중의 신중한 계획을 방해하다 ── 은 반이데올로기적인 버크 자신이 이론가가 되어 대심판관이 되고 있는 위험에 처해있다는 사실을 암시하고 있다.

총명하지만 유머가 부족했던 버크는 자신이 희화화된 풍자화에 웃지 않았던 길레이가 풍자한 극소수 저명인사들 중 한 명이었다. 벤자민 퍼킨조차 치료자로서의 자신의 명성을 파괴한 판화를 보고 웃음을 터트렸던 것으로 전해진다. 길레이가 등장하고 그가 그렇게 열정적으로 묘사했던 사회의 가장 경탄할만한 특질들 중 하나는 스스로를 웃음거리로 만들 수 있는 사회의 능력이었다. 아주 진지했던 국왕조차도 자신에 대한 길레이의 풍자문에 진심으로 웃음을 터트렸다. 길레이가 뚱뚱하고 부도덕하며 주색에 빠진 사람으로만 묘사했던 섭정왕자는 길레이의 판화를 수십 장씩 구입해 험프리 부인의 가장 훌륭한 고객들 중 한 명이었다. 신진 정치인들은 길레이가 분명 노골적인 관점에서 자신들을 묘사하여 웃음거리로 만들 것이라는 사실을 알고 있었지만 길레이의 풍자 대상이 되고 싶어했다. 길레이의 풍자 대상이 되는 것은 중요인사라고 공식적으로 인증 받는 것이기 때문이었다. 후에 외무 장군으로 그리고 잠시 수상직을 맡기도 했던 조지 캐닝은 길레이 판화의 풍자 대상이 되는데 상당한 어려움을 겪었으며 〈프랑스 침략의 끔찍한 약속 혹은 국왕시해 평화 협상에 대한 유력한 이유〉에서 매달려있는 정치인들 중 한 명으로서이긴 했지만 처음으로 판화에 나타났다는 사실에 대단히 즐거워했다.

길레이의 동시대인들 —— 영국에서만이 아니라 —— 은 그를 대단한 화가로 인정했다. 동시대인들의 인정은 그가 죽기도 전에 찾아들었으며 테이트에서의 전시는 이제 길레이에 대한 인정을 복구하고 있다. 하지만 길레이의 위대성은 예술적인 것을 넘어서고 있다. 여론은 사회의 개선을 위해 동원될 수 있으며 사회 비평은 격렬하고 비타협적이어야 하지만 온후하고 측정할 수 있고 충실할 수 있다는 사실을 그는 예로써 증명했다. 길레이는 대중은 미묘하고 학습될 수 있으며 철학적이고 지적이라는 사실을 입증했다. 그는 많은 사람들이 의심하는 것을 증명했다. 즉 도덕적 관점이 반드시 근엄하고 무미건조하지는 않다는 사실이다.

블레어 시대에 사람들은 다음과 같이 탄식하고 싶어할 것이다.

길레이, 당신은 이 시대에 살았어야 했소,

영국은 당신을 필요로 하고 있다오.

2002

쓰레기, 폭력 그리고 베르사체
그런데 그것이 예술일까?

영국인들은 대체로 현대 미술 또는 사실상 어떤 묘사 예술에도 관심이 없다. 영국인들은 구성주의자와 추상적 표현주의자를 구별하지 못하며 자신이 그들을 구별할 수 없다는 사실에 개의치 않는다. 따라서 올 가을 몇 주간 런던에서 왕립 미술 아카데미에서 '센세이션'이라는 현대 영국 미술 전시회가 일반인들의 관심을 끌고 화제가 되었다는 사실은 놀라운 일이다.

전시회는 극단적인 비속성이라는 현대 영국 문화의 전형적인 특징을 적나라하게 보여주고 있다. 이러한 비속성에 대한 찬사는 '센세이션'이 전시회에 늘어선 줄과 함께 런던에서 개최된 현대 미술 전시회 관람객 수의 기록을 갱신하는데 일조했다. 반면 일 마일 떨어진 국립 초상화 화랑에서 열린 우아하고 심리학적으로 심오한 헨리 레버른 Henry Raeburn 경[29]의 섬세한 초상화 전시회를 찾은 관람객은 거의 없었다. 이 같은 현상은 화려하지만 공허한 현재를 위해 우리의 과거를 저버리

---

29) 영국 스코틀랜드의 초상화가.

헨리 레버른 경의 꽃을 든 소녀

고자 하는 욕망을 완벽하게 상징적으로 보여주고 있다. 영국을 탈바꿈시키고 있는 블레어 수상은 우리를 분명 자랑스러워하실 것이다.

'센세이션' 전시회가 광고계의 거물 찰스 사치 Charles Saatchi가 소장하고 있는 작품들 중에서 선정되었다거나 광고계의 거물이 현대 영국 미술의 가장 손이 큰 후원자라는 사실은 마르크스주의자들의 말처럼 '우연이 아니다.' 사치씨는 「데일리 텔레그라프」와의 인터뷰에서 광고인으로서 즉각적인 시각적 충격에 끌리며 자신의 취향이 광고를 보고 자라난 젊은 세대에게 호소력이 있을 것으로 생각한다고 말했다. 당연한 말이다. 하지만 내가 천박성에 대한 고백으로 받아들인 것(나에게 분명 역설적인 표현이 허용된다면) 을 그는 칭찬으로 이해하고 있다. 우리 모두는 우리 자신의 이미지 속에서 신을 만들고 있다.

이 전시회는 국내에서 전례 없는 논쟁을 불러일으키며 해외에 널리 알려지게 되었다. 전세계의 텔레비전 카메라들이 언론의 프리뷰에 초점을 맞췄다. 영국 언론은 두 개의 진영으로 나뉘어 열광하거나 노골적인 혐오감을 드러냈다. 열광하는 진영 —— 자칭 표현의 자유와 예술적 파격의 수호자로 구성된 —— 은 오랫동안 후진적인 변방에 머물러 있던 영국이 마침내 예술 혁신의 주류가 되었다고 기뻐했다. 젊은 영국 예술가들은 예술적 반동세력과 용감하게 투쟁하며 전위에 서 있다. 하지만 그들이 이끌고 있는 것으로 추정되는 진보적 예술집단의 정확한 목적에 대해 분명하게 알고 있는 사람은 아무도 없다. 반대로 혐오감을 드러내는 언론 진영은 명백하게 심미안의 쇠퇴를 넘어서고 있는 미술계 추세에 한탄하고 있다. 하지만 나쁜 평판은 존재하지 않는다. 왜곡된 시대에 나쁜 평판은 나쁘지 않으며 그것이 최선이다. '외설' '역겨움' '포르노그래피' '추잡한' '변태적인' '사악한' 과 같은 단어들은 왕립아카데미 전시회에 관객을 끌어들이는데 가장 효과적인 어휘들로 평가되고 있다.

미라 힌들리의 초상화를 둘러싸고 많은 논쟁이 전개되었다. 그녀는 1965년 서너 명의 어린아이들을 살해한 혐의로 종신형을 선고 받았다. 미라 힌들리는 애인 이안 브래디와 함께 브래디가 생각해 낸 기이한 '이교도' 의식을 행하면서 어린아이들을 고문해 살해한 것으로 밝혀졌다. 그들은 어린아이들을 맨체스터에서 살해해 요크셔 황무지에 매장했다.

그들이 어린 희생자들을 고문하며 찍었던 테이프는 법정에서 상영

되었으며 영국적 잔인성의 새로운 시대를 예고하는 것처럼 보인다. 물론 조지 오웰은 이미 어떤 비잔틴적 우아함을 갖고 있었던 것처럼 보이는 비소와 신경 흥분제가 범람하던 빅토리아 시대 때부터 영국식 살인의 타락을 한탄했었다. 하지만 힌들리 사건은 새로운 어떤 것으로 어떤 나락을 드러내기 시작한 문화의 단층선이다. 이 사건에서 처음으로 자기표현, 방종, 오락으로써의 연쇄살인이 일어난다.

유죄판결을 받은 후, 미라 힌들리는 영국의 여론을 두 개 진영으로 분할하고 있다. 소규모 자유주의 진영은 정기적으로 미라 힌들리의 석방을 요구하고 있으며 대규모 보수주의 진영은 그녀를 계속해 감금할 것을 요구하고 있다(힌들리와 달리 브래디는 석방을 요구한 적이 없었다). 자유주의자들은 범죄를 저지를 당시 미라 힌들리가 미성년자였으며, 연인에게 심리적으로 속박되어 있는 상태였고, 그 이후 자신의 범죄에 대해 후회하고 있고, 그녀가 더 이상 어린아이들에게 위험하지 않다고 말하고 있다. 보수주의자들은 20살이 안되었다 하더라도 어린아이를 고문해 죽게 하는 짓이 잘못이란 사실은 누구나 잘 알고 있다고 말하고 있다. 게다가 힌들리는 2년에 걸쳐 범죄를 저질렀다. 따라서 충동적인 범죄는 아니고 그 같은 범죄를 저지름으로써 그녀는 평범한 인간 사회의 경계를 영원히 넘어선 것이다. 20년 넘게 피살자의 시체가 발견되지는 않았지만 힌들리와 브래디가 살해한 것이 분명한 실종된 두 명의 어린아이에 대해 아는 바가 없다고 주장하고 있는 한, 그녀의 후회는 과거나 지금까지도 거짓에 지나지 않는다.

경찰이 미라 힌들리를 체포할 당시 찍은 얼굴 사진은 그 이후로 영국에서 가장 잘 알려진 사진 이미지들 중 하나가 되었다. 영국 신문들은

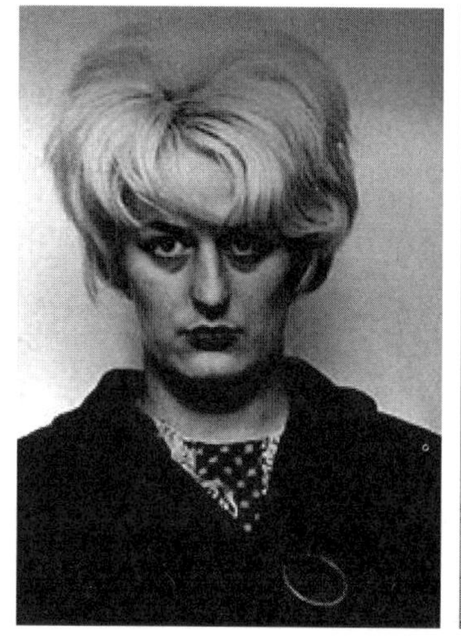

힌들리의 사진

마커스 하비의 힌들리 초상화

한결같이 미라 힌들리의 얼굴 사진을 무수히 되풀이해 게재했다. 그녀는 영원히 각진 턱, 과산화수소로 표백한 금발, 카메라를 무표정하게 응시하고 있는 냉혹한 악마의 화신으로 나타나고 있다. 마커스 하비 Marcus Harvey라는 미술가가 13×10피트짜리 거대한 비율로 확대하기로 한 것은 이 같은 미라 힌들리의 이미지였다(그리고 찰스 사치가 구입하기로 했다). 마커스 하비는 신문이 무수히 게재했던 미라 힌들리의 사진을 점 대신 어린 아이의 손도장을 사용함으로써 무례한 짓 —— 이 사진에 대해 비난하는 사람들의 눈에 —— 을 합성해 낸 셈이다.

이 그림은 엄청난 충격을 주었다. 특히 영국인들의 99%가 그런 것처럼 힌들리를 곧 알아 본 사람들은 큰 충격을 받았다. 이 그림이 전시되기 시작한지 며칠이 안돼 어떤 관람객이 이 그림에 잉크를 집어 던졌고 그 이후로 그림을 떼어 잉크를 닦은 후 그림 앞에 보호용 투명판이

덮인 모습으로 다시 전시되었다. (의례 그렇듯 미술가 단체는 이 관람객의 공격을 예술의 힘에 대한 증거로 받아들였다. 자신에게 아무런 의미도 없는 대상을 공격하는 사람은 없기 때문이었다.) 왕립 아카데미 입구의 바깥에 있는 훌륭한 교양을 갖추었던 아카데미 초대 소장 조슈아 레이놀드 경의 흉상 옆에는 미라 힌들리가 살해한 아이들을 포함해 살해된 아이들의 어머니들이 입장하는 관람객들에게 탄원하고 있었다. MAMAA(살인과 공격에 반대하는 어머니들) 회원들이 탄원서의 복사본을 나누어주고 있었다. 힌들리나 브래디가 저지른 짓이 거의 틀림없지만 그들에 대한 기소 사건들에서 제외되었던 살인 사건과 관련이 있는 실종 어린이들 중 한 명의 어머니가 쓴 것이었다.

이 전단지엔 다음과 같은 내용이 담겨 있었다. "저와 다른 희생자들의 부모들은 우리아이들이 사악한 남녀의 손에 끔찍하게 살해되었다는 사실을 알면서 30년 이상을 살아야 합니다. 힌들리는 유럽 인권 법정에서 자기 사건에 대한 청문회가 열릴 예정이라는 사실을 알고 있습니다. 우리의 인권은 어떻게 되는 겁니까? 자식이 살해당한 후 정상적인 삶 같은 것은 존재하지 않습니다. 우리도 종신형을 살고 있지만 우리를 위한 항소나 집행유예는 존재하지 않습니다. 우리의 고통은 끝없이 계속되고 있으며 이런 일이 생길 때마다 매번 더 악화될 뿐입니다. 우리는 잊혀진 희생자들입니다. 힌들리는 제 아이의 살인에 대한 죗값을 치루고 있지 않습니다.⋯⋯개인적으로 기소를 제기하고 싶지만 그럴 여유도 법률적 도움도 받을 수 없습니다. 저는 아직도 아들의 행방을 모르고 있으며 제가 원하는 것은 단지 아들을 집에 데리고 와 버젓한 장례라도 치러 주는 것입니다."

이러한 호소의 꾸밈없는 진실은 하늘에 읍소하고 있으며 아카데미의 카탈로그와 언론 보도의 억지웃음을 자아내는 문장과 분명한 대조를 보인다. 언론은 다른 것들 중에서도 부정의한 영국 계급 체계와 노동자 계급에 대해 깊이 공감하고 있는 전시회 미술가들의 관심에 대해 말하고 있다. 하지만 전시회를 방문하거나 의견을 표현한 유일한 노동 계급 구성원들은 바로 '살인과 공격에 대해 반대하는 어머니들'이었다. 그들은 분명 그림을 파기하고 전시를 중단할 것을 요구하고 있다. 마리 앙트와네트가 진짜 양치기가 아니라 양치기에 대한 낭만적 개념에 근거해 양치기로 살고 싶어했던 것처럼 전시회에 참가한 미술가들이 실제 노동 계급이 아니라 자기가 관념적으로 생각하고 있는 노동 계급에 대해 공감하고 있다는 사실은 말할 필요도 없다.

내가 말한 MAMAA 회원인 어머니는 미라 힌들리가 자기 자식과 다른 아이들을 살해하지 않았다면 마커스 하비가 그녀를 그리지는 않았을 것이라고 말했다. 그 어머니는 자기 아이를 살인한 사람이 잠시 대중의 흥을 돋우는 초상으로 변모해 순간적인 관심사나 오락이 되는 것에 강력하게 반대했다.

본질적으로 힌들리처럼 타락한 사람이라 해도 살인자를 그리는 일이 잘못된 것은 아니다. 하지만 '센세이션' 전시회는 분명 깊은 혐오감을 불러일으키는 어떤 것이 있다. 대체적으로 바로 전시회 제목이 간지러움이나 관음주의를 암시하고 있다. 그리고 이것이 카탈로그에 마커스 하비의 작품이 기술되고 있는 방식이다. 여자누드를 그린 마커스 하비의 다른 그림 두 점도 전시되고 있다. 한 점은 〈멋쟁이 아저씨, 보고 있는 것이 마음에 드세요? 그러면 전화주세요〉라는 기이한 제목을 달고 있다. 카탈로그의 설명에 따르면 "마커스 하비는 외설적 묘사와 동시에 그것을 능가하여 긴장으로 불안하게 하는 그림을 그리고 있다. 거친 표현주의적 바탕에 포르노 사진 같은 여자 누드를 덧붙임으로써 형태와 내용이 서로 불안정하게 저항하며 상응하고 있다." 자기 아이가 표현주의적이고, 외설적이며, 포르노그래피 식으로 살해된 맨체스터 출신 노동 계급의 어머니는 이런 식으로 작품을 하는 짓을 어떻게 생각할까?

나는 왕립 아카데미 전시회 책임자인 노만 로젠탈에게 물었다. 일부 예술원회원들(몇몇 사람은 이 전시회를 이유로 예술원 회원을 사임했다)에게 많은 욕을 먹고 있는 그는 분명 아주 유능한 사람이다. 다소 더럽고 지저분한 그는 100야드 밖에서도 반감을 불러일으키는 카리스마적인 능력을 갖고 있으며 불과 몇 분 사이에 수백 개 단어를 뱉어내며 빠르게 말할 땐 메피스토펠레스의 이야기를 듣고 있는 듯한 착각을 느끼게 된다.

"모든 예술은 도덕적입니다" 그가 말했다. "비도덕적인 것은 그게 무엇이든 예술이 아니죠."

오스카 와일드는 도덕적인 책이나 비도덕적인 책은 존재하지 않는다라고 썼다. 책은 잘 쓰여진 책 아니면 잘 못 쓰여진 책이다. 따라서 히틀러의 『나의 투쟁』이 잘 쓰여졌다면 더할 나위 없었을 것이다.

"그 그림은 흥미로운 의문을 갖게 합니다" 로젠탈이 계속해서 말했다.

"그 그림이 불러일으키는 흥미로운 의문들이 무엇이죠?" 내가 물었다. "그림이 불러일으키는 흥미로운 의문들은 분명 말로도 표현할 수 있겠죠"

"예를 들어, 그것은 우리 사회에서 어린아이들에 대한 착취 문제를 제기하고 있습니다" 로젠탈이 말했다.

"어떤 사람들은 어린아이를 살해한 자의 그림을 그리기 위해 자신의 손도장이 찍히는 의미를 제대로 알 수 없는 어린아이의 손바닥을 이용하는 것 자체가 일종의 착취라고 말할 것입니다" 내가 응답했다.

"그렇다 해도 사회의 여타 부분에서 벌어지고 있는 일에 비한다면 아주 사소한 것에 불과합니다."

"그런데 왜 우리는 가능한 가장 낮은 기준으로 모든 일을 판단해야 하는 겁니까?" 내가 물었다.

분명 로젠탈은 어머니들이 반대하고 있는 것이 무엇인지 이해할 수 없었다. 조형 미술을 양성하면서 살아가면서 덜 난해한 단계에 살고 있는 사람들과 거의 공감할 수 없게 된 것처럼 보였다.

힌들리 그림만이 비평을 불러일으킨 전시회 미술작품은 아니었다. 사실 전시회 입구엔 다음과 같은 경고문이 붙어 있었다. "전시된 예술작품들 중엔 혐오감을 불러일으킬 수도 있는 작품들이 있습니다. 부모님들께서는 전시회에 아이들을 동반할지 여부에 대해 판단을 해 주셔야 합니다. 한 개의 화랑은 18살 이하의 미성년자에게는 공개되지 않을 것입니다." 사실상 예술원은 어떤 작품이 젊은이들의 음란한 시선에서 보류되어야 할지 —— 젊은이들을 타락시키는 짓에 대한 두려움이라기보다는 분명 고발당할까 두렵기 때문에 —— 자문해 줄 수 있는 저명한 변호인을 보유하고 있다. 이 경우에 런던 시 경찰국 풍속 범죄 단속반의 방문은 무사히 통과되었다. 단속반원들은 새롭게 일신한 화랑들에서 이의를 제기할 여지가 없었기 때문에 누구도 체포하지 않았다.

사실상 변호사는 젊은이에게 공개하지 않을 작품을 아주 특이하게 선택하고 있다. 관객들은 영국에서 평판이 나쁜 도시 지역에는 어디든 있는 성인 서적상점에서와 같은 칸막이 설비를 지나 성인만 출입이 허용된 화랑으로 들어간다. 미성년자에게 공개가 금지된 주요 작품은 섬유유리조각을 결합해 만든 소녀 조각으로 어떤 것은 입 대신 엉덩이가 코 대신 반쯤 발기된 페니스가 새겨져 있으며 스니커즈 외에는 완전히 누드였다. 이 작품의 제목은 〈접합적 가속, 생물 발생설적, 승화 능력을 빼앗긴 성적 충동 모델〉이다. 아카데미 변호사가 미성년자의 관람을 금지시킨 이유를 이해할 수 있었다.

하지만 벽엔 전혀 감흥이 일지 않는 —— 사실상 공허한 —— 워크맨을 들으며 자기 방에서 누워있는 젊은이 그림도 걸려있었다. 아무리 생각해 보아도 아이들에게 이 그림 관람을 금지한 이유(미학적인 것 이외에)를 알 수 없었다. 포르노그래피와 아무런 감흥도 주지 않는 그림에 대한 이상한 미성년자 관람 불가에 대해 내가 생각해낼 수 있는 유일한 설명은 변호사가 우스꽝스럽게 보이게 함으로써 바로 아이들에게 포르노그래피 관람을 금지시킨다는 생각 그 자체를 파괴하고자 했다는 것이다. 어떤 전시회든 미성년자도 음란한 그림들이 삭제되지 않은 카탈로그를 구입할 수 있기 때문에 일리가 있는 생각이기도 했다.

어쨌든 전시회에서 모든 연령의 미성년자들에게 공개된 부분은 훨씬 더 불온한 전시품들을 전시하고 있었다. 하지만 새로운 미술 비평가들에게 '불온한'이란 찬동과 같은 용어이다. 노만 로젠탈은 카탈로그 소개 글인 「수혈은 계속되어야 한다」라는 모호한 제목이 붙은 화날 정도로 불성실한 자신의 에세이에서 "금기의 영역을 정복하는 것은 언제나 예술가의 일이다"라고 쓰고 있다. 예술사를 이보다 더 의도적으로 왜곡하면서도 진실이 결여되도록 요약해 공표한 경우는 찾아보기 힘들 것이다. 그의 주장은 예술사의 일부 —— 더욱이 결코 가장 훌륭하다 할 수 없는 —— 를 전체로 잘못 받아들여 정당화될 수 없는 것을 정당화하고 있다.

로젠탈은 규범주의자적인 분위기로 계속해서 다음과 같이 말하고 있다. "예술가들은 계속해서 새로운 영역과 새로운 금기들을 정복해야 한다." 그는 예술의 다른 목적을 인정하지 않았다. 따라서 금기를 깨는 것은 있을 수 있는 예술의 역할이 아니라 예술의 유일한 역할이다. 약간 의문스러운 것은 모든 예술이 금기를 깨는 것이라면 금기를 깨는 모든 것은 곧 예술로 받아들여지게 되지는 않을까 하는 것이다.

물론 로젠탈은 진정으로 자기가 말하고 있는 것을 의미하지는 않는다. 하지만 그때 로젠탈 같은 지식인들에게 말은 명제나 진리를 표현하는 것이 아니라 저자를 사회적으로 평범한 대중과 구별하는 것이 된다. 평범한 대중은 예술적으로 계몽되거나 세련되지 못했기 때문에 모든 제약과 기준을 버리라고 주장하지 못한다고 치부하는 것이다. 하지만 로젠탈조차 자기 누이를 강간하는 젊은 훌리건의 비디오 테이프(다시 오스카 와일드를 인용하기 위해)가 단지 새로운 영역과 금기를 정복하는 것이라고 생각하지는 않을 것이다. 따라서 그가 실제로 자기가 말하고 있는 바를 의미하지 않는다 해도 현재의 전시회에서 그러한 생각을 조장하는 것은 그 자신뿐 아니라 사회의 다른 사람들을 괴롭히는 것으로 귀결되게 된다. 금기를 깨는 것이 예술가에게만 허용되어야 할 이유가 어디에 있는가? 나머지 우리들에게는 왜 허용되지 않는가? 하나의 금기는 그것이 모든 사람에게 금기일 때만 존재할 수 있다. 그리고 예술에서 상징적으로 깨어진 것은 곧 현실에서도 깨어지게 될 것이다.

금기 —— 금기들 중 일부는 사실상 정당화될 수도 있으며 따라서 금기는 본질적으로 극복되어야 할 악은 아니다 —— 없이는 문명화된 삶이 지속될 수 없다는 사실은 허무주의적 심미가들에겐 너무 난해한 생각이다. 왕립 아카데미의 고위 임원이 이러한 파괴적 신조를 채택했다는 사실은 얼마나 아이러니한가! 반면 가장 훌륭하고 뛰어난 인물인 아카데미 초대 원장은 자신의 『예술에 대한 7번째 강의』에서 "다른 사람들의 권위에 저항함으로써 편견〔그는 편견으로 고유한 도덕적 기준과 금기를 의미하고 있다〕에 대해 스스로를 지키고 있다고 생각하는 사람은 기이한 버릇, 헛됨, 허영심, 고집과 판단을 왜곡하는 경향이 있는 다른 많은 악들로 가는 모든 길을 열어 두게 된다"고 쓰고 있다. 조슈아 경은 또한 지적이고 현명한 사람은 편견이기 때문에 거부하는 것이 아니라 계속 갖고 있어야 할 것과 버려야 할 것을 알기 위해서 자신의 편견들을 반성한다고 지적하고 있다.

메인 전시회의 분위기가 나에겐 이상하게 친숙하기 때문에 나는 다른 사람들보다는 덜 당황했다. 이 전시회는 의학도 시절의 해부실, 병리학 박물관, 영안실을 떠올리게 한다. 그곳엔 가죽이 벗겨진 시체들, 포르말린에 담긴 절단된 동물들, 안쪽 깊숙이까지 확대된 총상 사진, 그리고 크기는 작지만 벌거벗은 시체를 실리콘과 아크릴로 만든 초현실주의적 모델인 〈죽은 아버지〉라는 작품까지 전시되어 있었다. 의학도가 아닌 사람이 전시된 것을 둘러볼 때 나는 학창시절을 연상했다. 당시 의대생이 아니었던 친구들은 홀린 듯이 공포에 사로잡혀 나의 병리학 교과서들을 뒤지며 반은 공포로 반은 다음 쪽에서 더 끔찍한 어떤 것이 나올지도 모른다는 기대감으로 책장을 넘기곤 했다.

나는 자른 머리를 수축 가공하여 보존하는 야만인 종족보다 기술적으로 엄청나게 진보한 형태로 자신이 창작한 축소된 시체 옆에 쭈그리고 앉아 유럽 텔레비전 방송국과 인터뷰를 하고 있는 〈죽은 아버지〉의 조각가가 하는 말을 들었다. 그는 분명 만족스러운 음성으로 "이 전시회에서 불쾌감을 주는 것은 아무것도 없다"라고 말했다. 물론 그의 말은 예술적 심미안을 가진 사람이 되기 위해선 이제 도덕적 기준 같은 것은 갖지 말아야 한다는 사실을 의미하고 있다. 충격이나 도덕적 혐오감에 무감각해질 필요가 있다는 것이다. 오르테가 이 가세트의 말처럼 그것이 바로 야만주의의 시작이다.

나는 〈죽은 아버지〉가 당신의 친아버지냐고 조각가에게 물었고 물론 그의 아버지였다. 그는 분명 그 조각을 효심에서 만든 작품으로 생각하고 있었다. 내가 소름끼쳤던 것은 바로 그가 진심으로 그렇게 생각하고 있었다는 사실이었다. 그가 6살 때 육체적 성적으로 자신을 학대해 끔찍한 어린 시절을 보내게 했던 아버지에 대해 복수하기 위해서 그의 조각을 만들었다고 말했다면 적어도 조각 작품을 만든 그의 동기는 분명했을 것이다. 존경, 증오, 사랑, 혐오와 경멸이 똑같은 예술 작품을 환기시킨다면 우리의 감각, 우리의 판별력은 줄어들고 있는 것이다. 효심에서 무수히 많은 이방인들의 권태로운 시선에 음모까지 드러난 아버지의 벌거벗은 시체를 전시한다면 아버지나 어머니를 존중하는 것이 아버지 어머니에게 굴욕을 주는 것과 다를 바가 없게 된다.

경박하게 사유된 조악함은 대부분의 현대 문화처럼 이 전시회의 특성이다. 전시된 많은 작품들의 제목들이 이를 드러내고 있다. 데미언

데미언 허스트의 산 자의 마음 속에 있는 죽음의 육체적 불가능성

허스트 Damien Hirst —— 절단된 소와 돼지들, 병에 담긴 양과 상어들 같은 것을 갖고 있는 —— 는 죽은 동물들을 병에 넣은 화가이다. 그는 전시회에서 자기의 두 개의 그림들 중 하나의 제목을 〈아름다운, 나의 추잡한 그림에 입 맞추기〉라고 붙였다. 게리 흄 Gary Hume의 그림 제목은 〈거시기 구걸하기〉다. 물론 여기서 거시기는 한 가지만 의미할 수 있다. 사라 루카스 Sarah Lucas는 자신의 전시품을 〈네가 바보 자식을 들끓게 했다〉라고 불렀다. 영국에서 태어난 나이지리아계 미술가인 크리스 오필리 Chris Ofili의 그림 제목은 〈우주배설물 Spaceshit〉이다. 카탈로그에 기록된 그의 삶에 대한 간략한 설명에 따르면 "오필리는 짐바브웨에서 사람들이 '명석의 순간'이라 부르는 것을 경험한다. 그림의 한계를 느끼고 실제로 자연 풍경뿐 아니라 문화적인 것에 입각하려는

노력에서 그는 그림에 코끼리 배설물을 붙여보자는 생각을 떠올리게 된다." 이는 분명 상업적 성공을 거두었다. "그 직후인 1993년 오필리는 베를린과 런던에서 시장을 고려한 몇 개의 코끼리 배설물 덩어리를 전시하며 두 번의 '배설물 판매'를 개최한다." 아카데미가 전시회에 학생들을 인솔하고 온 학교 선생님들을 위해 준비한 정보는 관리인이 오필리 그림의 배설물 질 저하에 어떻게 반응할지 학생들과 토론하도록 제안하고 있다. 자료가 제시하고 있는 해답은 그가 예전에는 아프리카 숲의 야생 코끼리 배설물만을 사용했지만 이제 런던 동물원에서 나오는 배양된 종류를 사용하고 있다는 것이다.

피터 데이비스 Peter Davis의 〈글자 그림 Text Painting〉이라는 작품은 $6\frac{1}{2} \times 7$피트의 어린아이 같은 여러 가지 색상의 글자(연결되지 않는)를 넣은 것으로 구성되어 있다. 전혀 말도 안 되는 문장들에서 다음의 내용을 뽑아낼 수 있었다. "내가 좋아하는 예술은……Bruce Nash와 바로 공격적인 백인 남성의 물건, Mike Kolley는 모든 것을 아주 야하게 하지만 우리는 그것을 사랑한다.……피카소는 그는 제멋대로 할 뿐이다.……Lily Van der Stoker Mutha Fucka……Antony Caro는 사실 곧잘 분란을 일으키는 비열한 인간 M.F.S.O.B.이고 벨라스케스는 예술 애호가들에겐 베르사체이며……마티스는 그의 작품이 장식용처럼 보인다고 말한 몇몇 씹 새끼들과도 문제가 없었다.……거대한 인형＋트럭들을 갖고 있는 빌어먹을 버릇없는 개구쟁이 같은 Charles Ray는……" 구역질 나는 기타 등등.

쓰레기, 폭력, 그리고 베르사체, 이것이 전시회에 대한 공정한 미학적 요약이다.

추잡함은 제목이나 심지어 전시회의 주제만이 아니라 전시회의 모든 측면에 일관되게 관통하고 있다. 카탈로그에 게재된 예술가들의 사진들까지도 그들을 하층 계급의 구성원들로 묘사하고 있다. 예를 들어 데미언 허스트는 자신이 평균적인 영국의 축구 훌리건들과 외모 상으로 구별할 수 없게 보이도록 세심한 주의를 기울이고 있다. 순전히 재정적 필요로는 이를 설명할 수 없다. 현재 많은 예술가들이 아주 부유하기 때문이다. 그들은 원하기 때문에 더럽고 헝클어진 모습으로 나타나고 있다. 그들에겐 그렇게 하는 것이 고결해 보이기 때문이다.

예술가들은 '펑크' 와 '지저분한 것' 에 대한 관심, 사실상 매혹 —— 영국대중문화를 특징짓고 있는 추함과 나쁜 취향에 대한 의도적인 채택 —— 을 분명히 나타내는 것으로 전해지고 있다. 물론 통속적 추잡함과 일반적인 삶의 밑바닥에 대한 예술적 관심이 잘못된 것은 아니다. 결국 이러한 것들이 호가스[30]와 로랜슨 Rowlandsom의 영역이다. 하지만 이러한 위대한 예술가들은 자신들이 묘사하고 있는 현상들로부터 거리를 두었으며 그들이 그 같은 형상들을 조롱할 때조차 그러한 현상들을 비평하고 있다. 그들은 사회적 비평을 유머와 미학적 우아함과 결합하고 있다. 그들은 미학적 관점과 도덕적 관점 모두(이것이 없으면 풍자는 불가능하다)를 갖고 있었으며 최근 개최되고 있는 전시회의 깊은 미학적 그리고 도덕적 허무주의를 개탄했을 것이다. 그들은 노만 로젠탈의 에세이에서 아주 분명한 도덕성을 완고한 신앙, 편협함과 무의식적으로 동

---

30) William Hogarth 1697~1764
영국 화가. 전통화법에 만족하지 못하고 자신이 직접 보고 느낀 것을 화폭에 담으며 수업에 정진, 독창적인 화법을 창조하였다.

일시하는 것에 당황하고 경악할 것이다. 게다가 호가스와 로랜슨이 흔히 추한 것을 묘사할 때 자신들이 아주 우아한 솜씨에 구현된 함축적 미의 기준과 비교함으로써 추한 것을 묘사했다.

하지만 '센세이션' 의 예술가들은 펑크와 지저분한 것에 대한 관심을 표현하는데 그치는 것이 아니라 그러한 것들에 굴복하고 있다. 그들은 밀턴의 사탄을 따라 "악이여, 그대는 나의 선이라"고 외치고 있으며 덧붙여 "추함이여, 그대는 나의 아름다움" 이라고 덧붙이고 있다.

물론 그들만 그런 것은 아니다. 모든 분야에서의 굴복이 시대의 명령이다. 최근 미드랜드 은행은 코벤트 가든 왕립 오페라 극장이 엘리트적인 기관이기 때문에 160만 달러의 보조금을 철회하고 있다고 발표했다. 대신 미드랜드 은행은 민주적인 관심을 가진 은행이라는 사실을 입증하기 위해 그 돈을 고객 대부분이 '더 섹시' 하다고 생각하는 팝 음악 페스티벌을 지원하는 데 사용할 것이라고 선언했다. 문화적으로 더 좋은 것이 더 나쁜 것에 굴복하는 현상은 점점 더 깊이 확대되고 있다. 또한 최근 세계에서 가장 중요한 두 개의 의학 잡지 중 하나인 「랜세트 The Lancet」는 왕립의과대학 Royal College of Physicians(헨리 8세 치하때부터 존재한) 전총장인 레이몬드 호펜베르크 교수와의 짧은 인터뷰를 게재했다. 좋아하는 단어가 무엇이냐는 질문 ── 이 자체가 여성 잡지가 연속극의 신인 여배우와 인터뷰할 때나 할만한 어리석은 질문이다 ── 에 그는 '항문' 이라고 답변했다. 지난 몇 년간 이전에 그런 존엄한 기관의 대표자가 공개적으로 그 같은 단어를 자랑스럽게 사용한 적이 있었을까?

'센세이션' 전시회가 충격적인 사례로 보여주고 있는 특이하고 아주 급속하게 추잡해지고 있는 문화현상을 어떻게 설명해야 할까?

추잡해지는 것은 유감스럽게도 국제적인 현상이다. 데미언 허스트는 절단되어 병 속에 담겨진 동물들을 보러 오는 사람들이 수만 명은 되는 곳에선 어디서나 찬양을 받고 있다. 독창성이 본질적으로 예술적 미덕이라는 낭만적인 자기 과대평가는 어디서나 무비판적

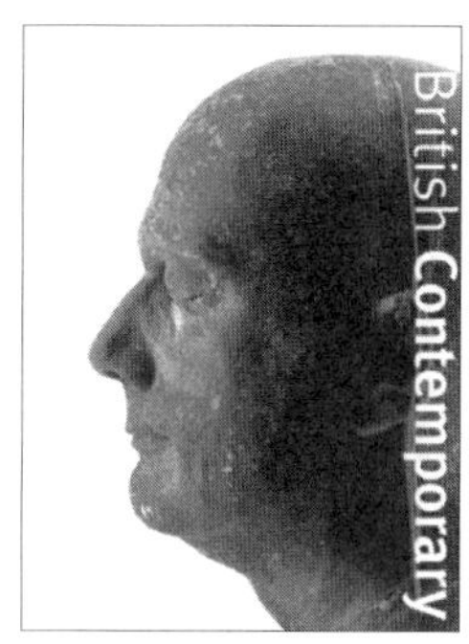

마크 퀸의 피를 얼려 만든 두상

으로 받아들여지고 있다. 그것이 마크 퀸 Marc Quinn이라는 케임브리지를 졸업한 예술가가 몇 달에 걸쳐 자신의 피 4.4 리터를 뽑아 얼려 보관했다가 영구 냉동된 자화상을 조각하는 데 사용한 일에 대해 칭찬받을 수 있는 이유다. 그것은 일찍이 누구도 해 본적이 없는 작업이었기 때문에 훌륭하고 가치가 있는 것이다. 데미언 허스트는 누구나 포르말린 병에 양을 넣을 수 있다는 사실로 비난받자 "하지만 이전에 그렇게 했던 사람은 아무도 없죠, 그렇지 않습니까?"라고 대답했다. 그리고 독창성이 추잡함을 필요로 한다면 그렇다면 할 수 없는 일이다.

낭만주의적 개념으로 진정한 인간은 자신의 자유를 자유롭게 행사하는데 어떤 구속도 인정하지 않고 모든 관례에서 자유로운 사람이다. 이는 미학에 대해서만큼 도덕에도 적용된다. 또한 예술의 천재는 제멋대로인 것과 동의어가 된다. 하지만 인간처럼 자신의 문화유산에 의존적인 존재는 그렇게 쉽게 전통에서 벗어날 수 없으며 전통에서 벗어나고자 하는 욕망 그 자체가 진부한 것이다. 따라서 아주 생경하고 추잡하긴 하지만 '센세이션'은 아주 전통적이지만 사악하고 사회적으로 파괴

적인 전통에 따르고 있다.

내가 불만스럽게 생각하는 생경함은 한편으로 통속적이고 다른 한편으로 지적인 속물근성에 부응해 이데올로기적으로 고무(따라서 진실하지 않은)되어 지식인들이 찬사를 보낸다는 사실에 기인한다. 민주주의 시대엔 '민심이 천심이다 vox populi, vox dei.' 다시 말해서 다수는 잘못을 범할 수 없으며 대다수 국민이 정신적 교양이 부족하기 때문에 배제될 수도 있는 문화 활동이 존재하고 있거나 존재해야 한다고 제안하는 것은 엘리트주의자로 분명 비난받을 만한 것으로 생각된다. 추잡함은 지식인들이 정확히 프롤레타리아트에게가 아니라 프롤레타리아트에 대한 자신들의 도식적이고, 부정확하며 생색을 내는 듯한 관념에 보내는 찬사다. 지식인들은 자신들의 정치적 감정의 순수함을 자신들의 저작품의 불결함으로 입증하고 있다.

속물근성에 대해 말하자면 지식인들은 대중을 전적으로 부정함으로써 보통사람 —— 여전히 표준, 편견 그리고 금기에 비실제적으로 집착하는 —— 들 이상으로 자신을 드높인다. 다른 사람들과 달리 지식인은 자기의 교육적 그리고 문화적 유산에 매어있지 않는다. 따라서 지식인은 자기 인식의 초도덕성으로 정신적 자유를 증명한다.

당연히 이러한 정신적 분위기에 사로잡힌 예술가들은 시각적으로 반항적인 것에 대해서만 생각하게 되지 않을 수 없다. 폭력, 부정의, 야비함이 충만한 세계에서 폭력, 부정의, 야비함에 대해 곰곰이 생각하는 것 이외에 어떻게 자신의 민주적 '진실'을 증명하겠는가? 전통적 아름다움으로 되돌아가게 된다면 엘리트주의적 회피가 될 것이며 따라서

그 같은 마음의 짐을 지우는

위대한 것들을 비웃자.

그리고 어떤 기념비들을 뒤에 남기고 떠나기엔

너무 늦고 너무 어렵게 애써 나아갔다.

평등화 운동의 동향도 생각지 않는다.

물론 왕립 아카데미의 원장 조슈아 레이놀드는 위대한 사람들 중 한 명이다. 조슈아 레이놀드는 에드먼드 버크, 올리버 골드스미스, 에드워드 기본, 데이비드 갤릭, 제임스 보스웰(조슈아 레이놀드에게 『존슨의 생애』를 헌정한) 그리고 레이놀드에 대해 "당신이 비난해야 한다면 어떤 비난을 해야 할지 알기가 가장 어려운 사람"이라고 말했던 닥터 존슨의 친구였다. 라킨의 유명한 시의 성교처럼 예술이 1963년에 시작했다고 생각하는 이 젊은 야만인들, 왕립 아카데미를 가장 추잡하고 상스러운 언어로 비난하는 이 젊은 예술가들을 조슈아 레이놀드는 어떻게 생각했을까? 첫 번째 『강의』(그리고 오물에 흠뻑 빠진 후 샤워를 하듯이 사람들은 한 마디 불필요한 욕설도 쓰지 않고 자신을 표현하는 그의 우아한 방법으로 관심을 돌리며 어떤 위안을 찾는다)에서 레이놀드는 다음과 같이 쓰고 있다. "하지만 젊은이들은 한편으로 자신들을 자극하는 솜씨의 거장으로 생각되고자 하는 경솔한 야심뿐만 아니라 다른 한편으로 그들을 유혹하는 천성적 나태를 가지고 있다. 젊은이들은 필수적인 정밀함에 요구되는 노력을 예상하고 겁에 질린다. 젊은이는 조급하기 때문에 느린 정공법적 접근을 싫어하며 단지 노동을 참을 수 없기 때문에 강압적으로 최후의 거점을 장악하고 싶어한다. 그들은 탁월해질 수 있는 지름길을 발견하고 싶어하며 필

수불가결한 예술적 규칙이 명령하고 있는 것보다는 다른 수단으로 명성
이란 보상을 얻고 싶어한다."

좋다 하지만 명성을 얻기 위한 수단으로 자기광고와 비속성, 단순
한 센세이션을 사용하는 사람들에게 명성이란 보상을 부여하는 것은 어
떤 유형의 문화인가?

1998

2 정치와 사회

우린 생각보다
잃을 것이 많다

세계를 뒤흔든 중요한 사건들을 접할 때마다 우리는 우리의 사소한 시련들 때문에 불평을 늘어놓는 것을 부끄럽게 느낄 뿐(아주 잠시 동안) 아니라 우리가 하는 모든 행동의 더 폭넓은 가치들에 의문을 제기하곤 한다. 몇 초 후면 죽음을 맞게 될 사람들이 흔히 말하는 것처럼 자기 삶이 순식간에 사라지게 되는 것을 알고 있는지 그리고 자기들의 삶에 대해 최종적 판단을 하는지 여부를 알지 못한다. 하지만 예를 들어 크메르루즈나 르완다에서의 대량학살에 대한 글을 읽을 때마다 나는 잠시 나자신의 삶을 반성하며 내가 노력하고 있는 일들의 부질없음, 내가 가진 관심사의 이기성, 내가 공감하고 있는 것의 편협함에 대해 곰곰이 생각하게 된다.

처음 두 개의 세계무역센터 건물이 폭파되었다는 소식을 접했을 때도 같은 생각을 하게 되었다. 당시 나는 서평을 쓰고 있었다. 유능하고 의식은 있지만 그다지 중요하지 않은 역사적 인물에 대한 약간 따분한 전기로 대단치 않은 작품이었다. 당시 화염에 휩싸여 붕괴되어가고 있는 건물에 갇힌 수천 명의 끔찍한 운명을 제쳐 놓는다면 어떤 일이 중요할까? 다른 사람들에게 어떤 말도 하지 않고 자신의 의무를 수행하다 사망한 300명이 넘는 소방수들과 비교할 때 하나의 서평은? 내가 하고 있는 것과 같은 일을 그렇게 고통스럽게 무의미한 것으로 끝맺게 하는 것과 같은 목적은 무엇일까?

교도소에서 의사로 일하는 나는 일년에 몇몇의 목숨을 구한다. 아주 단순한 의학적 조치로 생명을 아주 쉽게 구할 수 있었던 아프리카에서의 활동을 고려한다 해도 은퇴할 때 쯤 되었을 때 평생의사로 활동하면서 구한 인명의 수는 뉴욕에서의 그렇게 드문 끔찍한 순간에 사망한 사람들 수에는 미치지 못할 것이다. 나의 저술에 대해선 말할 것도 없다. 나의 작품은 몇몇 사람이나 좋아할 뿐 일부 사람들을 화나게 하고 더 넓은 범주의 사람들은 물론 나와 가까운 대다수의 사람들에게도 알려져 있지 않다. 무력감과 무익함이라는 두 가지 단어가 떠오른다.

그런 이기적인 생각을 할 때도 어떤 이미지가 떠오른다. 제2차 세계대전 중 폭탄이 떨어지고 있는 가운데서도 런던 국립 미술관에서 모차르트의 곡을 연주하고 있는 피아니스트 미라 헤스의 모습이다. 나는 전후에 태어났지만 전국에 방송된 미라 헤스의 음악회와 리사이틀의 수수한 영웅주의는 아직도 어린 시절에 강한 인상을 받았던 심벌로 남아 있다. 물론 미라 헤스가 유대인이었고 반유대주의가 독일의 타락한 세계관의 중심이었기 때문에, 그녀가 연주한 음악이 인류가 성취한 최고의 것들 중 하나로 야만주의의 타락을 대표하고 있는 독일의 지도자와 같은 땅에서 나온 것이기 때문에 더욱더 강한 인상을 받았을 것이다.

"이 음악회들은 무엇을 위한 것이지?" 혹은 "세계가 불타고 있을 때 모차르트의 곡을 연주하는 것이 무슨 의미가 있지?"라고 묻는 사람은 없었다. "미라 헤스는 몇 개의 사단을 갖고 있지?" 혹은 "모차르트 론도의 화력은 어느 정돌까?"라고 생각하는 사람은 없었다. 물리적 혹은 군사적 의미에서 어떤 중요성도 없는 이 음악회가 전례 없는 야만적 행위에 맞선 인간애와 문화의 항의 몸짓이라는 사실은 누구나 이해하고 있었다. 이 음악회들은 전쟁에 대한 이의제기이자 어떤 것도 문명의 가치를 타락시키지도 타락시킬 수도 없다는 믿음의 표명이다. 그리고 냉소적인 어떤 역사적 수정주의도 이러한 고귀한 메시지를 파괴할 수는 없을 것이다.

나는 또한 영국에 정착한 오스트리아인 망명 철학자 칼 포퍼의 이야기를 떠올렸다. 베를린에서 교양을 갖춘 4명의 사람이 임박한 게슈타포의 체포를 기다리며 베토벤의 4중주를 연주하면서 마지막 밤 —— 아마도 지상에서의 그들의 마지막 밤 —— 을 함께 보내고 있었다. 하지만 그들은 또한 자신들의 행동으로 문명이 야만주의를 뛰어넘고 있으며 당시 야만인들의 공격에 대한 문명의 저항이 분명 무능해 보일지라도 문명은 지킬만한 가치가 있다는 믿음을 표현하고 있다. 사실상 문명은 우리의 삶에 의미를 주거나 의미를 주어야 하는 것이기 때문에 지켜야 할 가치가 있는 유일한 것이다.

물론 문명이 인류가 이룩한 가장 훌륭한 것에 대한 애착만은 아니다. 문명은 한편으로 비천하고 다른 한편으로 숭고한 것들의 상호작용이 무한히 복잡하고 미묘하게 뒤섞여 존재하게 될 때 유지될 수 있다. 거리를 청소하는 사람은 위대한 예술가나 사상가만큼이나 분명하게 고유한 역할을 하고 있다. 문명은 인간이 단순한 생물학적 존재를 초월해 더 풍요로운 미학적, 물질적, 그리고 정신적인 삶에 이르게 하는 모든 활동의 총체이다.

따라서 높은 문화적 성취에 대한 애착은 문명의 필요조건이긴 하지만 충분조건은 아니다. 낮에 불쾌한 대량 학살을 한 후에 저녁에 슈베르트의 '가곡'을 들으며 눈물을 흘리는 강제노동수용소의 지휘관에 대한 이야기가 전해지기 때문에 누구도 그 같은 사람을 문명화되었다고 말하지는 않을 것이다. 오히려 그들은 자신이 건설할 수 있는 그 어떤 것보다도 훨씬 더 낫기 때문에 문명화된 도시를 침략하여 약탈하고 결국 폐허 속에 사는 고대의 야만인들과 같다. 문명의 첫 번째 필요조건은 인간이 자신들의 가장 저급한 본능과 욕구를 기꺼이 억누르고자 해야 한다는 사실이다. 그렇게 하지 못할 때 인간은 지능 때문에 단순한 동물보다 훨씬 더 나빠질 수 있다.

한두 가지 감정적 문제들이 있긴 했지만 나는 안전하고 안락한 환경에서 성장했다. 하지만 어린 시절 런던에는 노인의 섞은 이 사이의 틈 같은 개축되지 않은 무수한 포탄 자국이 있었기 때문에 무의식적이긴 했지만 어린 시절부터 문명의 취약성을 자각하고 있었다. 잡초와 깨진 벽돌 조각이 널린 소도시의 황무지에서 놀곤 했으며 그러한 것들이 점차 사라지는 것이 다소 유감스러웠다. 하지만 그래도 나는 문화 유물의 깨어진 파편들과 아직 벽지가 붙어 있는 벽토에서 내가 태어나기 전에 일어난 파괴의 의미를 이해할 수 있었다.

어린 시절 아주 많은 시간을 보냈던 방공호가 있었다. 예를 들어 방공호는 학교 운동장, 놀이터 같은 나의 작은 세계의 도처에 존재했다. 물론 출입이 금지되었기 때문에 방공호가 참을 수 없을 정도로 매력적으로 보인 것도 사실이다. 방공호의 어둠과 균류의 축축함이 매력을 더

했으며 그것들은 유쾌한 놀라움이었다. 사람들은 방공호 속에서 누구를 혹은 무엇을 발견하게 될지 전혀 알 수 없었다. 니코틴 때문에 앓아눕지 않았더라면 나는 방공호에서 흡연을 배웠을 것 —— 나의 아주 많은 친구들처럼 —— 이다. 게다가 첫 번째 성(性)적 탐험의 상당수는 이러한 불행한 환경에서 감행되었다.

하지만 우리가 방공호를 어떻게 사용하든 우리는 늘 방공호가 어떤 목적으로 만들어졌는지 알고 있었다. 어쨌든 그다지 오래되지 않았던 방공호에 피신했던 사람들의 흔적은 아직도 남아 있었다. 어른들은 대공습을 생생하게 기억하고 있었다. 어머니의 아파트 건물은 폭격을 당해 어느 날 아침 깨어보니 아파트의 반이 날아가 버린 채 방들 중 하나가 그대로 노출되어 있었다. 다른 많은 가정들처럼 우리 집에도 몇 권의 전쟁 사진첩이 있었고 나는 모든 사진을 기억할 때까지 아침 혹은 점심 내내 그 사진들을 뚫어지게 살펴보곤 했었다. 그 사진들 중 한 장은 내가 친구들과 함께 방공호에 들어갈 때마다 생각나곤 했다. 이런 방공호에선 앞이 전혀 보이지 않는데도 사진에선 어린아이 두 명이 위에서 터지는 폭발 소리에 불안감이 배어있는 비통한 표정을 한 채 위를 올려다보고 있었다.

하지만 무엇보다도 어머니가 독일 출신의 망명자라는 사실 때문에 나는 안전 —— 더 나빠질 수 있는 것은 없으며 자기 삶은 상처받지 않을 것이라는 느낌 —— 은 환상이며 위험하기까지 하다는 사실을 깨달을 수 있었다. 어머니는 우리에게 나치 이전 독일에서의 삶을 담은 사진(그 중 일부는 세피아 색 사진이었다)을 보여주셨다. 사진 속엔 운전사들, 커다란 시가, 깃털 목도리를 한 여인들, 호수가 피크닉, 산 속의 겨울 같은 당시의 부유한 부르주아 생활방식이 담겨 있었다. 세계대전 중 군복무로 훈장을 받은 의사였던 할아버지 사진에서 할아버지는 충성스러운 카이저의 신하로 군복을 입고 있었다. 이어 갑자기 사라진다. 어머니의 새롭고 덜 사치스럽지만 (친숙하기 때문에) 더 일상적인 삶이 나타날 때까지 사진의 침묵은 길게 이어진다.

어머니는 17살 때 독일을 떠난 이후 부모님을 다시는 볼 수 없었다. 그런 일이 어머니에게 일어날 수 있다면 나에게도 또는 사실상 어느 누구에게나 일어나지 말란 법이 어디 있겠는가? 나는 그런 일이 일어나리라고 믿지 않지만 당시 어머니나 어떤 누구도 그런 일이 일어날 것이라고는 믿지 않았었다. 세계 혹은 내가 살고 있는 세계의 일부는 안정되고 조용하고 확실하고 신뢰할 수 있어 따분하기까지 하다. 하지만 바로 그 같은 세계가 대부분의 시대에 대부분의 사람들이 생각하는 것보다 더 불안정한 토대를 갖고 있다.

여력이 생기면서 나는 여행을 하기 시작했다. 권태, 호기심, 불만족, 이국적인 것과 철학적 의문에 이끌렸던 것이다. 비교는 정치 제도를 포함해 사물의 가치를 알 수 있는 유일한 방법처럼 보였다. 하지만 루이 파스퇴르의 행운에 대한 유명한 말처럼 여행은 준비된 정신에게만 호의를 보인다. 어느 정도 사람들은 여행에 대해 생각했던 것만을 여행에서 가지고 돌아온다. 나는 무의식적으로 조심스럽게 여행지를 선택했고 여행을 통해 인간적 질서의 취약성, 특히 인간적 질서가 정의라는 추상적인 이름으로 훼손되었을 때의 인간적 질서의 취약성에 대한 많은 객관적 교훈을 얻을 수 있었다.

내가 방문했던 많은 나라들 —— 아프가니스탄, 모잠비크, 이란

── 은 곧 가장 끔찍한 혼란의 나락으로 빠져들었다. 당연히 그들의 평화는 늘 금이 갔다. 결점 없는 것이 어디 있겠는가? '또한' 러시아 무정부주의자 바쿠닌의 유명하지만 어리석은 말처럼 건설적인 것과는 거리가 먼 파괴의 정열은 곧 어떤 다른 목적과 무관하게 오로지 파괴 그 자체가 가져다주는 쾌락만 탐닉하는 독립적인 것이 된다. 예를 들어 나는 파나마에서 소위 자유와 민주주의라는 명목으로 상점 진열창을 깨고 정복할 새로운 지역을 찾는 폭도들을 목격했던 일을 기억하고 있다. 많은 폭도들은 현대사의 아주 많은 파괴적인 운동의 지도자들이 그렇듯 분명 특권 가정의 자식들인 부르주아들이었다. 나는 그날 비싼 레스토랑에서 저녁을 먹다 그곳에서 몇 시간 전 즐겁게 진열창에 벽돌을 던지던 사람들이 저녁을 먹고 있는 모습을 보았다. 그는 자신의 삶이 영향을 받고 자신의 존재가 위태로워지기 전에 자기 나라가 얼마만큼의 파괴를 감당할 수 있을 것이라고 생각하고 있을까?

폭도들의 행동을 보면서 나는 어린 시절의 일화를 떠올렸다. 형과 나는 라디오를 잔디밭으로 가지고 나가 크리켓 타구봉으로 산산조각으로 부수어버렸다. 가치 있는 일을 하고 있는 것처럼 즐겁게 복수심에 사로잡힌 분노로 우리는 마지막 남은 부품 하나까지 알아볼 수 없을 정도로 타구봉으로 라디오를 가루로 만들어 버린 것이다. 우리가 느끼는 기쁨은 형언할 수 없는 것이었지만 기쁨이 어디에서 비롯되는지 어떤 의미인지 우리는 모르고 있었다. 우리의 작은 영혼들 속에서 문명은 야만주의와 투쟁하고 있었으며 벌을 받아 고통스럽지 않았더라면 나는 야만주의의 일시적 승리가 더 오래 지속되었으리라는 사실을 어렴풋이 알게 되었다.

그런데 우리는 왜 이런 식으로 반항할 필요가 있다고 느꼈던 것일까? 시간이 지났기 때문에 나의 생각이나 느낌을 확실하게 재구성할 수는 없다. 하지만 아마도 우리는 생활 속에서 성인들의 완전히 자유로운 행동과 무한한 힘으로 보았던 것과 비교해 하나의 상처로 느꼈던 우리의 무력함과 자유의 결여에 반항했을 것이다. 성인들이 우리에게 명령하듯이 다른 사람들에게 명령하고 우리가 하고 싶은 데로 자유롭게 할 수 있도록 그들처럼 성인이 되기를 우리는 얼마나 열망했던가! 우리는 성인도 나름의 욕구불만과 책임이 있으며 구속을 받는다는 사실을 전혀 알지 못하고 있었다. 우리는 우리의 변덕이 법이 되고 우리의 자아가 우리가 선택하는 곳은 어디든 자유롭게 날아오르게 될 날을 고대했다. 그렇게 될 수 있을 때까지 우리가 할 수 있는 것이라곤 기껏 다른 사람들에게 굴종한다는 어떤 표상에 대해 반항하는 것이었다. 우리가 성인과 같을 수는 없지만 적어도 성인들 세계의 사소한 것은 파괴할 수 있었다.

나는 많은 나라에서 문명과 문명이 수반하는 구속과 욕구불만에 대한 반란을 목격했지만 내전 중이었던 라이베리아보다 더 적나라하게 보여주었던 곳은 없었다. 내가 몬로비아에 도착했을 때 그곳엔 전기나 수도는 없었으며 상점, 은행, 전화, 우체국, 학교, 운송, 보건소, 병원도 없었다. 거의 모든 건물이 완전히 파괴되거나 부분적으로 파괴되어 있었으며 파괴되지 않은 건물은 약탈당한 상태였다.

나는 남아 있는 공공 기관들을 조사했다. 그것들은 단지 군사적 충돌의 결과라고만은 할 수 없을 정도로 완전히 파괴되어 있었다. 병원(그 이후로 오랫동안 병원엔 직원이나 환자들이 없었다) 장비의 마지막 한 조각까지 수리나 사용할 수 있으리라는 희망을 가질 수 없을 정도로 철저히 분해되어 있었다. 바퀴들은 쇠톱으로 모든 수레에서 절단되어 잘려 있었는데 이렇게 하기 위해선 상당한 노력을 기울여야 했을 것이다. 그것은 마치 병원, 의사 그리고 의학에 끔찍한 경험을 했던 사람들이 복수를 강행했던 것처럼 보인다.

하지만 이런 식으로 설명할 수만은 없다. 다른 모든 기관이 비슷하게 파괴되었기 때문이었다. 대학 도서관의 책들은 예외 없이 모조리 책장에서 꺼내져 모욕을 가하듯 쌓아 올려져 있었고 책장은 찢겨지고 책 등은 고의적으로 파괴되어 있었다. 그것은 문명에 대한 야만인들의 복수이자 강한 것 혹은 적어도 그들이 권력의 원천으로 인식하고 있는 것에 대한 무력한 자의 복수였다. 오래전 형과 내가 라디오를 박살낸 것과 같은 이유로 무지가 지식에 반기를 든 것이었다. 고귀한 것에 대한 더 저급한 것의 증오를 이보다 더 분명하게 보여 줄 수 있을까?

사실상 100주년 기념 홀이라 불리는 이 건물에선 불과 얼마 전에 라이베리아 대통령의 취임식이 개최되었다. 벽 주위에 뒤집어져 있는 전직 대통령 흉상 몇 개가 남아 있었다. 그 밖에 홀엔 들어가는 길의 3분의 2되는 지점에 라이베리아 전역에서 유일하게 남아 있는 악기일 스테인 웨이 그랜드 피아노 이외엔 텅 비어 있었다. 하지만 이 피아노도 멀쩡한 것은 아니었다. 피아노 다리는 톱으로 잘려져(피아노 다리가 분리될 수 있게 디자인된 것은 아니었다) 뭍에 떠밀려 올라온 고래처럼 피아노의 몸체는 바닥에 놓여 있었다. 바닥에 놓여진 피아노 몸체 주위에는 톱에 잘려진 피아노 다리만이 아니라 작은 똥 무더기가 널려있었다.

나는 인간의 품위에 대해 이보다 더 분명하게 부정한 경우를 보지 못했다. 나는 있을 수 있는 또 다른 의미에 대해 생각해 보려 했지만 생각해낼 수가 없었다. 물론 피아노는 라이베리아의 고유한 것이 아니며 라이베리아의 모든 국민에 완전히 동화되지 않은 어떤 문화를 대표하고 있다. 하지만 피아노가 특정 문화가 아니라 바로 문명이라는 생각 그 자체를 대표하고 있다는 사실은 바로 상스러운 의사표시로 나타난 모욕에서 분명하게 드러나고 있다.

100주년 기념 홀의 장면을 보며 경악하긴 했지만 더욱 경악스러운 것은 직접 현장을 보고자 몬로비아를 방문한 두 명의 젊은 영국인 저널리스트의 반응이었다. 그들은 수만명이 살해되고 더 많은 사람들이 집을 잃게 된 내전의 맥락에서 파괴된 피아노 —— 무생물의 물체에 불과하지만 그 때 모든 것이 이야기되고 행해진다 —— 의 의미를 전혀 이해하지 못하고 있었다. 그들은 피아노를 파괴하려는 충동과 살해하고자 하는 충동 간의 관계, 동포를 닥치는 대로 살해하는 것에 대한 금제와 문명 간의 관계, 나치 독일에서 불태워진 책과 이어진 나치 체제의 그 모든 야만성 간의 관계를 이해하지 못하고 있었다. 마찬가지로 중국의 문화대혁명기간 중 홍위병들이 수천대의 피아노를 파괴하고 또한 백만명의 인명을 죽였다는 사실은 그 젊은 기자들에겐 어떤 의미나 메시지도 전달하지 못했다.

젊은 저널리스트들이 '이해하고 있는 것'이 있다면 그것은 100주년 기념 홀에서 피아노가 파괴되었으며 그것에 공감하기까지 한다는 사실이다. 그들은 라이베리아 내전의 '근본적 원인'은 오랜 엘리트 지배 —— 아마 마찬가지로 가난은 흔히 범죄의 '근본적 원인'이라고 말해지고 있다 —— 였다고 말한다. 피아노는 엘리트의 음악적 정치 도구였으며 따라서 피아노를 파괴하는 것은 일반의지의 표현인 민주주의를 향한 첫걸음이었다.

문화와 문명에 대한 이런 식의 사고방식 —— 아마도 자신들이 향유하고 있는 안락과 이익은 영원하며 파괴될 수 없다고 믿고 있는 사람들에게만 —— 은 서구 사회 인텔리겐차들 사이에선 거의 표준이 되고 있다. 이제 '문명'이라는 단어 자체가 아카데믹한 저작들이나 언론에서 빈정대듯 인용 부호를 사용하지 않고 언급되는 경우는 거의 없다. 마치 문명이 네스 호의 괴생물체나 히말라야의 설인처럼 신비한 생명체나 되는 듯이 여기며 문명을 믿는 것은 철학적 순진함을 드러내는 것이라고 생각한다. 역사가 흔히 보여주는 것처럼 잔인한 일화들은 문명과 문화는 지독한 물질적 이해관계를 숨기는 가면에 불과한 위선이라는 사실을 증명하는 것으로서 다루어진다 —— 마치 문명과 문화를 얻으려는 인간의 노력 이외에 야만적 행위라는 영원한 유혹으로부터 어떤 보호 장치가 인간에게 있기라도 한 것처럼. 동시에 인간의 자연 상태는 무지보다는 지식, 가난보다는 부, 무질서보다는 평온이라는 듯이 성취된 것은 늘 존재했던 것으로 당연하게 받아들여진다. 결국 선한 모든 것은 자연의 자유로운 선물로 실현되기 때문에 보호하고 보존을 요구하거나 보호하고 보존할 가치가 있는 것은 아무 것도 없게 된다.

버크의 말을 바꿔 설명하자면 야만주의가 승리하기 위해 필요로 하는 것은 문명화된 인간이 어떤 일도 하지 않는 것이다. 하지만 사실상 지난 수십 년간 문명화된 인간들은 어떤 일도 하지 않는 것보다도 더 나쁜 짓을 해왔다. 즉 문명화된 인간들이 야만인들과 적극적으로 운명을 함께 해왔던 것이다. 그들은 고급한 것과 더 저급한 것 간의 구별을 부정함으로써 저급한 것에 말할 수 없이 호의적인 역할을 해왔다. 일시적이며 가장 저급한 오락보다 인간의 가장 위대한 문화적 위업의 우수성을 부정해왔다. 훌륭한 사람들의 과학적 노고가 자연에 대한 객관적 이해에 이르게 했다는 사실을 문명화된 인간들이 부정하고 빌라도처럼 진리의 문제를 조롱의 대상으로 삼았다. 무엇보다 그들은 자신들의 타락에 동의하기만 한다면 개인적인 삶에서 행동방식이 중요하다는 사실을 부정했다. 전염병처럼 지식계를 휩쓴 파괴주의의 궁극적 대상은 문명 그 자체였으며 마찬가지로 학자연하는 자기 도취자들은 문명화된 구속에 대한 자신들의 반란을 이론적으로 정당화할 수 있는 방법을 찾으려 애쓰고 있다. 따라서 명백한 진리 —— 법이나 관습으로 야만적 행위와 야만주의라는 인간 본성의 영원한 가능성을 억누를 필요가 있다는 —— 는 언론이나 다른 대중 매체에서 그 방법을 찾을 수 없다.

지난 10년간 나는 의사라는 유리한 관점에서 문명화된 행동기준들이 지식인들이 가한 공격으로 침식되어 영향을 받기 쉬운 대중에게 미친 영향을 가까이에서 관찰해왔다. 조셉 콘래드[31]가 요즘 미개한 정신 —— 내부로부터의 도덕적 검열이나 외부로부터의 법적 제재에 대한 두려움으로부터 제약받지 않는 인간 행위의 악 —— 을 찾는다면 구태여 먼 곳에서 찾을 필요는 없을 것이다. 바로 우리 사회를 지배하고 있는 시대정신이 미개하기 때문이다.

그리고 매일 일하면서 오늘 —— 내가 이 글을 쓰고 있는 순간 —— 듣는 것과 같은 이야기들을 매일 듣게 될 때 악의 기원과 그 파생 결과

---

31) Joseph Conrad 1857∼1924

영국 소설가. 폴란드 베르디체프 출생. 본명은 요제프 테오도르 콘래드 코르제니오프스키이다. 인간의 마음 속 깊이 다가오는 윤리적 작가로서 문명의 그늘에 가려진 죄악과 물욕이 가져오는 정신적 황폐, 사회적 책임과 배반 등 윤리적 주제에 날카로운 감각을 보여주었다.

들에 어떻게 무관심할 수 있겠는가?

내가 오늘 들은 이야기는 아직 어머니와 함께 살면서 자살하려 했던 20살 먹은 청년과 관련이 있다. 얼마 전 그의 어머니의 현재 남자 친구는 질투에 사로잡혀 이 청년이 보는 앞에서 어머니를 공격해 목을 졸랐다. 어머니의 남자 친구는 그녀보다 10살 어렸고 술주정뱅이였다. 청년은 막아 보려했지만 그는 청년보다 6인치는 더 클 뿐 아니라 훨씬 더 건장했다. 그는 청년을 바닥에 쓰러트리고 머리를 몇 번 걷어찼다. 이어 청년을 밖으로 끌고 나가 의식을 잃고 깊은 상처에서 피가 흐를 때까지 청년의 머리를 바닥에 찧었다.

청년은 앰뷸런스에서 의식을 회복했지만 그의 어머니는 그에게 경찰에 증언하지 말라고 주장했다. 청년이 경찰에 증언하게 되면 그녀의 연인이 감옥에 가게 되기 때문이었다. 그녀는 청년보다 11살 많은 그의 누나에게 무엇보다 "네 아버지보다 섹스를 더 잘한다"고 말한 남자를 포기하고 싶어 하지 않았다. 청년의 어머니에겐 자식의 삶보다 사소한 동물적 쾌락이 더 중요했다. 조셉 콘래드의 말처럼 청년은 홀로 태어나 홀로 살다 홀로 죽게 될 것이라는 끔찍한 사실을 깨닫게 된다.

이런 이야기를 나처럼 매일 그리고 매해 듣게 된다면 어떤 생각 그리고 어떤 사회제도가 너무 사악해 그런 것을 생각해보는 것만으로도 거의 구역질이 나게 하는 행동들이 확산되도록 조장했을까 하는 생각을 어떻게 하지 않을 수 있겠는가? 비난받아야 할 사람이 내가 기술한 것처럼 행동한 그 남자인가 아니면 순간의 쾌락을 위해 자기 남자 친구의 행동을 받아들인 그 여자인가를 생각하면서 어떻게 스스로 미쳐가지 않을 수 있겠는가?

　　이러한 야만적 행위는 이제 개인적 정신병리라기보다는 하나의 대중적 현상이다. 최근 나는 어떤 신문에 기고문을 싣기 위해 내가 사는 도시에서 열린 축구 경기를 보러 간 적이 있었다. 양 팀의 팬들은 군대식으로 배치된 수백 명의 경찰들로 분리되어 있었다. 경찰들은 일찍이 가장 위험한 범죄자들이 겪었던 어떤 안전 예방책보다 심할 정도로 각 팀의 팬들이 운동장에서 그들에게 할당된 구역을 벗어나지 않도록 울타리를 치고 지키면서 양 팀 팬들 사이의 어떤 접촉도 허락하지 않았다.

　　축구장에서 나는 아주 평범하고 점잖아 보이는 남자와 그의 11살 된 아들로 품행이 좋아 보이는 소년 옆에 앉아 있었다. 경기가 한참 진행되는 중에 그 아버지는 벌떡 일어나 수천 명의 다른 사람들과 함께 외치기 시작했다. "옘병할 놈들 엿이나 먹어라!" 또한 수천 명의 다른 사람들과 함께 상대 서포트들을 향해 파시스트들이 경례를 하는 것처럼 비정상적으로 보이는 위협적인 몸짓을 하기 시작했다. 이것이 그가 아들에게 보여주고 싶어 하는 모범적인 행동이었을까? 분명 그렇다. 가난으로 인한 좌절감으로 그의 행동을 설명할 수 없다. 축구 경기의 입장료면 한 가족이 일주일 이상은 충분히 먹고 살 수 있는 비용이기 때문이다.

　　경기가 끝난 후 나는 얇은 푸른 선이 상징이 아니라는 사실을 그 어느 때보다 분명하게 알게 되었다. 경찰이 없었다면 실제로 폭력과 유혈 사태 심지어 사망 사건까지 발생했을 것이다. 평화롭게 치러지는 시합과 무차별 폭력, 파괴, 부상 그리고 죽음으로 끝나게 되는 시합 간의 차이는 자신의 의무를 수행하기 위해 준비하고 있는 상대적으로 소수의 단호한 사람들의 존재다.

　우리 주위에서 명백히 야만주의가 부상하고 있는데도 문명에 대한 배반이 너무 일상적이어서 야만주의에 대한 폭로는 고려할 가치조차 없는 일이 되어 버렸다. 최근 공항에서 런던의 가장 번화가에 본사를 두고 있는 우아하고 값비싼 셔츠와 넥타이 제조업체의 광고를 보게 되었다. 그들이 자사 상품을 선전하기 위해 선택한 모델은 스킨헤드에 기괴한 문신을 하고 술집에서 싸워 머리에 상처자국이 있는 사람으로 여자를 폭행하고 나이프를 갖고 다니며 축구 경기에서 주먹이나 휘두를 유형이었다. 그 광고는 아카데믹한 문화 비평이 가장하고 있는 것처럼 풍자적인 것이 아니라 극단적인 야비함과 잔인한 행위에 대한 비굴한 굴복이자 아첨이다. 야만은 바로 분노다.

　9·11 사건에서 어떤 바람직한 면이 있다면 그것은 지식인들이 문명은 지킬만한 가치가 있으며 전통에 대한 적대적 입장은 지혜와 미덕의 시작이 아니라 지혜와 미덕의 종말이라는 사실을 깨닫게 되었다는 사실이다. 우리는 생각보다 잃을 것이 많다.

2001

사회를 읽는 법

그렇게 오래 전은 아니지만 어쨌든 공산주의가 가능한 미래의 정치 전망처럼 보였던 당시 나는 세계를 두 개의 진영으로 나누고 있는 거울의 또 다른 측면을 광범위하게 여행했었다. 그렇지만 여행안내서나 나침반으로 마르크스-레닌주의 ‘고전’들을 좋아하지는 않았다. 마르크스와 레닌의 저작들이 그 같은 거울을 통해 내가 발견한 어떤 것도 설명해 주지 못하고 있었기 때문이 아니라 그들이 제시한 설명이 너무도 분명하고 자명했기 때문이었다. 어떤 방문객이 모스크바, 하바나, 평양 혹은 알바니아의 수도 티라나나 루마니아의 수도 부크레슈티에서 준비 없이 먹을 만한 것을 찾는 게 어렵다면 이러한 어려움을 칼 마르크스나 블라디미르 레닌의 통속적인 반상업주의와 관계시키는데 그다지 어려움을 느끼지 않을 것이다. 사실상 아무리 총명한 학자의 독창력을 가지고 있다 하더라도 그 점을 이해하지 못했을 것이다.

대신 나는 19세기 프랑스 귀족 마키 드 퀴스틴느의 작품을 좋아했다. 『1839년의 러시아』라는 제목으로 1843년 편지 묶음으로 처음 출판된 이 책은 그 이후 다양한 영어 제목을 달고 여러 가지 판형과 축약본으로 출간되었다. 이는 번역자나 가장 열렬한 찬미자들조차도 그의 책을 완벽한 문예 예술작품으로 생각하지 않았다는 사실을 암시하고 있다. 하지만 이 여행서는 분명 걸작으로 희귀 고서나 역사적 관심에서가 아니라 지난 100년의 가장 중요한 현상들 중 하나인 전 세계 공산주의의 확산에 대해 비유할 수 없는 분명한 시각을 드러내고 있기 때문에 그것이 저술된 지 한 세기 반이 지난 후에야 더 읽을 가치가 있을 정도로 통찰력과 예지력을 갖춘 작품이다. 통계적 속임수로 인간 의식의 중요성을 모호하게 하는 위업을 달성한 현대 '과학적' 사회학의 발전 이전에 퀴스틴느는 사회를 구성하고 있는 개인들의 심리에 대해 언급함으로써 러시아 사회를 분석하는 글을 쓰고 있다. 그의 작품은 정치 시스템에 대한 추상적 정보와 풍부한 상상력을 발휘해 어떤 사회를 이해하는데 필요한 사회 구성원들의 세계관을 이해하는 것 사이의 미묘한 상호작용을 놀라울 정도로 정확하게 기술하고 있다.

퀴스틴느의 책은 인간의 성격, 사고 그리고 행동에 대한 어떤 특정 정치 체제와 그 제도의 효과에 대한 오랜 성찰이자 암암리에 어디에서나 일어나고 있는 정치적 조건과 인간 성격의 변증법적 상호작용에 대한 성찰이었다. 퀴스틴느가 잘 이해하고 있었던 것처럼 러시아인들의 심리에 대한 차르주의의 효과는 러시아인들뿐만 아니라 전 세계의 미래에 중대한 영향을 미쳤다. 러시아는 세계 역사에서 매우 큰 역할을 할 운명이었기 때문이다.

퀴스틴느의 작품을 읽으면 공산주의의 확산은 하나의 이데올로기가 아니라 정치 문화적인 것의 전체적인 확산을 의미한다는 사실을 알게 될 것이다. 다시 말해서 러시아 전제정치 문화는 마르크스주의 천년 왕국의 전체주의를 지적으로 준비하고 있을 뿐 아니라 실제적인 본보기로 작용하고 있다. 차르주의적 전제정치라는 서막이 없었다면 마르크스주의는 러시아에서 승리할 수 없었을 것이다. 그리고 아주 많은 외국인들이 모방하려 했던 러시아 혁명이 아니었다면 전세계에 훨씬 더 적은 수의 마르크스주의 정권들이 들어섰을 것이며 동유럽에는 하나도 없었을 것이다. 비러시아어권 저자들이 인정한 소련 문학은 형식에선 민족적이지만 내용에서 사회주의적인 것이었다. 마찬가지로 스탈린의 문학 인민위원 즈다노프의 말처럼 20세기에 급격히 늘어났었던 공산주의 정권들은 형식에서는 러시아적이지만 내용에서는 마르크스주의적이었다.

퀴스틴느는 겨우 3달 동안 러시아를 방문했었으며 러시아어를 할 줄도 몰랐다(당시 러시아 상류 계급은 불어를 유창하게 구사했으며 심지어 불어로 대화하고 생각하는 것을 더 좋아하긴 했지만). 그는 러시아에 대한 책들을 읽긴 했지만 어떤 의미에서도 러시아 문제 전문가는 아니었다. 하지만 그렇게 짧은 기간 동안 러시아에 체류한 후에 그가 쓴 책은 그보다 러시아에 대해 훨씬 더 상세한 지식을 갖고 있는 사람들이 쓴 책들보다 말할 수 없을 만큼 더 큰 가치가 있다. 『1839년의 러시아』를 읽고 명명 중이었던 알렉산드르 게르첸은 러시아에 대해 씌어진 책들 중 가장 훌륭한 책이라고 선언하고 외국인만이 그런 책을 쓸 수 있다는 사실에 대해 한탄했다.

퀴스틴느의 두꺼운 책의 1/3은 그가 러시아를 방문했던 초기 며칠과 관련된 것이었다. 여행자들이 흔히 그렇듯 그는 분명 러시아에 도착한 직후 며칠간 가장 강렬한 인상을 받았다. 퀴스틴느는 며칠 후 프랑스로 돌아가 자기 책 1/3 밖에 쓰지 못했지만 그는 러시아에 대해, 따라서 상당 비율의 인류가 겪게 되는 운명에 대해 19세기의 다른 어떤 작가들보다 많은 통찰력을 제공하게 되었다.

퀴스틴느는 어떻게 러시아에 대한 통찰력을 가질 수 있었을까? 퀴스틴느를 다른 관찰자들과 구별짓게 했던 것은 무엇이었을까? 그가 짧은 기간 동안 깊이 있게 통찰할 수 있게 한 방법과 중요한 가정들은 무엇이었을까?

퀴스틴느는 다른 사람들에겐 별 의미가 없는 것처럼 보이는 사소한 사건들에서 사회·심리학적 의미를 추출하는 놀라운 재능을 발휘했다. 예를 들어 상트페테르부르크에 도착했을 때 국경 수비대와 세관원들은 여행 경험이 많은 그가 다른 곳에선 거의 경험한 적이 없는 사소하고 무의미한 검사를 했다. 퀴스틴느는 "이 사람들 각각은 가장 분명치 않은 일을 두드러지게 하기 위해 특이하게 고안된 어떤 규칙에 얽매여 엄격하게 거드름을 피우며 직무를 수행하고 있다"고 기록하고 있다. "그는 대놓고 말하지는 않지만 대략 다음과 같이 생각하고 있다는 사실을 알 수 있다. 즉 '내가 누군지 알아, 나는 거대한 국가 기제의 구성원들 중 한 명이라고.'" 대개의 관찰자들과 달리 퀴스틴느는 러시아 관리들의 행동방식에 의문을 갖고 인간은 정신적인 세계에 존재하며 물질적인 세계에 존재하지 않는다는 사실과 그들의 행동은 자신들이 경험한 세계에 대한 생각에 따라 결정된다는 사실을 예리하게 깨닫고 있다. 그는 러시아 국경 관리들이 진정한 판단의 자유를 박탈당한 채 자신들이 종속되어 있는 권력을 가진 스스로를 깊이 두려워하고 있다고 생각했다. 퀴스틴느는 그들을 "영혼을 불편하게 느끼는 자동인형들"이라고 기술하고 있다. 이는 자기 일을 두려워하는 모든 관료들에게 해당되는 기술이지만 무엇보다도 권력이 러시아에서처럼 자의적이면서 완전히 집중되어 있는 곳의 관료 모두에게 해당되는 말일 것이다. 그들의 행동은 기계처럼 행동이 제약되어 있는 인간들의 복수다. 물론 그들의 복수는 당시엔 불가능했기 때문에 자신들을 노예상태로 만든 이에 대한 복수가 아니라 극단적으로 제한된 자신들의 권력에도 휘둘리는 사람들에 대한 것이었다.

분명 퀴스틴느의 가족사와 성장 과정이 그의 예리함을 강화시켰을 것이다. 그의 할아버지는 혁명군에서 장군이 되었던 자유주의 귀족이었지만 자코뱅 당원들은 혁명의 대의명분에 전적으로 헌신하지 않는다는 이유로 그를 단두대로 보냈다. 퀴스틴느의 아버지는 할아버지를 변호하려 한다는 이유로 단두대로 보내졌다. 남편을 변호하려한다는 이유로 인민의 적으로 수감된 퀴스틴느의 어머니는 그녀를 체포한 혁명 광신자들 중 하나가 그녀와 사랑에 빠진 덕분에 가까스로 처형은 면할 수 있었다. 아스톨프 드 퀴스틴느는 자코뱅 열광자와 도둑들에게 약탈당하지 않고 봉인되어 있던 퀴스틴느 집의 유일한 방에서 그녀와 함께 가난하게 살았던 충직한 하인이 한동안 양육했다. 퀴스틴느는 이 같은 가족 배경 덕분에 삶의 깊은 밑바닥의 흐름을 깨닫고 겉모습에 쉽게 속지 않는 사람이 되었을 것이다. 인도주의적 이상주의로 가장한 시기와 증오라는 악은 시작부터 그의 삶을 어둡게 했고 그를 세련된 감정표현 이면에 있는 현실을 신속히 추구하는 사람으로 특징지었다.

러시아의 허식 이면을 꿰뚫어 보기 위해 그는 바로 자신의 기민함을 필요로 했다. 그는 주로 상류 계급 사람들과 교제하며 상대적으로 여행은 거의 하지 않았고 통계학을 배우지도 않았다. 결론을 내리기에 러시아 방문 기간이 너무 짧다는 비난에 대해 그는 "Il est vrai, j'ai mal vu, mais j'ai bien déviné 사실이다. 나는 거의 보지 못했다. 하지만 많은 것을 이해하고 있다"라고 대답했다.

퀴스틴느는 속고(혹은 속는 체하는) 속이는 성향이 러시아에 명백히 팽배해 있는 막연한 불안감의 한가운데 자리하고 있다는 사실을 간파했다. 전제주의의 유지는 거짓에 대한 일반적 성질에 근거하고 있었다. 전제주의가 필요하다는 허구, 전제주의는 모든 이의 행복과 복지에 도움이 된다는 허구, 어떤 다른 대안도 재난을 가져오게 될 것이라는 허구가 없다면 지배되고 있는 대중을 더 이상 지배할 수 없기 때문이다. 심지어 가장 명백한 진실조차 말할 수 있는 능력이 없었기 때문에 인간관계와 제도들을 악용하게 된다. 당연히 거짓은 20세기 모든 전체주의 체제의 토대가 되었으며 거짓이 없다면 전체주의 체제는 유지될 수 없었을 것이다. 퀴스틴느는 "러시아 정치 시스템은 서유럽과 20년 정도만 자유롭게 의사소통을 하게 되면 유지될 수 없을 것이다"라고 쓰고 있다.

종교 순례자처럼 공산주의국가를 방문해 쉽게 속았던 20세기의 많은 지식인들과 달리 퀴스틴느는 자신을 속이려는 시도의 의미와 기술 모두를 잘 이해하고 있었다. 그는 "형식에 얽매인 러시아의 환대는 여행자의 이동을 방해하고 관찰할 수 있는 자유를 제한하는 세련된 구실이었다"라고 결론짓고 있다. "까다로운 공손함 덕분에 여행자들은 어떤 장소를 방문하거나 가이드 없이는 아무 것도 볼 수 없다. 여행자를 홀로 내버려 두는 경우가 없기 때문에 여행자는 스스로 판단하는데 어려움을 겪게 된다. 바로 이것이 그들이 원하는 것이다. 러시아에 입국하려면 국경에 여권뿐 아니라 자유 의지도 맡겨 놓아야 한다.……병원을 둘러보고 싶은가? 당직의사가 당신을 안내할 것이다. 요새? 지방관이 안내

하거나 아니면 공손하게 요새 견학을 거절할 것이다. 학교나 어떤 유형의 공적 기관은? 책임자나 감독관이 당신의 방문에 앞서 미리 경고를 받게 되고 …… 건물은? 건축가가 건물 곳곳을 데리고 다니며 학문적으로 당신이 흥미를 느끼는 것들에 대해 가르쳐 주지 않을 요량으로 당신이 묻지 않는 모든 것에 대해 설명할 것이다." 그는 다음과 같이 덧붙이고 있다. "가장 존경받는 여행자는 가장 온순하고 가장 잘 속는 사람들이다." 공산주의 국가를 방문한 사람들은 퀴스틴느의 묘사를 인정하지 않을 수 없을 것이다.

전제주의가 작동하도록 하는 모든 섬세한 조작 그리고 전제주의는 모두의 복지에 필수불가결한 도움이 된다는 거짓 때문에 전제군주 자신을 포함한 모두가 그렇게 믿고 있는 것처럼 보인다. 결과적으로 차르는 항구적인 공포와 노여움의 덫에 걸린 채 남아 있다. 차르는 자신이 사실상 전지전능하지 않다는 사실을 알고 있지만 이 같은 명백한 사실을 공개적으로 인정할 수도 누구도 그리고 어떤 것도 자신의 권위의 근거가 되는 거짓에 의문을 갖게 허용할 수 없기 때문이다. 퀴스틴느는 차르에 대해 "그는 가장 사소한 사건들 속에서 반란의 그림자를 보고 있다……계절에 맞지 않게 윙윙거리는 파리 한 마리가 차르를 욕보이고 있다. 자연의 독립성은 차르에게 하나의 나쁜 예처럼 보인다"라고 말하고 있다. 자기 신민들 중 가장 비천한 자들 중 일부의 어떤 반란 행위도 어울리지 않는 중요성을 띠기 때문에 추적해 진압해야 한다. 결국 차르는 일단의 정보원을 통해 모두를 감시해야 한다. 차르는 "독수리이자 곤충으로 여타 사람들의 머리위로 날아오르는 동시에 나무속의 흰개미처럼 그들 삶의 직물 속에 어느덧 박혀있다." 차르라는 지위는 그를 편집증 환자가 되게 한다. 퀴스틴느는 "러시아 황제가 20년간 통치한 후에도 멀쩡한 정신을 유지하기 위해선 천재일 필요가 있을 것이다"라고 쓰고 있다. 물론 바로 그것이 모든 공산주의 독재자들이 직면하고 있는 문제이다.

차르가 전지전능하다면 그는 물론 모든 것에 책임이 있다. 따라서 운이 나쁜 어떤 일도 반드시 차르의 악의에 대한 비난을 불러일으키게 된다. 하지만 운 나쁜 어떤 일이 일어났을 경우 전지전능에 대한 비난은 완전한 자비심과 어떻게 조화되게 될까? 무구한 사람들에게 어떤 끔찍한 일이 일어났다면 차르는 전지전능하지 않거나 자비롭지 않아야 한다. 불가능한 일을 가능하게 하는 유일한 방법은 스스로에게 거짓말을 하고 다른 사람들이 비슷한 거짓말을 할 때 속아 주는 것이다. 악이 만연할 때조차 악한 것을 보지 말고, 악한 것을 듣지 말고 악한 말을 하지 않는 것이다.

예를 들어 퀴스틴느가 러시아에 도착한 직후 페테르호프 궁정에서 개최되는 연례 축제에 참석했다. 이 축제는 250000개의 등을 켜기 위해 18000명의 시종이 필요한 대규모 축제였다. 방문객들은 상트페테르부르크에서 배를 타고 궁정에 도착했으며 배 한 척이 축제에 참석하기 위해 항해하던 중 폭풍으로 침몰해 승객과 선원 모두가 사망했다. 하지만 〔러시아에서의〕 어떤 재난도 러시아에선 "국가의 일로 취급되었기 때문에 그리고 거짓말을 하는 것이 사회 질서를 지키는 것이고 진실을 말하는 것은 국가를 파괴하는 짓"이었기 때문에 "재난 그 자체보다도 더 끔찍한 침묵"이 이어졌다. 러시아에서 최고위층 사회계급 사람들은 흔적뿐 아니라 논평조차 없이 사라질 수 있었다 —— 배의 승객들처럼.

이런 나라에서 누가 안전하다고 느낄 수 있겠는가?

침묵은 현재의 사건들에 대해서뿐만 아니라 역사를 거슬러 올라가며 확장된다. 표트르 코슬로프스키 왕자는 퀴스틴느가 러시아에 도착하기 전 자기 나라에서 "전제주의는 사상이나 감정을 대수롭게 여기지 않을 뿐 아니라 사실을 재구성한다"고 경고했다. "전제주의는 증거에 대한 전쟁을 감행하여 전투에서 승리한다.……〔황제의〕 권력은 하느님의 힘보다 훨씬 멀리 미치고 있다. 하느님은 미래만을 만들지만 차르는 과거를 다시 만들기 때문이다." 퀴스틴느의 경험은 이러한 통찰력이 진실이라는 사실을 되풀이해 입증하고 있다. 퀴스틴느는 현재의 차르가 불멸이 아니라는 암시를 피하기 위해 대화를 하면서 이전 차르에 대해선 언급하지 않는다는 사실을 알게 된다. 같은 이유로 퀴스틴느는 러시아인들이 차르의 아버지가 살해당한 궁정을 감히 보려고도 하지 않는다는 사실에 주목했다. "학교나 다른 어떤 곳에서도 파벨 황제의 죽음에 대해 자세히 이야기하는 것은 금지되어 있기 때문이었다."

유력자의 호감을 잃게 되면 그는 더 이상 존재하지 않을 뿐 아니라 존재했던 적이 없게 된다. "드 레프닌씨는 제국을 통치한 황제였다. 드 레프닌씨는 2년간 인기가 없었고 2년간 이 이름이 거론되는 것을 들을 수 없었다. 2년 전만해도 누구나 드 레프닌에 대해 얘기했다. 이제 감히 그를 기억하거나 그가 현재는 물론 과거에도 존재했다고 믿는 사람은 없었다. 러시아에서 장관이 직위를 박탈당하는 날 그의 친구들은 장님이자 귀머거리가 된다. 유력자의 호감을 잃은 것처럼 보이는 순간 그 사람은 매장된다."

물론 공산주의 체제는 실각한 사람을 사진과 백과사전에서 삭제함으로써 실각한 인물 지우기에서 더 나아가고 있다 (전에 소련의 저명인물이 실각할 경우 『소련 대백과사전』 발행인은 실각된 인물이 기재된 항목에 붙여 넣을 수 있는 대체 항목들을 발송했다.) 하지만 이 같은 사례는 오래전부터 선례가 되어 있었다.

퀴스틴느는 이러한 역사의 재구성이 인간정신에 가하는 폭력과 그것이 사람들의 성격과 행동에 미치는 결과를 아주 잘 이해하고 있었다. 파벨 황제가 살해된 궁정을 보지 않기 위해 사람들은 그가 그곳에서 살해당했다는 사실을 알고 있어야 했다. 하지만 황제가 살해당한 궁정을 보지 않는 그의 유일한 목적은 자신은 황제가 피살당했다는 사실을 모른다는 것을 공개적으로 입증하는 것이었다. 따라서 그는 거짓을 주장하고 있을 뿐 아니라 자신이 그것이 거짓이라는 사실을 알고 있다는 것을 부인하고 있다. 따라서 황제를 포함한 모든 공직자들은 마찬가지로 자신들이 거짓말을 듣고 있다는 사실을 모르고 있는 체한다. 그렇지 않으면 거짓 체계 전체가 무너져 내리게 될 것이다.

늘 거짓말을 하고 진실을 피할 필요가 있었기 때문에 모든 사람이 퀴스틴느가 "영혼과 영혼의 의사소통을 가능하게 하는 언어라는 하느님의 가장 위대한 두 가지 선물"이라 불렀던 것을 박탈당하게 된다. 사람들은 위선적이고, 교활하고, 의심이 많고, 냉소적이고, 침묵하고, 잔인하며 자기 자신의 영혼이 파괴되었기 때문에 다른 사람들의 운명에 무관심하게 된다. 게다가 체계적 거짓을 유지하기 위해선 정보원들의 네트워크를 필요로 한다. 사실상 모든 사람이 첩자이자 잠재적 정보원이 될 것을 요구하게 된다. 이어 퀴스틴느는 "첩자는 자신의 첩보활동만을 믿으며 당신이 그의 덫을 벗어나면 그는 조만간 자신이 당신의 덫에 빠지게 될 것이라고 믿는다.” 개인 관계에 끼치는 해악은 측량할 수 조차 없을 정도다.

퀴스틴느가 지금 살았다면 특정 집단 사람들의 기분을 상하게 할 수 있는 말이나 행동을 피하는 소위 정치적 표현의 해악을 간파했을 것이다. 소위 좋은 게 좋다는 식의 완곡한 정치적 표현은 믿지 않지만 의문을 제기해선 안 되는 것을 말하거나 의미하도록 강요함으로써 사람들의 영혼에 가하는 폭력이기 때문이다. 퀴스틴느는 우리의 비겁을 변명할 수 있는 외부의 독재자가 없다면 우리는 기꺼이 전체주의 독재체제 하에 살고 있는 사람들의 정신 습관을 받아들이게 될 것이라는 사실을 입증했을 것이다.

퀴스틴느는 돌덩이에서까지 의미를 끌어낼 수 있었다. 건축의 의미에 대한 위대한 해석자인 퀴스틴느는 상트페테르부르크의 건물과 거리에서 러시아적 영혼에 대한 또 다른 깊은 통찰력을 이끌어 내고 있다. 퀴스틴느가 부정하지 않았던 어떤 아름다움을 간직한 이 도시는 그에게 전제주의를 물리적으로 구현하고 있는 듯이 보였다. 상트페테르부르크는 러시아인들을 위한 그들의 사회 경제 활동의 자연스러운 표현으로서가 아니라 스웨덴사람들에 대항하는 발트해에 있는 차르 체제의 항구적인 보루로서 건설되었다. 차르의 위업으로 상트페테르부르크를 건설하기 위해 선택된 바로 그 동토의 늪지는 인간성에 대한 경멸을 표현하고 있다. 그 같은 장소에서 건설은 필연적으로 수십만 명의 죽음을 수반하기 때문이다. 퀴스틴느는 상트페테르부르크의 거대한 정부 청사건물들 —— 그는 이 건물들을 “성직자들을 위해 세워진 성전들”이라고 불렀다 —— 의 벽면을 장식하고 있는 치장벽토가 러시아 기후에는 이상하게도 적합하지 않는 재료라는 사실에 주목했다. 결국 매년 수천 명의 기술자들이 3달의 회반죽 공사로 떨어져 나가는 치장 벽토 보수공사를 해야 했고 그들이 작업하는 취약한 발판 때문에 기술자들 중 상당수가 작업 중 사망했다. 인간의 노동 그리고 생명 그 자체가 표면적으로 하찮게 여겨지는 곳에서만이 그 같은 건물 유지 시스템이 용인될 수 있을 뿐 아니라 구상될 수 있었다.

퀴스틴느는 상트페테르부르크의 거리들이 도시 인구에 비해 지나치게 넓으며 방대한 광장은 사람들이 압도당해 스스로 하찮게 느끼지 않을 수 없게 한다는 사실에 주목했다. 그 같은 방대한 광장에선 적어도 수만 명이 모이지 않으면 어떤 집회도 군중으로 보이지 않을 것이다. 그리고 이것이 바로 그 같은 공간들의 정치적 목적이었다. 퀴스틴느가 기록했듯이 상트페테르부르크에선 "군중은 혁명이 될 것"이기 때문이다. 이러한 위협적인 거대화 경향 —— 키르기스의 비슈케크에서 루마니아 부크레슈티까지, 북한의 평양에서 벨로루시의 민스크에 이르는 공산주의 도시 계획의 지속적 특징 —— 은 모든 전제주의의 적(敵)인 자발성을 억제한다.

하지만 군중이 자발적으로 운집하지는 못해도 조직화된 행렬이 흔히 거대한 공공광장을 채운다. 퀴스틴느는 "러시아에서〔군〕열병에 대한 취향은 광기에 이를 정도다. 웃음은 나오지 않았다. 거대한 규모의 유치함이 끔찍해 보였다.……지배자가 보잘것없는 것을 위해 거대한 희생을 요구할 수 있는 것은 맹목적으로 순종하는 사람들이 있기 때문이다."

나는 북한에서 평양에 외국인 대표단이 있다는 이유만으로 수십만의 군중 —— 남자, 여자 그리고 어린아이들 —— 이 독재자 앞을 지나 행진하는 장면을 목격했다. 어떤 외교관은 나에게 그 전에 여섯 달 동안 때로 새벽 2, 3시까지 그들은 퍼레이드 사전 예행연습을 했다고 말해주었다. 이러한 시민 행렬의 군대와 같은 질서는 끔찍할 정도로 완벽했으며 그들은 기계 같은 정확성으로 기동 작전을 수행하고 있었다. 하지만 그들의 얼굴은 극도의 피로와 항구적인 테러로 창백한 모습이었다. 그들의 엄청난 희생은 인간으로서의 완전한 종속으로 나아가고 있는 반면 독재자는 마치 이 모든 이벤트가 자신에 대한 그들의 자발적 애정을 증명하고 있다고 생각하듯 그들을 향해 미소 지으며 손을 흔들었다.

퀴스틴느는 이해하고 있었다. 그는 러시아 공직자에 대해 다음과 같이 쓰고 있다. "타자의 의지에 따라 작동하는 기계의 구성원인 그는 시계가 작동하는 것처럼 살아가고 있다.……사람들은〔그 같은 사람들〕이 생각이 너무 많으면 어떻게 될까하고 자문한다면 당신은 지적인 존재에 대해 그들을 단지 사물로 만드는데 성공하도록 행사될 필요가 있는 힘을 떠올리며 불쾌감을 느낀다."

건물을 묘사하든 사회제도를 묘사하든 퀴스틴느는 스스로 핵심적인 질문에 대한 견해를 잃는 법이 없었다. 즉 그것이 인간의 정신에 미치는 영향은 무엇인가? 하는 문제다. 퀴스틴느에게 인간은 무엇보다 의식을 가진 존재로 생각하는 동물이다. 전제주의조차 그 사실을 부인할 수는 없다. 대중의 생각을 이해하지 못한다면 러시아에 대해 이해할 수 없으며 러시아의 미래는 불가해한 모습으로 남게 될 것이다. 하지만 러시아적 특성에 대한 자신의 이해에 기초해 퀴스틴느는 2세대나 3세대 이후에 폭력적 대격변이 일어날 것이며 그 같은 대격변은 해방이 아니라 더 끔찍한 형태의 전제주의의 재현이 될 것이라는 사실을 예측할 수 있었다. 차르주의에 의해 형성된 영혼을 지닌 사람들은 자유에 적합하지 않기 때문이었다. 러시아가 공산주의의 유산을 벗어나면서 경험하고 있는 혼란은 적어도 퀴스틴느에게는 새삼스러운 일이 아니며 그는 예측할 수 있는 어떤 시기에 행복한 결과를 예측하지도 않았을 것이다.

또 다른 여행가로 퀴스틴느보다는 어리지만 더 저명했던 학구적인 동시대인인 알렉스 드 토크빌은 어떤 사회도 그 구성원의 심리 상태를 참조하지 않고는 이해될 수 없다는 퀴스틴느와 같은 방법과 가정들을 취했다. 이어 그는 미국과 영국에 대해 널리 알려져 있는 고전적인 설명을 하고 있다. 토크빌도 정치 제도와 인간 정신의 상호작용을 참조함으로써 사회들을 분석하고 있다. 이 두 사람은 유사한 가정들만이 아니라 유사한 사회적 배경을 공유하고 있었다. 둘 모두 프랑스 귀족의 후예였으며 프랑스 대혁명의 과도함과 그 수사를 싫어할 이유가 있었다. 두 사람 모두 민주주의 정부를 본능적으로 불신했지만 조건부로 민주주의 정부에 찬사를 보내게 된다. 토크빌은 미국이라는 긍정적인 예 때문이었고 퀴스틴느는 러시아라는 부정적인 예 때문이었다. (1835년 출판되어 이내 찬사를 받은 토크빌의 『미국의 민주주의 Democracy in America』 1권에서 러시아는 미국과 함께 세계의 절반에 대해 영향력을 행사하게 될 것이라고 말했기 때문에 퀴스틴느가 러시아를 목적지로 선택했을 가능성이 높다.) 미국을 방문하기 전 토크빌은 법률가로 훈련받았으며 판사로 일했다. 미국에서 돌아온 후에는 프랑스 의회에서 일하며 1849년 잠시 외무장관을 맡기도 했다.

퀴스틴느가 인간의 정신과 특성에 대한 전제주의의 영향을 연구한 곳에서 토크빌은 인간의 정신과 특성에 대한 정치적 자유와 법률적 평등의 영향에 대해 연구했다. 그는 자유가 어떤 손해는 있지만 대가를 치를만한 가치가 있다고 생각했다(차르주의적 체제가 베푼 어떤 선도 훨씬 더 높은 비용을 치르게 했다는 퀴스틴느의 결론과 상대되는 이미지). 여러 가지 점에서 자유의 결과는 전제주의 결과와는 상반된 것이었다. 인간은 전제주의 하에서처럼 교활하고, 비열하며, 숨기기보다는 법률적 평등에 근거해 서로 행동할 때 정직해진다. 평판이 러시아에서처럼 출생에 근거한 사회적 위계에서의 지위보다는 자신의 행동에 더 크게 좌우될 때 인간은 어떤 명백한 외부적 강요 없이도 미덕을 추구하는 경향이 있다. 게다가 정부의 사생활 간섭이 적으면 적을수록 인간은 자신의 경제적 이익추구에 활력적이고, 모험적이며 깊이 생각하게 된다.

때문에 자유인의 사회는 표트르대제와 그 계승자들이 적용한 강제 없이도 인상적인 공공 토목공사를 수행할 수 있도록 스스로 조직할 수 있다 —— 그 공공 토목공사가 진정한 공익사업으로 어떤 한 사람의 변덕에 불과한 것이 아니라면. 개인의 이익과 정치권력 —— 말하자면 대체로 선택된 공동체 대표들 —— 의 이익이 수많은 작은 연대로 통합된다.

하지만 잠재적 위험이 발생하는 것은 이러한 최초 이해관계의 동일성에서 비롯된다. 불가피한 것이 아니라 하나의 가능성에 불과하지만 사람들은 자신의 독립성을 자신을 대표하고 있는 정부에 어느 정도 양보하게 된다. 그들은 정부가 자신들의 이익을 가장 중시하며 결국 바로 자신들과 같은 사람들로 구성되어 있다고 믿는다. 전조를 예언적 통찰력과 결합시키는 과정에서 토크빌(그는 미국 정부가 전세계는 아니라 해도 광범위하게 확신될 것으로 예측했다)은 외관상으로 관대하고 민주적인 정부하의 미래 인간의 영혼을 묘사하고 있다. 민주적인 정부는 기꺼이 국민의 행복을 위해 노력하기는 하지만 국민의 행복에 대한 유일한 대리자이자 중재인이 되기로 선택한다. 민주적인 정부는 "국민이 필요로 하는 것들을 공급하고 국민의 기쁨을 촉진하며 그들의 주된 관심사들을 다루게 될 것"이다. "국민들에게 모든 근심과 삶의 문제들에서 벗어나게 해주면" 어떻게 될까? 그렇게 되면 "인간의 의지는 꺾이는 것이 아니라 유연해지고, 굽혀지며 인도되게 될 것이다." 인간은 행동하도록 강요당하는 것이 아니라 행동이 방해받게 된다. 정부는 충만한 인간존재를 파괴하는 것이 아니라 방해하게 된다. 정부는 압제하는 것이 아니라 "국민의 힘을 약화시키고, 무력하게 만들며 지각을 잃게 한다."

그리고 이것이 바로 비난할 수 없는 민주정부하에서 국민의 일부가 영락하게 되는 조건이다. 보조금이 지급되는 거주지에서 살면서 아이들은 무상 교육을 받고 의료비가 지급되고 충분한 음식과 텔레비전이라는 형태로 끊임없는 오락을 보장할 정도의 충분한 수입과 함께 토크빌의 예언처럼 국민의 모든 "중요 관심사들은 관리되고" 따라서 "국민은 근심이나 삶의 문제들에서 벗어나게 된다." 이것이 복지 의존 주민들로 나는 그들 속에서 일하고 있다. 이 같은 사람들은 너무 무력해지고 지각을 잃게 되어 음식을 먹는 것 이외에 할 것이 아무것도 없을 때조차 스스로 요리를 할 수 없으며 자기 앞마당에 쓰레기가 있어도 그것을 치우는 공무원을 부르는 이외에 혼자 힘으로 쓰레기를 치우려하지 않을 정도로 무력해지고 지각을 잃고 있다.

공산주의 세계를 여행할 때마다 퀴스틴느의 책을 지침서로 삼고 있다면 마찬가지 이유로 나는 빈민가에 있는 병원에 일하러 갈 때마다 빈민이란 주제에 대한 토크빌의 짧은 에세이를 가지고 간다. 어떤 의미에서 빈민가 병원에 출근하는 것은 외국여행을 하는 것이나 다름없다. 나는 결국 빈민들 속에서 일하고 있으며 현대 작가들이 거의 이해하지 못하는 것처럼 토크빌은 빈민은 무엇보다 경제적 조건이 아니라 심리적 조건이라는 사실을 이해하고 있었다. 그리고 그는 가난한 사람들에 대한 영국의 사회보조시스템에서 미국의 민주주의에서 하나의 잠재 가능성으로만 보았던 인간의 독립성에 대해 마찬가지로 방심해서는 안 되는 위협을 보았다.

토크빌의 『빈민에 대한 회상록 Memoir on Pauperism』은 첫 번째 책 『미국의 민주주의』 1권이 출판된 직후인 1835년에 출간되었다. 그는 당시 세계에서 가장 번영한 국가는 아니지만 유럽에서 가장 번영하고 있던 국가인 영국을 방문했다. 하지만 영국엔 표면적으로 하나의 역설이 존재하고 있었다. 즉 영국 국민의 1/6은 전적으로 공적 자선 기부에 의존하고 있는 빈민들이었다. 이 비율은 유럽의 다른 나라들 심지어 스페인이나 포르투갈처럼 상대적으로 더 가난한 나라들보다도 높았다. 당시 최고도의 번영기를 누리고 있던 시기에 토크빌은 육체적 불결함뿐 아니라 도덕적 감정적 타락을 발견했다.

토크빌은 그 이유가 영국이 당시 당연한 것으로써 스스로를 부양할 수단이 없는 사람들에게 공적 보조를 제공한 유럽국가들 중 하나였기 때문이라고 추측했다. 엘리자베스1세의 통치는 수도원 해체에 이은 만연한 구걸을 다루는 하나의 방법으로 공적보조의 권리를 부여했다. 과거에 수도원들은 본질적으로 임의적인 근거로 가난한 사람들에게 사적이고 자발적인 자선을 제공했었다.

토크빌은 임의적 자선을 생활보호를 받을 권리로 대체한 것은 얼핏 보기에 아주 인간적인 것처럼 보인다는 사실에 주목했다. 그는 누구도 굶주리지 않게 된다는 사실을 보장할 수 있는 결정보다 더 고귀한 것이 어디 있겠는가라고 묻고 있다. 부자들이 아무 것도 갖지 못한 사람의 복지를 위해 약간을 양보해야 한다는 사실보다 더 공정하고 합리적인 것이 어디 있겠는가?

인간이 자신에게 무엇이 이익이 된다고 인식한 것을 받아들임으로써 상황에 반응하는 생각하는 존재가 아니라면 생활보호시스템은 분명 바람직한 결과를 가져오게 될 것이다. 하지만 대신 토크빌은 외관상으로 권리를 부여한 인간적 시스템이 불러일으킨 자발적 나태에 주목했다. 토크빌은 표면적으로 권리를 부여한 인간적 시스템은 친절과 감사(관료주의적으로 주어진 것은 반감으로 받아들여지기 때문에) 모두를 어떻게 파괴하는지, 그것이 다양한 유형의 사기와 위선을 어떻게 고무하며 무엇보다 가난이란 최악의 결과에서 사람들을 보호하고 있는 사회적 유대를 어떻게 해체하게 되는지에 주목했다. 권리에 따른 구제 조항은 사회를 원자화했다. 토크빌은 재정적으로 능력이 있는데도 바로 공적 지원이 권리로 가능하기 때문에 아들이 죽은 후 며느리와 손자를 부양하기를 거부한 남자의 사례를 인용하고 있다. 세금을 내는데 그가 왜 그 이상을 감당해야 한단 말인가? 권리로서의 자선조항은 어려움에 직면해 인간적 유대를 위한 동기를 파괴하고 개인적 애정의 결합과 친밀한 관계에 대한 의무감 모두를 손상시켰다. 사회적 책임의 표현으로 의도되었지만 권리로서의 자선조항은 이기주의를 해방시켰다. 토크빌이 간파했듯이 책임을 개인에게서 집단으로 이동시키는 것은 사람들이 생각하고 느끼는 방식 따라서 전체적으로 사회에 대해 엄청나게 유해한 결과를 가져왔다. 이러한 책임의 이동이 일어난 곳에서 경제적 진보는 온갖 유형의 야비함 그리고 일반적으로 타락한 부와 완벽하게 조화되고 있다.

전례 없는 번영과 호전적인 도덕적 상대주의가 만연한 20세기 말이 되어서야 토크빌의 통찰은 분명해지게 되었다. 인류 역사상 아주 최근에 이르기까지 단순한 물리적 가난은 가난을 경감하려는 어떤 시도가 일찍이 할 수 있었던 것보다 훨씬 더 큰 위협처럼 보인다. 하지만 현대 미국이나 영국 빈민가의 사회 병리학의 어떤 것도 165년 전 그것을 예견했었던 토크빌을 놀라게 하지는 못할 것이다.

퀴스틴느와 토크빌은 문화, 정치 체제, 거의 정반대라고 말할 수도 있는 두 가지 아주 다른 사회 내에서의 인간 특성의 미묘한 상호작용을 분석하고 유사한 정치적 결론에 이르게 된다. 그들의 분석에 깔려있는 것은 공유된 이해다. 즉 그들에게 낯선 사회들은 그들이 공감할 수 있는 근본적인 인간 본성이 존재하고 있기 때문에 이해할 수 있으며 어떤 사회 · 정치적 합의는 인간 본성이 할 수 있는 모든 탁월한 속성을 발전시키는 반면 다른 사회 · 정치적 합의는 인간 본성을 저해하고 왜곡할 수도 있다는 것이다. 그들은 현대의 많은 사회적 논평의 특징인 사이비 과학적 초연함을 열망하지는 않았다. 따라서 그들의 저작은 도표작성 장치와 통계적 상호작용이 잊혀진 후에도 오랫동안 계속해서 읽히게 될 것이다.

2000

피델 카스트로의 쿠바에
대한 단상

극단에 이르지만 않는다면 쇠퇴는 나름의 건축학적 매력이 있으며 폐허는 낭만적이기까지 하다. 사실 너무 낭만적이어서 18세기 영국 신사들은 정원에 폐허를 조성해 세속적 존재의 덧없음에 대한 슬픔을 유쾌하게 떠올리곤 했다. 하지만 피델 카스트로는 18세기 영국 신사가 아니며 하바나는 개인적 죽음의 상징 memento mori으로 이용할 수 있는 사적인 영지가 아니다. 사실 그가 폐허화시킨 하바나는 인구 100만 이상이 거주하고 있으며 그들의 집단적 의지는 폐허화된 하바나가 입증하고 있듯이 권력에서 한 사람의 의지와 동등한 것은 아니다. 다른 도시들에서 흔히 볼 수 있는 상업광고를 대신하고 있는 정치 광고판 중 하나엔 "Comandante en jefe" 즉 "당신이 명령을 내린다." 말할 필요도 없이 그 이외에 다른 모든 사람의 입장은 복종하는 것이다.

하바나는 12년 전 내가 마지막으로 찾은 이후 약간 변화하고 있다. 소련의 대규모 지원이 중단되었으며 쿠바 경제는 이제 유럽 관광객에게 의존하고 있다. 대부분 쿠바 정치를 기꺼이 외면하고 열대에서 값싼 휴가를 즐기려는 관광객의 유입은 어느 정도 유연성을 수반하고 있다. 분명 착취로 간주되는 가족 구성원 이외의 종업원 고용은 아직도 금지되고 있지만 파라다레스(paladares는 미각이란 의미의 스페인어이다) 라 불리는 기껏해야 12개의 좌석을 갖춘 개인 소유의 소규모 가족 식당은 허용되고 있다. 국영 레스토랑에선 제한된 생선이나 랍스터를 제외한 일정한 음식만이 허용되고 있지만 생선을 불법으로 판매하는 주인들은 정보원들의 의심스러운 시선을 피해가며 이 같은 규칙을 위반하고 있으며 파라다레스는 금주법 시대의 주류 밀매점처럼 운영되고 있다. (혁명 수호 위원회는 아직도 도처에서 활동하고 있다.) 밖에선 식당 표시를 전혀 찾아볼 수 없었던 내가 찾은 식당의 주인은 손님을 받기 전에 문에 난 작은 구멍을 통해 불안하게 내다보았다. 세 개의 테이블 중 하나에서 간단한 식사를 하는 일이 스파이 소설의 한 장면으로 전환되는 순간이었다.

현재 벼룩시장 또한 쿠바에서 합법화되었으며 헌옷과 가정 필수품의 소규모 거래가 일어나고 있다. 12년 전엔 공개적으로 물건을 사고파는 일은 생각할 수도 없었다. 물건을 사고파는 일은 부르주아 개인주의의 징후로 피델 카스트로의 사회주의적 비전과 상반된 것이었기 때문이다. 피델 카스트로의 사회주의적 비전은 말하자면 모든 것을 필요에 따라 합리적으로 배급하는 것이었다. (물론 실제로 이것은 존재하는 것에 따른 배급을 의미했으며 사실상 존재하는 것은 많지 않았다.)

소규모 매매는 43년간의 카스트로 지배 초기에 허용되었다. 하지만 소규모 매매의 허용은 늘 사람들이 체 게바라의 이상주의적 이론들에서 칭송했던 '도덕적' 인 것들보다는 경제적 인센티브에 더 활발하게 반응한다는 사실이 아주 명백해지게 된 이후 '교정' 기에 금지된다. 하지만 이번엔 매매활동이 더 확고해져 있다. 매매활동이 체제의 경제적 생존에 필수적이기 때문이었다. 내가 하바나를 마지막으로 방문했을 땐 달러를 가진 외국인도 묵고 있는 호텔 밖에선 먹을 음식을 찾을 수 없었다. 이런 상황은 대중적 관광사업을 거의 촉진할 수 없었다. 지금은 당연히 많은 카페와 바가 방문객들에게 음식을 제공하고 있다.

현재 쿠바 경제는 수십 년간의 열정적인 민족주의의 기이하고 아이러니한 결말로 귀결되어 전반적으로 달러화권에 포함되고 있다. 내가 묵고 있던 호텔에서 페소화로 환전을 요구했을 때 환전할 필요가 없다는 답변을 들었으며 그 답변은 아주 옳았다는 사실이 확인되었다. 페소화로 구입할 수 있는 상품이 진열된 먼지 덮인 몇 개의 상점들은 창문에 쿠바 달러를 표시하는 moneda nacional이라는 기이한 사실을 광고하고 있었다. 이 같은 현상은 팔 물건이 거의 없었으며 질 나쁜 물건만 있었는데도 마치 어떤 기적을 행하는 듯 했다. 내가 쿠바를 마지막으로 방문했을 때 일반인이 달러화를 소지하고 있는 것은 범죄였으며 사실상 혁명에 대한 노골적인 경제적 파괴활동은 아니라 해도 불충과 모반의 증거였다. 달러는 사소한 충격에도 코앞에서 터져버릴 수 있는 위험한 폭발물처럼 다루어졌다. 하지만 지금 달러화는 누구나 안전하게 다룰 수 있는 화폐단위에 불과하다.

아직도 호텔 로비에 안전요원들이 무전기를 들고 다니며 출입이 허락되지 않은 쿠바인들이 들어오는지 감시하기 위해 무전기를 들고 어슬렁거리고 있기는 하지만 순수한 쿠바 방문객 숫자는 쿠바인들과 외국인들의 관계가 예전보다 긴장이 많이 완화되었다는 것을 의미한다. 외국인에게 말을 건다고 해서 더 이상 정치적 불신의 징후로 여기지는 않으며 벽 뒤에서 첩자나 도청 등 감시의 눈초리를 의식하며 은밀하게 대화할 필요는 없다. 나는 몇 차례 약국에서 구할 수 없다며 약품을 보내달라는 요청을 받기까지 했다. 허풍을 떨며 선전하던 의료 시스템 속에서 모든 것이 양호하지 못했던 몇 년 전만해도 생각할 수도 없던 일이었다.

사람들은 lo bueno와 lo malo 즉 혁명의 좋은 점과 나쁜 점에 대해서까지 말하고자 했다. 대개는 lo malo는 지독하게 나쁜 것이라고 덧붙인다. 1970년대에 성장했던 어떤 남자는 자신의 영웅이었던 체 게바라, 존 레논(그는 하바나는 리버풀, 뉴욕과 함께 존 레논에 대한 기념비가 있는 세 개의 도시들 중 하나라고 자랑스럽게 말했다)과 함께 혁명적 낭만주의에 심취했었다고 말했다. 그는 당시 새로운 세계가 건설되었다고 생각했지만 지금은 그것이 종착역이었다는 사실을 알고 있었다. 그리고 길을 지나갈 때 특히 노인들이 희귀하고 값진 필수품인 비누를 나누어주길 기대하며 jabon(비누)이라고 중얼거리곤 한다. 처음에 어떤 할머니가 나에게 다가와 jabon이라고 말했을 때 나는 미친 할머니라고 생각했지만 그 할머니는 나에게 다가와 jabon이라고 중얼거리던 많은 사람들 중 첫 번째 사람일 뿐이었다.

지금은 약간의 지적인 개방의 징후도 보인다. 칼레 오비스포 Calle Obispo에 있는 아르 데코 빌딩에 있는 책방 라 모데르나 포에시아 La Moderna Poesia에서 스페인어 역 칼 포퍼의 『열린사회와 그 적들』을 발견했다. 달러화로 매겨진 가격을 고려하면 많은 쿠바 구매자들이 구매하려 할 것 같지는 않았다. 이 책은 외국인들에게 카스트로 체제의 지적인 관용을 과시하는데 불과하다. 쿠바인이 이 책을 사려 한다면 즉시 당국에 보고 되게 될 것이다. 하지만 카스트로 체제 철학에 대한 안티테제적인 작품이 공개적으로 전시되고 있다는 사실 자체가 12년 전에는 생각도 할 수 없는 일이었다.

반면 일간지 「그라마 Grama」와 「레벨드 Rebelde」는 전혀 변하지 않았다. 40년 전에 이 신문들을 읽었던 사람은 오늘 이 신문을 읽는 것이며 카스트로 체제가 지속되는 한 내일 그리고 십년 후에도 변함없는 논조를 읽게 될 것이다. 다른 모든 곳에서(특히 미국에서)의 끔찍한 사회적 붕괴와 역경에도 불구하고 쿠바에서의 끊임없는 사회적 진보 이야기는 가장 진실한 신봉자들까지도 지루해할 것이다. 분명 그것이 신문을 읽거나 다섯 부 정도의 신문을 끼고 팔러 다니는 나이든 신문팔이를 주목하는 쿠바인을 한 명도 볼 수 없었던 이유다. 내가 신문 한 부를 사려는 의사표시를 하자 노인은 대놓고 나에게 구걸할 기회를 얻은 셈이었다. 신문을 파는 것은 접근해 구걸하려는 구실에 불과했다. "신문 얼마죠?"라는 질문에 늘 이어지는 답변은 "주고 싶은 만큼 주세요"라는 말이었다.

43년의 전체주의 독재체제는 세계에서 가장 아름다운 도시들 중 하나인 하바나를 보존과 파괴의 중간에 정체되어 있는 어중 띤 상태에 멈춰지게 했다. 나로서는 가장 신경에 거슬리는 상업주의적 측면들이 없다는 사실이 미학적으로 만족스럽다는 것을 알게 되었다. 맥도널드 매장들(혹은 맥도널드 매장 같은 것들)은 세월과 무관심만큼 광범위하게 도시 경관으로서의 하바나를 파괴했을 것이다. 그리고 상대적으로 교통 혼잡이 없는 하바나는 줄어드는 법이 없는 자동차의 확산이 도시생활 질에 얼마나 모순된 축복인지를 증명하고 있다. 하바나가 '정상적'인 발전 경로를 따랐다면 하바나의 비좁은 격자모양 거리들은 교통 혼잡으로 미어터지고 오염으로 점차 숨쉴 수도 없게 되어 버린 코스타리카의 구아

테말라시나 산 호세처럼 숨막히는 지옥이 되어 버렸을 것이다. 이런 곳에선 소음으로 귀가 윙윙거리고 머리는 멍멍해져 아무런 생각도 할 수 없게 된다.

어쨌든 그런 도시들과 다른 하바나의 거리들은 걷기에 쾌적한 도시다. 공기는 맑고 경적소리도 들리지 않는다. 자기 머리 속에서 스스로 생각하고 대화하는 소리를 들을 수도 있다. 지나는 몇 안 되는 차들 대부분은 바티스타 시대의 찌그러지긴 했지만 많이 수리된 미국제 유물들이었다. 그것들은 덜컥거리고 강제로 짐을 실은 채 앞으로 내몰리는 짐승들처럼 헐떡이고 있었다. 어떤 것들은 앞으로 직진하는 것이 아니라 게처럼 옆걸음질 치며 달리는 듯이 보였다. 한때 산업화된 사회의 대량 생산품들을 부리며 흔해 빠졌었을 이 탈것들은 세월의 고색창연함을 띠며 거의 인격화된 낭만적 아우라를 간직하고 있었다. 그것들은 둘도 없는 오랜 친구들로 사랑받으며 보물처럼 여겨지고 있었다. 그것들을 보면서 당연하게 여겼던 얼마나 많은 물건들이 어느 날 비슷한 방식으로 보여지게 될지 생각해 보게 될 것이다. 이는 세계를 새롭게 보게 되는 계기가 된다.

하바나에 새로 건축된 건물은 거의 없다. 물론 그것은 당연한 결과이기도 하다. 신축된 몇 채 되지 않는 건물들은 전체주의적 모더니즘 양식으로 주택 지구를 파괴하고 있기 때문이다. 게다가 유네스코 UNESCO가 인류의 문화유산이라고 선언한 도시의 중심부에선 우아한 복구 작업이 진행 중이었다. 플라자 비에자 Plaza Vieja에선 장엄한 식민시대 건물이 아래층의 호화로운 레스토랑과 함께 관광객들에게 임대할 수 있는 사치스러운 아파트로 변화하고 있었다(쿠바에선 바로 호화로운 레스토랑이라는 생각 자체가 12년 전엔 생각도 할 수 없었다). 따라서 부르주아는 어느 정도 자연스러운 것이다. 다시 말해서 혁명으로 쫓아낸다 해도 결국은 되돌아오게 된다.

하지만 하바나의 복구 규모는 황폐화에 비하면 아무것도 아니다. 하바나는 말 그대로 무너져 내리고 있다. 프라도 Prado로 알려진 하바나의 멋진 많은 거리들 중 가장 멋진 것들 중 하나는 바다로 향하는 넓은 도로다. 밤에 아늑한 공기 속에서 산책을 즐길 수 있는 길로 중앙에 나무들이 줄지어 늘어서 있는 대리석 보도가 이어져 있다. 프라도를 따라 늘어서 있는 아름답게 균형 잡힌 맨션들의 일부는 내가 그곳을 마지막으로 방문한 이후로 잡석으로 무너져 내리고 있으며 다른 것들도 목재 버팀목으로 그 전면을 지탱하고 있다. 국립 발레학교가 있는 프라도에 인접해 있는 궁정은 골조만 남은 채 바닥엔 잡석만이 깔려있다. 이 골조의 위층에서 들려오는 오페라하우스 전속 가수 연습코치의 소리는 기이하게 들린다. 하바나는 내전을 통해 파괴를 경험하지 않은 베이루트와 다름없다.

하나바의 건축적 천재성은 경이적일 정도다. 하바나의 건축적 천재성은 기둥이 늘어서 있고 열대의 나무들과 관목들로 시원하고 편안한 안마당이 구비된 엄격하고 완벽하게 균형 잡힌 16세기 르네상스 고전주의 저택들을 1930년대와 40년대의 화려한 아르 데코[32]로 확대하고 있는데서 분명하게 드러나고 있다. 수세기에 걸쳐 쿠바인들은 세계에서

---

32) artdéco
1925년 파리에서 열린 〈현대장식미술 · 산업미술국제전〉을 특징짓는 장식의 스타일. 아르데코 라티프 (장식미술)의 약칭. 1925년 양식이라고도 한다. 흐르는 듯한 곡선을 좋아한 아르누보와는 대조적으로 기본형태의 반복, 동심원, 지그재그 등 기하학에 대한 선호를 뚜렷하게 볼 수 있다. 기하학적 형태는, 기

유례가 없을 정도로 조화로운 건축적인 통일성을 창조했다. 잘못된 건축물 그리고 불필요하거나 볼품없는 세부장식은 거의 존재하지 않는다. 예를 들어 도처에서 번쩍이고 있을 아르데코 스타일로 바카르디 건물의 타일을 붙인 다채로운 채색은 쿠바의 빛, 기후, 기질에 완벽하게 순응하고 있다. 쿠바의 건축가들은 쿠바와 같은 날씨에서 공기와 그늘의 필요성을 이해하고 있었으며 그들은 적절하게 건물들과 공간들을 조화시키고 있다. 그들은 아케이드, 기둥, 베란다와 발코니로 우아하고 세련되고 편리하고 쾌적한 도시 환경을 창조하고 있다.

물론 모든 쿠바인들이 쾌적한 도시 환경을 향유하고 있는 것은 아니다. 도시 외곽에 대규모 판자촌이 존재하며 교외의 대다수 농민들은 괴로운 가난 속에서 살아가고 있다. 1958년 쿠바는 전체적으로 보아 이탈리아만큼의 일인당 소비 수준을 유지하고 있었지만 소비는 불균등하게 배분되고 있었다. 하지만 하바나의 장엄함과 아름다움에 대해 아주 놀라운 것은 그것이 아주 넓은 범위에 걸쳐 있으며 그렇게 할 수 있었던 사회가 얼마나 풍요로웠을까(세련되었을 뿐 아니라) 하는 점이다. 하바나의 화려함은 도시의 작은 구역에 한정되지 않고 수 마일에 걸쳐 뻗어 있다.

계문명시대의 새로운 생활양식과의 관련성이 당연히 지적되지만 반드시 합리적이고 기능적인 해결에 따라 처리되는 것이 아니라 오히려 우아한 정취로 뒷받침되어 있다. 아르데코의 원천의 하나가 이국적 정서에 넘친 러시아발레단에 있었다는 것에서도 분명한 것처럼 어떤 때는 화려한 색채를 지닌 기하학적 형태가 전개되었다. 이러한 뜻에서 25년 전시에서 스위스의 르 고르뷔지에가 순정한 기하학에 기초하여 내놓은 〈에스프리누보(새로운 정신)〉는 두드러진 합리적 정신에서 아르데코와 분명히 구별되는 것이 있었다. 아르데코를 대표하는 디자이너로는 공예의 H.브란트 · 르그랑, 포스터의 카산드르를 들 수 있으며 패션계에서는 G.샤넬 등이 아르데코의 정취를 받아들여 새로운 시대를 가져왔다. J.호프만이 주재한 빈 공방의 작풍은 그 고상하고 우아한 취미를 살려 아르데코에 접근했다. 1930년 전후의 뉴욕의 건축 장식에서도 아르데코양식이 나타났다.

　　물론 현재 화려함은 빛을 잃고 있다. 하바나는 도시 쇠퇴란 주제에 대한 바하 변주곡의 거대한 무대장치처럼 보인다. 치장 벽토는 흙이 되어 사라지고 지붕도 사라지거나 골함석으로 대체되었고 덧문은 부서져 톱밥이 되고 칠은 흔적만 남아 있고 계단은 끊겨 있으며 창문엔 유리창이 없고 문엔 돌쩌귀가 떨어져 나가고 내부 벽은 붕괴되고 있다. 어떤 보장도 할 수 없는 목재 버팀목들이 모든 유형의 구조물들을 지지하고 있다. 오래된 전선줄이 치주의 구더기처럼 벽에서 돌출되고 정교한 철 세공 발코니들은 녹이나 부서지고 있다. 벽토는 고약한 피부병처럼 벗겨져있었고 판석은 다른 용도로 채굴되었다. 모든 거대하고 아름답게 균형 잡힌 공간들 —— 창문을 통해 볼 수 있거나 무너진 벽들을 통한 어떤 장소에 있는 —— 은 예외 없이 합판 칸막이로 작은 공간으로 분할되어 그 작은 공간에서 가족 전체가 살고 있다. 예전에 궁정이었던 곳의 창문에는 빨래가 널려있다. 출입구는 예외 없이 어두우며 밤에 전등 빛은 밝게 비추기보다는 희미하게 껌뻑이며 빛을 발한다. 거주할 수 없을 정도로 황폐해진 건물은 없다. 하바나는 지진이 일어난 도시처럼 보이며 주민들은 구호대가 도착할 때까지 폐허에서 힘겹게 살아남으려 하는 것처럼 보인다.

　　하지만 하바나에서 사는 사람들이 눈에 띄게 불행해 보이지는 않는다. 오히려 불행과는 거리가 멀어 보인다. 어린아이들은 뭉친 종잇조각으로 만든 공과 철제 파이프로 야구를 하며 즐거워한다. (이상하게도 가장 강력한 반미의 정치적 전통을 가진 남미국가들은 마치 정치가 적의 오락을 취하는데서 죄책감을 완화하려하는 것처럼 야구를 가장 열광적으로 즐긴다.) 거리에는 많은 미소와 웃음소리 같은 사회생활로 충만하며 춤과 음악이 곁들여진 소규모 축제를 어렵지 않게 볼 수 있다. 사람들이 폐허 속에서 만들고 있는 집에는 아프리카의 오두막에서도 볼 수 있는 자존심과 자부심의 가슴 아픈 사소한 징표들을 찾아 볼 수 있다. 예를 들어 조심스럽게 손질된 조화(造花)와 다른 싸구려 장식물들이 그것이다. 부유한 사람들 사이에서 조잡한 공예품에 대한 취향은 정신적 빈곤의 징표다. 하지만 가난한 사람들에게 조잡한 공예품에 대한 취향은 이룰 수 없는 욕망인 아름다움을 위한 노력을 나타내고 있다. 노인들만이 풀이 죽어 희망을 잃은 모습이다. 노인들은 당연히 과거를 회상하며 자기들이 젊었을 때의 하바나와 현재의 하바나를 대비하는 것은 생각하기 고통스러운 일일 것이다.

하바나의 폐허 속에 살아가고 있는 사람들에게서 분명하게 느낄 수 있는 만족감이 수세대를 이어 내려온 인간의 집단적 노고의 걸작인 하바나가 파괴되는 것을 보고 있는 나의 깊은 슬픔을 달래주지는 못했다(그리고 슬픔보다 더한 어떤 것이 나의 가슴을 무겁게 짓누른다). 오히려 나는 바로 그 같은 초연함에서 깊은 혼란을 느낀다. 황폐화가 전쟁이나 자연재해가 아니라 계속되는 무관심에서 비롯되고 있다면 국민이 폐허가 된 수도에서 만족하게 살아야 한다는 것은 무엇을 의미할까? 그들은 자신들이 이해하지 못하거나 가치 있게 평가하지 않는 것을 적극적으로 분쇄하거나 파괴하는 야만인들은 아니다. 그들은 자신들이 거주하고 있는 건물들이 붕괴 위험에 놓여있다는 사실을 모르지도 않는다. 그들이 어떻게 모를 수 있겠는가? 하바나 사람들은 자신들이 거주하고 있는 무너질 듯한 폐허를 보여주는 것을 개의치 않으며 웃음소리와 미소로 안내한다. 단지 그렇게 사는 것이 하바나 사람들에겐 자연스러운 일이 되었으며 벽과 계단의 붕괴는 날씨처럼 피할 수 없어 보이게 된 것이다.

시험 삼아 주위에서 일어나고 있는 건축 유산의 쇠퇴와 파괴에 대해 동료 시민들의 관심을 끌기 위해 자신의 사진을 이용하려 했던 어떤 예술가는 시의 무관심을 정부 선결과제의 선언 탓으로 설명하고 있다. 그는 쿠바 정부는 늘 하바나 건물들의 보존보다는 교육과 의료 서비스에 더 많은 관심을 가지고 있다고 말했다. 그는 정부가 건물과 같은 단순한 물질적 대상보다는 신생아 사망률의 감소를 더 중요하게 고려해야 하는 이유를 이해하지만 점차 건축물 유산 보존의 중요성을 알게 되었다. 일단 건축물 문화유산이 사라지면 돌이킬 수 없게 된다. 하지만 그의 견해는 대다수 시민들이 그런 문제에 개의치 않고 있다는 것이다.

유감스럽게도 나는 하바나의 무관심이 이 예술가가 제시하고 있는 것보다 더 깊고 더 불길한 합리성을 갖고 있지 않나 하는 의심이 들었다. 자신이 하바나가 폐허가 되는 것을 방치하고 있다는 비난에 대한 카스트로의 격앙된 반응은 쉽게 예상할 수 있다. 그는 미국의 통상금지 정책 때문에 늘 지출 우선순위를 분명히 할 필요가 있으며 상대적으로 소수의 시민이 거주하고 있는 수도를 유지하기보다는 국민의 생활엔 학교, 병원, 의약품이 더 중요하다고 주장할 것이다. 삶은 사물보다 중요하다. 그리고 쿠바의 낮은 유아사망률과 긴 수명은 카스트로의 정책을 정당화해주고 있다.

하지만 내가 보기에 이 같은 답변은 정직하지 않다. 그것은 쿠바 문맹율의 감소나 공중위생 개선을 위해선 카스트로의 정책이 필수적이냐 혹은 쿠바인들이 감수하고 있는 명백히 제약된 자유를 정당화하느냐 여부의 문제조차 넘어서고 있다. 나는 무관심하게 황폐화되고 있는 하바나가 철저하게 이데올로기적 목적에 이용되고 있는 것은 아닌가 하는 의심이 든다. 결국 쿠바정부의 재건에 대한 무관심은 소련으로부터 막대한 지원이 흘러들고 있는 동안에도 거의 반세기 동안 계속되고 있었다. 카스트로 같은 절대적 독재자는 원하기만 한다면 하바나를 보존할 수 있었으며 쉽게 그렇게 할 수 있는 경제적 구실을 만들 수 있었다.

하지만 하바나는 그의 정책적 토대를 보강하고 43년간의 독재를 정당화하는 전 역사를 논증하고 있다. 이 같은 설명에 따르면 쿠바는 사회주의 혁명이 없었다면 미국과의 의존관계 때문에 가난해진 쿠바의 문제를 해결할 수 없는 빈곤한 농경 사회였다는 것이다. 소수 착취 중간계급이 신식민주의적 관계에서 엄청난 이익을 얻은 반면 대중은 비참한 가난과 불행 속으로 빠져들었다.

하지만 하바나는 놀랍도록 화려하고 부유한 대도시였다. 하바나의 부와 화려함은 부와 극단적 가난이 공존하긴 했지만 하바나의 부가 분명 한줌도 안 되는 소수의 손에 집중되어 있지는 않았다는 사실을 보여주고 있다. 하바나에선 수십만의 사람들이 부유하게 살고 있었으며 그렇게 많은 사람들이 상대적으로 소수인 시골 주민들을 착취함으로써 부유해진 것처럼 보이지는 않는다. 하바나의 부자들은 활기 있고, 생산적이며 창조적인 사람들이었음에 틀림없다. 그들의 사회는 카스트로가 자신의 통치에 대한 합리성을 파괴하지 않으면서 인정할 수 있는 것보다 분명 훨씬 더 복잡하고 세련되었었다.

따라서 풍요롭고 세련되었던 과거를 인정할 수 없기 때문에 물질적 흔적 그리고 카스트로 이전의 풍요로운 사회에 대한 기억조차 파괴되어야 한다는 것은 이데올로기적으로 필수적이었다. 공식 발표에(그리고 쿠바에서 모든 발표는 공식적이다) 따르면 과거에 유일하게 긍정적 인물들은 카스트로가 신격화되고 있는 지속적인 민족주의적 전통을 대표하는 반역자와 혁명가들이다. 혁명 이외에 신은 없으며 카스트로는 혁명의 선지자이다. 쿠바독립과 카스트로가 등장하기까지의 시기는 '사이비 공화국'으로 알려져 있으며 가난의 존재는 물론 바티스타의 부패한 살인강도가 카스트로 이전의 삶에 대해 알 필요가 있는(혹은 허용되는) 전부였다.

하지만 카스트로 이전에 빈곤, 부패, 잔인한 살인강도만이 존재했다면 하바나는 누가 건설했을까? 그리고 하바나의 화려함은 어디에서 기원할까? 증거를 없애는 가장 좋은 방법은 전 세계의 비난을 받았던 부처상들을 폭파시킨 노골적인 탈리반의 방식은 아니라도 대다수 사람들이 영구히 약탈된 소유물 속에서 살아가게 하면서 이어 세월과 무관심에 나머지를 내맡기는 것이다. 사람들은 자신들이 그 안에서 살았던 바로 그 벽들의 과거와 철저하게 단절되게 될 것이다. 이런 방식으로 현재 하바나의 폐허는 편집광적인 역사편찬을 실천한 물질적 결과이다.

하지만 사람들이 거주하고 있는 폐허는 오랫동안 많은 관광객을 끌어들일 수 없기 때문에 복구를 많이 필요로 하는 하바나의 작은 지역 복구에서처럼 이데올로기적 경향에 이용할 수 있는 축소된 기억들이 만들어질 수 있다. 이런 식으로 실제적으로 폐허가 되어버린 오래된 하바나의 건물들 중 일부를 복원하기 위한 카스트로 체제의 초인적인 노력을 이전과 이후에 사진을 찍음으로써 기록하는 거대하고 그럴듯한 책이 출간되고 있다. 『망각하지 않도록 Lest We Forget』이란 제목의 이 책은 애초에 폐허화가 어떻게 시작되었는지는 언급하지 않고 있다. 따라서 복구는 혁명을 위한 또 하나의 승리가 된다.

카스트로가 자행한 끔찍한 해악은 그와 그의 체제보다 더 오래 지속될 것이다. 하바나를 복원하기 위해선 엄청난 자본이 요구될 것이다. 소유권과 주거의 권리에 대한 법적인 문제는 비용이 많이 들고 격렬하며 끊임없이 지속되게 될 것이다. 그리고 쿠바를 복구하는데 상업적, 사회적, 미학적 고려의 균형을 맞출 필요는 최고의 관리 지혜를 필요로 하게 될 것이다. 어쨌든 하바나는 세계에 대해 자신들이 미래를 포함한 모든 것을 설명하는 이론을 갖고 있다고 믿는 편집광들의 위험에 대한 무시무시한 경고가 되고 있다.

2002

정직한 관료주의보다 부패한 관료주의가 낳은 이유

나는 1960년 소년이었을 때 처음으로 이탈리아를 방문했었다. 그 해는 로마 올림픽이 개최된 해였고 이탈리아는 객관적으로 가난한 나라였다. 생활수준은 바티스타 정권이 무너지기 전의 쿠바와 그다지 다를 바 없었다. 이탈리아에서 가장 가난한 지역인 시실리의 어떤 마을에선 3404명의 주민이 돼지, 염소, 당나귀 등 5085마리의 가축들과 함께 700개의 방을 함께 쓰고 있었다. 당시 비료로 사용되던 동물배설물이 들에 뿌려지기 전 시실리의 거리들에 쌓인 채 방치되고 있었다. 이탈리아를 방문한 해외 관광객들은 이탈리아의 상수도체계를 믿지 못했다. 10살 때 나의 첫 번째 이탈리아 체류는 열이 올라 치료차 스위스로 가야 했기 때문에 갑자기 끝을 맺게 되었다. 수시로 조심하라는 주의를 들었으면서도 이탈리아 수돗물을 마셨기 때문이었다. 나는 내내 부모님에게 천연 광천수 물을 요구하기는 싫었었다.

내가 태어나던 해 유아사망률은 이탈리아가 영국보다 세배는 높았었다. 50년 정도가 지난 지금 이탈리아의 유아사망률은 영국보다 낮으며 대개 이탈리아인들은 영국인들보다 건강하게 더 오래 살고 있다. 이탈리아는 영국보다 눈에 띄게 부유할 뿐 아니라 훨씬 청결하다. 최근 이탈리아 신문「라 레퓌블리카 La Repubblica」는 영국 음식이 불결하고 안전하지 못한 이유에 대해 의문을 제기하는 기사를 게재했다.

상황은 놀라울 정도로 반전되었다. 오랜 과거를 제외한다면 적어도 250년간 영국은 거의 모든 부문에서 이탈리아보다 훨씬 더 부유했다. 영국인들은 자기와 동시대의 이탈리아인들을 동정하며 짐짓 생색을 내곤 했다. 물론 이탈리아는 향락적 쾌락과 문화적 풍요로움을 간직한 고갈되지 않는 매력을 지닌 나라이긴 하지만 정치 · 경제적인 측면에선 그다지 중시되지 못했다. 무솔리니도 죽을 때까지 이탈리아는 현실적으로 대단치 않은 나라라고 단정하고 있었다.

발표된 대부분의 지수에 따르면 현재 영국과 이탈리아의 1인당 국민 총생산은 거의 엇비슷하다. 양측에서 발표한 숫치는 정확히 일치하지 않으며 다른 변수들이 고정되어 있다면 화폐가치의 변동에 따라 두 나라의 상대적 부는 변화할 수 있다. 그렇지만 두 나라 사이의 격차가 아주 크다는 사실을 입증하는 자료는 제시되지 않고 있다. 1950년대에 같은 자료들은 이탈리아의 1인당 GNP를 영국의 40% 정도로 제시하고 있다.

하지만 나는 통계수치를 전적으로 신뢰해선 안 된다는 사실을 알고 있다. 정확한 수치가 은행 계좌의 잔고처럼 분명한 사실을 나타내고 있다고 추정할 수는 있다. 하지만 이 수치들의 정확성은 의심스럽다. GNP를 측정하는 전문가들이 경제가 수년간 엄청난 비율로 성장하고 있다고 말하지만 국민들은 몇 개의 섞은 감자들을 구입하려고 몇 시간씩 줄을 서야 하는 나라들(루마니아 같은)을 방문했던 적이 있었다. 루마니아에서 언제든 감자를 구입할 수 있으려면 얼마나 오래 가파른 성장을 지속해야 하는 것일까? 경제 성공에 대한 평가는 통계뿐 아니라 상식적인 관찰이 필요하다.

그리고 상식적으로 영국과 비교할 때 이탈리아 경제는 분명 매우 성공적이다. 영국을 따라잡는 것만으로도 이탈리아의 큰 성공을 증명하고 있지만 il sorpasso 즉 거의 모든 분야에서 분명 이탈리아는 영국을 추월하고 있다. 예를 들어 이탈리아에선 영국의 상당지역을 특징짓고 있는 수 킬로미터에 이르는 도시의 황폐함과 불결함을 찾아 볼 수 없다. 이탈리아를 방문한 영국 방문객들이 쉽게 확인하고 자부심을 느끼게 했던 불결함은 이제 영국에서 훨씬 더 쉽게 목격할 수 있게 되었다. 이탈리아 주민들은 영국인들처럼 환경 때문에 그렇게 우울해하거나 절망하는 것처럼 보이지 않는다. 이탈리아의 모든 작은 지방 상점들, 시실리에서조차 런던 외곽의 대도시에서도 찾아 볼 수 없는 유형의 고급품들을 진열해 놓고 있다. 이탈리아 남부의 바리시는 영국 남동부 항구 도시 도버와 비교할 수 없을 정도로 부유하고 덜 황폐하다.

1950년 영국인들은 이탈리아인들보다 12배나 많은 차량을 소유하고 있었다. 현재 이탈리아인들은 영국인들보다 더 많은 차를 갖고 있다. 당시 영국 자동차 산업은 세계에서 두 번째로 큰 규모였지만 지금은 유일한 영국인 소유의 자동차 제조업체인 로버가 연 20만대 정도를 생산하고 있을 뿐이다. 반면 이탈리아엔 3개의 자동차 제조업체가 있으며 그 중 하나인 피아트는 세계에서 가장 큰 자동차 제조업체들 중 하나다.

이 같은 부의 역전이 어떻게 일어났으며 어떻게 설명할 수 있을까? 두 나라의 인구 밀도는 거의 비슷하며 경제에서 자연 자원이 차지하는 비중은 미미하다. 오히려 자연 자원은 영국이 이점을 갖고 있다. 영국은 20년 이상 북해에서 상당량의 석유를 채굴하여 그럭저럭 채무국이 되지 않고 유지하는데 충당하고 있다.

분명 영국이 이탈리아보다는 정치적으로 안정되어 있다. 최근 이탈리아 수상으로 당선된 실비오 벨루스코니 Sivio Berlusconi는 세계대전 이후 59번째 정부를 이끌고 있다. 이탈리아의 빈번한 정권 교체는 볼리비아 이외에는 거의 찾아 볼 수 없을 정도다. 상대적으로 영국의 정권 교체는 겨우 6번 정도로 정책적 일관성을 유지할 수 있었다. 두 개 기성정당 사이의 안정된 정권 교체는 지금까지도 영국 정치 풍경의 변함없는 특징이 되고 있다.

경제 정책으로도 두 나라의 상이한 성장률을 설명할 수 없다. 이탈리아의 경제 운영은 영국과 큰 차이가 나지 않는다. 오히려 이탈리아의 인플레이션이 더 심각하며 리라화는 지난 40년간 파운드화에 비해 거의 2배 가까이 평가절하되었다. 영국과 이탈리아의 수입배분은 거의 유사하며 백분율에서 최고와 최저가 올리는 국가 수입은 거의 같다. 경제적 평등이나 불평등으로 두 국가간의 차이를 설명할 수는 없다.

국가 전체로서 이탈리아는 수년간 영국보다 더 많은 이탈리아 경제 생산물을 소비하고 있다. 공식적으로 1인당 GNP가 거의 같았던 1992년 이탈리아는 영국보다 약 25%를 더 소비했다.

이탈리아의 실제 모습을 알지 못한다면 얼핏 보기에 이 같은 사실은 이탈리아가 통제 경제 정책을 추진했다는 사실을 입증하는 것이라고 생각할 수도 있다. 이탈리아의 관료주의는 표면적으론 영국의 관료주의보다 생산 활동에 훨씬 더 큰 장애물이 되고 있다(이탈리아의 관료주의가 더 크고 복잡하게 뒤얽혀 있기 때문에). 이탈리아 관료주의가 관련된 가장 단순한 절차도 경험이 없다면 곧 그로부터 벗어나는 것이 거의 불가능한 복잡한 미로로 변화한다. 이탈리아에 살고 있는 외국인들은 국영 공익사업, 예를 들어 전화선 연결이나 가스 요금 납부 시에 겪게 되는 고질적인 어려움을 예외 없이 자세히 얘기하곤 한다. 그 같은 상황에서 어떻게 현대적 경제가 기능할 뿐 아니라 번영하기까지 할 수 있을까?

하지만 이탈리아의 공공 행정은 전통적으로 영국에 비해 비교 우위에 있는 장점이 하나 있다. 행정 기관의 부패가 그것이다.

분명 부정부패는 이상한 유형의 미덕이다. 그것은 불필요하고 무해한 목적을 추구하는 정직도 마찬가지다. 부정부패는 일반적으로 악으로 간주되며 이론적으로 부정부패는 분명 악으로 볼 수 있다. 하지만 나쁜 행위도 때로 좋은 결과를 가져올 수 있으며 좋은 행위도 때로는 나쁜 결과를 가져오기도 한다.

집행이 민첩한 소규모 관료주의가 존재하는 곳에서 관료의 정직은 비할 데 없는 미덕이다. 하지만 대부분의 현대 유럽 국가들처럼 행동이 굼뜬 대규모 관료주의가 존재하는 곳에서 관료주의적 행정은 혁신을 방해하거나 활력을 억누르는 무거운 짐이 된다. 영국이나 이탈리아도 예외는 아니다. 공무원들이 정직한 곳에선 오히려 누구도 관료주의의 폐해를 막을 수 없게 된다. 관료주의적 절차는 아무리 번거롭고 시대에 뒤떨어져 까다롭다 하더라도 참을성 있게 견뎌야만 한다. 관료주의에 물든 공무원에게선 신속하게 일을 처리하거나 상식적인 문제 해결을 기대하기는 힘들다. 사실상 바로 이러한 불합리성과 규칙에 따른 심사숙고야 말로 공무원들에겐 자신의 공정성, 공평성 그리고 공정무사하다는 사실을 보여주는 것이기 때문이다. 공무원의 이상적인 태도는 공정하게 모든 국민을 차별 없이 똑같은 경멸감으로 대하는 것이다.

이런 상황에서 관료의 법정에서 청원자의 뇌물이나 개인적 영향력의 행사는 사실상 효율성을 증가시킬 수도 있다. 물론 관료주의가 전혀 존재하지 않는다면 말할 나위도 없겠지만 관료주의는 존재하고 조만간 사라질 것 같지도 않다. (나의 경험에 따르면 관료주의를 줄여보려는 어떤 공개적 시도도 현실적으로 관료주의를 증가시키는 결과를 가져온다.) 뇌물을 주거나 인척이나 지인의 불법적 영향력을 부탁할 수 있는 사람은 신탁에서 계시를 기다리듯 수동적인 태도를 가져서는 안 된다. 즉 그는 상황에 대한 어떤 통제력을 갖고 있는 것이다.

국가가 모든 사람의 삶에서 거대한 모습을 드러낼 때 부패의 정도는 국민성에 유익한 결과를 미치게 된다. 물론 국가가 모든 사람들의 삶에 전적으로 개입하고 공직자의 부패가 일반적인 현상이 되게 되는 정도에서만이 이 두 가지 현상은 부의 창조를 질식시키고 일반적 빈곤화를 야기하게 된다. 결국 공산주의 치하에서처럼 탈화폐경제가 이어진다. 하지만 이탈리아는 이러한 단계까지는 이르지 않았으며 명민한 이탈리아 공무원들은 황금 알을 낳는 거위를 죽이지는 않았다. 사회가 풍요로워질수록 더 많은 것을 뽑아 낼 수 있는 것이다. 기업에 좋은 것은 자기들에게도 좋다. (중국에서 상대적으로 번영하고 있는 광동 지방의 공직자들도 이러한 원리를 이해하고 있는 것처럼 보인다.)

누가 보아도 명백한 이탈리아 공직자들의 부패는 국민에게 국가는 자신들의 후원자나 보호자가 아니라 적이라는 확신을 심어주며 국민은 국가에 대해 깊은 불신감을 갖게 된다. 따라서 모든 계층의 사람들이 세금을 도덕적으로 양심의 가책을 느끼지 않고 탈세를 하게 된다. 누구나 당국에 자신의 수입 전체를 드러내 그에 따라 세금을 내는 순진한 짓을 비웃게 되는 것이다. 사람들은 가능하면 당국으로부터 자신의 경제활동을 숨기게 되면서 일종의 유사 시장인 이탈리아의 악명 높은 '암거래' 경제를 야기하게 된다. 이탈리아의 '암거래' 경제는 다른 어떤 유럽 국가들보다 더 크고 복잡하다는 사실에 대체적으로 동의하고 있다. 이러한 유사시장의 규모가 공식적으로 1인당 GNP가 영국과 비슷한 이탈리아가 영국보다 훨씬 더 부유해 보이는 이유다.

국가가 수행해야 한다고 주장하지만 대개 수행하지 못하고 있는 사회보장과 같은 기능들을 대체할 장치를 만들 필요성과 국가의 부패를 피해야 할 필요성 때문에 이탈리아 국민들은 스스로를 방어해야 했다. 이탈리아인들은 언제 교체될지 모르는 정부에 대해 이탈리아인들은 정치인이나 그들이 지배하는 국가가 자신들의 번영을 좌우한다고 생각할 수 없었을 것이다. 이탈리아에서 필수적인 것은 발명의 어머니라기보다는 경제적 유연성, 기껏해야 기회주의와 가족 간의 유대였다. 이탈리아의 이혼율과 사생아 출생률이 영국의 1/6이라는 사실은 이탈리아가 가톨릭 국가이기 때문이라기보다는 경제적 측면에서도 가족 간의 유대를 우선시하는 사회분위기 때문일 것이다.

반면 영국에서 빅토리아 시대(당시 국가는 사생활에 거의 개입하지 않았다)의 유산인 공공 행정의 재정적 성실성은 국민들에게 치명적으로 잘못된 생각을 갖게 했다. 영국 국민들은 공직자들이 뇌물을 요구하거나 기대하지 않으며, 다른 형태의 불법적인 영향력에 쉽게 흔들리지 않는다고 생각하기 때문에 공직자들은 실제로 공익과 개인의 이익 모두를 위해 일하고 있다고 생각한다. 따라서 영국 국민들은 국가의 자선이나 적어도 국가가 호의적인 중립을 지키고 있다고 믿게 된다. 영국의 공직자들은 정직하고 공정하며 따라서 선한 것이다.

현재 부모세대의 많은 사람들의 잘못된 믿음에 따른 유해한 결과를 보고 있다. 그들은 때로 당연한 권리라고 믿고 있는 것들을 얻어내기 위해 정부에 자신의 삶을 내맡기기도 한다. 그들은 당연한 권리라고 믿고 있는 것을 정부가 제공하지 못하는 이유를 납득할 수가 없다. 정부가 당연한 권리인 것을 제공하지 않음으로서 개인적으로 이익을 보는 사람은 아무도 없기 때문이다. 어떤 공직자가 "10파운드만 주면 그 일을 처리해 드리죠"라고 말했다면 차라리 쉽게 이해할 수 있었을 것이다. 하지만 뇌물을 요구하는 사람은 아무도 없다. 따라서 사람들은 수년간 정부 당국이 진정으로 자신들의 당연한 권리에 대해 고심하고 있다는 환상이 계속된다. 영국인들의 국민적 오락은 '고도를 기다리며' 이다.

예를 들어 공공 주택에 사는 나의 환자들은 이해할 수 없는 끊임없는 지연과 발뺌의 세계에 익숙해져 있다. 정치인들의 침 발린 말과 주택 부문의 금전적 청렴성 때문에 공공주택은 거주자의 이익을 위해 존재한다고 확신하며 문제가 생기면 인지적 부조화로 허둥대게 된다. 종종 이런 경우를 보게 된다. 환자들 중 한 명이 살고 있는 거실 벽에 습기가 스며들어 얼마 않돼 전기가 나갈 정도로 아파트 전체로 습기가 번져나갔다. 환자와 그의 가족 모두가 아직 습기가 차지 않은 방 하나에 모여 살지 않을 수 없게 되면서 정부 당국이 알 수는 없지만 분명 도움이 되지 않는다는 사실을 깨닫게 되었다. 18개월 동안 정부의 도움을 요청했지만 담당자들은 요청서를 잃어버리거나 요청서를 받았다는 사실을 부인하며 검은 곰팡이가 방들마다 번지고 있는데도 습기 찬 부분이 없다고 말하는 검사자를 보내거나 기껏해야 공사 청부업자를 보내 마분지를 습기 찬 벽에 덧대지만 그곳에도 이내 곰팡이가 피어오르곤 했다. 결국 담당 공무원은 창문을 닫은 채 지나친 난방을 했다며 습기가 차는 것은 세입자의 책임이라며 비난했다. 따라서 자신들은 더 이상 세입자를 도울 수 없다는 것이었다. 금전적인 문제 이외에 다른 형태의 부정직이 있으리라고는 생각해 본 적이 없었기 때문에 나의 환자는 시스템적 무관심이라기보다는 운이 나쁜 예외적인 희생자라고 생각하며 오랫동안 계속해서 만족할만한 해결책을 찾으려 했다.

마침내 나의 환자가 자신의 경우를 불운만으로 치부할 수 없다는 사실을 알게 되자 그의 자발적이고 인내심 강한 의존은 성난 반감으로 변하게 되었다. 하지만 의존도 반감도 건설적이지는 못하다. 거대하고 정직하지만 무관심하고 무능력한 국가 관료제도는 의존과 반감이라는 서로 상반된 감정을 불러일으키는 기대를 주게 된다. 이탈리아에선 이 같은 기대감이 존재할 수 없다. 무엇보다 이탈리아에선 누구도 정직한 체하지 않으며 따라서 공적 행정의 자선을 기대하지 않기 때문이다.

거대하고 표면적으로 호의적인 국가는 한때 방문객들이 주목했던 영국 국민의 자부심과 강인한 독립심을 완전히 부식시키고 있다. 현재 영국인들의 40%는 수입의 일부 혹은 전부를 직접 국고에서 지급받는 정부보조에 의존하고 있다. 그런데도 정부는 정기적으로 국민들에게 자신들의 권리를 요구하도록 정기적인 광고 캠페인을 벌이고 있다. 게다가 영국 정부는 건강, 교육, 사회보장, 연금 그리고 주택(적어도 국민 1/4에 대해)과 같은 몇 가지 인생의 중요한 영역들에서 자신이나 자신의 가족을 위해 준비하는 개인의 책임을 면제해주고 있다. 따라서 납세를 한 후 남은 수입이나 정부에게서 받은 실업 수당은 일종의 용돈이 되어 더 많은 분노와 권태를 야기하지만 더 심각한 측면은 사적인 가계비를 이미 정부가 돌보고 있다는 점이다. 이것이 영국 정부가 세금 감면을 고려할 때마다 특정 정치 성향을 갖고 있던 신문들이 거의 예외 없이 세금 감면 조치는 부모가 매주 아이들에게 용돈을 주듯 가난한 사람들에 대한 동냥에 탐닉하며 돈을 나누어주는 것으로 설명하는 이유이다.

내가 기술했듯이 사람들이 심리·경제적으로 쇠약하게 하는 상극적 함정에 빠져드는 것은 예외적인 현상이 아니라 대중적인 현상이다. 그것은 정신을 혼탁하게 하고 행동을 마비시킨다. 그것은 이탈리아의 거리에선 찾아 볼 수 없지만 영국의 거리에선 아주 만연해 있는 타락과 자존심의 결여를 설명해 준다.

동아프리카에서 일할 때 나는 불과 몇 마일 떨어지지 않은 곳에서 벌어지고 있는 이탈리아와 영국의 건설 현장을 비교하며 어떤 교훈을 얻을 수 있었다. 영국의 건설 노동자들은 주정뱅이에 폭력적인 난봉꾼들로 불결했고 부끄러움이나 긍지는 찾아볼 수 없었다. 개인적으로 큰 이익이 되지도 않는데 극히 이기적인 그들은 전혀 후회하는 기색 없이 술에 취해 아주 값비싼 장비들을 파괴했으며 질책을 당하면 격렬한 분노로 반응했다. 그들은 관리자들을 위협했으며 관리자들은 건설 노동자들을 통제하려는 시도는 거의 하지 않았다. 이 건설 노동자들은 바로 자신이나 자신들이 하고 있는 일에 대한 어떤 자부심도 잃은 채 즐거움도 없이 끊임없이 가벼워지려 애쓰는 일단의 국민들을 대표하고 있다.

반면 이탈리아인들은 근면하고, 절제되어 있으며 깨끗하다. 그들은 아프리카의 오지에서도 문명화된 방식으로 즐겼으며 술을 마셔도 취태를 부리지 않았다. 이탈리아아인들은 오늘날 영국인들의 특징적인 자기 절제의 완벽한 결여를 드러내는 법이 없었다. 영국인들과 달리 이탈리아아인들은 지역 주민의 골칫거리가 되는 일은 없었으며 누가 보아도 그들은 일하러 온 사람들처럼 보였다. 즉 영국인 건설 노동자들보다 더 사교적이고 자신감을 가진 그들은 의존 문화 때문에 자신의 존엄성을 파괴당하지 않은 사람들이다.

이탈리아의 공공 행정은 유일하게 한 분야에서 전체적으로 영국에 앞서고 있다. 하지만 유일하게 성공적인 관료 정치의 성공은 결정적인 것이었다. 한 분야에서의 성공이 영국에 비해 이탈리아의 생활수준을 엄청나게 향상시켰기 때문이다. 영국이 도시 유산을 파괴하고 끔찍한 현대적 주차 빌딩으로 도시 유산들을 대체한 것은 GNP를 부풀리기는 했지만 영국인들의 낮아진 삶의 질을 전형적으로 보여주고 있다.

이탈리아보다 풍요로운 건축 유산을 덜 보존하기는 했지만 영국은 더 열광적으로 영국이 갖고 있는 것을 보존했다고 생각할 수도 있다. 하지만 사실은 그렇지 않다. 한때 문명화되고 우아했던 영국의 도시풍경은 이데올로기적 편견에 희생되었다. 정치적 스펙트럼의 한쪽 끝에 있는 가장 미숙하고 근시안적인 상업적 이해관계를 가진 측이 물려받은 도시경관에 대해 가장 싸고 가장 이익이 나는 방식으로 자기들이 원하는 것은 무엇이든 요구하고 실행할 수 있는 자유를 얻게 되었다. 그들은 수백 년간 조화롭게 건축된 건물군을 결국 가장 속물적이고 어울리지 않는 재개발을 통해 복원을 기대할 수 없을 정도로 파괴했다. 정치적 스펙트럼의 또 다른 쪽 끝에선 급진적 개혁가들이 단지 과거의 상징이라는 이유로 과거의 건축적 상징들을 광적으로 증오했다. 그들은 착취, 인종주의, 노예제 등에만 근거했을 엘리트 문화를 경멸했다.

예를 들어 내가 살고 있는 도시의 공인 건축가이자 도시 계획자는 조지시대 모든 거리와 다시 유행했던 빅토리아 시대의 고딕 양식으로 지어진 많은 걸작들을 포함해 20세기 후반기 이전에 세워진 특이한 지역 건축물들을 모두 허물고 싶어 했다. 다행스럽게도 그는 오래된 건축물들 중 1/10 정도가 남아 있을 때 은퇴했다. 그때까지 나머지 건축물들은 현재 그 상당수가 건축된 지 30년도 안돼 철거될 예정인 아주 끔찍하고 비인간적인 르 코르뷔지에식 고전주의에 근거해 근대 합리주의적 거대 건축물들로 대체되었다. 조지 시대의 휴양 도시 바스는 훨씬 더 놀라운 예를 보여주고 있다. 1950년대 바스 시 의회는 건물을 무너뜨리고 당대와 더 조화되는 어떤 것으로 대체하고 싶어 했다.

다른 측면에서 아무리 부패하고 정치적으로 극단적이었다 해도 그 같은 야만적인 생각을 하는 이탈리아인들은 아무도 없었다. 조르지오 바사니 Giorgio Bassani가 그의 주인공들이 핀치 콘티니 가의 정원 The Garden of the Finzi-Continis에서 살고 있는 궁정의 거리를 주목하고 있는 것처럼 "코르소 에콜 1 테스트 Corso Ercole Ⅰ d'Este는 뛰어난 관광지로서의 매력이 있기 때문에 거의 15년간 페라라를 운영해 온 좌파 의회는 그것이 현재 모습으로 보존되어야 하며 투기적 건설업자와 상점주인들에 대항해 엄격히 보존되어야 한다는 사실을 깨달았다. 사실 그것의 귀족적 특성은 정확히 과거처럼 보존되어야 한다는 것이다." 영국에서 이런 견해들은 전혀 고려되지 않았다.

현실적으로 이탈리아의 도시 정책은 이 문장이 제시하고 있는 것보다 훨씬 더 계몽되어 있었다. 옛 고을과 도시들에서 상업적 계획들은 건축물의 외관을 손상하지 않도록 미학적 기준에 부응해야 했다. 결과적으로 영국인들과 달리 이탈리아인들은 그 아름다움을 망각할 정도로 더 오래되고 뛰어난 문명의 유적들 속에서 야영을 하는 현대적인 야만인들은 아니었다. 이탈리아 도시들은 또한 소기업의 지방세를 경감시켜줌으로써 도시에 활력을 불어넣고 다양한 상점들을 육성해 그렇게 하지 않았더라면 고사했을 제지에서 유리를 불어 만드는 장인들에 이르기까지 많은 지원을 했다. 따라서 이탈리아에서는 교육받지 못한 사람도 여전히 자랑스러운 장인일 수 있었던 반면 영국에선 낮은 임금을 받으며 단순 노동을 해야 했다. 이탈리아의 번화가는 영국 도시의 중심가와 같지 않다. 영국 도시의 중심가엔 특징도 개성도 없는 동일한 체인점들이 원래 건축물에 대한 고려는 없이 역사적 건물의 1층에 두꺼운 판유리를 낀 상점들이 늘어서 있다. 경제적 관점에서 보자면 이탈리아인들은 물려받은 부를 구성하고 있는 고대적 환경에서 현대적인 상식으로 삶의 문제를 해결한 반면 영국인은 그렇게 하지 못한 것이다.

이탈리아인들이 삶의 미학적 특성을 보존한 것은 심오한 사회·경제적 결과들을 가져왔다. 반면 영국에선 삶의 미학적 특성에 대한 극단적 파괴로 영국의 거리들은 유럽에서 비할 곳이 없을 정도로 조잡해졌다. 모든 것이 추하고 미학적 고려에 대해 무관심한 곳에서 행동은 추하고 노골적이 되기 쉬우며 도시의 집단적 자부심은 사라져버리게 된다. 사람들이 어떻게 행동하는지는 중요해 보이지 않는다. 즉 더 이상 망쳐질 것이 존재하지 않는 것이다. 보편적으로 드러나 있는 꼴사나운 환경 속에선 상품의 제조와 서비스 공급 모두에서 중요한 세부적인 것에 대한 관심이 희박해지게 된다. 주위가 절망적으로 끔찍하다면 무엇 때문에 테이블을 닦겠는가? 분명 자존심은 불쾌한 일도 최선을 다하게 하지만 국가에 대한 의존은 자존심의 기초를 파괴한다.

점차 더 부유해지고 있는 세계에서 미학적 성질은 분명 경제적으로 유익하다. 과거의 아름다움에서 배운 이탈리아 디자인의 탁월함과 영국적 현대성의 끊임없는 비속성 사이의 간격을 고려한다면 이탈리아가 다른 나라와 가장 큰 무역수지 흑자를 기록하는 나라들 중 하나인 반면 영국은 가장 큰 무역수지 적자국들 중 하나라는 사실은 우연이 아니다.

이탈리아는 오랫동안 어떤 영국애호 취향을 간직해왔으며 적어도 이탈리아인들이 모방할 가치가 있는 하나의 모델로 생각한 영국적인 생활의 솔직함에 대해 경탄해왔다. 부정직에 굴복하기엔 너무 자랑스럽고 자신 있는 솔직성은 영국 정부와 영국의 국민성이라고 이탈리아인들은 믿었다. 유감스럽게도 이러한 견해는 과거의 것이며 현재는 다른 견해를 갖고 있다.

어쨌든 이탈리아인들은 자기 나라에 정직한 정부가 들어설 수 없을 것이라고 진정으로 믿고 있을 만큼 자신들에 대해 잘 알고 있다. 그것이 당선되기 전 벨루스코니 수상에게 퍼부어진 부정직에 대한 주장이 논쟁거리조차 되지 못했던 이유다. 벨루스코니 수상에 대한 비난이 사실이었다 해도 대부분의 이탈리아인들이 소규모로 하고 있는 것을 신임수상은 대규모로 한 것에 불과했을 것이다. 유권자들은 거대국가는 그것이 부패했기 때문이 아니라 거대하기 때문에 해롭다고 평가했을 것이다. 사실 부패하지 않은 거대국가는 부패한 거대국가 보다 더 큰 두려움의 대상이다. 사실 이탈리아라는 국가가 정직해지는 것과 동시에 규모가 줄지 않는다면 이탈리아로서는 문화·경제적으로 재난적인 결과를 가져오게 될 것이다.

반면 영국인들은 아직도 젖을 찾는 송아지처럼 국가에 집착하고 있다. 영국인들은 당연히 모든 것을 책임질 수 있다고 주장하는 정당과 인물에게 집단적으로 투표하고 있다. 예를 들어 영국 정부는 최근 국민이 자신들과 가장 밀접하게 관련된 것들에 대해서조차 스스로 생각하지 못한다는 듯이 약혼한 모든 커플들에게 결혼의 장단점에 대한 개요를 설명한 공식 소책자를 발행했다(이런 체제하에서 이런 사례는 점점 더 증가하고 있다).

결혼이 언젠가 부부간의 불화로 이어질 수 있다는 사실을 국민이 들을 필요가 있다고 믿는 정부가 존재하는 국가의 미래는 어떻게 될까?

2001

가정에서 시련을 겪는
자들의 여신

나는 일요일 아침 감옥에서 다이애나 왕세자비의 죽음에 대한 소식을 처음으로 듣게 되었다. 조기가 걸렸고 나는 왜 조기가 걸렸냐고 물었다.

"못 들으셨습니까?" 그가 물었다. "다이애나 왕세자비가 죽었습니다. 파파라치에게 쫓기다 파리에서 자동차 사고로 죽었죠."

젊은 생명의 불필요하고 무의미한 죽음에 잠시 슬픔을 느꼈지만 해야 할 일이 있었다. 단식투쟁을 벌이던 죄수가 죽어가고 있었다. 그는 자신에 대한 보안조치가 부당하다고 생각해 이의를 제기하고 있었다. 그는 최근 보안조치가 느슨해지자 법정으로 자신을 데리고 가던 호송차를 폭파해 탈출하려 했었다. 또 다른 죄수가 목을 매 자살하려 했다. 인류학자들의 말처럼 감옥문화를 처음 접한 그는 자기의 라디오 도둑을 간수에게 고발하는 실수를 저질렀다. 간수가 그의 라디오를 찾아 주기는 했지만 그는 그 때부터 grass 즉 정보원으로 알려졌다. 감옥에서 정보원은 아동 성 범죄자보다 못한 감옥생활을 감수해야 하는 처지다. 그는 다른 죄수들에게 살해되기 전에 자살하는 것이 낫다고 생각했다. 또한 돌보아야 할 죄수가 있다. 그는 며칠 전 자기 팔을 베고 꿰매는데 필요한 수술을 거부했다. 그는 당시 상처 깊숙이 티슈페이퍼와 부러진 플라스틱 스푼조각을 서둘러 채워 넣고 있었다.

요컨대 다이애나의 죽음과는 관계없이 감옥에선 모든 것이 평상시처럼 진행되고 있었다. 다이애나의 죽음을 초연한 임상 보고서처럼 보이게 한 대중적 히스테리가 폭발했다는 사실을 알게 된 것은 한참 지난 뒤였다. 다이애나가 파리 터널에서 죽어가고 있는 동안에도 영국의 자유주의적 인텔리겐차 일요신문인 「옵저버」지 인쇄기들은 '블레어 부인의 일기'라는 풍자 칼럼에서 다음과 같은 기사를 인쇄하고 있었다. 'IQ가 5만 낮았어도 매일 사랑받았을 여자에 대한 희화화와는 반대로 언론이 마치 아리스토텔레스의 지혜와 버나드 쇼의 재치에서 비롯된 감탄하지 않을 수 없는 천재적 통찰력처럼 〔다이애나의 말〕을 기사로 뽑는다는 사실에 언제나 놀라고 있다." 냉소적 풍자에 스스로 도취된 신문은 칼럼의 제목을 'IQ가 더 낮았다 해도 그녀는 매일 사랑을 필요로 했다'라고 싣고 있다. 신문의 다른 곳에서 다이애나의 사진은 '멍청한 머리 Woodentop'라는 제목을 달고 있었다.

물론 이 같은 노골적인 풍자 논조는 그날의 비극적인 사건이후에는 중단되었다. 하지만 문명화된 전통에 따라 고인이 된 사람을 험담해선 안 되겠지만 그렇다고 지나친 찬사를 늘어놓을 필요도 없다. 그렇지만 「옵저버」와 소유주가 같고 편집진과 필진이 같으며 독자들도 비슷한 「가디언」은 곧 고인이 된 다이애나 왕세자비에 대해 구역질나도록 역겨운 방식으로 논평하기 시작했다. 기이한 것들 중 하나는 이 신문이 다이애나 왕세자비가 우리의 예절에 유익한 혁명을 가져왔다고 과장한 것이다. 예를 들어 다이애나 왕세자비가 죽은 화요일 「가디언」의 옥스퍼드 대학 정치학과 교수가 포함된 두 명의 논평가가 다이애나 왕세자비가 냉혹한 대처 수상식 이기주의로 수년간을 보낸 이후 더 온정적인 영국인의 모습을 창조해 반영했다고 주장했다. 또한 다이애나 왕세자비는 자기감정을 숨기는 국민을 솔직하고 거리낌 없이 자기를 드러내는 국민으로 변화시켰다. 물론 그것은 더 좋은 쪽으로의 변화다.

무자비한 인신공격에서 불합리하게 과장된 존경으로 갑작스럽게 변해버린 논조를 어떻게 설명해야 할까? 다이애나 왕세자비는 살아서나 죽어서 늘 자유주의자들에게 유용했다. 영국의 자유주의자들은 습관적으로 무엇이든 존재하는 것에 대한 반대와 이론적 증오감의 정도에 따라 자신들의 도덕적 입장과 가치를 측정한다. 다이애나 왕세자비는 체제의 최고 특권계층인 동시에 아웃사이더였기 때문에 유용했다. 그녀는 기성체제의 상징 혹은 기성체제의 적 모두로 대표될 수 있었다. 왕가의 경멸을 받기는 했지만 다이애나 왕세자비는 극히 특권적인 삶을 누린 귀족이었다.

살아서 다이애나 왕세자비는 이 나라에서 특별한 우수성이나 지성을 갖지 못한 사람이 과도한 사회적 주목을 받을 수 있다는 사실을 입증하고 있다. 그것은 자유주의적 인텔리겐차가 요구하는 근본적 개혁들을 필요로 하는 현상이다. 죽어서 다이애나 왕세자비는 군주제와 같은 우리 제도의 취약성이 기성제도에서 자신의 자리를 찾을 수 없었던 훌륭한 여인을 파괴했다는 사실을 입증하기 위해서도 역시 유용했다. 결국 자유주의적 인텔리겐차가 요구하듯이 더 철저한 개혁이 해결책이다.

내일도 태양이 뜬다는 사실보다 더 분명한 것은 일단 일시적인 세속적 성인의 명부에 오르는 의식을 거친 다이애나는 우리 제도에 충격을 줄 수 있는 어떤 타격을 가하는 데에도 이용되어 왔다. 「가디언」과 「옵저버」는 자기들이 얼마나 맹렬한 독립 정신을 가진 언론인지를 입증하기 위해 다이애나 왕세자비를 헐뜯게 될 것이다. 그들은 다이애나가 히스테리컬하고 이기적이고, 교활하며 속임수에 능한 왈가닥이라고 폭로하게 될 것이다. 이 언론들은 나름의 혁명을 하게 될 것이다.

선정적인 신문들에 대해 말하자면 황색언론은 생각할 수 있는 모든 각도에서 다이애나 왕세자비의 스냅사진을 찍도록 돈을 뿌렸던 사진사들이 결국 다이애나 왕세자비의 죽음에 책임이 있다는 문제제기에 일시적으로 의기소침해 있다. 선정적인 언론은 분명 아직도 영국이 세계에서 가장 앞서있는 분야이며 전체적으로 국민의 문화·교육 수준을 분명하게 반영하고 있다. 선정적인 신문들조차 자동차 사고가 난 다이애나 왕세자비 사진 공개는 꺼렸다.

하지만 일단 다이애나 왕세자비가 타고 있던 차의 운전사가 취해있었다는 사실과 그가 터널에서 터무니없이 차를 빨리 몰았다는 사실이 밝혀지자 선정적인 신문들은 다시 자신감을 얻고 즉시 여왕이 공식적으로 슬픔을 표하고 왕실에 조기를 걸도록 압력을 넣는 운동을 강화했다. 하지만 왕실에 조기를 거는 것은 수백 년간의 관습과 관례에 위배되는 일이었다. 「가디언」과 「옵저버」의 발행부수는 1200만부로 영국 인구의 절반 정도가 이 두 종류 신문」들 중 하나를 구독하고 있다. 따라서 여왕은 대중의 압력처럼 보이는 것에 굴복한다. 사실상 그것은 어려운 시기에 발행부수를 유지하기 위해 애쓰는 소수 편집자들의 가장된 분노였을 뿐이다. 궁정에 조기를 걸지 않는 전통이 개인은 왔다가지만 제도는 개인이 가고 난 후에도 살아남기 때문에 개인들보다 더 중요하다는 생각에 대한 상징적 표현이라는 사실을 잠시라도 생각해 보는 사람은 없었다. 여왕이 공개적으로 슬픔을 나타낼 것을 요구함으로써 이 신문들은 여왕이 자신이 느끼지 않는 감정을 표하거나 여왕이 사적으로 슬퍼해서는 안 된다는 사실에 이의를 제기하고 있다는 점을 생각해보려는 사람은 없었다. 어느 쪽이나 감정을 하찮고 값싸게 취급하게 되는 것이다.

하지만 여왕은 신문 편집자들의 허를 찔렀다. 그들이 요구한 국민에 대한 텔레비전 연설에서 여왕은 이럭저럭 다이애나의 활기 —— 입장에 따라 전적으로 찬성할 수 없는 활동을 하는 사람의 분명한 양면적 특성 —— 와 같은 성질을 인정하는 찬사를 하면서도 며느리에 대해 분명 부정직한 애정을 표하지 않을 수 있었다.

신임 수상 토니 블레어는 다이애나를 '민중의 공주' 라고 지칭했을 때 국민의 기분(사실상 부분적으로 조성된)을 정확하게 간파하고 있었다. '민중의 공주' 라는 호칭은 곧 보편적이 되었고 다이애나 왕세자비를 추모하며 바쳐진 지나친 찬사에 단서를 달거나 그녀의 삶이나 불행한 죽음에 기인하는 역사적 중요성에 의문을 제기하는데 어려움을 배가시켰다. 다이애나는 민중의 공주로 그녀를 추모하는 찬사에 단서를 다는 것은 민중에 반하는 반민주주의적 엘리트주의자로 오명을 얻을 수 있기 때문이었다. 일단 부여되어 받아들여진 명칭은 올바른 생각을 하는데 방해가 될 수 있다.

하지만 북한이 민주주의나 한국인들과 공유한 공통점보다 민중의 왕세자비가 민중과 더 공통된 어떤 것이 있었던 것일까? 그럴 수도 있고 아닐 수도 있다. 그녀의 삶은 버려진 동굴에서 사는 은둔자만큼이나 민중의 삶과 동떨어져 있었지만 다이애나 왕세자비는 분명 민중적 인물이었다.

다이애나 왕세자비는 보통 사람들과 전혀 다르다는 점과 보통사람들과 비슷했다는 두 가지 요소 때문에 인기가 있었다. 귀족집안에서 태어난 다이애나는 왕자와 결혼했다. 그녀에게 전 세계가 인정하고 있듯이 요정이야기와 같은 요소가 있었다. '세기의 결혼 La Boda del Siglo'이라는 제목으로 페루 텔레비전에서 그녀의 결혼식을 보았던 일을 분명하게 기억하고 있다. 그것이 최초의 진정한 '세계적 장례식 Los Funerles del Siglo'으로 끝을 맺게 될지는 생각도 못했으며 당시 그렇게 상상했던 사람은 아무도 없었을 것이다.

다이애나 왕세자비에게서 평생 「이코노미스트」편집장겸 지배인으로 있었던 월터 배젓 Walter Baghot이 『영국헌정론 The English Constitution』에서 언급한 왕실 일원의 신비한 매력은 유명인의 신비한 매력으로 대체되었다. 또한 왕실일원의 신비한 매력이 숨김에 의존하고 있는 반면 유명인의 신비한 매력은 일반적으로 가장 저속하고, 음란하며, 진부하고 품위를 잃은 변종인 폭로에 의존하고 있다. 신비한 매력은 지속된다 해도 왕실 일원에 대한 숭배는 추종자들에겐 왕실의 일원은 일상적인 세계를 초월하는 존재라는 측면이 있으며 자신들보다 더 크고 중요한 어떤 것이 존재하고 있다는 사실을 암시하고 있다. 반면 유명인에 대한 숭배는 일반적으로 우리의 세련되지 못한 취향과 욕망에 대한 가장된 숭배다. 보이지 않는 것에 대한 묵언의 존경은 도처에 있는 것에 대한 시끄러운 잡담으로 대체되고 있다. 결국 우리를 만족시키기 위해서 잡담은 훨씬 더 음탕해져야 하기 때문에 더욱 야비한 공개적 욕망의 악순환으로 귀결되게 된다.

다이애나의 삶이 보통사람이 다가갈 수 없고 따라서 꿈과 같은 것이었지만 또한 아주 쉽게 이해할 수 있는 삶이었다. 그녀의 왕자는 적어도 그녀에겐 그렇게 매력적이지 않다는 사실이 밝혀졌다. 그의 마음은 결혼식 제단을 향해 걷고 있을 때조차 다른 사람에게 가 있었다. 그녀는 말 품종 개량자가 말을 고르는 것과 같은 방식으로 결혼에 선택되었으며 그 이유까지 아주 흡사하다. 혈통이 이어져야 했던 것이다. 그녀의 치아는 건강했으며 자식을 잘 낳을 수 있는 체질이었다. 게다가 그녀가 결혼하게 되는 가문은 그 지위만이 유일하게 홍미를 자아내는 전혀 평범하지 않은 가문이었다. 어려움이 이어졌다.

따라서 다이애나는 결혼 생활이 불행한 모든 사람들의 압도적 지지를 받았다. 그들의 남편이나 아내는 그들을 버리거나 배신했으며 고부 갈등을 겪거나 다른 사람들 때문에 굴욕을 감수하고 있다. 말하자면 대다수 사람들에게서 지지를 받을 수 있었다. 다이애나의 문제는 다른 평범한 사람들 특히 다른 평범한 여성들도 고통을 받고 있는 문제들이다. 따라서 보통 사람들은 그녀와 쉽게 동일시할 수 있었다. 그녀는 가정에서 시련을 겪는 자들의 여신이었던 것이다.

다이애나가 식욕이상증진으로 고통 받고 있다는 사실을 밝혔을 때 그녀는 세계적인 대중적 인기를 확인했다. 개성의 힘이 권태로운 수백만 구경꾼들의 음탕한 시선에 자신의 약점을 과시하는 것으로 가능해지는 시대에 스스로 지나치게 먹은 후 토한다고 고백하는 것은 자신의 진실을 가장 훌륭하게 실증할 수 있는 고백이었다. 즉 자기 몸무게를 걱정하는 수많은 점원들과 같은 것이다. 그녀는 우리들 중 한사람으로 알코올 중독자, 약물 중독자, 성적 도착자, 도벽이 있는 사람, 광장 공포증 환자, 식욕부진을 겪는 사람 혹은 육체가 물려받은 『미국 정신분석학협회의 진단과 통계적 안내서』(4판)의 무수한 자연적 진단 중 하나인 셈이다.

인생에 대한 병리학적 치료법 접근은 너무 일반적으로 받아들여져 성 아우구스투스 사도의 후계자인 현 캔터베리 주교는 마치 정신과 의사와의 약속이 인간 최고의 가능한 문화·도덕적 열망인 듯이 장례식에서 다이애나 왕세자비의 약점에 대해 하느님에게 감사기도를 드린다. 물론 오늘날 영국 국교회 고위 성직자는 정신적 지도자backbornes of marshmallow이긴 하지만 그래도 다이애나 왕세자비의 약점에 대해 우주의 주재자에게 감사 기도를 드리는 짓은 불합리해 보인다.

물론 다이애나를 민중의 왕세자비로 만든 다른 기질은 극히 진부한 그녀의 취향과 오락이었다. 다이애나 자신이 먼저 인정했듯이 그녀는 분명 직관력은 있었지만 적어도 지적인 의미에서 총명하지는 않았다. 의상 감각 이외에 그녀는 가장 싸구려 취향을 갖고 있었다. 다시 말해서 다이애나는 거리의 보통 사람에게 전혀 위협이 되지 않았다. 그들은 다이애나가 자신들이 좋아하는 것을 좋아하며 그녀 삶의 대부분은 로또에 당첨되기만 한다면 자신들도 살게 될 삶을 살았다는 사실을 알고 있었다. 지상의 가난하고 가엾은 사람에 대한 다이애나의 동정까지도 보통의 남녀가 때로 느끼는 것과 같은 것이었다. 이런 점에서 사진사의 사진 플래시 앞에서 명백히 고통 받는 사람들을 포옹한 에바페론과 다이애나의 유사성은 인상적이다. 비슷하게 때 이른 죽음 이후에 대중이 전혀 어울리지 않게 '에바'에게 부여한 신성한 아우라의 유사성을 갖고 있는 것이다.

특권적 성장배경을 가졌지만 다이애나의 취향은 극히 진부하고 평범했다는 사실은 장례식에서 아주 분명하게 드러난다. 장례식에서 엘튼 존은 수상이 고린도서에 있는 성 바울의 격조 있는 복음을 읽은 직후 자신의 진부한 애도가를 부른다. 슬픔에 잠긴 이 멍청이가 애초에 마릴린 몬로를 추도하기 위해 헌정된 노래의 리메이크 버전으로 노래를 해야 했다는 것은 상징적으로(그리고 적절해) 보인다. 적어도 마릴린 몬로는 세계적으로 인기를 얻었고 또한 기억할 만한 몇 편의 영화에 주연으로 출연했다. 그는 영미에서 공통적인 억양으로 "당신의 영혼이 없어 타락한 나라로부터" 영국의 문화적 자신감 상실에 대해 의미심장하게 읊조렸다. "안녕, 영국의 장미여."

바로 그대로다. 다이애나의 죽음 이후에 대부분의 국민이 빠져든 소란스러운 감상벽은 병원에서 고된 업무를 마치고 감사하는 마음으로 몸을 담그는 뜨거운 욕조 물을 연상시키며 한 가지는 명백해 보인다. 즉 모두가 자신의 감정 혹은 사이비 감정을 노골적으로 드러낼 것을 요구하는 매스컴 매체의 영향을 받는 현대인들은 금욕주의, 겸손 그리고 풍자에 대한 감각과 같은 경탄할만한 장점들을 잃어가는 대신 경멸할만한 속성들을 증대시키고 있다. 그들은 천박함을 깊이로 착각하며 최첨단 유행을 따르고 있다고 생각한다. 마치 삶의 중압감에서 벗어나는 길은 끝없이 가벼워지는 것이라고 생각하는 듯하다.

「가디언」의 머리기사가 분명히 하고 있듯이 '감정을 말하는 것은 진실을 전달하고 있다' 따라서 웨스트민스터 대성당 밖에 모여 있던 엄청난 군중들은 분명 기이할 정도로 부정직한데도 장례식에서 다이애나의 오빠 스펜서 백작의 연설에 열렬한 환호를 보냈다. 연설이 진심에서 우러나면서도 거짓말일 수 있다는 사실은 매스 미디어 문화에서 성장한 사람들에게는 너무 난해한 생각이다. 다이애나 아이들의 위대한 옹호자는 4명의 자기 아이들보다 더 안정된 가정환경을 결코 제공하지 못했으며 윌리엄과 해리왕자가 찰스 왕자와 무관하게 처녀 생식을 통해 태어났다는 사실을 (넌지시) 암시했을 뿐 아니라 가증스러운 타블로이드 신문들을 혹평하면서도 그 신문들이 일반 대중의 타락한 취향에 영합하고 있었다는 사실은 언급하지 않았다. 장례식이 진행되는 동안 성당 밖에 운집해 있었던 200만 명의 군중들은 더 이상 비키니를 입고 최근 연인이 된 유명인들에게 키스하는 사진을 더 이상 보지 못하게 될 것이라는 사실을 슬퍼하고 있었다. 사실 스펜서 백작은(충분히 예상할 수 있는 "민중의 백작"이라는 별명을 가진) 다이애나의 명성이 그가 장례식에서 배제했던 그 가증스러운 언론이 만들어 냈고 수백만의 조문객들은 사실상 연속극 주인공을 잃게 된 것을 슬퍼하고 있으며 비열한 언론과 다이애나의 상징적 관계는 공존공영의 관계였다는 사실을 언급하지 않고 있다. 사람 좋은 스펜서 백작은 유대인 때문에 고리대금업이 존재한다고 비난하는 오래된 반유대주의자처럼 보인다.

스펜서 경만이 유명인들의 시대에서 비롯된 사생활 침해에 대한 수요와 공급의 관계를 이해하지 못하고 있는 것은 아니다. 내 환자들 중 한 명은 다이애나 왕세자비에게 충성을 표현하는 것이 자신의 의무라고 느끼고 장례식날 알약을 먹고 자살을 시도했다. 홀로 살아가던 50대의 그는 왕세자비를 숭배하고 있었다. 그는 자신이 왕세자비의 사진을 잘라 수집하고 있었다고 말했다. 나는 그가 수집한 사진들이 어디서 났느냐고 물었다.

나의 환자는 "「선」지요"라고 대답했다.

말할 것도 없이 「선」지는 스펜서 경이 누이 동생의 죽음에 책임이 있다고 주장한 타블로이드 신문들 중 하나로 가장 잔인하게 다이애나의 사진을 공급하던 타블로이드 신문들 중 하나였다. 하지만 이 같은 아이러니는 스펜서 경처럼 나의 불쌍한 환자도 전혀 이해하지 못하고 있었다.

다이애나는 이미 자신의 기적들 중 첫 번째 기적을 실현했다. 백만 장자 알코올 중독자인 환자 한 명이 이전에는 의사나 법정, 친구와 친척들이 아무리 말려도 수년 동안 음주운전을 계속하다 파리 터널에서의 자동차 사고로 음주운전을 하지 않겠다고 맹세했다. 두 가지 기적이 더 남아 있다.

물론 음모 이론이 만연하고 환자들은 이러한 음모론에 이미 영향을 받고 있다. 예를 들어 어떤 프랑스 텔레비전 방송은 영국 왕실이 다이애나가 이슬람교도와 결혼하는 곤혹스러운 상황을 피하기 위해 그녀를 살해했다는 소문을 전하고 있다. 많은 사람들이 영국 정부가 수년간 격한 논쟁을 벌여온 사람의 아들을 다이애나가 연인으로 선택한 것은 전혀 우연이 아닐 것이라고 의심했기 때문에 분명 신뢰를 얻을 수 있는 이론이었다. 그럴듯하게 '조사' 한 서적이 출판되지 않았는데도 이미 많은 사람이 다이애나가 살해되었다고 믿고 있다. 나의 환자들 중 한 명은 찰스 왕자가 충실한 결혼 생활의 길로 되돌아갔다면 더 좋았을 텐데 "다른 길"을 선택했다고 말했다. '다른 길' 이 무슨 의미냐고 묻자 그녀는 "파리터널로 가는 길"이라고 우울하게 말했다.

다이애나의 죽음에 모두가 그렇게 감상적이 되었는지는 확실하지 않다. 장례식 그 자체도 한두 차례 진실의 순간을 보여주고 있다. 예를 들어 텔레비전 방송사들 중 하나의 논평자는 다이애나 왕세자비의 운구가 방케팅 하우스[33]를 지나고 있을 때 그 웅장한 건물이 웨스트민스터 궁정 중 마지막으로 잔존해 있는 부분이라는 사실을 주목한 그는 예나 지금이나 다름없는 본심을 드러낸 실언을 하고 있다. 그는 "찰스 왕자가 무덤으로 들어갔던 계단에서"라고 덧붙였던 것이다. 영국에 언젠가 참수형 당한 찰스 왕이라는 사람이 있었다는 사실을 알고 있는 쇠락한 국민의 후손들은 결국 그가 무의식적 욕구에서 본심을 드러내는 실언을 했다는 사실을 프로이트가 알고 있었다는 이 결정적 증거에 포복절도했다.

하지만 진짜 감동적인 순간들도 있다. 95살 때 골반 교정 수술을 한 덕분에 97살의 늙은 여왕의 어머니가 대성당 계단을 올라가 부축을 받지 않고 제단을 걸어 내려갈 때였다. 하지만 나는 이 놀라운 기술적 위업을 성취했던 외과의사들 중 한 명이 한 달간 자신의 병원을 떠났다가 남자였던 그가 여자로 되돌아왔다는 사실을 떠올리지 않을 수 없었다. 찰스와 다이애나의 아이들에게 공개석상에서 위엄 있게 행동하라는 왕실의 요구가 프로이트의 이론이 알려지기 전 시대에 뒤떨어진 사람에 의해 지속되는 일종의 아동 학대라고 암시하는 시대(영향력 있는 신문에 의

---

33) The Banqueting House
방케팅 하우스는 1698년 화이트홀 궁전이 화재로 소실될때 유일하게 피해를 면한 건물. 국왕 James 1세 (1603~25)을 위해 Inigo Jones에 의하여 디자인되고 1622년에 완공한 방케팅 하우스는 의회, 연극, 가면극 등을 하기 위한 목적으로 건축되었으나 이후 찰스 1세가 이곳에서 처형되기도 했다. 오늘날 방케팅 하우스는 귀족 및 사회고위층들의이 공식행사를 벌이기도 하며 런던에서 가장 훌륭한 연회장 중 하나로 평가받고 있다.

해)에 그 밖에 무엇을 기대할 수 있겠는가?

다이애나가 서거한지 며칠 후에 상담한 또 다른 나의 환자 덕분에 신중함과 자제가 영국 상층 귀족들에게만 한정된 것이 아니었다는 사실을 상기하게 되었다. 그녀는 75살의 위엄 있는 모습의 노동자 계급 여성이었고 살면서 적지 않은 비극을 겪으며 살아온 분이었다. 오빠는 전쟁 중 잠수함 침몰로 사망했으며 시누이는 공습으로 사망하면서 고아가 된 조카를 양육해야 했다. 남편은 상대적으로 젊은 나이에 사망했고 첫 아들은 42살에 심장마비로 사망했다. ("의사 선생님, 제 아들은 축구 경기를 막 끝내곤 탈의실에 있었죠. 아들이 바닥에 쓰러졌을 때 친구들은 아들이 미끄러진 줄 알고 장난하지 말라고 말했습니다. 아들은 친구들을 올려다보고 미소를 짓고는 가버렸죠.")

가장 가슴 아픈 충격은 최근 부주의하게 운전한 트럭이 그의 또 다른 아들의 차를 들이 받아 그 사고로 남은 아들마저 사망했다는 사실이었다. 그 아들은 50살이었다. 할머니는 그의 사진을 나에게 보여주었다. 사진을 나에게 건네줄 때 그녀의 손은 가볍게 떨리고 있었다. 그는 여가 시간에 이동 병원을 위한 기금을 모금하고 라디오 방송국을 위해 기금모금 프로그램을 제작했던 성공적인 사업가였다.

그녀는 "아들이 나보다 먼저 죽는다는 것은 어쨌든 옳지 않은 일이다"라고 말했다.

그녀는 아직도 울고 있을까?

"그렇습니다, 의사 선생님. 하지만 혼자 있을 때만 운답니다. 우는 모습을 다른 사람에게 보여주는 것은 옳지 않죠. 어쨌든 살아갈 테니까요."

누가 이 노인의 감정의 깊이와 인격에 의심을 품을 수 있겠는가? 기품과 힘의 근거인 그녀의 자제력에 감동하지 않는 사람이 어디 있겠는가? 하지만 그녀의 강한 참을성은 감각적인 것만을 추구하는 문화의 추종자들이 진부하고, 자기연민적이며 어리석고 천박한 감정적 부절제를 위해 시대에 뒤떨어진 것으로 치부하며 우리가 버리기를 촉구하는 바로 그 미덕이다. 다이애나 왕세자비의 죽음에 대한 대중적 히스테리는 감각적인 것만을 추구하는 사람들의 진부하고 자기연민적인 감정적 무절제를 아주 화려하게 보여 준 예이다.

1997

가족해체에 대하여

「영국 정신의학 잡지 British Journal of Psychiatry」에선 기껏해야 기왕에 알려진 것들이거나 최악의 경우엔 지겨운 것들 이외에 볼만한 것이 거의 없다. 그런데 7월호에 실렸던 기사 하나는 깜짝 놀랄만한 결과로 많은 독자의 주목을 끌었다.

연구자들은 비타민과 무기물 보충물이 18살에서 21살까지의 범죄자들의 행동에 미치는 영향에 대해 이중 맹검법(의료 효과 조사를 위하여 투약이나 치료 등을 누가 받는지를 피실험자나 연구자에게 알리지 않고 하는 방법-옮긴이)을 실시했다. 231명의 죄수들을 무작위로 두 개 집단으로 나누어 한쪽엔 진짜 비타민을 주고 다른 한쪽엔 플라시보(약효는 없으나 생체에 유효한 약제의 효용 실험을 위해 대조약으로서 투여하는 물질-옮긴이)를 주었다. 진짜 비타민을 먹은 사람들은 플라시보를 먹은 사람들보다 이어진 기간에 폭력적 행동이나 규율 위반이 1/3 정도 적은 것으로 조사되었다.

연구자들은 이 두 집단의 범죄자들이 시험 전에는 차이가 나지 않았다는 사실을 증명했다(그들이 이전이나 현재의 불법 약물 사용에 대한 통제를 하지 않았다는 점은 주목해야 하지만). 따라서 반사회적 행동의 감소는 십중팔구 비타민 덕분이라는 것이다. 하지만 진실은 그 결과가 다른 어떤 곳에서 재현되어야 하며 재현은 진정한 과학적 발견의 특징이라는 사실이다. 이 연구자들이 비타민이 알려진 효과가 있는 이유를 설명하지 못하고 있다는 것 또한 진실이다. 또한 무기물 보충물은 너무 많은 비타민, 무기물 그리고 지방산을 포함하고 있기 때문에 어떤 것이 알려진 효과를 가져왔는지 정확히 입증하기 위해선 수백 년이 걸려야 할 것이다.

그럼에도 이 실험은 범죄가 만연해 심지어 범죄에 지배당하고 있는 사회의 돌파구에 대한 어떤 희망을 불러일으키고 있다. 잠재적 강도나 픽치기에게 비타민 알약을 나누어 주는 것만으로 우리 가정이나 거리가 더 안전해질 수 있을까?

오랫동안 범죄자들에게서 그들의 행동에 대한 책임을 면제해 줄 이유를 찾고 있던 사람들 —— 관대한 정신의 표시로 —— 은 이러한 결과들에서 범죄는 뇌질환의 표시이거나 이 같은 뇌질환을 유발하는 가난의 결과가 될 것이라고 결론 내리게 될 것이다.

하지만 주의해야 할 것이 있다. 늘 다른 해석들이 가능하다는 점이다. 많은 젊은 범죄자들이 감옥에 들어올 때 전반적인 영양부족상태라는 사실은 의심의 여지가 없다. 최근 내가 일하는 성인 감옥에 들어오는 사람들 중 심각한 영양부족상태에 있는 사람을 매일 보고 있기 때문이다. 평균 하루에 수감되는 죄수 20명 중 6명 정도는 누가 보아도 영양부족상태라는 것을 곧 알 수 있으며 그들 중 4명 정도는 약물 중독자들이다. 약 1천 명 정도가 매년 내가 일하는 감옥에 들어온다(상습범을 고려해도). 이는 매년 적어도 25000명의 영양부족상태에 있는 남자들이 감옥에 간다는 사실을 의미하고 있다(내가 일하고 있는 감옥이 표준적이라고 가정할 때, 그리고 내가 일하고 있는 감옥이 다르다고 생각할 이유도 없다). 게다가 내가 감옥에서 보고 있는 영양부족상태는 또한 내가 일하고 있는 병원에서도 찾아볼 수 있다. 그들은 죄수들과 같은 사회 계급의 남자들이며 그들 중에는 좀 덜한 정도로 영양실조상태에 있는 여자들도 있다.

세르비아인들의 잔학행위에 대한 영화에서 굶고 있는 보스니아인들 역할을 할 엑스트라가 필요한 영화감독이 있다면 멀리 찾을 필요 없이 내가 일하는 감옥에 매일 입소하는 죄수들에게 맡기면 될 것이다. 죄수들의 움푹 들어간 눈은 홀쭉한 뺨과 두드러진 광대뼈에 대비되어 불균형하게 커 보인다. 비쩍 마른 손발과 앙상한 갈비뼈, 치유되지 않고 있는 상처가 두드러져 보이는 종이봉지 같은 피부의 움푹 꺼진 가슴은 감독의 프로그램에 완벽하게 들어맞을 것이다. 죄수들의 이는 빠지고 혀는 강렬한 진홍빛으로 매끄럽게 반짝이고 있다. 입가는 비타민 B부족으로 갈라져 20대 초반인 그들은 벌써 30대 초반은 되어 보였다.

음식이라는 관점에서 볼 때 그들에게 자유는 집단 노동 수용소와 같은 효과를 미치고 있었다. 다시 말해서 수감생활은 영양 부족 상태인 그들의 건강을 회복시키고 있는 것이다. 지금 내가 보고 있는 현상은 적어도 규모면에서 볼 때 새로운 현상이다. 예를 들어 지난 주 겨우 두 달 전 석방되었던 피골이 상접한 남자를 병원에서 치료했다. 그렇게 짧은 기간에 그는 44파운드나 몸무게가 줄어 있었다. 상습범인 그는 절도죄로 여러 차례 짧은 감옥 생활을 했었고 그가 감옥에 있느냐 사회에 있느냐에 따라 체중이 증감했다. 이는 내가 살고 있는 도시 빈민가 남성들의 체중 증감에 아주 일반적인 패턴이다. 이는 현대의 영양 부족이 가난과 불평등의 증상일 뿐이라고 믿고 있는 사람들은 전혀 이해할 수 없는 의미를 지니고 있다.

영양부족 상태에 있는 이 젊은이들의 3분의 2 정도는 약물을 복용하고 있으며 어떤 식으로 조달했던 그들은 환락의 밤을 보낼 수 있게 해주는 약물에 상당한 금액을 지출하고 있다. 그들이 복용하는 약물은 식욕을 억제한다. 헤로인이 야기하는 메스꺼움이 식욕을 억제하며 헤로인이나 그와 유사한 약물들도 식욕을 억제한다. 내가 살고 있는 곳에서 멀지 않은 거리의 길모퉁이에 서있는 창녀들 —— 그들은 포주가 전세 낸 버스로 인근 도시에서 통근하며 일하고 있다 —— 역시 마찬가지 이유로 대체적으로 영양부족 상태에 있다(그들은 흔히 나의 병원에서 죽음을 맞는 것으로 끝을 맺는다). 굶주림이 이 나라에 만연해 있다고 생각할 수도 있을 것이다.

그렇다고 영양부족 상태에 있는 사람들이 모두 약물 중독자는 아니다. 일부 젊은이들의 영양부족 상태를 이해하기 위해선 최근만이 아니라 평생의 식습관에 대해 조사해야 한다. 현대의 영양부족상태와 현대 가족과 성 관계 사이에는 밀접한 상관관계가 있다.

지난 주 감옥에서 만났던 젊은 빈집털이범을 예로 들어보자. 그의 사례가 유별난 것은 아니다. 오히려 앞으로 이야기하게 될 것처럼 그는 흔한 빈집털이범이었다. 그리고 그의 이야기는 적어도 천 번은 들었던 내용이었다. 어쨌든 여기에 악의 진정한 진부함이 존재한다.

그는 헤로인을 피우지만 그의 습관과 범죄간의 상관관계는 관습적으로 추정되는 것과는 다르다. 다시 말해서 중독으로 인한 아주 강렬한 욕망과 금단증상에 따른 절대적인 필요 때문에 범죄를 저지르지 않을 수 없다는 식의 추론과는 다르다. 오히려 다른 사례에서 흔히 볼 수 있는 것처럼 그의 범죄 기록은 그가 헤로인을 피우기 훨씬 이전에 시작되고 있다. 사실 헤로인을 피우게 되는 그의 결정 그 자체는 범죄자의 삶을 선택한 그에겐 필연적인 수순으로 보인다.

그는 내가 기술한 것처럼 영양부족으로 피골이 상접해 있었다. 5피트5인치인 그의 몸무게는 100파운드 조금 넘는데 지나지 않는다. 그는 그와 같은 처지에 있는 많은 젊은이들이 나에게 말하곤 하는 이야기를 했다. 그는 감옥에서 건강을 회복할 수 있도록 법정이 자신에게 보석을 허가하지 말아줄 것을 요청했다. 그는 사회에선 건강을 결코 회복할 수 없을 것이라는 사실을 알고 있었다. 몇 달간 감옥 생활을 하고 나면 석방되었을 때 헤로인을 탐닉할 수 있을 정도로 건강을 회복하게 될 것이다. 감옥은 빈민가의 건강시설인 셈이다.

그를 진찰하고 "먹지 못하죠"라고 말했다.

"많이 먹지 못합니다. 식욕이 없어요"라고 그가 말했다.

"먹을 땐 대개 뭘 먹습니까?"

"과자〔포테이토 칩〕와 초콜릿이요"

그의 답변이 약물 중독자들이 때로 말하듯이 헤로인을 피운다는 의미는 아니었다. 오히려 그것은 그의 삶에 대한 이야기였다.

그는 자기 아버지를 몰랐고 마음속으로 아버지를 자랑스럽게 여겼던 적은 한 번도 없었다. 그에게 아버지가 있었던 것은 삼단 논법에 따른 논리적 추론의 결과였을 뿐이다. 다시 말해서 모든 인간은 아버지가 있고 나는 인간이며 따라서 나에겐 아버지가 있다는 것이다. 대신 그는 많은 양아버지를 알고 있었고 그들 중 마지막 사람은 폭력적이긴 했지만 자기 어머니와 지속적인 관계를 맺고 있었다. 하지만 어머니와 그의 관계가 살인으로 빨리 끝나지 않기 위해선 경찰이 빈번하게 개입해야 했다. 양아버지는 그가 번거롭다는 사실을 분명히 했기 때문에 16살 때 집을 떠나야 했다.

나는 그 젊은이에게 어머니가 요리를 해 준 적이 있는지 물어 보았다.

"양아버지가 온 후로는 요리를 해주지 않았죠. 양아버지를 위해선 요리를 하곤 했고 좋아하기도 했지만 우리 아이들을 위해서 요리를 해주진 않았습니다."

나는 그에게 그와 그의 형제자매들이 무엇을 어떻게 먹었는지 물었다.

"우리는 있는 것은 무엇이든 먹었죠. 우리는 배고플 때마다 먹을 것을 찾곤 했습니다"라고 말했다.

"그러면 뭐가 있었죠?"

"빵, 시리얼, 초콜릿 뭐 그런 것들이죠"

"그럼 식탁에 둘러 앉아 함께 식사한 적은 없습니까?"

"예"

사실 그는 지난 15년간 다른 사람들과 식탁에서 한번도 식사를 해본 적이 없다고 말했다. 그에게 먹는다는 것은 거의 은밀히 이루어져야 하는 외로운 악습이었으며 먹는다는 것에 어떤 즐거움도 느낄 수 없었고 분명 사교적 이벤트도 아니었다. 그에게 거리는 자신의 쓰레기 통일 뿐 아니라 제1의 식당이었다. 음식에 관한한 그는 고도로 발전된 사회에서 살고 있는 사람이라기보다는 수렵 채집인에 가까웠다.

그의 경우가 특이한 사례는 아니었으며 수백 번 혹은 수천 번은 들었던 전형적인 이야기였다. 자신보다 겨우 몇 살 많은 양아버지가 그를 짐만 된다고 생각했기 때문에 어린 나이에 집에서 쫓겨났던 또 다른 젊은이는 6년 동안 친구의 집들을 떠돌며 살아야 했다. 어떤 직업 훈련이나 교육에도 적응하지 못한 젊은이는 기껏해야 몇 주 동안 임시직으로 일을 했으며 따라서 자신의 거주지 임대료를 지불할 수 있을 정도로 경제적으로 안정되었던 적이 없었다(공공주택은 부족할 경우 아이가 있는 미혼모들에게 우선권이 주어졌고 그는 두 명의 젊은 여자에게서 두 명의 아이를 갖게 함으로써 상황을 악화시켰다). 말할 필요도 없이 배운 적이 없었기 때문에 가사일도 할 줄 몰랐다. 그리고 같은 사회 환경출신인 그의 친구들도 가정생활엔 익숙하지 않았다. 그들도 비사교적인 방식으로 음식을 먹으며 그가 스스로 영양보충을 할 것으로 생각했다. 그는 초콜릿을 먹음으로써 영양보충을 했으며 사실상 초콜릿은 그가 지난 몇 년간 어느 정도 지속적으로 먹었던 유일한 음식이었다. 차량 절도로 감옥에 있던 시기를 제외하면 십년간 제대로 된 식사를 해본 적이 없었다. 머지않아 이 같은 문제에 대한 해결책으로 초콜릿을 무기물과 비타민으로 영양가를 높여야 한다고 제안하는 사람이 나타날 것이다.

나는 매주 병원에서 비슷한 이야기를 늘어놓는 젊은이를 적어도 한 명은 만나고 있다. 그들의 이야기를 들을 때마다 화가 나면서도 절망하게 된다. 이 젊은이들의 영양부족 상태는 전체적인 삶의 방식의 징후이지 피할 수 없는 지독한 가난의 결과는 아니다. 곧 이어 내가 본 비슷한 영양부족 상태의 또 다른 환자는 자신이 실제적으로 설탕이 든 청량음료 이외엔 실제론 아무것도 먹지 않는다고 말했다.

그들의 매끄러운 원색의 진홍빛 혀에서 인간관계에 대해 어떤 분명한 이데올로기가 선호하고 우리의 법률과 재정시스템이 조장하며 복지 지불 급여가 촉진하고 있는 가족해체에 이르는 단순한 수순은 너무 자연스러워 보인다. 영국에서 현대적 영양부족 상태를 촉진하는 것은 가족 구조의 붕괴이다. 가족의 붕괴가 너무 철저하게 일어나 어머니들은 일단 아이들이 냉장고에서 먹을 것을 찾을 수 있는 나이가 되면 아이의 식사를 챙겨주는 일을 자기 의무의 일부로 생각지 않는다. 공중위생기구에 따르면 이 같은 영양부족 상태가 현재 수백만 영국 가정에 영향을 미치고 있다. 그리고 가정 내에서 사회화를 배우지 못하고 함께 식사하는 사람들이 요구하는 최소한의 사회적 훈련조차 학습하지 못한 젊은 이들이 다른 측면들에서 철저히 반사회적이 되더라도 놀라운 일은 아니다.

따라서 영국 감옥들이 쉽게 할 수 있는데도 시도조차 하지 않고 있는 것들 중 하나는 젊은이에게 사교적인 식사 방법을 가르치는 것이다. 영국의 감옥들은 죄수들이 음식을 자기 방으로 가지고 가게 함으로써 자기 감각세계를 탐닉하는 소비 패턴을 강화하고 있으며 죄수들은 자기 방에서 수음(手淫)을 하는 것과 똑같은 외롭고 도피적인 방식으로 음식을 먹는다.

극히 비사교적인 생활 방식에서 기인하는 영양부족 상태 그 자체가 뇌에 영향을 미치고 결국 영양부족 상태에 있는 사람들이 합리적인 선택을 할 수 있는 능력에 영향을 줌으로써 반사회적 행위의 원인이 되느냐 여부에 대해선 앞으로의 연구만이 증명해주게 될 것이다. 개인적으로는 그런 생각이 본질적으로 있을 수 없는 일이라고 생각하지는 않는다.

풍요 속 영양부족 상태의 존재에 대해 인텔리겐차나 정부가 전혀 모르고 있는 것은 아니다. 그들은 물론 풍요 속 영양부족 상태와 싸울 수 있는 수단들을 제시하고 있다. 하지만 늘 그렇듯 정치인이나 학자들은 문제를 마주해 분명하게 연관짓고 싶어 하지 않는다. 그들에게 어떤 사회 문제가 제기하는 현실적으로 가장 시급한 문제는 "내가 나의 친구나 동료들 모두에게 얼마나 걱정하고 동정심 있게 보일까?"하는 염려다. 말할 필요도 없이 우선 시급한 것은 희생자가 한 나쁜 선택들을 조사함으로써 그를 비난하는 어떤 힌트를 회피하는 것이다. 희생자가 한 선택의 이유들을 살펴보는 것조차 허용되지 않는다. 분명 희생자들은 희생자들이며 따라서 희생자가 아닌 상대적으로 소규모 부류의 인간 존재들과 달리 그들은 자신들의 행위에 대해 책임질 수 없기 때문이다. 혹자는 현대 자유주의 인텔리겐차 구성원들은 사회 문제를 오랫동안 응시할 수 없다고 말함으로써 태양이나 죽음은 오랫동안 응시할 수 없다 라는 라 로슈푸코의 유명한 격언을 인용할 것이다. 인텔리겐차는 비인격화된 추상성으로, 구조와 희생자가 통제할 수 없었던 추정된 구조들로 물러설 필요를 느낀다. 그리고 노골적인 현실을 회피할 필요에서 그는 사회 공학적 유토피아 계획을 늘어놓는다.

따라서 인텔리겐차는 이 특정한 안건에 완벽하게 일치할 수 있는 어떤 추상적인 것을 생각해 낸다. 다시 말해서 영양 부족 상태에 있는 사람들 그 자신들의 행동에 근거하지 않고 풍요 속에서도 광범위하게 퍼져 있는 영양부족 상태를 설명할 필요 때문에 추상적 개념을 생각해 낸다. '음식 사막 food desert' 이 그것이다.

음식 사막은 도시나 지방 중심지의 빈민 지역이다. 이 지역에선 음식을 파는 상점들이 거의 없으며 몇 안 되는 상점들도 상대적으로 높은 가격에 한정된 범위의 건강에도 좋지 않고 영양가도 없는 제품들을 제공하고 있다. 사회적 의무를 이행하고자 하지 않는 거대 슈퍼마켓 체인들은 부유한 지역에만 자리 잡고 있다. 그곳에서 그들은 자신들이 먹을 것에 대해 얼마나 지출할지에 대해 개의치 않는 사람들에게 유리한 가격에 제품을 판매한다. 음식 사막에서 특히 찾을 수 없는 것은 신선한 식료품이다. 구할 수 있는 음식은 모두 가공되어 있거나 미리 조리되어 있는 것으로 소금이 많이 들어가고 가장 나쁜 지방이 함유되어 있는 것으로 중요한 영양성분이 빠져 있는 것들뿐이다. 따라서 음식 사막에 살고 있는 사람들은 건강에 좋지 않은 음식을 먹을 수밖에 없다. 물론 음식 사막의 현실적인, 말하자면 궁극적 원인은 음식 사막을 만들어내 영속시키는 시스템인 현대 자본주의다.

음식 사막이 실제로 존재하며 그것은 슈퍼마켓 체인의 잘못(그리고 확대해석하자면 그 시스템)이라는 사실은 일반적으로 받아들여지는 하나의 진실이 되고 있다. 사실 일찍이 독재적인 자선으로 통제할 수 있는 삶의 새로운 영역을 찾고 있던 정부는 식품공급자들에게 보조금을 지원해 이 음식 사막에 물을 공급함으로써 현재 '식품 빈곤 food poverty'으로 알려진 것을 근절시킬 수 있는 새로운 법안을 제안하고 있다. 하지만 이 법안의 부수 조항들은 관료들이 맡게 될 모든 지역 식품 빈곤 당국 Food Poverty Authority의 설립을 제외하면 전혀 견실하지 못하다. 이 기구의 관료들은 식품 빈곤을 측정하고 사람들이 신선한 야채를 구하기 위해 이동해야 할 거리를 계산하는 임무를 맡게 된다. 어떤 이의 가난은 또 다른 사람의 고용기회다. 다시 말해서 이미 오래 전 16세기 어떤 독일인 주교는 가난한 사람들은 금광이라고 말했다.

최근 내가 때로 기고하는 좌파 잡지가 주최한 점심 만찬에 참석했을 때 식품 빈곤과 음식 사막 문제가 제기되었고 내가 살고 있는 곳에서 1마일도 떨어지지 않은 곳으로 최악의 음식 사막으로 설명된 어떤 지역이 거론되었다. 참석자들 중 거론되고 있는 지역에 대해 개인적으로 알고 있는 유일한 사람이었기 때문에 나는 자주 그곳에서 식료품을 구입한다는 사실을 지적하지 않을 수 없었다. 예를 들어 내가 자주 찾는 그 지역 작은 인도 상점에선 3달러 40센트 정도면 22파운드 양파 자루를 구입할 수 있었다. 그곳에선 엄청나게 다양한 아주 신선한 야채들을 슈퍼마켓 체인에 비해 절반도 안 되는 가격에 구입할 수 있다. 하지만 그곳에서 식료품을 구입하는 가난한 사람들은 인도계 이민자들이나 그 후손의 아내들뿐이다. 그들은 전체 식료품들을 꼼꼼히 살펴보며 가장 좋은 것들을 고른다. 실제로 그 지역엔 많은 흑인과 백인이 살고 있지만 그곳을 찾는 백인이나 흑인은 거의 없다. 그 지역 외부에서 온 백인 중산층 계급의 몇몇 구성원들만이 그곳의 폭넓고 예외적인 낮은 가격을 이용하고 있다.

게다가 음식 사막에 대해 아주 유창하게 말했던 사람들과 달리 나는 의사 생활을 하면서 그 지역의 많은 집들을 방문해 본 적이 있다. 가족이 일상적인 생활의 문제를 토론하고 서로에 대한 유대를 확인하는 진짜 조리법과 사교적 행동으로서의 식사라는 어떤 표시가 느껴지는 유일한 가정은 인도계 이민자들의 가정이었다. 백인과 흑인 가정들에서 조리법은 기껏해야 전자레인지로 음식을 다시 데우는 것을 의미했고 다시 덥힌 음식을 먹을 수 있게 사람들이 함께 앉을 수 있는 식탁은 없었다. 여기서 식사는 외롭고, 보잘 것 없고, 더럽고, 영국적이며 간단했다.

　물론 인도계 이민자들과 그들의 후손이 영국계 국민들보다 훨씬 뛰어나고 더 정성들인 요리법을 물려받긴 했지만 아직도 신선한 식료품을 구입해 그것을 요리하고자 하는 그들의 의지를 모두 설명하지는 못한다. 다시 말해서 그들은 아직도 가족이 함께 살고 있기 때문에 계속해서 요리를 한다. 요리법은 사회적으로 자극받은 솜씨다. 주로 이슬람교도인 인도인 헤로인 중독자들 중에서도 내가 기술했던 유형의 영양 부족 상태에 있는 사람들은 드물다. 그들은 홀로 사는 백인 헤로인 중독자들처럼 자기 감각 세계에 탐닉하며 고립되어 살고 있지 않기 때문이다. 인도인 헤로인 중독자들이 사는 곳에선 다른 사람들이 함께 거주하기까지 한다. 따라서 약물 중독은 내가 보고 있는 많은 영양 부족 상태의 필요 조건이지 충분조건은 아니다.

　나의 집에서 1마일밖에 떨어져 있지 않은 가난한 인도인 이민자들이 애용하는 상점의 주인들은 백만장자들인 것이 거의 확실하다. 그리고 그들의 고객이 가난하다고 해서 사업을 두드러지게 번창시키지 못한 것도 아니다. 하지만 백인 노동자 계급이 주로 살고 있는 지역(이곳의 일인당 수입이 더 낮은 것도 아니다)의 편의점들을 조사해보게 되면 아주 많이 변형되어 거의 신선하지 않은 제품들로 그 상당수가 쉽게 준비할 수 있도록 가공되어 있다는 사실을 발견하게 된다. 인도계 상점이 강렬한 활동과 희망의 인상을 주는 반면 백인 노동자 계급 지역의 편의점들은 수동적이고 절망적인 인상을 준다. 음식 사막이 진짜 존재한다면 그 이유는 수요 때문이지 공급 때문은 아니다. 그리고 수요는 하나의 문화 현상이다.

　　내가 이끌어 낸 연관 관계는 명백하지만 사회 문제에 대한 전형적인 현대식 영국 접근법에선 부인되거나 대체적으로 회피된다. 「영국 정신의학 저널 British Journal of Psychiatry」에 게재된 논문은 적어도 젊은 죄수들의 선택, 생각, 습관, 생활 방식과 사회 · 가족 관계에 대한 고려 없이 그들의 영양부족 상태를 설명하려는 시도를 삼가고 있다. 그들의 규정식 영양부족의 원인이나 이유에 대해선 철저하게 불가지론적이다. 인종 집단에 따른 결과를 분석하려고도 하지 않는다. 즉 저자들은 하고 싶어 할지도 모르지만 인종집단에 따른 결과를 분석하려는 시도에 관련된 수자가 이러한 설명이 그럴듯하게 보이게 하기에는 너무 적을 것이다.

　　자유주의적 인텔리겐차에겐 풍요 속 영영부족 상태라는 문화적 특징을 보지 못하거나 인정할 수 없으며 —— 풍요 속 영양부족 상태가 전체적인 삶의 방식과 관련된 것을 보지 못하는 데에는 —— 대신 슈퍼마켓 체인에 비난을 퍼부을 수밖에 없는 이유들이 있다. 첫 번째 이유는 자유주의적 인텔리겐차들이 부단히 옹호하고 있는 도덕, 예절 그리고 사회 정책 변화에서 인간의 주체적 중요성을 직시하고 싶어 하지 않기 때문이다. 두 번째 이유는 가난하고 부러워할 것이 없는 삶을 사는 사람들을 비난하는 모습을 어쨌든 보이고 싶어 하지 않기 때문이다. 이러한 접근이 가난하고 부러워할 것이 없는 사람들이 스스로를 통제할 수 없는 것은 말할 것도 없고 영향을 미칠 수도 없는 힘에 속박된 무력한 로봇 —— 따라서 인류의 자격 있는 구성원이 아닌 존재 —— 으로 보게 한다는 사실은 적어도 인텔리겐차들에겐 걱정할 문제가 아니다. 오히려 그 같은 사실은 사회에서 선민으로서의 엘리트 자신의 역할을 점차 중요하게 만든다. 슈퍼마켓 체인을 비난하는 것은 암묵적으로 자유주의자들과 관료주의적 엘리트들이 사회에 대해 더 많은 통제를 할 것을 요구하고 있다.

이것이 영국정부가 현재 추진 중인 음식 빈곤 퇴치법안 Food Poverty Eradication Bill이 해석되어야 하는 방식이다. 수요보다는 공급원과 씨름하려 함으로써 그것은 전체적인 삶의 방식이란 문제 —— 씨름해야 할 진정한 도덕적 용기가 필요하게 될 문제 —— 를 회피하고 대신 손쉬운 목표를 대상으로 하게 될 것이다. 정부는 영양부족 상태를 감소시키지는 못하면서 관료체제를 비대하게 만들고 규제를 늘려나가게 될 것이다.

이것이 현대 복지국가 영국 이야기의 축소판이다.

2002

범람하는 성문화

현대인이 궁극적으로 확신할 수 있는 것이 하나 있다면 그것은 인간이 성 계몽 상태에 도달했다는 사실이다. 불건전하게 애써 숨기던 시대는 영원히 가버렸다. 어린아이가 자위행위를 하지 못하도록 잔인하고 부담이 되는 고안 장치를 적용하게 하고, 성문제에 대해 점잖게 에둘러 표현하고, 응접실에서 남자들의 생각이 음란함에 빠지지 않도록 피아노 다리를 덮게 했던 불합리한 빅토리아 시대의 금기들은 모두 깨어진 것이다. 우리는 우리의 성욕을 자연스럽게 받아들이고 있으며 시인 필립 라킨 Philip Larkin의 아이러니한 유명한 구절

성교가 시작됐다

1963년에······

은 우리에게 중요한 진실을 표현하고 있다. 역사상 처음으로 우리는 이제 삶을 그렇게 복잡하게 하고 영역을 축소시켰던 과거의 불필요한 사회·심리적인 부담감 없이 성관계를 즐길 수 있게 되었다. 더 이

상 죄책감, 부끄러움, 질투, 걱정, 좌절, 위선, 혼란을 경험하지는 않는다. "마침내 자유다, 마침내 자유다, 전능하신 주여 감사합니다. 마침내 저는 자유로워졌습니다!"

우리는 우리 자신이 계몽되어 있다고 믿지만 만족이라는 황금시대의 새벽은 아직 오지 않았다. 황금시대와는 거리가 멀다. 성 관계는 과거처럼 위험하다. 성 혁명은 마음의 평화가 아니라 혼란, 모순 그리고 갈등을 낳았다. 우리가 지나온 길의 진실, 불가피성 그리고 불가역성을 제외하면 확실한 것은 아무 것도 없다.

이 글을 쓰고 있는 곳에서 100야드 떨어진 곳에서 12살짜리 창녀들이 종종 고객을 기다리며 밤중에 길모퉁이 가로등 밑에 서 있는다. 지역 경찰서장은 그 아이들이 이미 충분히 고통받고 있기 때문에 그리고 그들에게 더 이상의 대가를 치르게 할 준비가 되어있지 않기 때문에 그 아이들을 쫓아지는 않을 것이라고 말했다(분명 그의 직업은 법을 집행하는 것이라기보다는 감정이입을 하고 있다). 지역 보건 당국은 그 소녀들에게 콘돔을 나누어주기 위해 한밤중에 서너 번 순찰을 돈다. 주된 공무상의 관심은 이 소녀들이 관련된 성관계가 세균학적 그리고 바이러스학적 관점에서 안전하다는 사실을 보장하기 위한 것이다. 당국이 자랑스럽게 장담하고 있는 것은 지역 창녀 100%가 이제는 일상적으로 콘돔을 사용하고 있다는 사실이다. 시 납세자들이 내는 연 13만5천 달러의 세금으로 콘돔 비용을 충당하고 있으며 그 액수는 더 많은 구제 요원의 고용으로 곧 늘어날 것이다. 지역 신문에 게재된 최근의 구인광고에 따르면 구제 요원의 중요한 자격 요건은 "개인적 판단을 피하고 일할 수 있는 능력"이 될 것이다. 다시 말해서 어린아이 매춘을 부추겨 돕는 것에 대해 도덕적으로 양심의 가책을 느끼지 않아야 한다는 것이다. 어쨌든 자기 마당과 집 바깥의 길가에 버려진 콘돔 때문에 이의를 제기하는 지역주민들(은행원, 법률가, 고문서 서적상과 두 명의 대학교수 같은)은 애초에 창녀들이 오지 못하게 하기보다는 버려진 콘돔들을 주울 수 있는 도구를 제공받는다. 그리고 동시에 시 사회사업 담당자들이 하는 주된 일은 주로 생물학적인 아버지가 사라진 후 양아버지와 어머니의 남자친구에 의해 저질러지는 아동 성 학대와 관련된 일이다.

도처에서 성적인 혼란의 증거들이 존재하고 있다. 하루도 빠짐 없이 나의 환자들은 현재 벌어지고 있는 성적 혼란에 대한 풍부한 증언을 해 주고 있다. 예를 들어 어제 16살 된 딸이 22살짜리 남자 친구와 살기 위해 8달된 자기 자식과 함께 가출한 후 자살하려한 여자를 보았다. 말할 필요도 없이 딸의 남자 친구는 아이의 아버지가 아니라 최근 나이트클럽에서 만난 남자였다. 관계의 끝이 한결같이 보여주듯 아이의 아버지는 '논외의 대상' 이었다. 즉 여기서 논의되는 아버지들은 잠깐 등장했다 사라지며 그들은 잠시 음란한 등장에 이어 대개는 논외로 치부된다.

21살의 아버지가 잠시 등장했을 때 어머니는 14살이었다. 그녀가 임신했다는 사실을 알게 되자 그는 최근 이런 상황에서 많은 젊은 남자들이 하는 행동방식을 따르고 있다. 즉 그녀를 구타한 것이다. 이것은 감정을 변화시킬 뿐 아니라 때로 유산을 하게 한다. 하지만 이번 경우에는 그렇게 되지 않았다. 대신 나의 환자가 현장(말하자면 자기 딸을 구타하고 있는 동안)에서 붙잡아 곧 그를 공격하는 와중에 너무 심한 상처를 입혔기 때문에 그는 병원신세를 져야 했다. 병원에 있는 동안 그와 나의 환자는 비공식적인 합의를 했다. 즉 그가 자신을 공격한데 대해 나의 환

자를 고소하겠다고 고집하지 않는다면 미성년자와 성관계를 맺은데 대
해 그를 고발하지 않는다는 것이었다.

나의 환자는 갖고 있던 얼마 안 되는 돈을 손자의 옷, 보행기, 소아
용 침대, 침구 등에 지출하고 결국 손자를 편안하게 보살피기 위해
1500달러의 빚까지 지게 되었다. 이어 그녀의 딸은 가출을 결심했고 나
의 환자는 배신감을 느끼게 되었다.

다시 말해서 손자가 사라지자 배신감을 느낀 나의 환자는 손자를
위해 자신이 너무 많은 희생을 했다고 생각했다. 이것이 사건 전체에서
나의 환자가 처음으로 갖게 된 반감이었다. 나의 환자는 딸의 성적인 행
동이나 딸의 두 남자 친구들의 성적 행동이 어쨌든 비난받아야 한다고
는 생각하지 않았다. 자기 손자의 아버지가 폭력적으로 변하지 않았다
면 그가 자기 딸과 성관계를 맺으면서 어떤 나쁜 짓을 했으리라는 생각
은 하지 않았을 것이다. 딸과의 성관계를 저지하기 위해 아무 일도 하지
않았던 나의 환자는 사실상 그를 부추긴 것이나 다름없었다. 그리고 내
환자의 딸은 자기 또래의 소녀들이 하리라 생각했던 행동을 했을 뿐이
었다.

물론 그렇게 분명하게 잘못된 행동은 늘 일어난다고 주장할 수도
있다. 성적 비행에 관한 한 하늘 아래 새로운 것은 없으며 역사엔 타락
이나 비열한 행동에 대한 무수히 많은 예들이 예시되고 있기 때문이다.
하지만 현대에 들어서 역사상 처음으로 성관계가 도덕적 성찰의 고유한
주제라거나 도덕적 구속에 지배되어야 할 필요가 있다는 점이 대중적으
로 부정되고 있다. 당연히 이러한 부정의 결과는 다른 현상들 중에서도
이혼율, 사생아 출산의 급증으로 이어지고 있다. 성 혁명은 무엇보다

도덕의식의 변화로 그것은 철저히 감정, 사고, 행동의 추잡화로 진행되고 있다.

최근 1950년대 중반 영국 코메디를 보면서 나는 변화의 속도와 철저함을 알 수 있었다. 영화엔 10대 딸의 임신에 분노한 노동자 계급 아버지가 그녀를 사랑한 중산 계급 소년이 딸과 결혼해야 한다고 요구하는 장면이 나온다. 요즘의 관객은 이러한 비합리적인 구식 요구를 보며 무력하게 킥킥거리며 웃는다. 하지만 이러한 장면은 불과 45년 전만해도 정상적인 것으로 사실상 논란의 여지가 없는 수순이었다. 하지만 계몽되고 더 영악해진 우리에게 이러한 순박함은 수용될 수 없으며 우리는 그것을 우스꽝스럽다고 생각함으로써 우리의 세련됨을 입증하고 있다.

하지만 1950년대 관객과 오늘날의 관객들 중 누가 인간관계에 대해 더 깊이 있고 더 미묘하게 도덕적으로 이해하고 있는 것일까? 1950년대 관객에게 일단 아이를 임신하게 되면 아버지는 아이뿐 아니라 어머니에 대한 의무를 지며 문제가 되는 상황에서 그 자신의 바람은 극히 중요하지 않은 것은 말할 것도 없고 중요시되지도 않았으며 아이의 아버지는 단순한 개인이 아니라 사회의 구성원으로서 사회의 존중을 받으려면 사회의 기대에 부응해야 한다는 사실은 지적할 필요도 없었다. 또한 여성에 대한 도덕적 의무감은 그녀와의 만족스러운 관계에 불리하기 때문이 아니라 만족스러운 관계의 전제조건이었다. 반면 지금의 관객에게 그 같은 상황에서 유일한 고려 대상은 모든 도덕적 혹은 사회적 제약에서 벗어나 떠돌아다니는 관련 당사자들의 개인적 의향이다. 현대적 관점에서 구속받지 않는 개인적 자유가 추구되는 것이 유일한 선이다. 자유의 추구에 장애가 되는 것은 극복되어야 할 문제인 것이다.

게다가 동시에 똑같은 관객들 속에 많은 젊은이들이 바로 자신들이 조롱해야 한다고 느끼는 확실성을 갈망하고 있다. 자신에게 구애하고, 사랑하고, 존중하고, 지켜주며 자기 아이의 아버지가 되어줄 남자를 찾고 싶어하는 젊은 여성들이 존재하는 한편 그에 상응하는 바람을 가진 많은 남자들이 존재한다. 나는 환자들에게서 평범한 가정으로 정착해 살고자 하는 마음 아픈 욕망을 수없이 들어왔다. 하지만 그들은 한때 거의 누구에게나 당연시되었던 평범한 가정을 이루는 방법을 전혀 모르고 있다.

우리의 신문들은 매일 성관계를 지배했던 전통적 관습의 마지막 흔적까지 사라져 가고 있다는 사실을 확인해 주고 있다. 예를 들어 지난 주 영국 신문들은 동성애자 커플이 대리모를 통해 아이를 갖게 되었다고 보도하고 있다. 신문에선 소처럼 인공수정을 통해 임신하는 추세가 여성들 사이에서 늘어나고 있다고 보도했다. 물론 신문은 그런 추세에 은연중에 동조하며 찬사를 보내기까지 한다. 물론 인간의 성행위가 피임이 출현하기 전에도 출산에 한정되어 있었던 것은 아니다. 하지만 분명 출산이 인간의 성행위와 별개로 생각되기 시작한 것은 최근의 추세가 처음이라 할 수 있다.

성 혁명 덕분에 현재의 혼란이 배가되고 있다. 거의 생각 없이 성관계를 맺는 사회인데도 지나가는 암시적인 성에 대한 언급만으로도 소송으로 이어질 수 있다. 문단에선 분명한 성적 언어의 사용이 유행하고 있지만 의학 잡지에선 '창녀' 라는 단어를 사용하기를 꺼려해 대신 '성 노동자' 라는 단어로 에둘러 표현하고 있다. 논평자들은 특히 성과 관련해 예술 작품을 기술할 때 무의식적으로 동조하는 용어인 '성적 일탈' 이라는 단어를 사용한다. 반면 교도소를 갈 정도의 성범죄자는 동료 죄수들의 살해 위협에서 보호될 필요가 있다. 아동 성 학대에 대한 불안은 동의할 수 있는 나이와 전혀 무관하게 존속하고 있다. 의무적 성교육과 자유로운 피임은 영국 내 총 임신 중 3분의 1이 중절 수술을 받으며 전례 없이 많은 10대 임신과 병행되고 있다는 사실을 입증하고 있다. 결혼과 동거의 법적 구별을 효과적으로 제거하는 동성애 커플의 결혼 허용과 전통적인 결혼에 대한 법적 권리를 향유할 수 있도록 허용되어야 한다는 요구 시기가 일치되고 있다. 또한 결혼했지만 자녀가 없는 부모들이 입양하기는 훨씬 더 어려워졌지만 동성애커플은 현재 아이를 입양할 수 있는 권리가 있다. 레즈비언이 동성애 남자들의 정자로 인공수정을 통해 임신할 권리 역시 무차별 대우의 원칙으로 양보되고 있으며 60살 먹은 여자는 당연히 체외수정에 대해 같은 권리를 주장하고 있다. 성적 자유는 남자에 의해서든 여자에 의해서든 이성간의 폭력을 감소시키는 것이 아니라 증가시키고 있다. 셰익스피어의 『오델로』가 증언하고 있듯이 폭력의 가장 크고 오래된 유발요인들 중 하나로 사람들은 결국 불신과 질투가 커지기 때문에 스스로 주장하고 실천하는 자유를 자기가 애정을 갖고 있는 대상에게 거의 허용하지 않기 때문이다. 우리 시대는 운동 경기화한 성관계에 대해 찬사를 보내지만 억지스러운 행동은 비난한다. 성의 경계가 사라지고 외과 수술을 통해 남자는 여자가 되고 여자는 남자가 된다. 반면 관용과 이해에 대한 요구는 훨씬 더 강렬하고 절박해지고 있다. 세련된 사회에서 유일하게 허용될 수 있는 판단은 판단이 허용될 수 없다는 사실이다.

자신들의 개인적 문제들을 전체적인 사회 문제로 오해한 지식인들이 점잖은 체하는 빅토리아시대의 위선과 억압에 대항해 주도한 100년 간의 반작용이 이러한 혼란을 야기하고 있다. 지식인들은 마치 엄하고, 완고하고, 금욕적인 선조들로부터 끊임없이 도망치고 있는 듯이 보인다. 또한 그들은 자신들의 행동이 가져올 결과를 느낄 수 있으면서도 선조들이 말하고 행동한 것에 반대되는 것이나 선조들을 가장 불쾌하게 만드는 것을 현명한 행동의 확실한 지침으로 받아들이는 듯이 보인다.

억압된 사람들이 자신의 비참한 조건이 인내력을 넘어서기 때문에 혁명이 유발되는 자연스러운 대중 봉기였던 적이 거의 없는 것처럼 이러한 측면에서 분명 성 혁명도 예외는 아니다. 혁명은 사람들이 일찍이 만나고 싶어하는 천박하고, 성격적으로 뒤틀렸으며 부정직한 지적인 선각자들의 행렬로 시작한다. 그들은 모두 현실적인 인간 본성을 이해하지 못하는 유토피아적 이상주의자들이다. 그들은 모두 성관계에서 도덕적 의미를 제거하거나 전통적으로 성관계에 결부되어 있는 도덕적 판단을 교정함으로써 완벽에 이를 수 있다고 생각한다. 그들은 인간의 불행은 오로지 법, 관습 그리고 금기에서 비롯된다고 믿는다. 그들은 "영원히 변치 않을 사물의 본질은 무절제한 인간은 자유로울 수 없다는 사실이다"라는 에드먼드 버크의 금언과 같은 경고를 진지하게 받아들이지 않는 사람들이다. 욕망이 충족되면 충족될수록 더욱 큰 욕망이 일어나듯 혁명가들의 요구는 마지막 요구가 받아들여질 때마다 단계적으로 강화된다. 기대했던 행복감을 느낄 수 없을 때 문제와 제시된 해결책의 분석은 늘 한결같다. 즉 절제를 삼가고 더욱더 제멋대로 행동하라는 것이다. 20세기 후반기의 가장 영향력 있는 이론적인 성 과학자인 존 머니 John Money는 1994년에도 아주 진지하게 우리는 성적인 금기에 사로

339

잡힌 사회에 살고 있다고 쓸 수 있었다. 남아 있는 금기들을 제거하면 인간의 불행은 저절로 해결되리라는 의미다.

파괴할 금기가 많이 남아 있는 것도 아니다. 예를 들어 나의 병원에서 입원 중인 남자 친구나 여자 친구를 방문한 청소년이나 젊은 방문객들은 흔히 침대에 올라가 병원 직원과 반대편 침대의 나이 먹은 사람들이 보는 앞에서 성적 전희를 탐닉한다. 한때 광기의 징후로 받아들여졌던 이 막돼먹은 탈 억제가 지금은 완전히 정상적인 일로 받아들여지고 있다. 사실상 그런 행동에 이의를 제기하는 것 자체가 지금은 불쾌하고 우스꽝스럽게 보일 것이다. 하지만 창피함을 모른다는 것은 사생활을 잃는 것이며 사생활을 잃는다는 것은 친밀감을 잃는다는 것을 의미하며 친밀감의 결여는 깊이의 결여라는 사실에 주목하는 사람은 없어 보인다. 사실상 천박하고 피상적인 사람들을 배출하기 위해 가장 좋은 방법은 어떤 것도 감추지 않고 완전히 공개된 삶을 살게 하는 것이다.

사실상 50년이나 100년 전 성 혁명적 작품들에서 성 혁명 옹호자들과 그 선구자들은 누구나 현대 사회가 안고 있는 재난적 성적 곤경의 측면들을 알고 있었다. 그들이 일어나야 한다고 말한 것과 실제로 일어난 일 사이의 관계를 모르지는 않았을 것이다. 사고(思考)는 많은 세월이 흐른 뒤에야 그 결과가 나타나게 된다.

청소년의 성욕에 대한 문제를 살펴보자. 그것은 전적으로 자연스럽고 따라서 환영받을 현상이라는 것이 오랫동안 통설로 받아들여졌다. 절제하려는 어떤 시도도 흥을 깨어 또다시 성욕을 감추게 유도함으로써 은밀하게 감추어진 성은 더 많은 10대 임신으로 이어지게 된다는 것이다. 때문에 지금 영국 의사들은 부모들에게 알리지도 않고 미성년자들에게 피임약을 나누어 줌으로써 미성년자들의 불법적인 성관계를 묵인하고 있다.

이러한 생각의 수호 성인은 마가렛 미드[34]이다. 27살이 되던 1928년 마가렛 미드는『사모아의 사춘기 Coming of Age in Samoa』를 출판했으며 이 책으로 그녀는 평생 명성을 얻게 된다. 50년 후 그녀가 죽었을 때 그녀의 책은 여전히 연 10만부가 팔리고 있었다. 반세기 동안 대학생들 중 이 책을 읽거나 적어도 이 책의 메시지를 모르는 사람은 거의 없었다.

마가렛 미드는 인류학자 프란츠 보아스[35]의 제자였다. 프란츠 보아스는 중요한 대부분의 인간 현실들처럼 청소년기의 불안은 당시 일반적으로 믿었던 것처럼 생물학적인 것이 아니라 문화의 산물이라는 사실을 증명하고 싶어한 극단적인 문화 결정론자였다. 세계 어디에선가 청소년들이 불안을 느끼지 않는 사회를 찾을 수 있다면 호르몬이 원인이 아니라는 사실이 증명될 것이다. 지적으로 보아스에 심취해 있었고 자신의 학문적 진전이 그에게 달려있었던 미드는 보아스가 그녀가 발견하

---

34) Margaret Mead 1901∼1978

미국 문화인류학자. 컬럼비아대학에서 인류학을 공부한 뒤 인류학계의 개척자로서 활동하였다. 1925년 이후 미국령(領) 사모아섬, 애드미럴티제도의 마누스섬, 뉴기니섬, 발리섬 등으로 활발한 현지 조사를 다닌 결과『사모아의 사춘기』(1928)『뉴기니의 성장』(1930)『세 미개사회의 성(性)과 기질』(1935) 등을 저술했다. 문화 상대주의를 역설한 F.보아스에게서 뿐만 아니라 R.E.베네딕트의 〈문화의 형(型)〉을 추출하는 수법에서 강한 영향을 받았다. 대부분 현지 조사로 이루어진 다수의 베스트셀러를 창출, 미국 인류학계의 장로(長老)로서 위치를 구축했으나 최근 그 조사 보고의 오점이 몇 군데 지적되어 비판받고 있다.

35) Franz Boas 1858∼1942

미국 문화인류학자. 미국의 문화인류학이 종합인류학으로 나아가도록 하고, A.L.크로버 · R.베네딕트 등의 인류학자를 육성하는 등의 공헌이 있어 미국인류학의 대부로 불린다. 그의 조사는 스스로 주민 속에 동화되어 그 내면까지 파고드는 방법이었으므로, 이른바 안일주의 인류학자가 대부분이었던 당시로는 대단히 특이했고, B.K.말리노프스키 등 영국사회인류학자들의 본격적 현지조사를 한 세대 선행했다.

기를 원했던 것을 사모아에서 발견하기로 예정되어 있었다.

그리고 마가렛 미드는 그런 사회를 발견했다. 혹은 그녀는 그런 사회를 발견했다고 생각했다. 그곳은 청소년이 사춘기와 결혼 사이의 중간시기에 금지되지 않은 성생활을 마음껏 누릴 수 있는 남해의 파라다이스였다. 이곳에선 질투나 경쟁, 불안, 죄책감 같은 것은 없고 즐거움만 있었다. 그리고 이상하지만 원치 않는 임신도 없었다. 당시에 혹은 적어도 이후에도, 놀랍게도 미드는 이 같은 사실에 관심을 갖지 않았다. 따라서 미드는 보아스의 주장에 가치 판단을 추가했다. 즉 사모아의 청소년들이 행복하다는 사실이 입증하듯이 사모아 사회는 성문제를 우리보다 더 훌륭하게 다루는 문화를 가지고 있다는 것이다.

물론 마가렛 미드는 사모아에 대해 잘못 기술하고 있었다. 그녀는 냉소적인 정보제공자에게 속았던 것이다. 청소년기나 그 외의 어떤 시기에도 자유연애에 대해 옹호하지 않았던 런던 선교사협회의 노력 덕분에 사모아의 성도덕은 자유주의적이기보다는 청교도적이었다.

하지만 자신이나 다른 사람들에게 어떤 해악도 입히지 않고 자유롭게 욕망을 만족시킬 수 있다는 메시지를 싫어하는 사람은 거의 없었다. 따라서 미드의 책은 신뢰할 만한 것으로 받아들여졌다. 사모아에서 젊은이의 성 도덕적 자유주의가 유익한 사회 · 심리적 결과를 가져왔다면 우리 사회라고 왜 안 되겠는가? 설사 사모아에 대한 그녀의 묘사가 정확한 것이었다 해도 사모아가 유럽이나 미국에 그럴듯한 모델인지 혹은 단순한 성 풍습의 존재가 그것의 보편적 채택을 정당화하는지 여부에 대해 잠시라도 의문을 가졌던 사람은 아무도 없었다.

따라서 교육받은 수세대의 사람들이 청소년의 성행위에 대한 미드의 생각을 사실상 올바르고 타당한 것으로 받아들였다. 그들은 청소년의 성행위 문제를 자연스럽고, 유쾌하고, 건전하며 심리학적으로 유익한 것으로 정리한 사모아식 방식을 취했다. 미드의 생각은 그녀의 책이나 다른 어떤 책도 읽지 않은 사람들의 계층으로 여과되어 전해지면서 다소 왜곡되었다. 하지만 이제 부모의 묵인하에 11살이나 12살 때부터 남자친구나 여자친구와 성관계를 하는 아이들을 만나더라도 놀랄 일은 아니다. 마가렛 미드처럼 인간의 마음을 전혀 모르는 사람만이 그 결과를 예측하지 못할 것이다. 엄청난 조숙함은 항구적인 청소년기와 세계에 대한 때 이른 권태로 이어지게 된다.

예를 들어 지난 주 찾아 온 20살의 총명한 젊은 여자 환자는 따분한 삶에 대해 불평을 늘어놓았다. 말하자면 그녀는 13살에 학교를 그만두고 오로지 성적인 만남만을 추구했다. 하지만 최초의 흥분은 점차 사라지고 쓸쓸함과 자기 혐오감만 남았다. 물론 성생활을 하기 시작한 초기에 그녀는 성생활이 행복과 성취의 열쇠이며 다른 것은 전혀 중요하지 않다고 믿게 되었다. 하지만 삶의 목적에 대한 단색적 묘사처럼 결국 그것은 몹시 실망스러운 것이었다는 사실이 입증되었다.

물론 어느 정도 자의적이긴 하지만 그래도 사회적으로 필요로 하는 성적 합의가 가능한 나이와 같은 경계들이 한번 위반되면 그 경계들은 완전히 무너지게 되는 경향이 있다. 따라서 어린아이들이 고도로 성감을 자극하는 사회에 점점 더 일찍 익숙해지면서 성감을 자극하는 행동을 드러내도록 어린아이에게 가해지는 사회적 압력은 점점 더 일찍 시작되고 있다. 학교 선생으로 있는 어떤 친구는 최근 자기 반 여자아이가 버진이라고 부르며 놀렸다고 울고 있던 7살짜리 아이를 달랜 방법을 말해 주었다. 그녀는 버진이라는 단어가 무슨 뜻인지 아느냐고 물었다.

"몰라요" 남자 아이가 대답했다. "하지만 그 말이 지독하게 심한 말이란 것은 알아요."

훨씬 더 큰 성적 자유를 주장하며 욕망에 대한 절제는 훨씬 약화시키고 있는 남자와 여자 사이의 관계에 대한 성 혁명가들의 생각은 너무 비합리적이고 이상주의적이어서 어떻게 사람들이 그들의 생각을 심각하게 받아들일 수 있는지 이해하기 어렵다. 하지만 나쁜 생각들이 인간 한계에서 벗어난 존재라는 쉽게 자극될 수 있는 환상들에 일치한다면 단지 불합리하다는 이유만으로 나쁜 생각들이 동의를 얻지 못할 것이라는 주장은 어리석은 믿음에서 비롯된다.

가장 초기의 성 혁명가들 중 한 명인 영국인 의사이자 문학가 해브록 엘리스[36]는 일반적으로 결혼과 이성 관계에 설득력 있는 견해를 갖고 있었다. 학식은 있지만 아주 이상하고 불쾌한 이 남자는 오랫동안 영국과 미국에서 성의 현인으로 존경받았다. 엘리스는 톨스토이, 라스푸틴 그리고 버나드 쇼 세 명을 뒤섞어 놓은 것처럼 보인다. 그는 영국이 19세기 말에 만들어 낸 많은 준 이단의 이데올로기적 나체주의자들 중 한 명 이었다. 그는 두 번째 아내가 자신을 오줌으로 적셨던 중년의 후반기에 이르기까지 완전한 성적 각성을 경험할 수 없었다. 그의 작품들은 20세기 초 엄청난 명성을 얻고 많은 판매량을 기록했다. 그는 성적

---

36) Henry Havelock Ellis 1859~1939
영국 의사 · 성심리학자. 영국과 오스트레일리아 사이를 왕복하는 상선 선장의 외아들로 태어나 16세 때 부친의 상선을 타고 오스트레일리아에 건너가 신비적 경험을 한 것을 계기로 성의 연구에 관심을 가졌다고 한다. 귀국한 뒤 의사자격증을 취득하였으나 진료에 종사하지 않고 저작과 편집으로 생계를 이어 나갔다. 그의 저서 『성심리학』(7권, 1892~1928) 제 1 권을 영국에서 출판하였으나, 내용이 지나치게 노골적이라 하여 비판을 받았고 나머지는 미국에서 출판하였다. '영국의 프로이트' 로 불린다.

행동에 거의 신비롭기까지 한 최고의 중요성을 부여했다(성행위와 관련된 그의 어려움을 고려할 때 놀랄 일도 아니다). 남녀 사이의 이상적 관계에 대한 그의 개념은 인간의 현실에 대한 자각에 전혀 영향을 받지 않았으며 절대적으로 탐욕스러웠다. 많은 사람이 그의 관점을 존경했고 또 다른 영국인 성적 이단자 D. H. 로렌스처럼 그의 관점을 삶에 대한 모든 철학의 기초로 삼았다.

엘리스는 성행위 과정에서 우주의 창조자와 합일될 수 있는 두 개 영혼의 완벽한 융합을 믿었다. 현대의 이단자였던 그는 우주의 창조자를 신이라 부르기를 꺼렸다. 하지만 신비로운 융합이 일어나기 위해선 남녀 관계는 우선 법, 관습, 그리고 당시 도덕이라고 생각되었던 것과 같은 모든 불필요한 사소한 고려들에서 자유로워질 필요가 있었다. 엘리스는 "의무, 선, 그리고 순결에 대한 우리의 생각은 변화되고 파기될 필요가 있는 것들이다. 이러한 것들은 진정한 선의 장애물들이다"라고 쓰고 있다. "나는 모든 실제적 도덕들에 대한 완전한 부정, 모든 제한의 제거를 예견한다. 어떤 파격적인 자유도 완벽한 인간 상태의 일부를 이룬다고 생각한다." 일단 사회, 도덕, 법, 정치적인 모든 속박에서 자유로워지게 된 인간은 천성적 아름다움과 인간적 고결함을 되찾게 될 것이다. 인간은 다시 고귀한 성적 야만인이 될 것이다. 엘리스 같은 사람들은 자신이 풍자 만화가들이 그리는 배우자의 머리칼을 움켜쥐고 질질 끌고 가는 전형적인 원시인이 될 수도 있다는 생각은 하지 않았다.

엘리스만이 인간의 행복과 선 모두의 열쇠로서 눈물 없는 무제한한 섹스에 대한 젊은이의 유토피아적 꿈을 꾸었던 것은 아니다. 반세기 후에 성 과학자로 세계적 명성을 얻었던 또 다른 영국인 의사 알렉스 컴포트 Alex Comfort도 같은 의견을 갖고 있었다. 그의 섹스 입문서는 천만 부 이상 판매되었다. 자기 아들에게 생명의 진실을 설명하는 데는 상당한 어려움을 겪었겠지만 컴포트는 모든 15살짜리 소년들에게 파티에 갈 땐 콘돔을 가지고 가라고 충고했다. 다시 한번 자기 아들은 두드러진 예외였다. 그는『사랑의 진실 The Facts of Love』입문서에서 젊은이들에게 포르노그래피는 "누군가 금하고 싶어하는 성에 대한 책이나 영화를 가리키는 긴 단어"라고 설명하고 있다. 모든 제도를 권력의 발산에 불과한 것으로 본 무정부주의자이자 평화주의자인 그는 세계2차 대전 중 나치즘에 대한 무장 항쟁을 반대했으며 그는 권력이야말로 인간행복의 가장 큰 적이라고 믿었다. 그가 극단적으로 대립되고 있다고 생각한 두 가지 현상인『야만주의와 성적 자유』에서 그는 "생물학적으로 정상적인 상태는 종교적 강제, 경제적 압력과 사회적 관습을 배제한다. 국가와 다른 시민이나 종교적 집단에 기초한 제도들은 생물학적 성행위에서 자리를 찾지 못한다." 다시 말해서 성은 순간적인 성적 매력 이외의 모든 고려에서 벗어나 자유롭게 확산되어야 한다.

성 행위의 결정에서 개인적 변덕 이외에 남는 게 뭔가? 인간을 인간답게 만들고 인간을 여타 다른 생명체와 구별하게 하는 것은 바로 더 깊은 의미를 가진 아우라로 섹스(그리고 다른 모든 본능적 기능들)를 감싸는 것이다. 모든 성 혁명가들처럼 섹스를 생물학적으로 단순화시키고 그 의미를 제거하는 것은 인간을 인류의 역사에 기록되어 있는 않은 원시적 행동 수준으로 인간을 되돌려 보내는 짓이다. 모든 동물이 섹스를 하지만 인간만이 사랑을 한다. 엘리스와 컴포트 같은 성 혁명가들이 그토록 혐오하는 사회적 관습, 종교적 금기 그리고 개인적 자제만이 불어넣을 수 있는 의미가 박탈될 때 남는 것은 끊임없이 더 강한 오르가슴 —— 궁극적으로 따분하고 의미 없는 —— 만을 추구하는 것이다. 무제한적 섹스를 통한 행복이라는 잘못된 생각을 가진 현대인은 삶이 행복하지 않을 때 자신이 섹스를 무제한적으로 향유하지 못하고 있기 때문이라고 결론짓는다. 복지가 비참함을 제거하지 못한다면 우리는 더 많은 복지를 필요로 하며 섹스가 행복을 가져다주지 못한다면 우리는 더 많은 섹스를 필요로 한다.

미숙한 생각이 진지한 사상으로 잘못 받아들여질 수 있었던 것은 호기심의 문제지만 사실상 남녀관계에 대한 엘리스와 컴포트의 특이한 기본적 관점은 이제 일반적으로 심지어 정통적인 것으로까지 받아들여지고 있다. 자기 아이의 어머니나 아버지와 헤어지게 되는 결정을 설명하면서 나의 환자들은 한결같이 분명 그 혹은 그녀와 함께 기대했던 행복감을 경험할 수 없었으며 자신들의 결합은 엘리스 식으로 대단한 의미가 없다고 말한다. 자신들의 결합이 다른 사람에게 도움이 될 수 있는 가능성, 다소 세속적이고 다른 사람을 고려한 목적은 전혀 고려의 대상이 되지 않는다. 감정의 깊이가 적어도 강도만큼이나 중요하다는 사실 (그리고 결과적으로 더 중요하다는 사실은)은 그들에겐 전혀 낯선 생각이다. 그들의 결합을 유지시켜줄 사회적 압력이 없고, 삶에서 궁극적으로 종교적 믿음이 부재하며, 법과 복지 조항이 가족 해체를 실제적으로 조장하는 사회에서 관계는 끊임없이 불안정하게 변화하지만 그 결과는 이상하게도 일치하게 된다.

나는 컴포트의 유토피아를 보고 있지만 행복은 존재하지 않는다.

성혁명가들의 저작이 이해력과 우아함에서 얼마나 끔찍하게 뒤떨어져 있는가 하는 것은 그들의 저작과 셰익스피어의 단시 하나(사랑에 대한 문학의 무수히 많은 성찰 중 하나만 들어보자)를 비교해보면 알게 된다.

연인이 자신이 진심이라고 맹세할 때

거짓이라 해도 그녀를 믿는다.

그녀는 내가 소박한 젊은이

거짓된 세계의 섬세함에 익숙하지 않은 젊은이라고 생각하겠

지……

아, 가장 좋은 사랑의 습관은 그럴듯한 거짓말 속에 있는 것.

또한 사랑의 연륜은 세월이 말하게 하는 것을 사랑하지 않았다.

따라서 서로 치켜세우는 잘못된 거짓말 속에서

우리는 함께 있는다.

표현의 아름다움은 말할 것도 없고 이보다 인간의 마음에 대해 더 섬세하게 이해하고 있는 문장은 없다. 여기엔 모든 것이 있다. 즉 인간은 평생 깊은 교제와 그 같은 교제가 지속되려면 불가피한 타협 그리고 행복에 본질적인 존재의 고유한 한계를 받아들일 필요가 있다. 셰익스피어의 관점은 육체적, 사회적 그리고 정신적 존재로서 인간의 요구들에 답하고 있다. 셰익스피어의 작품을 조금이라도 접해 본 사람은 셰익스피어가 섹스를 적대시하는 사람이라고 비난할 수는 없을 것이다.

성 혁명가들이 좋아하는 또 다른 수사학적 기법(무제한적 에로티시즘 환타지들에 대한 호소와는 별개로)은 성적 경계들을 점점 사라지게 하려한다는 것이다. 그들은 본질적으로 모든 성 행위는 하나의 연속체라고 주장

한다. 그리고 그들은 자신들이 섹스엔 자연적 경계가 없다는 사실을 보여줄 수 있다면 섹스에 대한 모든 법률적 금제나 사회적 구속이 즉시 자의적이고 인위적인 것으로 보여지게 되며 따라서 도덕적으로 유지될 수 없다고 생각한다. 다시 말해서 본질적 차이들만이 법률적 그리고 사회적 금기에 의해 정당하게 인정될 수 있다는 것이다.

이러한 관점의 주된 옹호자는 유명한 보고서 저자인 알프레드 킨제이다. 그는 교수생활의 전반기를 혹벌을 연구하고 분류하며 보냈으며 후반기는 오르가슴을 연구하고 분류하면서 보냈다. 결국 그는 오르가슴보다 훨씬 복잡한 혹벌 분류법을 발견하게 되었다. 그후 그는 모든 오르가슴은 동등하게 창조되었으며 창조주에 의해 어떤 양도할 수 없는 권리를 부여받았다는 결론에 이르게 된다.

킨제이 프로그램은 그가 모든 불행의 원인이라고 생각했던 성적 구속에서 사람들을 해방시키기 위해 고안된 두 가지 기둥을 갖고 있다. 첫 번째 것은 광범위한 조사를 통해 미국인들의 성행위가 전통적 도덕성에 따라 그러리라 추정되었던 것과 아주 다르다는 사실을 확립하는 것이다. 분명 킨제이는 자신이 강렬히 원했던 결과를 확실하게 하기 위해 자신의 조사를 왜곡했다. 그에겐 물론 개인적 이유가 있었다. 대부분의 성 혁명자들처럼 아주 늦게 발현되기는 했지만 킨제이 자신이 변태적인 성적 욕망을 갖고 있었다. 그는 자신의 포피를 뚫고 철사를 요도에 넣었다. 자위를 해 사정하는 이천 명의 남자들을 필름에 담은 것은 역사상 관음증의 가장 놀라운 위업들 중 하나로 자리매김하고 있다.

킨제이는 아주 만족스럽게도 미국 남성 중 37% 가 오르가슴에 이르는 동성애 경험을 갖고 있으며, 자신의 보고서에서 이성애만큼이나 동성애에 대한 지면을 세배나 확대해 모든 유형의 성행위는 분리된 별개의 행위로 존재하기보다는 스펙트럼상에 존재한다고 공표했다. 이어 그는 자신의 성 철학에 대한 두 번째 기둥을 확립했다. 즉 '4백만 프랑스 사람이 잘못일리 없다'라는 주장으로 일컬어지는 것이다. 킨제이는 우리의 성 도덕은 미덕과 어떤 이상을 향한 노력이 아니라 실제적으로 여기 지금 일어나고 있는 것에 근거해야 한다고 말했다. 그렇지 않다면 우리는 망상을 쫓는데 불과하다. 킨제이는 이 같은 도덕성이 누군가 행동할 때마다 자신이 저지른 짓에 대한 즉각적인 정당화를 제공함으로써 실제로 일어나는 일의 범위를 확대한다는 사실에 개의치 않은 것처럼 보인다. 자기정당화를 고려했더라도 그는 그 점에 대해 걱정하지는 않았을 것이다.

재정적 정직 측면에 적용되었다면 킨제이의 주장은 즉시 터무니없는 것으로 간주되었을 것이다. 그가 재정적 정직에 대해 수행한 조사는 분명 세상에 평생 부정직하지 않았던 사람은 거의 없다는 사실을 드러내게 될 것이다. 즉 사소한 물건을 훔치거나 세금 납부를 위한 소득 정산에서 비용을 과대평가하지 않는 사람은 거의 없다는 것이다. 이러한 주장의 논리적 귀결은 상식적인 사람이라면 정직에 대한 노력이 부끄러운 일이며 금전적 행동과 관련된 법률은 무의미하고, 상점주인이 고객들에게 거스름돈을 적게 주거나 고객들이 상점주인에게서 물건을 훔치는 것이 아주 정당하다는 결론을 내리지 않을 수 없다. 그리고 이것이 바로 킨제이를 필두로 한 성 혁명가들이 성의 영역에서 주장하고 있는 것이다.

하나의 제한이나 금기를 받아들이면 모든 것의 타당성을 인정하게 되듯이 경계를 사라지게 하려는 작업은 계속되어 충분할 만큼 아주 멀리까지 진척되었지만 결코 만족은 없다. 최근 범죄학 잡지에선 닭들과의 수간에 반대하는 유일한 결론적 주장이 닭들이 성관계에 동의하지 않았으며 따라서 그들(인간? 조류?)의 권리가 침해되었다는 내용이 게재되어 있었다. 또한 킨제이가 모든 성적 행위를 동등하게 만들고 싶어 했던 반면 심리학자이자 성 임상 의사인 존 머니는 훨씬 더 나아가 자신이 '성 정체성'이라 불렀던 것의 거의 무제한적 유연성을 주장했다. 그는 "네 가지 기본적인 생식 기능〔수정, 월경, 임신, 수유〕이상으로 이성 간의 어떤 차이도 성 구분을 따라 불변으로 고정되어 있는 것은 없으며…… 네 가지 기본적인 생식 기능이 허용되는 한 어떤 특정한 성에 대한 고정관념도 바뀔 수 있다. 하나의 사회는 역할에 대한 거의 무제한적 선택을 설계하거나 재설계할 수 있다"라고 쓰고 있다. 따라서 정상적인 것도 비정상적인 것도 존재하지 않는다. 즉 우리가 선택한 것은 무엇이든 선하거나 적어도 나쁘지는 않다.

말할 것도 없이 여성의 '성 역할'이 사회에 의해 자의적으로 강요되고 있다고 주장하고 싶어 하는 급진적인 페미니스트 여성들 가운데서 존 머니는 영웅이 되고 있다. 변함없이 모든 유형의 섹스를 옹호하는 자칭 '섹스 전도사'인 그는 각 개인은 자신의 성 정체성을 창조할 수 있는 선택의 자유가 있다고 주장한다. 존 머니에겐 어린아이에 대한 이상 성욕을 포함한 모든 변태 성욕이란 개념이 낯선 개념이 된다. 그는 '도덕적으로 무지'한 사람들만이 변태 성욕을 비난하게 될 것이라고 주장한다. 머니는 섹스에 관한 다문화주의자로 다양한 변태 성욕은 본질적으로 선한 것으로서 문화적 다양성을 대신하고 있다.

머니는 존 홉킨스 성 정체성 클리닉 소장으로 이론가일 뿐 아니라 실천가였다. 그의 가장 유명한 사례로 포경수술 중 실수로 성기가 거의 잘려나간 어린아이의 부모에게 이제부터 아이를 여자아이로 양육해야 한다고 권고한 것은 그가 인간성별의 무제한적 유연성을 믿고 있었기 때문이었다. 결국 치마를 입은 소년 이외에 소녀란 무엇인가? 또한 가지고 놀 장난감 총을 받은 소녀 이외에 소년이란 무엇인가? 서툰 포경수술이 거의 성취한 것을 완성하기 위해 이 불행한 어린아이에게 일단 필요한 수술을 하게 되면 모든 게 좋아질 것이다.

소녀로 양육된 소년은 계속해서 어떤 어머니에게나 익숙한 소년 같은 기질을 드러냈다. 그 혹은 그녀는 기병처럼 싸웠고 인형보다는 자동차와 기차를 더 흥미로워했으며 모험심이 강하고 거칠었다. 선물로 줄넘기를 받으면 자신의 쌍둥이 형제를 묶는데 쓸 뿐이었다. 머니 박사는 계속해서 이 사례를 절대적인 성공으로 묘사하며 오랫동안 과학계와 언론계를 속였다. 그렇다, 의지적 결단으로 어린 소년들을 소녀로 변화시킬 수 있다. 아니다, 성 정체성은 생물학적으로 정해지는 것이 아니라 전통과 관습의 산물로 사회적으로 형성된다. 머니의 견해는 무비판적으로 진실로 받아들여졌고 따라서 정설이 되었다(의학도였을 때 나는 이런 식으로 교육받았던 것을 기억하고 있다).

머니의 실험대상은 14살에 자기에게 일어났던 일에 대한 이야기를 듣자 그 혹은 그녀는 즉시 남성으로 되돌아가기로 결심했다. 어린 시절 내내 우울하고 적응할 수 없었던 그 혹은 그녀는 내내 불완전한 방식으로 뭔가 잘못되었다는 사실을 알고 있었다. 더 많은 개조 수술로 그는 남성성에 착실히 재적응해 현재 여자와 행복한 결혼 생활을 하고 있다.

이 같은 사실은 머니가 연구에 평생을 바친 철학에 모순되기 때문에 그가 말하지 않았던 부분의 일부이다. 이는 우리가 뉴질랜드 출신의 농촌 소년이었던 그가 꿈꾸었던 유형의 성적 유토피아는 건설할 수 없다는 사실을 제시하고 있다.

머니의 이론은 물론 훨씬 더 기이한 행동과 욕망을 허가하고 고무할 뿐이다. 또한 사실상 늘어나는 살해된 희생자들의 내장과 성교할 때만 성적 해방을 발견한 제프리 데이머 Jaffery Dahmer가 경험한 욕망의 단계적 확대는 캐나다 예술 위원회가 자금을 지원한 최근 영화에서 볼 수 있듯이 또한 시간(屍姦)을 '일상화' 하는 것이 대중적 규모로 일어날 수 있다.

또한 이제 임신을 하기 위해 남자 친구의 정자가 든 주입기를 이용한 레즈비언 환자들을 만날 때 그들은 감히 자신들에 대해 판단해 줄 것을 요구한다. 자연적인 것이냐 자연스럽지 않은 것이냐, 정상이냐 비정상이냐, 좋으냐 나쁘냐를 내가 어떻게 판단할 수 있겠는가? 경험에 비추어 볼 때 성도착자들은 이전에 받아들일 수 없다고 생각하는 것을 세상이 받아들이게 했다는 것을 의식하며 의기양양한 도덕적 우월감을 내비친다. 그들이 존 머니의 글을 읽은 적이 없더라도 해브록 엘리스 같은 사람의 기괴하게 유사한 견해를 본 적은 있을 것이다. 해브록 엘리스는 변태적 성욕은 인간을 동물과 가장 분명하게 구별시키는 것이며 인간 최고의 성취이다. 즉 "성 심리의 모든 심리 중……변태 성욕은 분명하게 가장 인간적이다. 다른 어느 것보다도 변태 성욕은 잠재적인 상상력의 유연한 힘과 관련이 있다. 변태 성욕은 동료 인간과 구분될 뿐 아니라 반항하여 직접 자신의 파라다이스를 창조하는 개별적 인간이 되게 한다." 변태 성욕은 이상주의에 최고의 승리를 가져다주고 있다.

여기에 성의 영역에서의 선악의 불가지론적 반전이 존재하고 있다. 이것이 사르트르와 메일러[37]가 장 주네와 잭 마보트를 실존주의 영웅들로 변화시키면서 범죄학의 영역에서 채택한 기법이다. 물론 인간의 성행위는 짐승의 성행위와 다르지만 분명 닭들이 사람들과 성교하고 싶어하지 않는 반면 사람은 닭들과 성교하고 싶어할 수 있기 때문은 아니다. 그 차이를 이해하고 싶다면 성 과학자가 아니라 문학에 기대야 한다.

물론 사람들이 그런 정신적 내용의 일부가 되는 사상의 원래 생각을 읽을 필요는 없다. 하지만 성 혁명가들의 감수성과 사고들이 이제 우리 사회에 너무 철저하게 퍼져 있어 우리는 더 이상 성 혁명가들의 감수성과 사고들이 미친 영향을 거의 자각하지 못하고 있다. 디오니소스적인 사람들이 분명 아폴론적 사람들에 대해 승리를 거두고 있다. 품위, 절제, 척도, 위엄, 비밀, 깊이, 욕망의 한계는 수용되지 않는다. 행복과 선한 삶은 연기된 관능적 삶에 불과한 것으로 인식되고 있다. 영국 빈민가에서 일하면서 성 혁명이 야기한 상황에 주목하면서 성 바울 성당의 바닥에 있는 건축가 크리스토 렌 경을 기념하는 글귀를 떠 올린다. si monumentum requiris, circumspice. 그의 기념비를 찾는다면 주위를 둘러보라.

2000

---

37) Norman Mailer 1923~
미국의 소설가. 1950년대 후반부터 비트파(派)에 접근, 시민사회에 대한 불신을 나타내고 현대를 지배하는 획일주의를 부정하며, 특히 인간의 본능과 성(性)의 신비를 추구했다.

누가 우리 아이들을
죽이고 있는가?

19세기 중반 맥컬리는 정기적인 도덕적 발작 중 하나로 영국 대중의 집단행동만큼 불합리한 것은 없다고 쓰고 있다. 하지만 이제 대중의 집단행동은 불합리할 뿐 아니라 불길하다. 도덕적 나침반의 결여를 보충하기 위해 영국 대중은 격렬한 분노에 이은 저속한 감상벽의 갑작스런 돌풍에 휩쓸리고 있다. 언론은 싸구려 냉소주의와 선정성으로 저속한 감상벽을 부추긴다. 독선적 발작은 도덕적 삶의 대용물이다.

영국 대중처럼 강렬하긴 하지만 천박한 감정적 공격을 어린아이보다 더 변덕스럽고 더 쉽게 하는 국민은 드물다. 예를 들어 얼마 전 어린아이에 대한 이상 성도착자를 소아과 의사와 구별할 수 없었던 군중이 사우스 웨일스의 소아과 의사 집을 공격했다. 물론 공격자들은 바로 모든 유형의 아동학대와 무관심이 만연해 있는 사회 환경 출신들이었다. 이런 환경에서 결혼이 법적으로 인정되는 나이는 사실상 의미가 없으며 성인들은 일단 아이들이 폭력을 행사할 수 있는 나이가 되면 자녀들을 두려워한다. 영국 대부분의 지역에서 어린아이 양육은 감상벽, 난폭함과 무관심이 만연한 가공할만한 혼란 상태에 놓여 있다. 이런 상황에서 최근 유행하는 지나친 방임, 인형이나 옷, 그리고 침실의 텔레비전은 아이 복지를 위한 애정 어린 관심의 가장 고귀한 표현 그리고 사실상 유일한 표현으로 받아들여지고 있다.

더 이상 감정적 부정직에 대한 강력한 자극이 존재하지 않는 것은 더 이상 죄책감이 존재하지 않는다는 사실과 다름없다. 이는 불과 며칠에 불과하지만 온 나라가 이안 헌틀리와 막신 카의 공동 재판으로 얼어붙었던 이유를 설명해 주고 있다. 헌틀리는 케임브리지쉐어의 소햄 시에서 지금까지 평안하게 혹은 적어도 눈에 띄지 않고 살았던 홀리 웰즈와 제시카 채프먼이라는 2명의 10살짜리 소녀를 납치해 살해한 혐의로 기소되었다. 카는 헌틀리의 거짓 알리바이를 증언함으로써 재판을 방해한 혐의로 기소되었다.

이 사건이 거의 타의 추종을 불허할 정도로 전국적 관심을 끈 것은 두 번째였다. 첫 번째는 가장 친했던 두 명의 어린 소녀가 실종되었던 2002년 8월 4일 저녁이었다. 그들은 오후 5시 경 사탕을 사러 집을 나간 후 돌아오지 않았다. 2주 동안 그들을 찾는 수색이 진행되었지만 그들은 결국 레이컨하스 공군 기지 인근의 도랑에서 시신으로 발견되었다. 이것은 영국 역사상 가장 대규모로 진행된 실종자 수색이었다. 언론은 모든 잘못된 톱기사를 대대적으로 보도했고, 신을 거의 믿지 않는 사람들이 공공연히 그 지방 인근 교회들에 촛불을 켜고 소녀들을 위해 기도했다. 두 명의 소녀가 실종되었을 당시 맨체스터 유나이티드 티셔츠를 입고 있었기 때문에 그들의 행방에 대한 정보를 묻는 거대한 현수막이 유럽 컵에서 맨체스터 유나이티드가 뛰고 있던 부다페스트 스타디움에 펄럭이고 있었다. 리처드 데스몬드(그는 처음에 「허니 하우스와이브스」

와 「아시아 베이비스」와 같은 제목의 포르노그래피로 돈을 벌었다) 소유의 「데일리 익스프레스」는 두 소녀의 행방에 대한 정보를 제공하는 사람에게 180만 달러의 보상금을 제시했다. 「데일리 익스프레스」의 제안으로 곧 시를 둘러싼 들에서 시신이 나타나기를 희망하며 보상금을 주장하는 수천 명의 목격자가 소햄에 나타난다. 경찰은 비행접시를 목격했다는 식의 수천 통의 전화 제보에 파묻히게 된다.

텔레비전 방송국은 금발의 축구 슈퍼스타 베컴이 납치범에게 보내는 호소를 방송했다(소녀들이 사라질 당시 그들은 베컴의 번호가 새겨진 축구 셔츠를 입고 있었다). 텔레비전에서 납치범에게 아이들을 집으로 돌려보내 달라고 눈물어린 호소를 했던 소햄 주민들 중엔 소녀들을 살해한 이안 헌틀리가 있었다. 그는 소햄에 경찰 기자 회견실 설치를 돕고 소녀들 중 한 명의 아버지를 위로하기까지 하며 수색에 적극적인 인물로 등장했다. 이안 헌틀리의 집 창문엔 납치범에게 소녀들의 안전 귀가를 호소하는 현수막이 걸려 있었다.

소녀들이 재학했던 학교의 수위인 헌틀리는 소녀들이 살아 있을 때 마지막으로 본 사람이라는 사실이 거의 즉시 밝혀졌지만 그의 여자친구인 막신 카는 소녀들이 사라진 날 저녁 내내 그와 함께 있었다고 주장함으로써 경찰의 판단을 그르치게 했다. 하지만 열흘 후 헌틀리를 소녀들의 실종과 결부시키는 물리적 증거들이 나타났을 뿐 아니라 카가 경찰에 거짓말을 했다는 증거가 드러났다. 그날 카는 고향인 그림스비에 있는 어머니를 방문하고 있었다. 경찰은 헌틀리와 카를 구속했고 이후 곧 소녀들의 시신이 발견되었다.

소녀 살해범이 야기한 명성과 모조 감정의 규모는 취태와 원시적 폭력에 대한 성향으로 전 세계적으로 악명이 높은 영국 축구 관중들이 다음주 게임 이전의 일시적 평온을 지키는 것과 같은 것이다. 장난감 곰 인형과 시적 표현이 자유롭게 뒤섞여 있는 1만 개의 꽃다발이 때로 수백 마일 떨어진 곳에서 온 사람들에 의해 소햄 교회 주위에 놓여졌다. 그것은 다이애나 왕세자비가 죽었을 때 쏟아졌던 감상벽의 재현이었다. 오래지 않아 어떤 종묘원에선 소햄 비극이라는 이름의 새로운 분홍색 장미를 제공했다(36 달러밖에 안되는 할인 요금으로).

이 사건은 현대 영국의 도덕적 늪을 드러내고 있다. 경찰에겐 당황스럽게도 수사관 두 명이 시신이 발견된 직후 자신의 컴퓨터에 아동 포르노를 다운로드 받은 혐의로 체포되었다. 판사가 도대체 헌틀리와 카가 공정한 재판을 받을 수 있을지 여부를 고려해야 할 정도로 언론은 분별 있는 의문을 넘어서 이미 그들의 유죄가 확정된 것 —— 그들의 사건엔 무죄 추정이 필요치 않은 듯이 —— 처럼 다루었다. 전형적인 군중의 법칙에 따라 예심 법정에 피고들이 나타날 때마다 법정 바깥에 모인 수백 명의 군중들은 비명을 지르고, 고함을 치며 달걀을 던지고 사형제도 재도입을 요구했다. 허락되었다면 그들은 피고의 사지를 찢었을 것이다.

기이하게도 많은 어머니들은 어린 자식들을 이런 혼잡한 상황으로 데리고 오는 일에 개의치 않았다. 어린아이들은 분명 겁에 질려 있었고 많은 아이들이 울음을 터뜨렸지만 복수심에 불탄 독선적인 군중들은 자신들의 행동이 일종의 대중적 아동 학대라는 사실을 모르고 있었다. 오히려 어머니들은 성욕 도착자들과 괴물들에게서 아이 보호를 요구하기 위해 왔다고 말했다.

이 사건의 가장 사소한 스캔들들 중 하나에서 선정적인 주간지 「뉴스 오브 더 월드」의 사진기자는 헌틀리가 재판을 기다리고 있는 보안이 철저한 감옥의 경비로 취직해 영국에서 가장 증오받는 남자의 금지된 사진을 찍었다. 사진기자는 이력서에 유령회사와 개인 주소를 허위로 기재했다. 게다가 그를 고용한 사람들은 여권에 그가 기자로 기록되어 있다는 사실에 유의하지 않았다.

살인이 일어난 지 15개월 후에 재판이 열렸다. 신문과 방송은 6주 동안 이 재판에 대한 소식으로 도배되었다. 헌틀리의 변론은 그가 집 밖에서 소녀들을 발견했으며 당시 홀리 웰즈는 코피를 흘리고 있었다는 사실이었다. 그는 소녀들을 집안으로 데리고 들어가 자기 침실로 갔으며 목욕을 했다. 휴지로 코피를 막아주는 동안 욕조 모서리에 앉아 있던 홀리가 미끄러져 물에 빠졌다. 제시카 채프먼이 비명을 질렀고 그녀를 조용히 시키기 위해 헌틀리가 손으로 그녀의 입을 막았다. 이어 그가 알게 된 것은 소녀가 바닥에 미끄러져 죽었다는 사실이었다.

그림스비에 가 있던 헌틀리의 여자친구인 막신 카는 그가 결백하다고 믿었고 헌틀리가 예전에 강간으로 기소된 일이 있었다고 말했기 때문에 경찰에게 거짓말을 했다고 말했다. 헌틀리는 다시 잘못된 고소를 당할 수는 없다고 말했다. 사랑에 눈이 먼 카는 소녀들이 실종되었던 시각에 그와 함께 있었다고 말했다. 카는 그의 행동에서 생명의 위협을 느꼈을 수도 있었을 것이다. 카는 사실상 살인에 가담하지 않았지만 그녀는 곧 제2의 미라 힌들리로 낙인 찍혔다. 악명 높은 무어의 여자 살인마 미라 힌들리는 1960년대 초 랭카쉐어 무어에서 남편인 이안 브래디와 함께 적어도 5명의 어린아이들을 납치해 고문하고 살해한 뒤 매장해 감옥에서 죽을 때까지 절대 악의 상징으로 남았다.

판사가 선고를 내리기까지 놀랍도록 오랜 시간이 걸렸다. 분명 막신 카가 경찰에 거짓말을 할 때 헌틀리가 유죄라는 사실을 알고 있었느냐 여부를 판단하는데 어려움이 있었다. 카가 헌틀리의 범죄를 알고 있었다면 몰랐을 때보다 더 심각한 범죄에 대한 유죄가 확정될 수 있었다. 결국 판사는 덜 중한 범법행위를 선택했다. 하지만 판사는 헌틀리에게 두 건의 살인 사건에 대한 유죄판결을 내렸고 당연히 그에게 두 차례의 무기 징역을 선고했다.

그의 범죄가 소름끼치는 짓이라는 사실은 말할 필요도 없지만 말없이 지나간 것은 아니다. 오히려 노동자 지지 타블로이드판 신문「데일리 미러」의 어떤 논평자는 사실상 살인을 선동하는 글을 기고했다. 즉 그는 마치 "교수형은 충분한 처벌이 아니다"라는 1701년 악명 높은 익명의 팸플릿을 상기시키듯 "그에게 교수형도 너무 관대하다"고 쓰고 있다. "그는 감옥이 어린아이를 학대하고 살해한 사람들을 어떻게 제거하는지 알고 있다. 다행스럽게 이제 정의가 실현되는 이상 그는 그 대가를 받게 될 것이다."

다시 말해서 그는 수감자들에게 헌틀리를 살해하고, 강간하고 혹은 병신을 만들라고 호소하고 있는 것처럼 보인다. 그는 분명 영국 교도소에 있는 대부분의 죄수들이 자식을 버린 아버지들이며 자식들에겐 무관심이 그들이 희망할 수 있는 최선이고 학대가 그들이 가장 받기 쉬울 수 있는 사회 환경에 자식들을 버린 사람들이라는 사실을 깨닫지 못하고 있다. 「데일리 미러」가 그 같은 시장에서 많은 판매부수를 올리는 것은 우연이 아니다.

재판이 끝난 후 언론은 헌틀리의 과거에 대한 많은 사실을 보도했다. 그는 사실상 유죄판결을 받은 적은 없지만 성 폭행범이었던 것으로 보인다. 헌틀리는 강간으로 고발당한 적이 있었고 몇 차례 지역 경찰의 주목을 받았다. 그와 그의 여자친구는 새로운 삶을 시작하기 위해 소햄으로 옮겨왔으며 이곳에서 학교 수위 일을 신청했을 때 현재 학교에서 일자리를 구하는 모든 사람에게 의무화된 경찰 조사는 과거에 그에 대해 제기되었던 어떤 혐의도 밝혀내지 못했다. 적어도 언론의 보도를 알게 된 사람들은 즉시 헌틀리가 아니라 경찰에 대해 분노하기 시작했다. 경찰이 괴물이 고용되지 못하도록 막지 못했기 때문이었다. 도처에 잠복해 있는 이안 헌틀리들에 대한 히스테리컬한 공포가 팽배해 있었다. 조사에 따르면 부모들 대다수는 그 어느 때보다 자녀들의 안전에 대해 더 불안해하고 있었고 성인들 중 10분의 1은 소햄의 살인자들 때문에 자녀 갖기가 꺼려진다고 말하기까지 한 것으로 나타났다.

언론에 보도된 헌틀리에 대한 이야기는 영국의 부모나 영국 사회를 거의 제대로 반영하지 못하고 있다. 로라라는 한 소녀는 자신이 12살 때 당시 18살이었던 헌틀리와 다소 강제적으로 성관계를 가진 방식을 폭로했다. 그녀의 어머니는 딸에게 일어난 일을 알게 되었을 때 경찰에 신고하지 않았다.

제니라는 또 다른 소녀는 자신이 15살 때 헌틀리와 어떻게 이사해 오게 되었는지 이야기했다. 당연히 이 일이 일어났을 때 부모들은 어디에 있었느냐? 는 의문이 들 것이다(하지만 영국 언론에서 이런 의문을 제기한 신문은 하나도 없었다). 하지만 관계는 지속되지 못했다. 즉 제니는 "그는 학교에 있는 나의 몇몇 친구들을 포함해 많은 다른 소녀들뿐 아니라 나도 속이고 있었다"고 보도하고 있다. 그녀는 16번 째 생일을 맞은 직후 그를 떠났다.

카렌은 애처로운 이야기를 하고 있다. 헌틀리가 18살이고 카렌이 16살이었을 때 그녀는 "그에게 빠져들었다." 하지만 헌틀리는 섹스를 할 때 너무 거칠어 "다시 섹스 하는 것에 혐오감을 불러일으키게 했다." 그렇지만 헌틀리가 질투심에 사로잡혀 지나치게 강한 소유욕을 보이게 될 때까지 계속 그를 만났다. "소녀들이 늘 발견하는 그런 멋진 눈은 매력적일 뿐 아니라 사악할 수도 있다"고 그녀는 회상했다. 불행하게도 카렌은 5년 후 선술집에서 그를 다시 만났고 당시 그녀는 결혼할 예정이었다. "당시 헌틀리는 성숙한 남자였다. 우리는 웃으며 술을 마셨다. 다시 그가 매력적으로 보였고 그에게 매혹되었다." 즐거워진 남녀는 그의 집으로 함께 돌아갔다. "헌틀리는 침실 문을 잠갔다. 잠시 후 그의 분위기가 돌변했다. 그는 나를 제압해 위에 올라타고는 강간을 했다."

당시까지 카렌이 헌틀리라는 사람에 대해 충분히 알게 되었을 것이라 생각할 수 있을 것이다. 하지만 아니었다. 오랫동안은 아니지만 그 후로도 그들의 관계는 계속되었다. "헌틀리와의 관계는 당시 그의 여자친구가 창문에 돌을 던질 때까지 잠시 동안만 지속되었다." 카렌은 "나는 약혼을 한 상태였기 때문에 그에 대해서 누구에게도 말할 수 없었다"라고 덧붙였다.

11살 때 루이즈는 유원지에서 헌틀리를 만났고 22살 남자에게 매력적으로 보였다는 사실이 즐거웠다. 그는 루이즈를 집으로 데리고 가 그녀와 섹스를 했다. 그는 루이즈가 소리치겠다고 위협할 때까지 그녀와 성행위를 지속했다. 하지만 루이즈는 "헌틀리가 다른 소녀를 따라다니면서 관계가 소멸될 때"까지 계속 그를 만났다. 당시 헌틀리는 누구나 서로에 대해 잘 아는 작은 도시에 살고 있었다.

앨리슨이 16살 때 헌틀리에게 그의 아이를 임신했다고 말하자 헌틀리는 앨리슨을 계단에 밀어 넘어뜨렸다. 그들은 이미 7개월 동안 동거하고 있었으며 그는 의식을 잃을 때까지 몽둥이로 앨리슨을 구타했다. 알려진 바에 따르면 앨리슨의 부모는 그들의 관계에 전혀 개입하지 않았으며 자기 딸에 대해 어떤 유형의 통제도 하지 않았다.

챈텔은 15살 때 헌틀리(당시 21살)를 만나 그와 함께 이사해 왔다. 그녀의 부모는 딸이 그와 가정을 꾸리는 것을 도와주었고 따라서 법률상으로 성범죄에 기꺼이 의도적인 종범이 되었다. 배관공인 그녀의 아버지는 "우리는 그 아이들이 함께 가정을 꾸려나갈 수 있도록 할 수 있는 일은 다 해주었다.……그는 한동안 나와 함께 일하기까지 했다"라고 말했다.

헌틀리는 이어 더러운 침대보로 그녀를 묶어 2주간 감금해 놓고 굶겼다. 결국 그녀는 쇠약, 탈진 그리고 탈수로 실신해 병원으로 갔다. 그녀의 아버지는 다음과 같이 이야기를 계속했다. "상황을 알게 되었을 때 화가 치밀어 올랐지만 직접 헌틀리를 손봄으로써 경찰과 불필요한 문제를 일으키고 싶지는 않았습니다." 그렇다면 그는 어떻게 했을까? "우리는 그를 마을에서 쫓아냈을 뿐입니다. 그에게 이사 가는 것이 좋을 것이라고 분명하게 말했죠." 그 말이 무슨 의미인지는 누가 보아도 분명했다. 사실상 챈텔의 아버지는 경찰에게 가고 싶지 않았다. 그가 딸의 포주 노릇을 한 셈이기 때문이었다. 왜냐하면 헌틀리와 달리 그는 자기 딸의 나이를 몰랐다고 그럴듯하게 주장할 수 없기 때문이었다.

또 다른 여성이 헌틀리의 아이를 가지고 있었다. 그녀와 헌틀리가 함께 잠자리에 들었을 때 그녀의 나이는 15살이었다. 그녀가 「데일리 미러」에 제보한 이야기에 따르면 "그녀의 부모는 미성년자가 자신보다 6살이나 많은 남자와 섹스를 하는 것에 대해 딸에게 경계하도록 하며 반대했지만 그녀는 듣지 않았다." 하지만 그녀의 부모는 경찰에게 가지 않았고 그녀와 헌틀리는 헌틀리의 어머니와 함께 곧 이사를 온다. 헌틀리의 어머니는 자기 아들이 15살 소녀와 함께 살 수 있도록 완벽하게 준비하고 있었다. (재판 후에 헌틀리의 어머니는 아들에게 사형 선고를 요청했다.) 하지만 소녀의 부모는 이야기가 암시하듯이 그렇게 무력하지만은 않았다. 일단 헌틀리가 강간혐의로 기소되자 그가 자신의 딸에게서 난 아이에 대한 접견을 금지시켰기 때문이었다.

경찰은 법적으로 결혼이 인정되는 나이 이전에 헌틀리와 섹스를 했던 또 다른 소녀의 사건을 조사하려 했지만 그녀나 그녀의 어머니는 경찰에 협력하지 않았다.

헌틀리는 한번 결혼했었다. 그의 아내는 그가 다른 여자들에게 폭력적이라는 사실을 알고 있었지만 그와 결혼했다. 단시간에 헌틀리는 그와 같은 남자들이 일반적으로 사용하는 방법으로 임신중절을 시켰다. 즉 그녀의 아랫배를 여러 차례 걷어 찬 것이다.

그 일이 있은 직후 그녀는 헌틀리를 떠나 그의 아버지와 함께 살게 되었다. 그곳에서 그녀는 "헌틀리의 형에게 강한 느낌을 갖게 되었다"는 사실을 알게 되었고 결국 그의 형과 결혼했다.

헌틀리에 대해 제기되었던 한 차례의 강간 고소는 증거부족으로 기각되었다. 고소인은 그가 나이트클럽에서 집으로 돌아가던 중 자신을 강간했다고 주장했다. 하지만 그녀는 그 날 초저녁 나이트클럽에서 헌틀리와 함께 춤을 추는 장면이 비디오테이프에 녹화되었고 그녀는 너무 취해 있어 그 일을 기억조차 하지 못하고 있었다. 당연히 경찰은 너무 취해 물리적인 시간의 중요한 시기를 기억할 수 없는 목격자를 설득력 있는 인물로 증인석에 내세울 순 없다고 판단했다. 특히 그녀의 증언이 피고인의 주장과 상반되어 있는 이 사건의 경우엔 더더욱 어려운 일이었다.

그의 희생자들은 한결같이 헌틀리가 질투심과 소유욕이 강하며 자신은 아무리 지독하게 충실하지 못하다 해도 소녀의 유일한 관심 대상이 되기 원하는 지배욕이 강한 남자로 묘사하고 있다. 분명 이것이 논평자들이 막신 카가 그를 위해 거짓말할 준비가 되어 있어야 하는 이유로 제시한 이유들 중 하나다. 사실상 논평자들은 카가 자율적이고 생각하는 존재로서 행동하지 않고 단지 헌틀리의 의지를 따랐다고 이론화하고 있다. 다른 한편으로 카의 어머니는 또 다른 이유를 제시하고 있다. 즉 카가 헌틀리와 아주 깊고 광적인 사랑에 빠져 어떤 대가를 치르든 그를 보호하고 싶어 했다는 것이다.

하지만 헌틀리가 두 명의 소녀를 살해하던 저녁 카는 그림스비에 있는 나이트클럽으로 가 술을 몇 잔 마신 후 17살의 소년과 22살의 남자와 섹스를 하려 하면서 그들 둘 모두에게 젖가슴을 드러내었다. 카는 자기 어머니와 함께 클럽에 갔으며 그녀의 어머니는 그 광경을 모두 목격했다. 그렇지만 그녀의 어머니는 카의 운명적인 사랑이 100마일 떨어진 소햄에 있다는 자신의 견해를 바꾸게 하기 위한 딸의 행동에서 어느 것도 알아채지 못했다. 카와 헌틀리의 판결이 확정된 다음 날 막신 카에

365

대한 「타임스」의 기사 헤드라인은 "잘못된 남자와 사랑에 빠지는 치명적인 속성을 가진 아주 가정적인 소녀"였다.

재판이 끝난 후 언론 논평은 헌틀리의 성향을 케임브리지쉐어 경찰에게 알리지 않은 그림스비 경찰에게로 집중되었다. 유감스러울 정도의 비효율성 때문에 그림스비 경찰들이 법률상의 의무를 다하지 않은 것은 사실이다. 하지만 언론은 헌틀리가 미성년자인 소녀들과 만났다는 사실의 사회적 의미, 친절하게 공모한 많은 부모들의 존재, 혹은 모든 영국의 도시와 마을 중심가에서 볼 수 있으며 많은 강간 주장을 조사할 수 없게 하는 젊은 여성들 사이에서 공공연하게 자행되는 방탕한 음주에 대해서는 입을 다물고 있다. (이런 경우에 경찰은 종종 나의 의견을 묻는다. 가장 최근의 사례를 들어 보면 세 명의 아이를 가진 젊은 엄마가 서로 다른 아버지에게서 난 3명의 아이들을 보모에게 맡기고 나이트클럽에 가 너무 술을 많이 마셔 자신이 어떻게 낯선 남자의 침실에 오게 되었는지 기억할 수 없었으며 이어 정신을 차리고 강간이라고 외쳤다.) 왜 많은 젊은 남성들이 이안 헌틀리처럼 질투심과 소유욕이 강하고 지배적인지 혹은 왜 이안 헌틀리의 행동이 살인 그 자체를 제외하면 일반적인 행동에서 그다지 크게 벗어나지 않은 것인지의 이유들에 대한 논평도 존재하지 않는다. 민주주의 시대에 정부 당국의 행동만이 공개적 비판의 대상이 되며 국민의 행동 그 자체가 공개적 비판의 대상이 되는 경우는 없다. 이것은 루소의 신조에 대한 현대적 버전이다. 즉 권위가 존재하지 않는다면 국민은 행복해질 것이다.

다이애나 왕세자비의 죽음에 이은 장면을 연상시키는 모조 슬픔의 전국적 분출에 대해 말하자면 그것은 분명 느낌에 대해 말했던 것이 아니라 느낄 수 있는 이기적 무능력에 대해 말하고 있으며 외부적 겉치레로 상쇄되고 있는 것이다. 영국인들은 다음과 같은 국보급 시인의 말을 잊고 있을 뿐 아니라 더 이상 이해조차 할 수 없는 것처럼 보인다.

공허한 마음을 가진 사람의 낮은 목소리는
공허를 반향한다.

진심으로 애도하는 사람들 —— 물론 소녀들의 친척과 친구들 이외의 다른 사람들 —— 이 있는 한 그것은 그 어린아이들의 죽음에 대한 것일 뿐 아니라 어린 시절의 죽음을 위한 것이다.

2004

끔찍한 이야기

모든 선한 자유주의자들이 동의하는 정신 치료적 세계관에서 악은 존재하지 않으며 희생자들만이 존재한다. 도둑과 도둑맞은 사람, 살인자와 살해당한 사람들은 모두 똑같이 그들을 압도하는 사건들에 의해 결합된 환경의 희생자들이다. 미래의 세대들은 스탈린과 히틀러의 세기에 우리가 악을 행할 수 있는 인간의 능력을 어떻게 그토록 열심히 부정했을까 하는 호기심을 갖게 되기를 기원한다. 때로 사건은 곧 잊혀지지만 악을 행하는 인간의 능력에 새삼 경각심을 갖게 된다.

프레데릭과 로즈마리 웨스트 사건은 인간이 저지를 수 있는 악행에 대해 경각심을 불러일으키는 한 가지 예이다. 그것은 대중적 변덕으로 시작해 끔찍한 혐오감을 불러일으켰다가 지금은 주로 출판업자들과 여행사를 위한 상업적 기회로 이용되고 있다. 하지만 냉정하게 생각해 볼 때 이 사건은 우리에게 일단 모든 구속이 제거되었을 때 인간이 무엇을 할 수 있을지에 대해 다시 생각해보게 해준다. 웨스트 부부의 범죄는 그들의 개인적 환경으로 설명될 수 있는 것보다 훨씬 더 나쁘다. 때문에 이 사건은 또한 인간의 행동에 대한 모든 외부적 구속이 불필요하게 될

상상할 수 있는 사회적 완벽성은 존재하게 되지 않을 것이라는 과거에
분명했지만 유감스럽게 현재 분명하지 않은 사실을 상기시켜주고 있다.

경찰이 1994년 2월 글루체스터 크롬웰가 25번지 뒷마당에서 첫 번
째 유해를 발굴하자마자 전국의 출판업자들이 그곳에서 실제로 얼마나
많은 시신이 발굴될지에 대해 내기를 하기 시작했다. 사실상 소름끼치
는 살인은 그 어느 것보다도 효과적으로 영국 전역의 도덕성을 고취시
켰다. 크롬웰가에서 일어났던 것보다 더 소름끼치는 살인이 일어난 적
은 없었다.

결국 그곳에선 자랑스러운 집주인 프레데릭과 로즈마리 웨스트(각
각 1943년과 1953년에 태어났다) 부부 딸의 유해를 포함해 9구의 유해가 발
굴되었다. 그들 양딸의 유해는 웨스트부부의 이전 주소인 글루체스터
미드랜드 거리 25번지에서 발견되었다. 한편 웨스트씨의 첫 번째 아내
레나의 유해와 그의 내연녀들 중 하나 —— 사망 당시 임신 중이었다
—— 의 유해는 웨스트씨가 태어난 곳으로 그림같이 아름다운 이름의
머치 매클 인근 두 군데 벌판에서 발견되었다. 어디선가 아가사 크리스
티가 아주 통찰력 있게 언급했던 것처럼 영국의 마을엔 많은 사악함이
존재하고 있다.

1994년 새해 첫날 버밍검의 윈슨 그린 감옥에서 교수형당하기 전
웨스트씨는 막역한 친구 —— 이후 이 사람은 아직 공개되지 않은 비밀
을 신문사에 제공하는 대가로 적어도 15만 달러 이상을 제안받았다
—— 에게 자신이 그 외에도 적어도 20명은 더 죽였다고 고백했다. 하
지만 그의 고백을 믿기는 어렵다. 프레드는 숫자에 밝지 못했으며 그의
가족들에 따르면 자기에게 자식이 몇 명 있는지 또는 자식의 이름이 무

엇인지도 기억할 수 없었기 때문이다. 나는 진짜 희생자 수는 20명이 아니라 거의 60명에 이른다는 소문도 들었다. 소문을 전한 사람은 분명 신경과민이 될만한 이유가 있는 사람이었다. 그는 의사로 최근 소규모 건축업자인 프레드가 그의 사무실 확장을 끝낸 사람이었다. 프레드는 친절하게도 그 의사가 휴가를 간 사이에 사무실 확장 준비를 제안했다. 되돌이켜 보면 공사가 불가피하게 수반할 소음을 의사가 겪지 않게 하려는 단순한 욕망 이상의 동기가 있었던 배려였다.

내가 아는 또 다른 사람은 온실을 지어주겠다는 프레드의 제안을 거절했다. 그의 태도가 혐오감을 불러일으켰기 때문이었다. 사실상 프레드의 모습은 분명히 이상한 점이 있었다. 그는 인간이 늑대인간으로 변하는 중간단계에 있는 것처럼 보였다. 털이 아주 많은 그는 키가 작고 젊은 시절 오토바이 사고로 다리를 절고 있었다. 그는 영국 노동 계급에게 전통적인 나쁜 치아를 갖고 있었지만 눈은 밝게 번들거리고 있었다. 분명 교육받지 못한 촌스러운 억양과 어휘 구사력이 한계가 있긴 했지만 그는 민감하고 미숙한 젊은 여성들에겐 최면적인 매력을 발휘할 수 있었다.

로즈마리의 모습은 다소 더 평범해 보였다. 그녀는 일찍부터 살이 쪄 한창때가 되기도 전에 뚱뚱해 보였다. 그녀의 얼굴이나 태도에서 탐욕스러운 성적 욕망이나 절제할 수 없는 가학성을 찾아볼 수는 없다. 재판을 기다리며 수감되어 있는 동안 그녀는 어디를 보나 손주를 위해 양말을 깁는 좋은 할머니처럼 보였다.

프레드와 로즈가 살해한 희생자들의 정확한 숫자를 알 수는 없을 것이다. 희생자의 정확한 숫자를 알기 위해선 전국을 파헤쳐야 하고 지금까지 경찰이 착수한 상대적으로 제한된 기껏해야 200평방 야드에 이르는 발굴에만 이미 225만 달러의 비용이 들었다. 사실상 전면적 조사를 위해선 국가가 파산을 감수해야 할 것이다. 희생자의 진짜 수가 몇이든 웨스트 부부의 글루체스터는 1800년대의 연쇄 살인마 잭 리퍼가 살인을 자행한 거리인 화이트채플로 국민의 의식에 각인되어 있다. 로즈에 대한 재판은 신문을 통해서이긴 하지만 미국 O. J. 심슨의 재판처럼 대중의 집중적인 관심을 받았다. 거의 남아 있지 않지만 그나마 남아 있는 법의 권위를 보존하기 위해 영국 법정에선 카메라를 허용하지 않고 있다.

글루체스터는 대성당이 있는 10만 명 정도의 주민이 거주하는 소도시다. 글루체스터 시의회는 1960년대 도시 계획과 무차별한 복지 정책을 제대로 조합하면 훨씬 더 큰 도시 광역권 내의 탁락한 빈민 도시조건이 지방 소도시에서도 성공적으로 재현될 수 있으리라는 사실을 분명하게 증명해왔다. 오래되었지만 퇴화된 중세적 도시 중심가는 또 다른 유명 커플인 차우세스쿠 부부의 마음에나 들 콘크리트 건물로 거의 시 전체를 탈바꿈했다. 한때 남부끄럽지 않고 우아하기까지 했던 크롬웰가의 19세기 건축물들은 거의 빈민가로 퇴화되어 떠돌이 유동 인구들이 황량한 방을 주단위로 임대해 살고 있으며 어느 모로 보나 돌보는 사람은 없는 것처럼 보인다. 목재부분에 칠해진 페인트는 벗겨져 나갔고 벽토는 떨어져 나갔으며 즉석 식품이 담겨졌던 쓰레기들은 바람에 뒹굴고 있었다. 인근 또 다른 주택의 테라스 벽 끝엔 "우리에게 미래를 달라"라는 기치를 높이 든 곱슬머리의 래스터패리언(에티오피아 황제 Haile Selssie(본명 Ras Tafari)를 신으로 신봉하는 자메이카 혹인 ; 아프리카 복귀를 주장─옮긴이) 불황 시의 실업에서 90년대 홀어버이에 이르는 영광스러운 행진을 묘사하고 있다. 그의 뒤를 따르는 미혼모들이 치켜든 더 작은 푯말에 따르면 그들에게 미래는 더 풍족한 복지 급여였다. 웨스트 부부의 집 뒤에는 초라한 제7일 안식일 재림파 교회가 있었다. 이 교회 게시판에는 "미치광이, 광란에 빠진 세계에 평화와 제정신이 있기를"이라고 씌어 있었다.

하지만 크롬웰 가 25번지는 도시 재개발을 약속하고 있다. 어떤 사람들은 그곳을 웨스트부부 희생자 기념관으로 바꿀 것을 제안했다. 더 상업적 마인드를 가진 사람들은 납 인형 박물관으로 만들어야 한다고 제안하고 있다. 그렇게 되면 웨스트 부부의 집은 분명 영국에서 주요 관광지가 되어 글루체스터 전체 경제에 활기를 불어넣게 될 것이라는 것이다. 크롬웰 가의 관광지로서의 잠재력에 대한 생각은 그곳에서 시신이 처음으로 발견되고 2년이 지난 후에도 호기심에 찬 방문객이 끊임없이 그 집을 찾는다는 사실에 근거한 것이다. 창문들은 콘크리트로 막혀지고 문들은 출입을 못하도록 굳게 고정되어 있어 아무 것도 볼 수 없는데도 방문객이 이어지고 있다. 지역 상점주인은 이제 이방인들의 어이없는 호기심에 너무 익숙해져 방문객들이 길을 묻기도 전에 크롬웰 가를 가르쳐 준다.

최근 웨스트 부인(그녀는 11월 21일 살인 사건과 이어 7건의 살인 사건에 대해 유죄판결을 받았다)에 대한 재판 과정에서 새로이 드러난 사실들은 너무 깊은 충격을 줄 것으로 판단해 선정성과 외설적인 면에서 둘째가라면 서러워할 영국의 황색 저널들도 한결같이 무자비한 세부사항에 대해 보도하기를 거부했다. 재판이 끝난 후 배심원들은 정신과치료를 제안받았으며 그들 중 일부는 실제로 정신치료를 받았다. 참석한 범죄 기록원들은 오만하게도 유사한 제의를 거부했다. 재판 참관인들의 정서적 복지를 위한 당국의 이러한 배려는 웨스트 부부가 25년간 약간의 번거로움이 없는 것은 아니었다 해도 거의 제멋대로 다양한 방식으로 살인을 저지르고 있다는 증거에 대한 이전의 무관심과 극명하게 대조되고 있다.

웨스트 부부는 현실적 이유와 성적 만족 두 가지 목적으로 살인을 저질렀다. 처음에는 프레드 혼자 살인을 저질렀다. 1967년 7월(당시 프레드는 24살이었다)에 마지막으로 목격된 그의 임신한 첫 번째 아내의 팔다리가 잘린 시신은 1994년 6월에 들판에 매장된 채로 발견되었다. 알려진 바에 따르면 그녀는 글래스고우에서 밴에 뛰어들어 사고로 사망하게 한 3살짜리를 제외하면 프레드가 살해한 첫 번째 희생자였다. 그는 글래스고우 출신의 창녀이자 경범죄자였던 자신의 첫 번째 아내와 이따금 함께 살다 그녀가 질투하자 살해한다. 프레드는 1970년 자신의 첫 번째 아내를 살해해 사지를 절단하고 매장했다. 당시 그는 로즈마리와 함께 살고 있었고 버스 정류장에서 그들이 처음 만났을 때 그녀의 나이는 15살이었다. 그녀의 부모는 딸이 자신보다 10살이나 많은 남자와 관계를 맺고 있다는 사실에 놀라(그녀의 아버지도 자기 딸을 성적으로 학대했다) 자기 딸을 지역 사회 사업 부문의 보호에 넘겼다. 하지만 지역 사회사업부는 그녀가 프레드를 계속 만나도록 허락했다. 16살 때 그녀는 딸 헤더를 낳았고 그들은 16년 후 자기들의 딸을 함께 살해한다.

1971년 로즈마리 웨스트는 프레드의 첫 번째 아내가 글래스고우에서 인도인 버스 운전사에게서 얻은 8살 난 차메인을 살해한다. 이 인도인 버스 운전사는 그녀가 지역 사회 사업부의 관리를 받지 않았을 때 웨스트 부부와 함께 살았다. 당시 프레드는 경미한 재산권 침해로 징역형을 선고받고 감옥에서 복역 중이었다. 로즈마리는 복역 중인 프레드에게 다음과 같이 편지를 보내고 있다 "여보, 차메인은 거칠게 다루는 것을 좋아하는 것 같아. 그런데도 내가 그 아이를 거칠게 다루지 않을 이유는 없겠지. 다른 아이들은 몰라도 그 아이를 위해서라도 그 아이는 거칠게 대해야 되겠어." 당시 다른 아이들은 프레드가 차메인 이외에 첫 번째 아내에게서 난 딸과 웨스트 부부의 첫 번째 아이가 있었다.

차메인이 더 이상 학교에 등교하지 않았을 때 선생님과 친구들은(그녀의 친구들 중 한 명은 차메인의 손목을 뒤로 가죽 혁대에 묶은 채 나무 숟가락으로 심하게 구타하는 웨스트 부인을 본 적이 있었다) 생모가 차메인을 데리고 갔다는 말을 들었다. 당시 차메인의 생모는 벌판에 묻혀 2년째 부패하고 있었다. 더 이상 차메인의 행방을 추적하는 사람은 없었다. 한 아이가 흔적도 없이 사라졌을 뿐이었다.

프레드와 로즈는 1972년 결혼했다. 프레드는 결혼 등기소에 자신을 독신남으로 기재했다. 그 직후 프레드와 로즈는 처음으로 차메인의 이복누이 안나 마리를 성폭행한다. 안나 마리는 프레드가 첫 번째 아내에게서 얻은 딸로 당시 8살이었다. 그들은 안나 마리의 손을 묶고 입에 재갈을 채운 후 지하실로 데리고 내려갔다. 웨스트 부인이 안나 마리의 얼굴을 깔고 앉아 있는 동안 프레드가 그녀를 강간했다. 그들은 안나 마리에게 이처럼 돌보아 주는 부모에게 감사해야 하며 이 모든 것이 그녀를 위한 것이라고 말했다. 그들은 며칠 동안 안나가 학교에 가지 못하게 했으며 그녀에게 다른 사람에게 무슨 일이 있었는지 말하면 심한 매질을 당하게 될 것이라고 말했다. 그 이후로도 안나 마리는 되풀이해 정기적으로 프레드가 지하실에서 조립한 금속 틀에 묶여졌으며 로즈마리는 안나 마리와 레즈비언적 성행위에 탐닉할 수 있었다. 학교에서 안나 마리는 부모가 자신에게 가한 상처가 보이지 않도록 때로 체육시간에 참여하기를 거부하곤 했다. 그런데도 무엇인가 문제가 있다는 것을 알거나 개입할 생각을 하는 사람은 없었다.

프레드와 로즈가 거리에서 처음으로 젊은 여성을 납치한 것은 1972년 말이었다. 돌아다니는 차 안에 젊은 여자가 있다는 사실은 탑승을 제의받은 희생자들의 경계심을 무너뜨렸다. 그들의 첫 번째 희생자는 차안에서 로즈에게 성폭행당하고 이어 프레드의 주먹에 맞아 의식을 잃은 후 테이프에 묶인 채 크롬웰 가 25번지 지하실로 끌려갔다. 그곳에서 다시 로즈와 프레드가 차례로 성폭행을 하고는 더 이상 가까운 미래에는 돌아오지 않는다는 조건(그녀가 동의한)으로 풀어주었다. 그녀는 풀려나자 경찰서로 갔다.

경찰은 납치와 강간 대신 강제 추행으로 웨스트 부부를 기소하는 게 더 나을 것이라고 그녀를 설득했다. 그것이 웨스트 부부가 유죄를 인정하고 그녀는 법정에 출두해 다시 정신적 충격을 받게 되지 않을 방법이었다. 이 사건으로 웨스트 부부는 각각 75달러의 벌금형을 선고받았다. 아무리 열렬한 자유주의자라 해도 이어지는 사건들을 비추어볼 때 불행하다고 생각할 만큼 관대한 판결이었다.

자신들의 성적 유희 대상이 경찰에게 가려한다면 그들을 아예 처리해버리는 게 더 낳을 것이라고 판단한 웨스트 부부가 몇 차례 중대한 살인에 착수한 것은 그들이 운 좋게 빠져나간 직후였다. 그들은 적어도 6명의 독신 여성들을 납치했으며 테이프로 묶어(그리고 어떤 경우 희생자가 계속 숨을 쉴 수 있도록 코로 고무호스를 삽입했다 —— 후에 그의 소유물에서 발견된 포르노 잡지에서 배웠을 기법) 성적으로 괴롭히고 결국 죽여 사지를 절단한 후 후에 자기 아이들의 침실로 사용된 지하실에 묻었다.

웨스트 부부가 이런 짓만 한 것은 아니었다. 그들은 하숙을 치고 있었고 웨스트 부인은 남편의 적극적인 권유로 하숙생들 중 많은 사람과 관계를 가졌으며 그들 중 일부는 밤에 아래층에서 고문당하고 있는 사람들의 비명 소리를 들었다. 하지만 웨스트 부부가 자기 딸들이 악몽을 꾸다 비명을 지른다고 해명했기 때문에 개입하려하지 않았다. 때로 경찰은 25번지를 급습해 소량의 대마초를 소지한 혐의 —— 이런 상황에서 사소한 위반에 관심을 보였다는 사실이 아이러니하다 —— 로 하숙생들 몇몇을 기소하기도 했다.

웨스트 부부는 또한 갈봇집를 운영했다(소문에 따르면 지역 경찰의 비호를 받고 있었다). 이곳에선 웨스트 부인이 유일한 창녀였다. 웨스트 부부는 가정주부와 섹스할 서인도 남자를 찾는다는 광고를 지역 잡지에 되풀이해 게재했다. (웨스트 부인의 8명의 자녀들 중 프레드와의 관계에서 얻은 아이는 4명뿐이며 다른 4명은 고객과의 관계를 통해 얻은 아이로 그들 중 3명은 혼혈이었다.) 처음에 웨스트 부인은 오로지 자신과 남편의 쾌락을 위해 남자를 받아들였다. 하지만 부양 식구가 늘면서 그녀는 곧 직업적인 창녀로 변했다. 프레드는 일하는 아내를 보거나 소리 듣는 것을 좋아했으며 집에서 어디서든 그녀의 소리를 들을 수 있도록 인터폰 시스템을 설치했다. 그는 또한 훔쳐볼 수 있는 구멍을 뚫어 많은 경우 아내를 비디오테이프에 담아 후에 집에 있는 7대의 비디오(이것은 모두 훔친 것이었다. 프레드는 연쇄 살인마일 뿐 아니라 11차례나 절도로 유죄 판결을 받았던 좀도둑이기도 했다) 중 하나로 아이들에게 자기가 찍은 필름을 보여주었다. 프레드는 고문당하고 있는 여자들을 찍은 비디오테이프를 지역 비디오 가게에 제안했지만 상점주인은 제안을 거절하고 경찰에게 갔다. 당시 자신들이 누구 못지 않게 관대하다는 사실을 입증하기 위해 새삼 관대해진 도덕적 분위기에서 불안해 한 경찰은 아무런 일도 하지 않았다.

이것이 크롬웰 가에서 어떤 이상한 일이 일어나고 있다는 사실에 대한 실마리를 놓쳐버린 유일한 경우는 결코 아니었다. 웨스트 부부는 자기 아이들에 대한 가학적 대우 때문에 지역 병원 응급실을 31번이나 찾아야 했다. 다리에 생긴 이상하게 둥근 점에서 자전거를 타다 갑자기 멈출 때 생겨난다고 알려진 여자아이 생식기의 상처에 이르는 다양한 이유 때문이었다. 그들의 15살 먹은 딸은 자궁 외 임신(물론 프레드가 아버지다)으로 입원해야 했다. 법률적으로 동의 연령이 16살이고 법률적으로 말해서 자궁 외 임신이 강간이 발생했다는 사실을 의미했지만 더이상 조사하려 한 사람은 아무도 없었으며 아버지가 누구인지에 대한 단순한 질문조차 하지 않았다. 그렇게 하는 것은 주제넘은 짓으로 받아들여지고 있기 때문이었다.

로즈마리는 언젠가 아들에게 너무 화가 나 아들의 목을 움켜쥐고 거의 실신할 정도로 목을 졸랐다. 그 후 그의 목엔 분명 손자국으로 보이는 멍이 생겼고 눈의 흰자위엔 실핏줄이 터져 있었다. 하지만 학교에서 멍이 왜 생겼느냐는 질문을 받았을 때 그는 목에 로프를 걸고 나무에서 놀다가 사고로 떨어져 생기게 됐다고 말했다. 그의 설명은 아주 그럴듯했고 누구나 납득할 수 있었다. 그는 정기적으로 멍이 생긴 채로 등교했다.

웨스트 부부는 하숙생을 남자에서 여자로 바꾸었다. 양성애자인 웨스트 부인은 남자 못지 않게 여자와 함께하는 것도 재미있다는 사실을 알게 되었다. 그리고 웨스트씨(우연히 그는 자신이 낙태를 시킬 수 있다고 자랑했으며 실제로 몇 번 낙태를 시키기도 했을 것이다)는 여자 하숙생들이 임시직에서 일하는 남자보다, 특히 그 여자가 혼자고 임신했으며 복지 수당을 받을 수 있다면 더 믿을만한 임차인이라고 생각했다.

하지만 웨스트 부부의 희생자들 대부분은 길가에서 선택되었다. 모두 그런 것은 아니지만 그들 대부분은 결손 가정의 반항적이고 다루기 힘든 청소년들이었다. 그들은 집에서 도망치거나 사회 사업체의 보호를 받고 있었다. 하지만 한 명은 소설가 킹슬리 아미스의 조카로 중세 영어를 전공하는 대학생이었고 또 다른 아이는 부유한 스위스 사업가의 딸로 아일랜드로 도보여행을 하던 중이었다. 그들을 찾기 위한 경찰의 광범위한 수색이 진행되었지만 그들을 찾을 수는 없었다. 그들을 웨스트 부부와 결부시킬 수 있는 여지는 전혀 없었던 것이다.

린다 거프와 주니타 모트 사건은 더 전형적이다. 린다는 글루체스터 출신으로 반항적이고 제어할 수 없는 소녀였다. 그녀는 부모에게 쪽지 한 장만 남겨두고 갑자기 집을 나갔다. 쪽지엔 "걱정마세요. 살 곳을 얻었어요. 언젠가 돌아와 찾아 뵙겠습니다"라고 쓰여 있었다.

3주 후 딸에게서 아무런 소식도 들을 수 없었던 거프 부인은 딸의 친구들을 통해 크롬웰 가로 자기 딸을 가까스로 추적할 수 있었다. 그때 이미 린다는 고문당하고, 강간당해 사지가 절단되어 매장된 후였다. 로즈마리가 린다의 슬리퍼를 신고 현관으로 나왔다. 게다가 거프 부인은 빨랫줄에 걸려있는 딸의 옷을 알아보았다. 웨스트 부인은 거프 부인에게 그녀의 딸이 짐은 남겨둔 채 해변 휴양지인 웨스턴-슈퍼-메어로 떠났다고 말했다. 시간이 더 지난 뒤 거프 부인과 그녀의 남편은 린다를 찾아 웨스턴을 뒤졌지만 물론 딸을 찾을 수는 없었다. 그들은 구조대를 포함해 몇몇 기관의 도움을 청했지만 경찰에 실종신고를 하지는 않았다. 이후로 그들은 딸을 찾기 위해 더 이상 노력하지 않았다. 그들이 사실상 염려하지 않았거나 지진아인 자기 딸이 19살(그녀가 실종되었을 당시의 나이)이면 부모의 간섭을 받지 않고 스스로 삶을 꾸려나갈 권리와 의무가 있다고 생각했을 수도 있을 것이다.

주니타 모트는 그녀가 어렸을 때 부모가 헤어진 미군의 딸이었다. 그녀는 15살 때 집과 학교 모두를 떠났다. 3년 후 이미 웨스트 부부 집에 묵었었던 그녀는 그들의 탑승제의를 받아들였고 그들에게 납치되어 지하실 들보에 매달렸다 살해되었다. 주니타 모트 역시 실종신고는 되어 있지 않았다.

웨스트 부부의 많은 아이들이 성장하고 성숙해가면서 집에서 매장하기가 점점 더 어려워졌다. 하지만 더 나이 든 아이에 대한 학대는 더욱 심해졌고 당시 13살이었던 그들의 아들은 집에서 도망쳐 한동안 친구들과 함께 머물렀다. 그가 집으로 돌아왔을 때 매를 맞으며 씹할 놈(소년에게는 흔한 말이지만 그의 아버지가 그에게 말했다)이라는 욕을 들었다. 당시 16살로 장녀였던 헤더는 아버지가 다가오는 것을 격렬히 거부했으며 이런 짓은 그녀가 레즈비언이기 때문이라는 말을 들었다. 이어 헤더는 묶여져 강간당하고 살해되어 지하실이 아닌 뒷마당에 매장되었다. 그들은 연못을 만들 듯이 말하며 장남에게 땅 파는 일을 도와달라고 부탁했다. 웨스트 부부는 다른 아이들에게 헤더가 사라진 것은 그녀가 행락지에서 일하기로 했기 때문이라고 말했다. 그녀가 크롬웰 가 25번지에 묻힌 마지막 사람이었으며 그녀의 부모는 그녀의 무덤 바로 위에서 가족 바베큐 파티를 열었다.

5년 후 아마도 많은 살인을 저지른 후 웨스트 부부는 14살 소녀를 강간한 혐의로 체포되었다. 이 법정 사건은 이 소녀가 결국 공개적으로 증언하기를 거부했기 때문에 기각되었지만 경찰이 조사하던 중 집에서 찍은 99개의 비디오를 포함해 엄청난 양의 포르노그래피가 크롬웰 가에서 발견되었다. 경찰은 분명 보지도 않고 비디오들을 폐기했다. 이 비디오들은 당연히 살인 기록들을 담고 있었을 것이다.

조사를 맡았던 형사(그녀는 후에 자신의 이야기를 150만 달러에 출판업자에게 팔려했을 때 공개적으로 비난받았다)는 당시 끔찍한 학대의 증거들 발견하고 긴급히 헤더와의 면담을 원했다. 하지만 헤더의 행방을 아는 사람은 아무도 없었다. 단지 아이들 중 한 명이 어떤 사회사업가에게 가족들끼리 헤더가 마당에 묻혔다는 소문이 있다고 말했을 뿐이었다. 사회사업가는 그 정보를 경찰에 전달할 생각은 하지 못하고 있었다. 하지만 어쨌든 형사는 그 때까지는 상당한 의심을 갖게 되었다. 형사는 자기 상관에게 웨스트 부부의 집을 수색할, 사실상 발굴할 상당한 근거가 있음을 설득했다. 하지만 그들은 비용문제를 걱정하며 1년 이상 수색 착수를 질질 끌었다. 그 와중에 프레드는 강간 혐의로 구금되었던 글루체스터 감옥에서 방면된 후 자유의 몸이 될 수 있는 버밍햄의 보석 구치소(프레드는 이곳에서 후에 자신이 어떤 여자를 죽였다고 자랑했다)로 이송되었다. 하지만 머지 않아 이번엔 게임이 영원히 끝을 맺게 된다.

1994년 2월 25일 마지막으로 체포된 이후 웨스트 부부는 다른 경로를 선택하고 있다. 프레드는 분명 경찰을 비웃으며 다양한 버전으로 조금씩 약을 올리며 자백한 반면 로즈마리는 명예를 훼손당한 죄가 없는 사람의 태도를 유지했다. 죄가 없다면 왜 딸의 실종 신고를 하지 않았느냐는 경찰의 질문을 받자 로즈마리는 "그럼 내가 딸을 밀고해야 했다는 거예요?"라고 대꾸했다. 따라서 그녀에겐 16살짜리 딸이 실종되었을 때 경찰의 도움을 청하는 것은 걱정하는 어머니의 자연스런 반응이라기보다는 일종의 배신이라는 사실을 드러내고 있다.

하지만 웨스트 부부는 감상벽이 잔인성을 감추는 상부구조라는 융의 금언을 확인하며 감정적 경향을 드러내었다. 프레드는 목을 맬 때 자신의 회고록을 쓰고 있었다. 회고록의 제목은 "나는 천사에게 사랑받았다"였다. 또한 감옥에서 보낸 편지에서 그는 자기 아들에게 충고를 하고 있다. "나는 밤낮 없이 일했다.……결국 들을 수 있을 거다, 집에서 무슨 일이 있든 늘 될 수 있으면 많은 시간을 아내와 아이들과 함께 보내고 그들을 사랑해라, 생애에 가질 수 있는 가장 가치 있는 것은 아내와 아이들을 돌보는 일이란다, 아들아." 그의 유언장엔 마치 자기 죽음이 『로미오와 줄리엣』의 현대적 버전으로 끝을 맺게 되는 듯이 자기 비명으로 다음과 같은 문장을 포함하고 있다.

사랑을 기념하며
프레드 웨스트 로즈 웨스트
어둠이 내리지 않는 곳에 평화롭게 쉬기를
완벽한 평화 속에서
그는 자신의 아내 로즈를 기다리고 있다

한편 로즈는 시인이 되었다. 감옥에서 그녀는 자신이 되풀이해 구타하고 강간하고 학대했던 딸에게 다음과 같이 쓰고 있다.

새와 벌처럼 너를 사랑했네
꽃의 달콤함처럼 너를 사랑했네
짙은 쪽빛 바다처럼 너를 사랑했네
그리고 간직해야 할 소중한 기억들

웨스트 부부는 마치 넌더리나는 한두 가지 감정의 극단에 이르면 자기들의 행동과 무관하게 마음의 순수를 찾을 수 있다고 믿는 것처럼 보인다.

물론 곧 영국의 모든 신문이 어떤 사회 · 심리적 힘이 비정상적으로 타락한 부부를 만들었을까 하는데 대해 고찰하기 시작했다. 예를 들어 프레드와 로즈마리는 모두 폭력이 다반사였던 가난한 대가족 출신이다. 하지만 로즈의 형제들 중 몇몇이 경범죄자이긴 하지만 그들의 인척들 중 프레드나 로즈처럼 잔인하거나 미치광이처럼 사납고 난폭한 행동을 일삼는 사람은 없었다. 프레드는 전기도 들어오지 않는 시골 오두막에서 성장해 9살 때 동물들을 도살할 필요가 있었다. 하지만 비슷한 방식으로 성장한 그의 형제들이 결국 인간을 도살하게 되지는 않았다. 그리고 소위 오랜 세월의 가치 박탈로 모든 것이 혹은 사실상 어느 것이든 설명된다면 우리들은 그들의 장남이나 장녀처럼 가장 학대받은 아이들이 발전시킨 것처럼 보이는 강한 도덕심은 어떻게 설명해야 할까?

분명 늘 아주 삐뚤어진 사람들이 존재하며 웨스트 부부처럼 그들

둘이 서로를 찾게 되는 불운이 존재한다. 하지만 그들의 이야기를 돌이켜 볼 때 그들의 행적이 지난 30년간 수용될 수 있는 행동과 수용될 수 없는 행동 간의 경계 혹은 그 같은 경계가 도대체 존재하는지에 대한 점증하는 불확실성으로 수월해졌다고 결론내릴 수 있다. 웨스트 부부는 점증하는 성적 자유를 받아들였으며 그들의 성적 충동은 제한의 완전한 부재를 수반할 정도로 이성의 힘보다 훨씬 더 강했다. 그들은 자신들이 강간했던 사람들에게 자신들이 한 짓은 단지 '자연적'이고 따라서 억제할 수 없는 것이라고 말했다. 또한 웨스트 부부는 점차 자제가 자유의 필요조건으로 받아들여지지 않는 분위기에서 움직였다. 이런 상황에선 모든 사람의 가장 단순한 변덕이 법이다. 게다가 그들 희생자들 중 대다수는 어른들의 조언 없이 떠돌아다니도록 내던져진 젊은이들이었다. 그들은 자신들에겐 어른들의 조언 따위는 필요 없다고 믿으며 어떤 경우에도 어른들의 조언을 참지 못한다.

웨스트 부부 사건은 현대 도시 환경의 익명성 속에서 그리고 군중 속에서 사람들이 얼마나 쉽게 사라질 수 있는지를 보여주고 있다. 또한 개인의 자유라는 명목으로 부모들이 자녀들에 대한 책임을 집단적으로 거부함으로써, 이웃들이 자기 주변에 일어나고 있는 일들에 관심을 갖기를 거부함으로써, 어떤 예의의 기준을 지키기 위해 방탕한 자의 비웃음에 용감히 맞서 싸우기를 누구도 거부함으로써 이러한 실종이 얼마나 훨씬 더 쉽게 일어날 수 있는지를 보여주고 있다. 그리고 경찰, 학교, 사회봉사 기관, 병원 같은 다양한 공적 기구들은 한때 가족이 제공했지만 관용이 너무 빈번하게 점차 무관심으로 변해가는 관대한 환경 속에서 많은 사람이 더 이상 보일 수 없는 개인적 관심을 대체할 수 없다는 사실을 입증하고 있다. 공적 기구들의 실패는 우연이 아니라 관료주의로서 공적 기구들의 속성이다. 국가는 옛날의 엄마, 아빠를 대신하지 못하며 앞으로도 결코 엄마, 아빠를 대신할 수 없을 것이다.

나는 그들의 행동이 웨스트 같은 인간들에게 취약한 청소년들을 병원에서 매일 만나고 있다. 이 청소년들은 자신들이 세상 물정에 밝다고 생각하지만 그렇다면 그들은 세상 물정에 밝으면서도 어리석은 삶을 살고 있다. 예를 들어 지난 주 인도인 부모를 가진 14살 소녀와 대화한 적이 있다. 그녀는 부모가 일주일에 한번만 저녁에 외출하고 밤 열시에는 돌아와야 한다고 해 몇 차례 가출했었다.

그녀는 "부모님이 영국식이었으면 좋겠어요"라고 말했다.

"그럼, 영국의 부모는 어떤데?" 내가 물었다.

그녀는 "그들은 16살까지만 자식을 돌보죠"라고 대답했다. "그 다음엔 자식이 자신이 살 곳을 찾는 거죠."

진심으로 그녀가 웨스트 부부 같은 인간을 만나지 않기를 기원했다. 그녀가 웨스트 같은 인간을 만난다 해도 그녀를 구하러 오는 사람은 아무도 없을 것이다. 버크는 악이 승리하기 위한 필요조건은 선한 사람이 아무 것도 하지 않는 것이라고 말했다. 그리고 요즘 대부분의 선한 사람들은 정확히 아무 것도 하지 않을 것이라고 믿을 수 있다. 악 그 자체 대한 평판보다 편협함에 대한 평판이 더 큰 두려움이 되는 곳에선 온갖 유형의 악이 번성할 것이라고 기대할 수 있을 것이다.

1996

인종 폭동을 예견한 사람

인종 차별 체제하의 남아프리카에서 살며 일했던 이후로 영국 북부의 블래드포드 만큼 인종적으로 분리된 도시는 본 적이 없다. 물론 남아프리카에서 인종 분리정책은 법률상의 문제이며 아프리카인 거주 지구를 백인 거주지역 및 사업 지역과 분리하는 유일한 길은 장갑차 한두 대로 쉽게 봉쇄될 수 있었다. 흑인들이 폭동을 일으키면 그들은 "자승자박에 빠지는 셈"이 될 것이다(나의 아프리카인 정보원의 말을 빌자면).

물론 블래드포드에 인종 분리법이 존재하는 것은 아니다. 돌담이 빈민가를 만들지는 못한다. 그것이 블래드포드의 어떤 지역은 거의 완벽하게 백인 노동자 계급에 의해 지배되고 있는 전형적인 북부 영국 도시이며 또 다른 지역(블래드포드를 양분하고 있는 하나의 주도로를 따라 차로 갈 수 있는)에선 이슬람문화의 전초기지로 이곳 사람들이 자신들의 거주 범위를 바꾸기는 하지만 자신들의 문화나 생활 방식을 바꾸지는 않는 것이 가능한 이유이다.

한때 모직물 제조 도시였던 블래드포드는 19세기 후반기 번영이 극에 달했으며 이어 시의 자부심과 장엄함의 유산을 뒤로 한 채 그 성공이

고딕과 르네상스 부흥 양식의 화려한 공공 건물들을 소실시켰다. (엘리엇트가 「황무지」에서 실크 해트를 신랄하게 붙들고 늘어졌던 것은 블래드포드 백만장자가 쓰고 있었다.) 테라스가 있는 많은 노동 계급의 집들도 우아하고 값비싼 석재 외관을 하고 있었다. 따라서 시의 거대 지역들은 직물 공장이 들어서 있는 바스와도 유사하지 않았다.

블래드포드의 아름다운 부분 중 하나인 하노버 광장은 빅토리아식 도시 건축물의 작은 걸작품이다. 그곳에선 마가렛 맥밀란이 오랫동안 거주했었다. 마가렛 맥밀란은 약 90년 전 간호학교 운동을 창시했고 노동 계급의 교육 개선 운동을 전개했다. 최근 광장엔 백인이나 여자는 찾아보기 힘들다. 거리엔 북서쪽 변경으로 말하자면 차려입은(어울리지 않는 그들의 스니커즈와는 별개로) 남자들만이 있었다. 그들 중 어떤 그룹은 마드라스 혹은 이슬람교도 학교로 기능하고 있는 건물 밖 주위를 떼를 지어 어슬렁거리고 있었다. 2천 년 전 호라스의 유명한 구절이 떠올랐다. 그들은 바다를 가로질러 그들의 영혼이 아니라 그들의 하늘을 변화시켰다.

인종을 남아프리카의 공식적인 빈민가만큼이나 거의 효과적으로 인종을 분리하고 있는 빈민가는 비공식적이긴 하지만 인종 간 폭동을 일으키는 것을 더 쉽게 만들고 있다. 그리고 작년 7월 겨우 9·11이 일어나기 겨우 몇 주 전 심각한 폭동이 사실상 블래드포드와 블랙번, 올드햄과 같은 다른 유사한 북부 영국 도시들에서 일어났다. 사나흘 동안 약탈과 방화를 만끽하며 어떤 대의명분을 위해 싸우고 있다는 위안이 되는 착각에 빠져 백인 갱들이 파키스탄 갱들과 충돌했다. 백인 젊은이들은 자신들이 이슬람교도 젊은이들 때문에 무엇인가 박탈당했으며 이슬람교도 젊은이들이 없으면 자신들이 백인 젊은이로 무엇인가 물려받았을 것이라고 믿고 있었다. 두 집단은 물론 적대감에 의해서는 아니라도 적대감 속에서 하나로 묶여 있었다.

한 사람만이 이 같은 초기적인 인종적 분노의 폭발에 전혀 놀라지 않았다. 그는 1980년대 초 블래드포드 이민자 지역의 중학교 교장인 레이 허니포드Ray Honeyford다. 그는 자신이 실시하게 될 공식적 다문화 교육정책이 조만간 인종 폭동과 같은 사회적 재난에 이르게 하리라는 사실을 알고 있었다. 또한 그가 되풀이해 글을 통해 이러한 정책의 어리석음을 폭로했을 때 '다양성' 옹호론자들 —— 모든 문화는 평등하지만 자신들의 의견 이외의 견해는 금지되어 있다고 주장하는 사람들 —— 은 그에 대한 악의적인 비난성 사회 운동을 시작했다. 알려진 것처럼 허니포드 사건은 적어도 2년간 끊임없이 신문과 방송의 논평을 불러일으킨 전국적 관심사였으며 허니포드 자신은 빈번히 살인자와 다름없는 인종주의자로 매도당해 결국 직위를 박탈당하게 된다. 도무지 모순된 다문화주의자들의 분노를 이해하기는 힘들다.

물론 9·11 사건 때문에 적어도 일부 영국인들은 문화적 다양성과 집단 충성심 문제에 약간 더 강한 관심을 갖게 되었다. 다양한 사회적 배경을 가진 당혹스러울 정도로 많은 영국계 이슬람교도들이 알카에다를 지지했다. 현재 체포되어 구안타나모에 감금되어 있는 사람들 중 3명은 영국 출신이며 그들 모두는 현재 블래드포드와 그 이외의 곳에 수천이나 존재하고 있는 그런 가정 출신이다. 방글라데시 태생으로 2명의 화학 박사가 테러 목적으로 폭탄을 제조하는 데 공모한 혐의(처음이 아니다)로 버밍햄에서 재판을 받고 있으며 그들이 단독으로 행동했던 것 같지는 않다. 몇몇 영국계 이슬람계 자선기금들이 테러리스트들에게 자금을 지원한 것으로 밝혀졌다. 자기 스니커즈에 숨긴 플라스틱 폭탄의 일종인 셈텍스로 대서양 횡단 항공기를 폭파하려한 리처드 레이드는 영국 감옥에서 이슬람교로 개종했다. 최근 정신을 차린 내가 일하고 있는 감옥을 담당한 정보부서는 이곳 이슬람교도 수감자들의 절반 정도는 세계무역센터 공격에 동조하고 있다고 믿고 있다. 또한 이슬람교도 수감자들은 영국에서 죄수들이 가장 빨리 증가하고 있는 집단이며 이미 감옥 인구 대비 비율이 훨씬 높아지고 있다. 이는 전혀 무관심한 사람들까지도 불안하게 할 정도다. 영국 엘리트들이 20년 전 허니포드를 욕하기보다는 유의하는 것이 훨씬 나았던 것처럼 보인다.

허니포드의 근본적인 생각은 시대에 뒤진 만큼 논리적이고, 현명하며 일관되어 있다. 그는 이슬람교도 이민자인 블래드포드 주민 중 20%가 고국으로 되돌아갈 생각 없이 영국에 머무르고 있으며 그들 자신들이나 영국 모두를 위해 이슬람교도 이민자들이 영국 사회에 완전히 통합될 필요가 있다고 주장했다. 이민자 아이들이 국민 생활에 완전히 참여하려면 자신들이 진짜 영국인이라고 느낄 필요가 있다. 또한 그들에 대한 교육이 영국문화, 역사 그리고 전통과 함께 영어의 우수성을 강조하기만 한다면 그들은 영국적 정체성을 획득할 수 있다.

허니포드는 우리 도시들이 적대적인 인종적 그리고 종교적 분파로 발칸화하는 것을 막기 위해 필요한 문화 정체성이 무감각한 문화적 혹은 종교적 획일성을 수반한다고 믿지 않았다. 오히려 그는 자신의 의도를 유대인(그들은 19세기 말 블래드포드와 인근 맨체스터를 포함해 엄청난 수가 영국으로 이주했다)을 예로 들어 설명하고 있다. 이주한지 한 세대가 채 지나지 않아 유대인들은 자신들에 대한 초기의 편견을 극복하고, 정부 각료, 기업가, 의사와 법률가, 작가와 예술가로서 국민 생활의 상층에서 인구에 대비해 엄청나게 불균형한 기여를 하는데 성공했다. 그들 자신의 전통을 유지하는 것은 전적으로 그들 자신의 문제로 그들은 다문화주의에 대한 공식적 후원이나 신조에 전혀 의존하지 않았다. 이것이 허니포드의 이상이었으며 그는 기회가 주어진다면 같은 방식이 다시 성공할 수 있을 것으로 생각했다.

비난이 빗발치기 시작한 1984년 허니포드는 4년간 드루몬드 중학교 교장으로 있었다. 그의 학교는 번창했던 빅토리아 시대 또 하나의 훌륭한 공공 건축물 작품이었다. 이 학교 건물의 압도하지 않는 장엄함은 학생들이 아무리 가난한 집 출신이라 해도 그들에게 은연중에 미학적 도덕적 교훈을 전달했다. 하지만 학교 건물이 부여했던 문화적 자신감의 붕괴는 곧 자명해졌다. 그가 교장직을 사임한 후 드루몬드 중학교는 곧 우르두어(힌두스탄 말의 한 어족으로, 주로 인도 이슬람교도 간에 쓰임-옮긴이) 식 이름으로 바뀌었고 이어 어떤 방화범에 의해 보수가 불가능할 정도로 전소되었으며 이웃학교에도 비슷한 일이 일어나 이 학교는 현재 판자로 둘러쳐져 있다. 이 지역의 모든 어린아이들은 이제 이상하게도 섬뜩한 건물인 현대 영국식 건축물로 지어진 학교를 다니고 있다. 르 코르뷔지에식 기능주의, 재정적 압박 그리고 천박한 취향이 결합된 이 학교는 야만적 행위에 대한 완벽한 시각 교육이다.

허니포드는 자신이 논문을 기고해왔던 가치는 있지만 따분한 「타임즈 에듀케이션 서플리먼트 Times Educational Supplement」가 게재를 거절한 후 보수적인 「샐리스베리 리뷰 Salisbury Review」에 다문화

교육의 어리석음을 폭로하는 논문을 기고하면서 어려움을 겪게 된다. 「샐리스베리 리뷰」에 논문에 실렸다는 사실이 거의 내용 못지않은 공격을 불러일으켰다. 새롭고 공식적으로 다양한 영국에서 「샐리스베리 리뷰」라는 문화 보수주의 상표는 도를 넘어 선 것이었기 때문이었다. 「샐리스베리 리뷰」라는 이름은 맹렬한 우파라는 조건 없이는 거의 등장한 적이 없으며 따라서 이 잡지에 표현된 사고와의 지적인 투쟁이 일찍이 필요로 된 적이 없다는 사실을 의미하고 있었다. 즉 이 잡지는 나치즘이나 파시즘을 다루는 데나 적합했다. 물론 어떤 견해도 자유롭지만 일부 견해들은 다른 것에 비해 더 자유롭다.

자신의 논문에서 허니포드는 다문화주의의 문제와 모순 몇 가지를 열거했다. 그는 다문화주의자와 반인종주의 관료들이 야기한 언어의 타락은 인종과 문화 문제에 대해 솔직하거나 분명하게 이야기하는 것을 극히 어렵게 하고 있다고 주장했다. 예를 들어 한편의 백인 억압자와 다른 한편으로 모든 소수자 간이라는 잘못된 이분법을 만들어 내기 위해 모든 인종적 소수자들을 뭉뚱그려 '흑인'으로 통칭함으로써 반인종주의 관료들은 인도 힌두교 종파인 시크교도와 이슬람교도 간의 계속되는 적대감이나 여성에 대한 이슬람교도의 학대 같은 복잡하고 불쾌한 현실을 모호하게 하고 있다. 의도적 무분별을 통해서만이 다문화주의, 페미니즘, 그리고 보편적 인권의 주의(主義)들이 조화되게 된다. 허니포드는 정치 언어는 "거짓을 진실처럼 들리게 하고 단순한 소문에 견실한 인상을 주기 위해 고안되었다"라고 하며 오웰의 문장을 효과적으로 인용하고 있다.

그는 다문화주의자의 사고방식이 교육을 얼마나 손상시키는지에 대해 구체적인 예를 들고 있다. 이민자 부모들은 흔히 아이들이 어떤 영국 문화의 특성을 습득하지 못하도록 하기 위해 한 번에 몇 달 혹은 수년 동안 자기 아이들을 파키스탄과 방글라데시로 돌려보낸다는 사실에 주목했다. 이러한 관행은 성인이 되어 영국에서 살 사람들에겐 분명 사회·교육적으로 도움이 되지 않는데도 그리고 그것이 완전히 불법적이기까지 한데도 당국은 이러한 관행을 묵인하고 있다.

영국의 법률은 일단 아이가 학교에 등록하면 부모에게 아이를 정기적으로 등교시키도록 의무지우고 있다. 오랫동안 자기 아이를 학교에 가지 못하게 하는 백인 부모는 분명 기소되어 처벌받게 될 것이다. 하지만 이민자 아이들의 경우에 학교 당국은 책임을 묻는 대신 선생들에게 결석한 아이의 자리를 무기한 공석으로 유지하고 그들의 결석을 문화적으로 따라서 교육적으로 경험을 풍부하게 하는 것으로 간주하도록 지시한다. 허니포드는 다음과 같이 요약하고 있다. "나에겐 학교 출석 정책에 따르는 윤리적으로 옹호할 수 없는 책무가 맡겨졌다. 학교 출석 정책은 법률에 따라 개별적인 부모의 책임에 근거한 것이 아니라 부모들의 원래 국적에 의해 결정된다. 이는 파렴치한 인종차별을 공식적으로 인가한 정책이다." 허니포드가 문제를 제기한지 17년이 지났지만 문제는 아직 해결되지 않은 채 남아 있다.

허니포드의 논문은 또한 집단 간 학업 성취의 차이는 불공평한 차별을 반영할 뿐이라는 공인되지는 않았지만 널리 퍼져 있는 가정에 의문을 제기하고 있다. 허니포드는 「타임즈 에듀케이션 서플리먼트」에서 이미 인도인 이민자들 중 일부 하위집단의 점증하는 커다란 교육적 성공을 언급하고 있다. 그는 이 같은 사실을 다른 집단들의 교육적 실패가 영국의 인종적 편견에 기인한 것이 아니라는 명백한 결과로 교육에 실패한 집단의 가치체계에 결부하고 있다. 결과적으로 런던의 흑인 압력단체는 허니포드를 '뻔뻔한 인종주의자'로 규정하고 그가 "그의 인종주의 이데올로기와 전망을 일소하기 위해 상당한 연수 교육 과정"을 받아들이지 않자 허니포드의 해임을 요구했다.

결국 용서할 수 없게도 허니포드는 자기 학교의 또 다른 인종적 소수자들의 어려운 처지에 대해 언급했다. 즉 논문이 발표되었을 때 학생들 중 겨우 5%에 불과한 백인 어린이들에 대해 말한 것이다. 그는 백인 학생들이 비영어권 가정 학생들이 대다수인 학교에서 학업에 어려움을 겪고 있다고 말하고 그들의 부모가 교육받지 못하고 의견을 말하지 않아 압력 집단을 형성하지 못하고 있으며 그들에게선 어떤 정치적 자본도 형성할 수 없기 때문에 공직자들이 그들의 어려움을 외면하고 있다고 주장했다. (1960년대에 시의회는 비영어권 이민자들의 어린아이들을 시 전역의 학교로 분산시키려 했었다. 바로 드루몬드와 같은 빈민가 학교들이 발생하는 것을 막기 위해서였다. 하지만 인종관계 전문가들과 관료들은 허니포드에게는 유감스럽게도 이는 인종차별이며 따라서 멈추어야 한다고 주장했다.)

지역신문이 허니포드의 논문에 관심을 보이지 않았다면 그의 논문에 주목하는 사람은 아무도 없었을 것이다 ── 「샐리스베리 리뷰」의 발행부수는 극히 적었다. 하지만 그때 허니포드를 반대하는 끊임없는 사회운동이 지역 정치인들과 압력 단체의 주도로 힘을 얻기 시작했다. 압력단체들 중 일부는 분명 그를 해임하게 하기 위해 생겨났다. 허니포드는 경찰이 그의 집에서 경찰서로 직접 이어지는 경보기를 설치할 정도로 심각한 몇 차례 살해 위협을 받았다. (되풀이해 말하자면 그는 단지 이슬람교도 어린아이들이 영국사회에 완전히 통합되어야 한다는 사실만을 제안했으며 그 것은 이슬람교도 어린아이들이 차별받아야 한다거나 어떤 방식으로든 불리한 대우를 받아야 한다는 주장과는 정반대되는 것이었다.) 몇 달 동안이나 허니포드는 텔레비전 카메라가 나타날 때마다 규모와 수가 증가하며 바깥에 모여 있는 작지만 호전적인 피킷을 든 집단으로부터 경찰의 보호를 받으며 학교에 들어가야 했다. 일부 부모들은 너무 어려 문제가 뭔지도 모르는 몇몇 어린아이들에게 허니포드에게 "인종-주의자! 인종-주의자!"라고 외치고 그의 이름 위에 죽음을 상징하는 해골이 그려져 있기도 한 위협적인 플래카드를 들고 있으라고 가르쳤다. 블래드포드 교육 당국은 계속 학교에 등교하는 어린아이도 마찬가지로 꼭두각시와 배반자로 모욕을 당하고 있었기 때문에 데모자들에 대한 법원 명령의 가능성을 고려했지만 그 같은 명령이 열기를 더 고조시킬 뿐이라고 판단했다. 따라서 정치적 극단주의자들은 협박이 효과가 있다는 귀중한 교훈을 얻은 셈이었다.

허니포드에게 퍼부어진 모욕은 타의 추종을 불허할 정도로 무례한 것이었다. 블래드포드 드루몬드 학부모 지원 단체라고 자칭한 극단적 단체가 발표한 언론 보도는 그 점을 잘 보여주고 있다. 즉 신문엔 "사람들은 허니포드씨가 다음으로 학교에서 새를 잡는 산탄총을 흑인 어린아이들에게 발사하라고 주장하게 되지나 않을까 의심하고 있다"고 보도하고 있다. 문제가 발생하고 수개월이 지나자 허니포드를 고용한 블래드포드 교육 당국은 그에게 불성실 죄로 지역 대학에서 열리는 일종의 공개 재판에 참석하라고 지시했다. 다행스럽게도 허니포드를 대변하는 저명한 법률가가 너무 단호한 주장을 펼쳐 그에게 유죄판결을 내리려 했던 사람들은 그를 방면해야 했다.

이 사건으로 허니포드는 대가를 치러야 했다. 결국 그는 직업 정치인이 아니라 단순히 자기가 잘못되었다고 생각한 것에 반대한다고 주장한 교장일 뿐이었다. 허니포드와 그의 아내는 건강을 잃기 시작했다. 허니포드의 고용주가 그를 은밀히 만나 3년간 더 이상 논문을 발표하지 않는데 동의한다는 조건으로 현금 3만 달러를 제시했을 때 허니포드는 받아들이고 싶은 유혹을 느꼈다. 하지만 허니포드의 아내는 그가 그렇게 추잡한 협상을 받아들인다면 허니포드 스스로 참을 수 없을 것이라고 말하며 단념하도록 설득했다.

협박은 확산되어 허니포드를 지지하는 사람에 대해 가해지는 하나의 도구가 되었다. 시크교도인 상점주인은 자신은 허니포드의 입장을 지지한다고 그에게 말했다. 허니포드는 그에게 "왜 방송국 사람들에게 그렇게 말하지 않았습니까?"라고 물었다. 시크교도 상점주인의 답변은 자신이 그렇게 하면 자기 가게에 돌이 날아들거나 가게가 불타버리게 될 것이라는 것이었다. 거의 비슷한 이유로 개인적으로 허니포드의 견해에 동의하는 블래드포드의 대다수 학교 교장들도 공개적으론 침묵을 지켰다.

허니포드에 반대한 사회운동은 교사로서의 그의 능력에 대한 불평이 제기된 적이 없다는 사실이나 그의 학교엔 늘 수용인원보다도 훨씬 더 많은 지원자들(주로 이슬람교도부모들에 의한)이 있었다는 사실은 무시했다. 시의회가 허니포드를 해고하게 하려한 정치적 광신자들의 몇 차례 시도는 법적 근거가 없었기 때문에 실패했다. 하지만 결국 그는 조기 퇴직을 받아들였다. 아무리 부당하다해도 계속되는 욕설에 지쳤기 때문이었다. 또한 허니포드는 자신처럼 매일 40개의 욕설이 적힌 피킷을 가로

질러 등교해야 하는 학생들의 곤혹스러움을 덜어주고 싶었다. 가르치는 일이 천직이긴 했지만 허니포드는 다시는 교직으로 돌아가지 않았다. 대신 인종 관계와 교육에 대해 몇 권의 책을 쓰고 프리랜서 저널리스트가 되었다.

지금 허니포드를 만나 보면 그가 천성적으로 논쟁을 즐기는 사람이라고 믿기는 힘들다. 그는 조용히 은퇴해 생활하고 있다. 허니포드는 온화한 모습으로 차분하다. 그는 한때 표현의 자유와 이전 영국 북부의 전통인 솔직한 표현의 미덕을 순진하게 믿고 있었다. 허니포드는 다른 의견도 관대히 다루어져야 하며 문화적 다양성에 대해 주장하는 사람들의 목적이 이데올로기적 획일성을 강요하는 것이라는 사실을 이해하지 못하고 있었기 때문이었다. 그는 또한 순진하게도 자신의 중심적 주장에 접하는 몇 가지 고통스러운 진실을 발표했다. 예를 들어 파카스탄(그의 지역 대부분 이민자들의 원국적) 사람들은 전역사를 통해 민주제도나 관용의 문화를 발전시킬 수 없었다는 것이다. 아무리 정확하다 해도 이 같은 선동적인 언급은 허니포드의 비난자들이 그가 편견에 사로잡혀 있다고 주장하게 할 수 있었다. 때문에 허니포드에 대한 비난자들은 이민자 아이들을 영국 문화와 전통으로 끌어들이는 것이 그들 자신의 개인적 이익과 국가 미래의 사회적 조화 모두에 필수적이다 라는 허니포드의 중요한 주장에서 관심을 효과적으로 다른 곳으로 돌릴 수 있었다.

허니포드를 만나면 곧 그가 교육의 구제하는 힘과 이민자 아이들에게 다른 모든 사람과 똑같은 교육 기회를 부여하는 학교의 의무를 열정적으로 믿는 사람이라는 사실을 알 수 있다. 사건에 대해 허니포드가 유일하게 유감스럽게 생각하는 것은 이 사건으로 교육자로서의 직업 생활이 극히 줄어들었다는 사실이었다. 교육의 힘과 이민자 자녀에 대한 동등한 교육 기회를 믿는 사람이 사회적으로 인종주의자로 낙인찍힐 수 있다는 사실은 오웰식 언어의 힘에 대한 증거이다.

허니포드 자신의 인생 역정은 불리한 처지에 있는 사람의 문제에 대한 어떤 직접적 통찰력을 제시하고 있다. 그의 아버지는 제1차 세계 대전 중 부상을 당한 단순 노동자였고 그 후로 임시직 노동자로만 일할 수 있었다. 허니포드의 어머니는 빈털터리 아일랜드 이민자의 딸이었다. 그의 부모는 11명의 자녀가 있었지만 그들 중 6명은 어릴 때 사망했다. 그들은 맨체스터에서 집안에 화장실도 없는(그리고 책 한권 없는) 작은 집에서 살았다. 그는 다음 끼니를 걱정해야 하는 시대와 장소에서 성장했다. 하지만 가난해도 도둑은 없었으며 누구나 문을 잠그지 않아도 불안을 느끼지 않았다.

능력이 부족해서라기보다는 신경과민으로 허니포드는 11살 때 빈민가에서 가장 쉽게 벗어날 수 있는 지역 선발 국립 문법학교 입학시험에 떨어졌다. 그는 시험에 낙방해 실망하긴 했지만 오늘날 교육자들이 그 같은 모든 실패가 야기한다고 주장하는 자존심에 상처 —— 따라서 교육의 주된 목적은 잔인한 입시경쟁에서 아이들의 자존심을 지켜주는 것이다 —— 를 입지는 않았다고 회상하고 있다.

당시 영국 노동 계급의 관습대로 허니포드는 아주 일찍부터 일을 찾아 학교를 그만 두었다. 사무직은 따분했다. 만족할 수 없었던 허니포드는 고등 교육을 받을 수 있는 야간학교에 가기로 결심했다. 그는 이후 교직 이수 승인을 받았다. 교사 자격증을 받은 후 통신 과정으로 학사학위를 그리고 마침내 언어학 석사학위를 받았다. 이런 사람이 다른 사람들에 대한 기회를 부정하고 싶어 했을 것 같지는 않다. 또한 허니포드는 경험을 통해 교육 전통주의만이 매우 불리한 처지에 있는 사람에게 빈민가에서 벗어날 수 있는 기회를 제공할 수 있다는 결론을 내렸다.

허니포드는 자신은 문법학교 선발시험에서 입학 허가를 받을 수 없었지만 전형적인 능력주의 제도들이 사라지는 것을 대단히 유감스러워하고 있다. 능력주의 제도들은 가난하지만 재능이 있는 아주 많은 어린아이들이 주류에 편입하고 심지어 영국의 열린사회 속에서 탁월해질 수 있는 기회를 제공했기 때문이었다. (이 같은 사실은 그가 도량이 넓다는 사실을 보여주고 있다. 자신이 실망했다고 해서 일반적 원칙을 세우기를 거부하는 사람이 얼마나 많은가?) 이론가들이 엘리트주의적이라고 비난하는 학교들은 공통된 문화와 인종 혼합적 엘리트를 창조함으로써 현재 블래드포드를 휘젓고 있는 투쟁을 방지하는데 일조할 수 있을 것이다. 능력위주로 학생을 선발하는 학교들은 다양한 지역에서 가장 총명한 어린아이들을 끌어들여 국민들 간에 인종을 불문하고 형성된 지속된 우정이 각각의 집단에서 가장 뛰어난 시민으로 성장할 수 있게 해 줄 것이다.

반면 오늘날 학교들은 한 지역에서만 온갖 수준의 능력을 갖고 있는 어린아이들을 받아들이고 있다. 백인 거주지역이면 그 학교는 백인만 다니게 될 것이다. 이슬람교도 거주 지역이라면 그 학교는 이슬람교도 아이들만 다니게 될 것이다. 상이한 인종 그리고 문화 집단이 지리적으로 인접해 살고 있지만 실제적인 어떤 접촉도 하지 않는다. 그들의 차이는 교육적 융합 없이 온존하게 된다. 그 결과를 예측하기 위해 노스트라다무스 같은 사람이 될 필요는 없다.

물론 블래드포드의 이슬람교도에 대한 영국식 교육을 부정하는 세력은 또한 백인에 대해서도 영국식 교육을 부정하고 있다. 그들은 다문화적 전망을 위한 새로운 필요를 근거로 사람들을 사실상 어떤 다른 역사나 전통에 대한 유용한 지식을 주지도 않으면서 이슬람교도들처럼 백인들에게도 영국사와 영국의 전통에 대해 모르게 내버려 두는 학교교육을 받아들이고 있다. 따라서 사람들은 문화적 혹은 도덕적 지주 없이 대중문화의 바다에서 자유롭게 떠다니도록 방치되어 이러한 대중문화가 아주 성공적으로 되풀이해 주입하고 있는 불완전하긴 하지만 깊은 적대감에 빠져들기 쉽게 된다.

블래드포드 이슬람교도 이민자들의 아이들은 또한 대중문화의 특징 그리고 상실감과 그것이 불러일으키는 부정된 권리에 대한 의식을 가지고 있다. 사실상 이것이 그들이 어쩔 수 없이 접하게 되는 유일한 서구적 측면이다. 블래드포드에서 내가 방문했던 어떤 이슬람교도 공동체 센터에서 이슬람교도 청년 동맹이 '21세기 멋쟁이로서의 이슬람' 이란 강의 과정을 홍보하고 있었다. 그 장소는 경쟁적 적대감의 전투를 위해 마련되고 있었다. 레이 허니포드의 의견을 경청하기만 했어도 현재 우리가 거두고 있고 앞으로 오랫동안 수확하게 될 씨앗을 뿌리지는 않았을 것이다.

2002

종교적 근본주의의 해악

나는 아프가니스탄에서 처음으로 이슬람문화와 접했다. 나는 이란 상공을 지나 그곳에 도착했으며 당시는 샤의 백색 혁명기로 여성에게 권리를 부여하고 사회를 세속화했다(재판이나 고문 없이 약간의 구금을 이용해). 순진하게 역사 결정론적 생각을 가졌던 나는 세속화는 달걀을 깨는 것처럼 되돌이킬 수 없는 과정이라고 생각했다. 다시 말해서 일단 국민들이 신과 같은 인간에 대해 절대적으로 복종하지 않는 삶의 큰 기쁨을 알게 되면 다시 신격화된 인간을 삶과 정치의 유일한 지도자로 받아들이는 일은 결코 없을 것이라고 생각했던 것이다.

아주 분명하게 전근대적 사회인 아프가니스탄은 달랐다. 비행기 차창을 통해 본 거대하고 황량한 풍경은 믿을 수 없을 만큼 낭만적이었으며 사람들(여자들은 눈에 띄는 사람이 많지 않았기 때문에 남자들을 말하는 것이다)은 거친 위엄과 품위를 지니고 있었다. 그들의 거동은 귀족적이었다. 환대조차 격렬했다. 그들은 평상시에 전시 평균적 영국 특공대들보다 더 많은 무기들을 가지고 다녔다. 그들은 필요하다면 나의 생명을 구하려 할 것이며 필요하다면 닭처럼 나의 목을 자르려 하리라는 사실을 알 수 있었다. 그들에겐 명예가 무엇보다 소중했다.

전체적으로 나는 좋은 인상을 받았다. 나는 그들이 나보다 더 자유롭다고 생각했다. 문명의 충돌 같은 문제들은 전혀 생각지 않았고 내가 속한 어떤 문명의 이상이란 명목으로 그들의 생활 방식에서 그들을 구제하려는 욕망을 경험하거나 그런 의무감을 느끼지는 않았다. 아프가니스탄의 미학에 깊은 인상을 받았고 현대와 전근대 사이의 어떤 근본적 대립이나 긴장을 깨닫지 못한 나는 각자 서로를 존중하기만 한다면 서구와 아프가니스탄이 각자 자신의 작은 세계에서 이럭저럭 함께 잘 지내지 못할 이유가 없다고 생각했다.

나는 일단의 학생들과 함께 있었고 당시 방문하는 사람이 거의 없던 나라의 한가운데 있는 우리는 거의 전국적인 관심사가 되었다. 어쨌든 우리는 사막에서 발췌한 『로미오와 줄리엣』을 공연했으며 나는 이 연극에서 작은 역할을 맡았다. 당시 아직 왕국이었던 아프가니스탄의 왕자가 관람했다. 그는 아프가니스탄에 하나밖에 없는 현대적 기기를 타고 도착했다. 메르세데스의 은빛 컨버터블 스포츠 카였으며 나는 이로 인해 상당히 깊은 인상을 받았다. 당시 나는 연극 대사가 내가 아프가니스탄을 방문한지 30년 이상 흐르고 희곡이 씌어진 지 4세기가 지난 후 영국에 있는 나의 이슬람교도 환자들 중 일부의 상황을 그렇게 섬뜩하게 포착하고 있으리라고는 전혀 생각지 못했다. 그것은 아버지 캐플릿이 약속해 줄리엣에게 강요한 파리스와의 원치 않는 결혼을 취소시키기 위해 어머니에게 호소하는 줄리엣의 대사였다.

나의 슬픔의 심연을 보시고도

구름에 앉아 있으면 동정심은 없는 건가요?

아 사랑하는 어머니, 저를 버리지 마세요!

이 결혼을 한 달, 한 주만 미루어 주세요,

그렇게 하실 수 없다면

티볼트가 누워있는 어두운 무덤에 새색시의 침대를 만들어 주
세요.

나는 인도와 파키스탄의 '고향'으로 돌아가 가까운 친척과 강제결
혼을 해야 되기 때문에 절망에 빠지게 된 젊은 이슬람교도 여자 환자들
과 무수히 상담해왔다. 그들은 자살 시도에 이어 자기 어머니에게 헛되
이 결혼을 취소시켜 달라고 부탁하곤 한다.

고집 센 딸에 대한 캐플릿의 태도는 바로 나의 이슬람교도 환자 아
버지의 태도였다.

보지 말고, 생각하지 말아라, 나는 농담하려는 것이 아니다

목요일이 다가온다 가슴에 손을 얹고 권하려므나

그럼 네가 나의 것이라면, 나는 나의 친구에게 너를 줄 것이다.

그리고 네가 나의 것이 아니라면, 거리를 떠돌며 구걸하고 굶주려
죽어버려라

맹세코 너를 내 딸로 인정하지 않을 것이다.

나의 딸이라는 것이 너에게 별 도움이 되지도 않을 것이다.

사실상 내가 사는 도시에서 이슬람교도 소녀들의 상황은 줄리엣보

다도 훨씬 더 나쁘다. 내가 사는 도시의 모든 이슬람교도 소녀는 어린 시절 자신도 모르게 아버지가 약혼시킨 사촌과 결혼을 거부하게 되면 파키스탄으로 돌아가 살해당할 위험에 처하게 된다. 그 소녀는 아버지의 약속을 깸으로써 가족의 명예를 더럽혔기 때문에 살해당했으며 죽음에 대한 파키스탄 당국의 어떤 내키지 않는 공식 조사도 가볍게 처리된다. 그리고 살해당하지 않는다 해도 집에서 쫓겨나 —— 아, 사랑하는 어머니 저를 버리지 말아주세요! —— 그녀의 '공동체'에 의해 사실상 창녀로 취급되고 그녀를 원하는 남자들은 누구나 사냥감으로 삼는다.

이런 형태의 약혼은 내가 알고 있는 어떤 것에도 못지않은 강렬한 고통을 야기한다. 그것은 끔찍한 결과를 야기한다. 어떤 아버지는 서구화되지 않고 경제적으로 독립하지 못하도록 하기 위해 신문기자가 되고자 했던 아주 총명하고 야심 찬 자신의 딸이 학교에 가지 못하게 했다. 이어 그는 16살의 그녀를 전통에 따라 처음부터 싫어한 첫 번째 사촌과 강제로 결혼시키기 위해 파키스탄으로 데리고 가(이슬람법에 따르면 이러한 상황에서 침묵이나 공개적으로 거부하지 않는 것은 동의와 다름없었다) 자신의 친절을 딸에게 강요했다. 결혼이 진심이었다는 듯 —— 영국정부는 인종차별이라는 비난을 피하기 위해 그 같은 결혼의 실제적 성질에 대해 비겁하게 외면하고 있다 —— 이 영국으로 돌아 올 수 있는 비자를 발급받은 그녀의 남편은 그녀에게 폭력적이었다.

그녀는 연이어 2명의 아이를 낳았고 둘 모두 심한 장애로 그들의 남은 짧은 삶은 누워서 지내야 했기 때문에 하루 24시간 간호가 필요했다. (공격을 받게 될까 두려워한 언론은 근친혼으로 태어난 신생아들 중 극히 높은 유전적 질병에 대해서 거의 언급하지 않는다.) 그 같은 질병이 오로지 그녀 때문이며 쓸모없는 자식들을 돌보며 희생하고 싶지 않았던 그녀의 남편은 이슬람 문화 관습에 따라 그녀와 이혼했다. 남편이 떠난 여자는 비난받아 마땅하며 창녀와 다름없다고 생각한 그녀의 가족은 그녀를 쫓아냈다. 그녀는 절벽에서 몸을 던졌지만 바위 턱에 걸려 목숨을 구할 수 있었다.

그녀의 상징적인 사례와 유사한 무수한 이야기들을 들어 왔다. 예를 들어 여기에 진짜 여성 희생자의 예들이 있지만 페미니스트들은 놀랍게도 침묵을 지키고 있다. 페미니즘과 다문화주의라는 두 개의 충성심이 충돌하고 있을 때 두 가지 모두를 보존하는 유일한 방법은 부당한 침묵이다.

물론 이 같은 경험은 내가 아프가니스탄에 대해 가졌던 역사결정론을 완화시켰다. 유일신적 종교들은 하나의 '자연스러운' 발전 경로를 따르며 모든 유일신 종교들은 결국 같은 과정을 밟게 되리라는 믿음이 깨어진 것이다. 기독교가 아직 종교개혁을 겪기 이전에 현재 이슬람교의 모습과 같았을 당시 기독교 역시 때로 현재의 이슬람교처럼 불관용과 완고함을 가지고 있었다. 시간이 지나면 기독교처럼 이슬람교도 세속적 국가의 법적 우위를 인정하는 비공식적 신앙 고백으로 점진적으로 변화하게 될 것이라고 말하곤 했다.

셰익스피어가 이슬람교도 소녀들을 짓누르던 절망감을 표현했던 말이 스스로 독약으로 자살하는 것을 제외한다면 21세기 영국의 도시에서 그 말들 자체가 표현하고 있는 것보다 훨씬 더 절실하게 느껴지고 있다. 셰익스피어는 또한 그들 아버지의 감정을 아주 생생하게 환기시키며(그들을 인정하기보다는 비난하고 있지만) 여성에 대한 억압적 대우가 역사적으로 이슬람문화에만 해당되는 것은 아니며 그것이 이슬람문화가 뒤

떨어져 남게 될 단계라는 사실을 제시하고 있다. 이슬람교는 유럽 기독교가 아주 오래 전에 그랬던 것처럼 종교적 불관용을 점차 더 강화하게 될 것이다. 예를 들어 독일 국민의 3분의 1을 죽음으로 내몰았던 30년 전쟁 이후 수백 년에 걸쳐 스페인의 필립2세가 "이교도에 대한 박해를 그만두느니 10만 명의 희생을 감수할 것이다"라고 확언한 것처럼 유럽 기독교도 종교적 불관용을 강화했었다.

나의 역사적 낙관주의는 약화되었다. 결국 샤의 위로부터의 혁명이 곧 뒤집힐 수 있다는 사실을 곧 알게 되었다. 적어도 단기간 다시 말해서 우리가 살고 있는 동안, 그리고 분명 동시대 이란인들이 가지고 있는 유일한 삶을 파괴할 정도로 충분한 기간 동안 말이다. 게다가 현대성을 수용하는 그들의 능력에서 교리와 문명으로서 기독교와 이슬람교 간의 의미 있는 차이는 없다 하더라도 두 가지 종교의 역사적 상황에서 하나의 중요한 차이는 또한 나의 역사 결정론적 낙관주의를 약화시켰다. 독실한 이슬람교도들은 종교개혁의 장기적 결과와 종교개혁에 이은 세속주의를 알 수 있다(루터, 캘빈 그리고 다른 사람들은 알 수 없었지만). 다시 말해서 매튜 아놀드[38]가 정확히 진단했듯이 한때 가득 찼던 "믿음의 바다"의 "우울하고, 오랜 물러나는 고함소리"처럼 점증하는 희미한 문화적 반향을 제외한 신이란 단어의 주변화가 그것이다.

이슬람 문화권이 겪고 있는 재난에서 벗어나기 위해선 순수로 되돌아가야 한다는 요구를 그럴듯하게 들리게 하는 서구 세속 문화의 덜 매

---

38) Matthew Arnold 1822~1888

영국 시인 · 비평가. 낭만주의에 대한 환멸과 동경, 과학의 위협과 종교의 쇠미 등으로 고뇌하는 19세기 중엽의 지식인의 내면을 노래하고 있다. 근대의 문학 · 예술에서 비평적 지성의 중요성을 역설하였고 폭넓은 시야로 영국문화의 지방성을 비판, T.S.엘리엇 등 후대의 비평가에게 영향을 주었다.

력적인 측면에 대한 독실한 이슬람교도의 비판엔 상당한 진실이 존재하고 있다. 독실한 이슬람교도는 서구의 자유에 분명 존재하고 있는 방종과 난잡함만을 본다. 하지만 그는 자유에서 힘의 원천뿐 아니라 특히 정신적 미덕인 질문의 자유를 보지 못하고 있다. 이 같은 편협한 의식은 분명 현대 이슬람 사회의 반동적 혁명의 요소를 설명하고 있다. 독실한 이슬람교도는 일단 아무리 사소한 것이라도 양보하게 되면 곧 전부를 양보해야 하지 않을까 두려워한다. 일리가 있는 생각이다.

내가 살고 있는 도시처럼 도시에서 늘어나고 있는 많은 이슬람교도들은 이러한 두려움을 더욱더 첨예하게 느끼고 있음이 분명하다. 사실상 이슬람교가 서구 다른 종교들처럼 개인 종교의 신앙고백인 것처럼 살아가고 있는 소수 고등 교육을 받은 중산층을 제외하면 이슬람교도들은 자신들이 형성한 주거지에 집단적으로 거주하며 산업 혁명의 건축물들 속에서 자기들의 전통적 삶을 고수하고 있다. 대체로 사라져가고 있는 산업 노동자 계급의 문화수준을 개선하기 위해 빅토리아 시대 도시 설립자들이 건설한 테라코타로 건축된 시 도서관과 이슬람 율법이 인정하는 방법으로 잡은 동물의 고기를 판매하는 귀퉁이에 있는 할랄 halal 푸줏간이 나란히 병존하고 있다.

이 지역으로 모여든 이슬람교도 이민자들은 그들이 도착할 때 새로운 삶의 방식을 찾지 않는다. 그들은 자신들의 옛날 삶을 지속하면서도 더 풍요로운 삶을 기대한다. 그들은 이주에서 비롯된 피할 수 없는 문화적 긴장을 고려하지도 원하지도 않는다. 또한 그들은 분명 결국 자신들의 문화와 종교를 완전히 유지할 수 없으리라는 사실을 전혀 의심하지 않는다. 더 나이든 세대는 이제야 젊은이들의 전통적인 의상과 행위 규

범에 대한 외적 순응이 더 이상 내적으로도 전통적 규범을 받아들인다
는 것을 보장하지는 않는다는 사실을 깨닫고 있다(그들의 자경주의를 더욱
더 확고하고 절망적으로 만들고 있는 인식). 최근 일하고 있는 병원 밖 택시 정
류장에 서있을 때 옆에 눈만 내놓은 전통 이슬람 복장을 한 젊은 여성
두 명이 있었다. 한 명이 또 다른 여자에게 말했다. "담배 피게 불 좀 줄
래." 그 소녀들에 대한 사회적 압력이 완화되면 그들은 즉시 전통의상
을 벗어 버릴 것이다.

　　내가 살고 있는 것과 같은 도시에 살면서 세계의 운명에 관심을 갖
고 있는 사람들은 이슬람교 그 자체엔 현대 세계에 편안하게 적응할 수
없게 하는 직접적인 문화적 절망보다 더 깊은 본질적인 어떤 것 —— 세
속화는 일단 그것이 시작되면 멈출 수 없는 연쇄반응과 같다는 독실한
이슬람교도의 본능적 이해를 넘어서는 —— 이 존재하는 것은 아닐까하
는 의문을 갖게 된다. 깊은 모욕으로 느끼고, 증명되지는 않았지만 경
제적 측면에서 볼 때 아랍세계 전체가 세계의 여타지역에 석유를 제외
하면 핀란드의 노키아 전화회사보다도 덜 중요하다는 사실로 예시된 이
슬람 지배 지역인 평화의 땅 Dar al-Islam이 이슬람화가 이루어지지 않
아 이슬람화 해야 할 전쟁의 땅 Dar al-Harb에 비해 항구적 후진성으
로 운명지우는 본질적인 요소가 존재하는 것이 아닐까?

　　나는 그렇다고 생각한다. 문제는 이슬람문화가 교회와 국가를 구별
하지 못한다는 사실에서 출발하고 있다. 초기부터 은밀하게 제도들을
발전시키며 애초에 분명하게 국가에서 교회를 분리해야 했던 기독교와
달리 이슬람교는 처음부터 교회인 동시에 국가가 나뉘어질 수 없는 하
나의 것으로 세속적 권위와 종교적 권위를 분리할 수 없었다. 마호메트

의 권력은 정신적인 동시에 세속적인 것(세속적인 것이 결국 정신적인 것에서 생겨났지만)으로 그는 이 모델을 자신의 후계자들에게 물려주었다. 이슬람교의 정의에 따르면 마호메트는 지구상에서 신의 마지막 예언자이기 때문에 그의 권력은 종교의 주장 전체를 모두 버리지 않는다면 그 완벽성이 도전받고 의문이 제기될 수 있는 정치 모델이다.

하지만 마호메트의 권력 모델은 이슬람교에 제어할 수 없는 두 가지 문제를 남겼다. 하나는 정치적인 것이다. 마호메트는 불행하게도 전지전능한 역할을 하는 그의 후계자들이 선택될 수 있는 제도적 장치를 물려주지 않았다(물론 마호메트가 죽은 직후 분열이 일어났다. 오늘날 수니파라 불리는 측은 그의 아버지의 법률을 따랐고 오늘날 시아파라 불리는 측은 그의 아들의 법을 따른다). 이러한 어려움을 혼합하고 있는 세속적 권력의 정통성은 늘 마호메트의 정신적인 역할을 인용하며 더 큰 종교적 순수성이나 권위를 주장하는 사람들에게 도전받을 수 있다. 이슬람교 광신도들은 늘 온건파에 비해 도덕적 이점을 갖는다. 게다가 이슬람교는 종교적 순수성이나 권위의 주장에 대해 권위있는 결정을 할 수 있는 임명된 성직자 계급제도가 확립되어 있지 않다. 정치권력이 항시 신앙심이 깊은 사람이나 신앙심이 깊다고 알려진 사람들의 도전에 취약하기 때문에 전제정치만이 안정을 보장해 주게 되었으며 암살만이 유일한 개혁 수단이 되었다. 따라서 사우디 왕조는 시한폭탄이다. 추정된 신앙심에 근거하긴 했지만 오랫동안 세계적 방식으로 타락했기 때문에 조만간 종교 혁명이 사우디 왕조를 폐하게 될 것이다.

두 번째 문제는 지적인 것이다. 서구에서 교회와 국가 사이에서 적어도 잠재적으로 늘 기독교가 존재했던 공간에 영향을 미친 르네상스,

종교 개혁, 그리고 계몽운동은 스스로 생각할 수 있도록 개인들을 해방시켰다. 따라서 전례가 없었던 그리고 아직도 멈출 수 없는 물질적 진보가 시작되었다. 정교 분리가 이루어지지 않은 이슬람교는 기술적 목적을 위해서 만이라도 종교적 주장에서 벗어나 의문이 자유롭게 제기될 수 있는 세속적 영역이 절망적으로 뒤처지게 되었으며 수 세기가 흐른 오늘날까지 이 같은 현상이 지속되고 있다.

이슬람교에서 삶의 어떤 측면도 또 다른 측면과 분리될 수 없다는 것이 정치에 대해서만이 아니라 개인에게도 힘의 원천인 동시에 취약함이자 약점이기도 하다. 모든 행동, 모든 관습이 종교적으로 인가되고 정당화된다면 어떤 변화도 전체 믿음 체계에 대한 하나의 위협이다. 그들의 삶의 방식이 정당한 것이라는 확신은 그것이 어떤 방식으로든 완화된다면 지적 그리고 정치적인 전체계가 붕괴될 것이라는 두려움과 공존한다. 비타협적 태도는 의혹에 대한 방패막이이자 교리를 공유하지 않는 다른 사람들과 진실된 평등의 관점에서 살아가는 것을 불가능하게 한다.

이슬람교에서 배교자에 대한 처벌이 죽음이라는 사실은 우연이 아니다. 배교자들은 이교도들보다 훨씬 더 나쁜 것으로 받아들여지며 훨씬 더 가혹한 처벌을 받는다. 모든 이슬람 사회에 그리고 사실상 영국 이슬람교도 이민자들 내에서 살만 루시디에 대한 분노가 입증하고 있듯이 이러한 생각을 정말 문자 그대로 받아들이는 사람들이 있다.

배교에 대한 이슬람교 교리는 자유로운 의문이나 솔직한 토론을 거의 허용하지 않는다. 대체적으로 분명 그것이 이슬람 사회의 이슬람교도나 전(前) 이슬람교도가 코란이 예언자가 구술한 것을 신성하게 받아적은 것이 아니라 마호메트가 죽은 지 오랜 후에 만들어진 카리스마적 인물의 말을 편집한 것이며 그다지 독창적이지도 못한 것으로 유대교, 기독교 그리고 조로아스터교의 요소들을 혼합한 것이라는 사실을 감히 주장하려하지 않는 이유를 설명하고 있다. 경험한 바에 따르면 독실한 이슬람교도들은 때로 통찰력 있게 다른 종교 교리와 관습을 비판할 수 있는 자유를 기대하고 요구한다. 반면 자신들의 교리와 관습에 대한 비판에선 과도한 존경과 자유를 요구한다. 예를 들어 동아프리카에서 파키스탄인 이슬람교도와 함께 머물렀을 때 아주 품위 있고 독실한 사람이긴 했지만 나와 며칠 밤을 보내며 기독교의 불합리성을 조롱한 남자를 기억한다. 그는 삼위일체의 역설과 부활이 불가능하다는 등의 논리를 펼쳤다. 기독교인은 아니지만 내가 메카 순례의 이교도적 불합리성이나 이슬람교 신화의 신령인 진 Jinn에 대해 마호메트의 엉뚱하고 무지하고 원시적인 미신에 대해 언급하는 유형의 답변을 했다면 우리의 우정이 오래 지속되었을까 하는 것은 의문이다.

이슬람교의 교육, 사상 그리고 사회에서 논쟁의 여지가 없는 코란의 지위는 궁극적으로 현대세계에서 이슬람문화의 가장 불리한 조건이다. 어떤 논란도 허용되지 않는다고 해서 위대한 예술적 성취나 예술 그 자체의 매력을 사회에서 금할 수는 없다. 다시 말해서 위대하고 불가사의한 문명이 최소한의 지적 자유도 없이 번성해왔다. 경제적으로 덜 효율적이긴 하지만 더 인간적인 제도로서 나는 언제나 슈퍼마켓보다는 아프리카나 이슬람 사회에 있는 야외시장을 더 좋아한다. 하지만 이슬람교도들이 자기 나라에서 코란을 지적인 통일성이 없이(코란에 지적 통일성이 있든 없든) 모순된 명령이 뒤죽박죽 섞여 있는 것으로 공공연히 비난할 때까지, 그들이 코란은 "끊임없는 반복, 장광설이 뒤얽혀 있어 지루하고 혼란스러운 잡동사니다"라고 카일라일과 함께 자유롭게 말할 수 있을 때까지, 그들이 자유롭게 창조적인 해석으로 코란을 재구성해 현대화할 때까지, 그들은 힘과 기술의 진보에 관한한 적어도 자신들이 후진적이라는 사실에 만족해야 할 것이다. 카리스마적 근본주의 지도자 무하메드 알마디의 추종자들이 영국-이집트 지배에 대한 반란으로 수단에 신정정치를 확립하려 했던 1898년 처음 출판된 아서 코난 도일 경의 소설은 이 점을 분명히 하며 당시 이슬람교의 이기적인 모순을 포착하고 있다. 『코로스코의 비극』이란 제목의 이 책은 일부 강림 신앙 추종자들이 납치해 몸값을 요구하는 이집트 상류로 여행하던 작은 여행자 단체의 이야기로 결국 이집트의 낙타 부대에게 구출된다. (프랑스 애호가인 나는 미국 독자들에게 다음과 같은 점을 지적하기를 주저했다. 이 책에 프랑스인 주인공이 등장한다. 그는 자신이 강림 신앙 추종자들에게 사로잡힐 때까지 강림 신앙 추종자들이란 딴 마음이 있는 영국인들이 수단 문제에 개입하기 위한 구실을 만들기 위해 영국인의 상상력에서 나온 허구에 불과하다고 믿는다.) 여행객들을 사로잡은 강림 신앙 추종자들 중 회교 율법학자는 기술적으로 우수한 문명을 의미 없는 중요하지 않은 것으로 조롱하며 유럽인들과 미국인들을 이슬람교도로 개종시키려 한다. 즉 그 회교 율법학자는 다음과 같이 말하고 있다. "당신들이 말하고 있는 과학지식에 대해 말하자면……나는 카이로에 있는 알 아자르 Al Azhar 대학에서 공부했고 당신들이 무슨 말을 하는지 알고 있다. 하지만 신앙인의 지식은 무신론자들의 지식과 같은 것은 아니며 우리가 알라의 방식을 너무 깊게 파고드는 것은 적절하지 않다. 어떤 혜성엔 꼬리가 있고……어떤 혜성엔 꼬리가 없다. 그런데 어떤 혜성이 꼬리가 있는

지 아는 것이 우리에게 무슨 소용이 있겠는가? 신이 그 모든 것을 만들었으며 그것들은 신의 손에서 아주 안전하다. 따라서……서구의 어리석은 지식으로 우쭐해 할 것은 없으며 오직 하나의 지혜만이 존재한다는 사실을 이해해야 한다. 그것은 알라의 선택받은 선지자가 우리를 위해 이 책에 적어 놓은 알라의 의지를 따르는 것이다."

이것이 결코 비열한 주장은 아니다. 우리가 과거의 그리고 때로는 아득한 과거의 미술과 문학을 감상할 수 있는 이유들 중 하나는 우리가 기술적 측면에서 아무리 진보했다 해도 근본적인 인간의 존재조건은 변함이 없기 때문이다. 나 자신이 순전히 기술적인 문제를 제외하면 인간의 자기 이해는 셰익스피어에서 절정에 도달했다고 주장해왔다. 어떤 의미에서 그 회교 율법학자의 주장은 옳은 것이다.

하지만 우리가 셰익스피어(내가 보기에 코란보다 훨씬 풍부하고 더 심오하다)를 숭배의 대상으로 삼는다면, 우리가 셰익스피어를 우리 공부의 유일한 대상으로 삼고 우리 삶의 유일한 지침으로 삼는다면 우리는 곧 정체와 퇴보의 길을 걷게 될 것이다. 그리고 문제는 아주 많은 이슬람교도들이 정체(停滯)와 권력 모두를 원하고 있다는 사실이다. 그들은 완벽한 17세기로의 복귀를 원하며 그들이 인간에 대한 신의 마지막 약속인 자기들 교리가 생득권이라 믿는 것처럼 21세기를 지배하고 싶어 한다. 그들이 정적주의 철학이 보장된 17세기 후진 지역에 존재하는데 만족한다면 그들이나 우리에게 아무런 문제도 없었을 것이다. 그들의 문제 그리고 우리의 문제는 그들이 자유로운 의문이나 자유로운 의문을 보장하는 철학과 제도 없이 자유로운 의문이 부여하는 힘을 원하고 있다는 사실이다. 그들은 딜레마에 직면해 있다. 그들이 자신들의 소중한 종교를 버리든 아니면 인류의 기술 진보에서 영원히 뒤쳐지든 두 가지 선택의 기로에 놓여있는 것이다. 어떤 선택도 그다지 매력적이지는 않다. 또한 한편으로 현대 세계에서 힘과 성공에 대한 그들의 욕망과 다른 한편으로 자신들의 종교를 버리지 않으려는 그들의 욕망 사이의 긴장은 자폭함으로써만이 어느 정도 해결될 수 있다.

사람들은 해결할 수 없는 딜레마에 직면했을 때 분노하며 비난을 퍼붓는다. 내가 나의 젊은 이슬람교도 환자들이 겪고 있는 잔혹성에 대해 언론에 기고할 때마다 나는 분노한 항변을 받는다. 즉 거짓말쟁이로 노골적인 비난을 받거나 그런 잔혹성들이 일어난다는 사실은 인정하지만 지역 문화, 이 경우엔 펀자브 지방에 고유한 것으로 이슬람교에 기인한 것은 아니며 내가 그것을 알지 못하고 있다는 반박이다.

펀자브의 시크교도들 역시 중매결혼을 한다. 하지만 그들은 마드라스에서 모로코에 이르기까지 성행하고 있는 유형의 근친결혼을 강요하지는 않는다. 게다가 나는 우연이 아니라고 믿지만 같은 지방 출신의 동료 이슬람교도보다 더 높은 사회적 지위를 타고나지 않은 펀자브 출신의 시크교도 이민자들은 일단 이민을 오면 지역사회에 훨씬 더 잘 통합된다. 바로 그들의 종교가 덜 보편적인 자부심을 가진 더 온화한 것이기 때문에 그들은 자신들의 새로운 정체성의 이중성을 더 쉽게 조정할 수 있다. 예를 들어 엘리자베스 여왕 통치 50주년 기념일에 완벽히 진심에서 우러난 축하와 충성에 대한 표시로 시크 사원들은 꽃으로 장식되었다. 이슬람교도 측에서 그 같은 의사 표시는 생각할 수도 없을 것이다.

하지만 이슬람교도의 분노, 자신들의 지각이 일반적인 존경 이상의 것을 받아야 한다는 그들의 요구는 현대세계에서 이슬람교의 힘이 아니라 취약성을 보여주고 있다. 이슬람 신봉자들은 이슬람교가 아주 쉽게 산산조각 나 버릴 수 있다는 사실을 느끼고 있다는 자신들의 절망을 보여주고 있다. 이슬람교가 세계화 시대에 이슬람교도에 대해 행사하고 있는 통제력은 차우세스쿠가 루마니아인들에 대해 갖고 있는 것처럼 보이는 지배력을 연상하게 한다. 그것은 언젠가 차우세스쿠가 발코니에 나타나 그에 대한 두려움이 사라진 군중에게 야유를 받을 때까지 하나의 절대적인 지배력이었다. 차우세스쿠에 관한한 그들을 내쫓으려는 사전 공모는 없었다 해도 게임은 끝이 났다.

호전성 그 자체가 또 다른 징후에 불과하지만 영국의 유명무실한 신봉자들에 대한 이슬람교 통제력의 점증하는 취약성에 대한 한 가지 징후는 감옥에 있는 젊은 이슬람교도 남자들 무리다. 그들은 곧 그 수나 범죄성 정도에서 자마이카 태생 젊은이들을 추월하게 될 것이다. 반면 젊은 시크교도[39]와 힌두교도들 중 감옥에 들어오는 사람은 거의 없으며 따라서 인종주의는 이슬람교도들의 비율이 지나치게 높다는 사실에 대한 설명은 아니다.

예상 밖으로 이 죄수들은 도무지 이슬람교에 관심을 보이지 않으며 완전히 세속화되어 있다. 사실 그들은 아직도 이슬람교 결혼 관습을 고수하고 있지만 집에서 가사 노예를 가질 수 있다는 명백한 개인적 이점 때문이다. 그들 중 상당수는 도시 곳곳에 첩을 두고 있으며 그들의 첩은

---

39) Sikkhism
힌두교에서 파생된 종교의 하나. 나나크가 개조이고, 펀자브지방을 중심으로 지금도 강한 세력을 갖고 있다. 〈시크〉는 시크교도를 지칭하는 말이지만 원래 〈제자〉라는 뜻이었다. 시크교도는 구루(스승)의 충실한 제자라고 생각하고 있었기 때문이다. 시크교의 특징은 신의 내재성에 근본적으로 호소한 종교시인 카비르의 영향을 바탕으로 힌두교와 이슬람교를 비판적으로 통합한 점에 있다.

방탕한 백인 노동계급 소녀들이나 강제 결혼을 피해 달아난 이용할 수 있는 젊은 이슬람교도들 처녀들로 그들은 자신들의 젊은 남자가 결혼했다는 사실을 모르고 있다.

감옥에 갇힌 젊은 이슬람교도 남자들은 기도를 드리지 않으며 그들은 할라 고기를 요구하지도 않는다. 그들은 코란을 읽지 않는다. 그들은 방문한 이슬람교 지도자인 이맘을 보게 해달라고 요구하지 않는다. 그들은 가시적인 신앙심의 증표를 지니지도 않는다. 그들의 충성에 대한 주된 상징은 금니로 그것은 그들이 시의 범죄적 하위문화의 구성원이라는 사실을 분명히 나타내고 있다. 그들은 자신들의 금니를 적대감으로 가득 차 대립했을 젊은 자마이카인들과 공유한 명예의 상징이라 생각하고 있다. 젊은 이슬람교도 남자들은 집에서 자신들을 위해 요리와 빨래를 해 줄 아내를, 곳곳에 첩들을, 약물과 로큰롤을 원한다. 감옥에서 이슬람교 개종에 대해 말하자면 그것은 주로 자마이카인 범죄자들을 향하고 있다. 그리고 이슬람 문학은 어떤 기독교 문학보다도 훨씬 더 철저하게 감옥 도처에 스며들어 있다. 그것은 출감 후 바르게 살 수 있는 이유에 대한 그들의 필요에 답하고 있지만 동시에 자신들이 심하게 해를 끼쳤다고 믿는 사회도덕에 굴복하는 것은 아니다. 사실상 이슬람교로의 개종은 사회에 대한 그들의 복수다. 그들은 자신들이 새로 발견한 종교가 근본적으로 사회와 대립되어 있다는 사실을 이해하고 있기 때문이다. 따라서 개종으로 그들은 총 한방으로 두 마리 토끼를 잡는 셈이다.

하지만 이슬람교는 도시 이슬람교도 청년들의 행동에 대한 개선이나 억제 효과는 없다. 도시 이슬람교도 청년들 중 놀라울 정도로 많은 수가 그들의 동료 시크교도와 힌두교도들 가운데선 거의 알려지지 않은 습관인 마약을 복용하고 있다. 젊은 이슬람교도들은 마약을 복용할 뿐 아니라 마약 매매에도 연루되고 있으며 거래에 따른 모든 범죄를 저지르고 있다.

이 이슬람교도 청년들이 증명하고 있는 것은 그들 부모가 준수했던 전통적 규범의 엄격함이 보편주의적 주장과 그에 대한 외적 순응의 강조와 함께 전부 아니면 무라는 식의 양자택일이라고 생각한다. 일단 그것이 힘을 잃게 되면 완전히 힘을 잃어 그것을 대신할 수 있는 것이 하나도 남지 않게 된다. 젊은 이슬람교도들은 자신들이 알고 있고 자신들도 모두 서구적인 삶의 최고선이라고 받아들이고 있는 이기적 방탕함에 반대되는 것들은 거의 지키지 않고 있다.

물론 이슬람교도 청년들 중에는 이를 준수하며 백인 부랑자로 병합되기를 거부하고 투사나 근본주의자로 변하는 소수가 존재한다. 그것은 비합리적이고 정직하지 못한 다문화적 경건함에 현혹되어 사회가 그들을 최선의 서구문화로 이끌지 못한데 대한 자연스럽고 적어도 이해할 수 있는 반응일 것이다. 사회는 그들을 무엇보다 알든 모르든 세계 모든 사람의 삶의 기회를 변화하게 했던 자유롭게 의문을 품을 수 있는 정신과 개인적 자유로 인도해야 했다.

현대 세계에서 이슬람문화는 강한 것이 아니라 약하고 깨어지기 쉬운 존재다. 때문에 이슬람문화는 아주 빈번하게 소리를 높이고 있다. 수백만 명이 목숨을 잃거나 가난해지겠지만 조만간 이란에서 샤는 아야톨라(ayatollah 이란 시아파에서 신앙·학식이 깊은 인물에 대한 칭호-옮긴이)에 대해 승리를 거두게 될 것이다. 인간의 본성이 그렇게 운명지우고 있기 때문이다. 내가 사는 도시의 많은 사람들과의 대화에서 알게 된 사실은 서구로 몰려든 이란 망명자들은 이슬람문화의 지배를 확대하고자 하는 것이 아니라 이슬람문화를 벗어나고 있다는 것이다. 분명 근본주의적 이슬람문화는 앞으로 당분간 아주 위험해질 것이며 결국 우리 모두 짧은 기간 동안만 산다. 하지만 결국 이슬람문화는 영국 국교회의 운명을 맞게 될 것이다. 이슬람문화의 우울한 퇴조는(영국 국교회와 달리) 오래 걸릴 뿐 아니라 유혈사태가 일어날 수는 있지만 그래도 퇴조하게 될 것이다. 광신도들과 자살폭탄 테러범들은 개혁되지 않은 근본주의적 이슬람문화의 부활이 아니라 이슬람문화 최후의 떠들썩함을 의미하고 있다.

2004

파리 문 앞의 야만인들

누구나 상냥한 프랑스 la douce France를 알고 있다. 놀라운 음식과 와인, 아름다운 풍경, 멋진 성과 성당들. 세계 어느 나라보다 프랑스를 방문하는 방문객들이 단연 더 많다(연 6천만). 사실 독일인들에겐 분명 프랑스인들의 기운을 북돋워주기 위해선 아니지만 "프랑스에서 신처럼 살기위해"라는 말이 있다. 영국인 50만 정도가 프랑스에서 두 번째 집을 구입하고 있으며 그들 중 상당수는 고국으로 돌아와 프랑스에서 두 번째 집을 더 잘 관리할 수 있는 방법에 대해 친구들에게 전한다.

하지만 프랑스엔 점증하고 있는 훨씬 어두운 측면도 있다. 나는 일 년에 4번 정도 파리를 방문하면서 프랑스 중산층의 관심사가 변화하고 있다는 사실을 감지할 수 있었다. 몇 년 전 프랑스 중산층의 관심사는 학교로 프랑스가 아주 자랑스러워했던 교육체계는 붕괴하고 있었다. 문맹률이 높아졌으며 어린아이들은 입학할 때처럼 무지하고 행동은 훨씬 더 악화되어 학교를 떠나고 있었다. 하지만 지난 2, 3년 동안 프랑스 중산층의 관심사는 불안전, 도시 폭력, 무례와 같은 범죄들이다. 모두가 이야기 거리를 가지고 있으며 저녁 만찬 파티는 늘 끔찍한 이야기들로 마무리된다. 사람들은 어떤 범죄든 극우 인종주의자인 르 팽이나 그들 대신할 사람이 표를 얻는데 도움을 줄 것이란 사실을 알고 있다.

8달 전 내가 직접 그 불안전을 처음으로 확인했다. 그것은 1백만 달러짜리 꽤 넓은 아파트가 인접해 있는 생-제르맹 가에서 얼마 떨어지지 않은 곳이었다. 루마니아인인 3명의 청년들이 동전을 훔치기 위해 커다란 드라이버로 주차 시간 자동 표시기를 아주 공공연하게 뜯어내고 있었다. 그때는 오후 4시로 인도엔 많은 사람들이 지나고 있었고 근처 카페엔 손님이 가득 차 있었다. 그 젊은이들은 마치 자신들이 일상적이고 합법적인 행동을 하듯이 아무런 두려움 없이 절도 행위를 저지르고 있었다.

결국 60대인 두 명의 여성이 그들에게 그 짓을 멈추라고 말했다. 그때까지 웃고 있던 그 젊은이들은 무시무시하게 화를 내며 그 여성들에게 욕설을 퍼붓고 자신들의 스크루드라이버를 휘둘렀다. 여자들이 물러서자 젊은이들은 자신들의 '일'을 다시 시작했다.

70대의 한 남자가 그들에게 그만 두라고 말했다. 그들은 훨씬 더 위협적으로 그에게 욕설을 퍼부었으며 그들 중 한 명은 그의 배를 찌르려는 듯이 스크루드라이버를 움켜쥐었다. 나는 그 남자를 돕기 위해 앞으로 나아갔지만 여전히 욕설을 뱉어내며 생계를 꾸려나가는 일을 하는데 방해받았다는 사실에 진정으로 분노한 젊은이들은 도망가기로 결정했다. 하지만 이 모든 일은 아주 다른 결과로 이어질 수도 있었다.

이 사건에서 몇 가지 사항이 나에겐 충격적이었다. 백주 대낮에 거리낌 없이 절도 행각을 벌이고 있는 젊은이들의 의식, 같은 방식으로 행동하리라고는 결코 생각할 수 없는 사람들이 보여 준 그들의 행위에 대한 무관심, 그렇게 하기에 육체적으로 가장 적합할 것 같지 않은 노인들만이 그 같은 상황에 대해 무엇인가 하려고 시도했다는 점 등이다. 노인들만이 개입하고 싶을 정도로 분명한 선악에 대한 견해를 갖고 있었던 것일까? 그들보다 젊은 사람들은 누구나 다음과 같은 어떤 생각을 했던 것일까? "망명자들……어려운 생활……극심한 가난……옳고 그른 것을 구별하기엔 너무 어리고 어쨌든 그런 것을 배워 본 적도 없겠지……그들에겐 선택의 여지가 없어……처벌은 잔인하고 불필요해." 사실상 진짜 범죄자들은 동전으로 주차 시간 자동 표시기를 채운 운전자들이고 그들은 자기 차로 세계를 오염시키고 있지 않은가?

행동을 꺼리는 또 다른 이유는 그 젊은이들이 체포되었더라도 그들에게 아무 일도 일어나지 않을 것이라는 점이다. 그들은 몇 시간 후엔 거리로 되돌아오게 될 것이다. 한 시간 동안 파리의 주차 시간 자동 표시기를 지키기 위해 스크루드라이버로 배를 찔릴 위험을 감수할 사람이 어디 있겠는가?

프랑스의 형사 재판 체계가 엄격하지 못한 것 laxisme은 현재 악명이 높다. 판사들은 흔히 자기가 재판하고 있는 범죄자에 대해 동정하는 표현을 하곤 한다(범죄자가 아니라 사회가 얼마나 비난받아야 하는지에 대한 상투적인 일반화에 근거해). 또한 생-제르맹 가에서 그 장면을 목격하기 전 날 8천 명의 경찰들이 악명 높은 직업 무장 강도이자 살인 용의자를 보석으로 석방한 데 대한 항의 행진을 했다. 그는 재판 전에 또 다른 무장 강도 사건으로 누군가의 머리를 총으로 쏘았다. 보석으로 석방된 그는 이어 어떤 집에서 강도짓을 저질렀다. 경찰에 의해 현장에서 덜미가 잡힌 그와 그의 공모자들은 경찰 두 명의 머리에 총을 발사했고 세 번째 사람에겐 중상을 입혔다. 그는 또한 며칠 전 4건의 살인을 저지른 혐의를 받고 있으며 레스토랑 주인 부부와 종업원 두 명이 주인부부의 9살 난 딸이 보는 앞에서 살해 당했다.

프랑스 인텔리겐차가 읽는 두 개 일간지 중 하나인 좌파 성향의 「리베라시옹」은 경찰의 열기라는 경멸적인 풍자로 언급하며 이 행진에 참여한 경찰들의 항의를 가볍게 취급하고 있다. 2명 혹은 6명의 기자는 말할 것도 없고 기자가 한 명이라도 살해당했다면 분명 「리베라시옹」은 다르게 취급했을 것이다. 물론 신문사에서 일하는 사람들 중 개인의 자유를 보장하기 위해 언론의 자유 못지않게 효과적인 경찰력이 필수적이며, 사람들을 야만적인 행위에서 분리해주는 것이 바로 얇기는 하지만 경찰 보호선이라는 사실을 인정하지 않는 사람은 거의 없다. 아무리 진실이라 해도 이것은 지식인이 말하기엔 호감이 가는 내용이 아니다.

하지만 모두 범죄를 예방하거나 막는데 경찰이 무능해지고 있다고 개인적으로 불평하고 있다. 끔찍한 이야기는 얼마든지 있다. 내가 알고 있는 어떤 파리 사람은 최근 어느 날 저녁 남편을 기다리고 있는 어떤 여자의 차를 두 명의 범죄자가 공격한 사건을 목격한 이야기를 말해 주었다. 그들은 옆 유리창을 깨고 지갑을 빼앗으려 했지만 그녀는 저항했다. 그는 그녀를 도와 가까스로 공격자들 중 한 명을 바닥에 찍어 눌렀고 다른 한 명은 달아났다. 다행히 경찰 몇 명이 지나고 있었고 그들은 당황스럽게도 경고만하고 차안의 여인을 공격했던 자를 놓아 주었다.

나의 지인은 경찰에게 자신이 고소할 것이라고 말했다. 그곳에 있던 경찰들 중 상급자가 시간 낭비하지 말라고 충고했다. 그런 밤늦은 시간에 지역 위원회에 고소하는 사람은 없을 것이다. 나의 지인은 이튿날

갔을 것이고 3시간 동안 줄을 서서 기다렸다. 그는 몇 차례 오래 기다리다 되돌아와야 했다. 이어 결국 아무 것도 할 수 없었다.

그는 경찰들이 이런 경우에 체포하고 싶어하지 않는다고 덧붙였다. 서류업무가 너무 많다는 것이다. 또한 사건이 법원에 제기되어도 판사는 적절한 처벌을 하려하지 않는다. 게다가 그 같은 체포는 승진을 늦추게 된다. 지역 경찰 서장들은 관할 구역의 범죄율에 따라 성과급으로 봉급을 받는다. 그들이 가장 원치 않는 것은 경찰이 범죄자를 찾아 순찰을 돌고 범죄 기록을 남기는 것이다.

얼마 되지 않아 나는 경찰이 단순히 강도사건 '발생' 기록을 거부하고 더욱이 피의자를 잡으려고는 더더욱 하지 않는 또 다른 사건에 대한 이야기를 들었다.

이제 범죄와 일반적인 무질서가 오래지 않아 그들이 들을 수 없었던 곳으로 확산되게 될 것이다. 내가 방문했던 은퇴한 고위 공직자와 전직 장관들이 거주하는 퐁텐느블로 인근의 평화스럽고 번영하는 동네에서 겨우 2주 전에 첫 번째 범죄가 일어났다. 한 건의 강도사건과 젊은이들이 훔친 차로 동네 녹지 주변에서 즉흥 레이스를 벌이는 '로데오' 가 벌어졌다. 동네 담장은 차 도둑들이 진입로를 확보하기 위해 파괴했다.

동네 사람이 경찰을 부르자 경찰은 즉시 출동할 수는 없다고 말하고 점잖게 한 시간 반 후 상황이 어떻게 진행되고 있는지 확인 차 다시 전화를 했다. 2시간 후 경찰이 마침내 나타났지만 로데오는 불타버린 차의 잔재만을 남긴 채 이동해 버린 상태였다. 내가 방문했을 때에도 도로에 검은 자국이 남아 있었다.

급증하는 공식 범죄 수치는 분명 조작된 것이긴 하지만 경각심을 불러일으키기에는 충분하다. 프랑스에서 보고 된 범죄는 1959년 연 60만 건에서 현재 400만 건으로 늘어 난 반면 인구는 20%도 증가하지 않았다(또한 많은 사람들이 오늘날의 범죄 발생 건수는 적어도 절반정도는 과소평가되고 있다고 생각하고 있다). 2000년에 범죄는 파리 거주자 6명당 한 건 꼴이었지만 그 비율은 지난 5년간 적어도 연 10%씩 증가해왔다. 프랑스에서 보도된 방화 사건은 1993년 1168건이었던 것이 2000년엔 29192건으로 7년 만에 2500% 증가했다. 폭력이 수반된 강도 사건은 1999년과 2000년 사이에 15.8% 그리고 1996년(그 자체도 황금시대는 아니었다) 이래 44.5% 증가했다.

왜 범죄가 급증하는 것일까? 지리적 답변은 일정 규모의 모든 프랑스 도시와 지방 중심지, 특히 파리를 둘러싸며 점차 포위하고 있는 공공 주택 프로젝트 때문이다. 공공 주택 프로젝트에서 대개 북아프리카와 서아프리카 출신 이민자들이 프랑스에서 태어난 그들의 후손들과 프랑스 노동 계급에서 가장 성공하지 못한 소수의 사람들과 함께 살아가고 있다. 프랑스 공공 수송체계의 탁월함 덕분에 가장 고질적인 도둑과 문화·예술 파괴자들이 손쉽게 공공 주택 프로젝트구역으로부터 가장 부유한 지역에 도달할 수 있게 되었다.

건축학적으로 공공 주택 프로젝트는 스위스의 전체주의적 건축가이자 아직도 프랑스 건축 교육에서 비판을 불허하는 영웅인 르 코르뷔지에의 생각에서 기원하고 있다. 그는 주택은 거주를 위한 하나의 기계이며 도시 지역들은 기능에 따라 서로 완전히 분리되어 직선과 직각이 지혜, 미덕, 아름다움과 효율성의 핵심이라고 믿었다. 파리 중심가 전체를 허물고 '합리적' 이고 '진보적' 인 관념에 따라 재건하고자 하는 자신의 계획에 대한 완고한 반대에 직면한 그는 당황하고 좌절했다.

섬뜩한 광장 내에 있는 이 거대한 주택 프로젝트의 간소하고 비인간적이며 기하학적 도형의 선명한 윤곽은 르 코르뷔지에의 전체주의적인 오싹한 말을 떠올리게 한다. "독재자는 인간이 아니다. 일단 문제가 분명히 제기되면 해결책을 제공하게 되는 것은……'올바르고, 현실적이며 정확한 계획'……이다.……'이러한 계획은 유권자의 항변이나 사회적 희생자들의 비탄과……전혀 별개로 훌륭하게 입안되어 왔다.' 이러한 계획을 입안하는 것은 평온하고 의식이 명료한 사람들이다."

그런데 르 코르뷔지에 같은 평온하고 의식이 명료한 정신이 인식한 시테 cités로 알려진 이러한 주택 프로젝트가 해결책이라고 한 문제는 무엇일까? 그것은 HLM이라는 약어로 표현될 수 있는 대개 이민자인 노동자들을 위해 낮은 임대료로 제공될 수 있는 주택 즉 Habitation de Loyer Modéré였다. 1950년대부터 1970년대에 이르는 프랑스의 대산업 팽창기에 공장들은 이주 노동자들을 필요로 했고 당시 실업률은 2%로 값싼 노동력 수요가 많았다. 하지만 80년대 말이 되면서 수요는 사라졌지만 값싼 노동력 수요를 충당했던 사람들은 사라지지 않았다. 또한 그들의 후손과 새로운 희망을 품고 부단히 유입된 이민자들은 값싼 주거지 공급을 그 어느 때보다도 더 필요로 했다.

이러한 공적 소유 주택지 내의 아파트는 또한 '숙박소 logement'로 알려져 있고 그것은 이 아파트를 임대할 것으로 예상되는 사람들의 사회적 지위와 정치적 영향력의 정도를 쉽게 전달하고 있다. 따라서 시테는 사회적 주변화를 구체화하고 있다. 즉 그 자리에 이전에 존재했던 어떤 것과 역사적으로 고유하거나 유기적인 관계없이 창문에서 지붕에 이르는 모든 것이 관료적으로 계획된 이 주택들은 심각한 혼란이 발생할 경우 선로를 끊거나 그곳을 지나는(주로 양쪽에 콘크리트 벽이 있는) 고속도로를 한두 대의 탱크로 봉쇄함으로써 프랑스의 다른 지역에서 파리의 더 나은 구역에 이르는 세계의 나머지 부분에서 분리될 수 있다는 인상을 주고 있다.

보통의 방문객은 공항에서 빛의 도시로 달릴 때 이러한 어둠의 시테에 대해선 잠시도 생각해 보지 않는다. 하지만 시테는 거대하고 중요하며 번거로움을 무릅쓰고 가 본다면 그곳에서 끔찍한 것을 발견하게 될 것이다.

프랑스 내의 다른 '공식적' 사회에 대한 증오심에서 삶의 의미를 찾는 주민들 가운데 일종의 반사회성이 성장하고 있다. 인종차별 시기의 남아프리카 흑인 거주지역을 포함해 세계 어디에서도 본 적이 없는 이러한 소외와 불신의 골이 대부분 항구적인 실업상태에 놓이게 될 젊은 이들의 얼굴에 씌어져 있다. 그들은 자신들의 숙박소 사이에 있는 패인 웅덩이 같은 열린 공간에서 살아가고 있다. 말을 걸기 위해 다가가면 그들의 무표정한 얼굴은 한순간도 당신이 공유한 인간성을 드러내지 않는다. 그들은 사회적 교제를 원활하게 할 수 있는 몸짓도 하지 않는다. 당신이 그들 중 하나가 아니라면 당신은 그들의 적인 셈이다.

공식적 프랑스에 대한 그들의 증오심은 자신들 주위에 있는 모든 것에 상처를 입히는 방식에서 분명하게 드러나고 있다. 젊은이들은 가장 접근하기 어려운 콘크리트 벽에 선호하는 주제인 경찰을 욕하는 낙서를 하기 위해 죽음을 무릅쓰거나 병신이 될 위험을 감수한다. 시테의 낙서는 타협할 수 없는 증오와 공격성을 보여주고 있다. 예를 들어 레

타테레 Les Tarterets 프로젝트에 있는 불타 파괴된 공동체 회의 장소엔 SF소설에서나 나올 것 같은 우주인이 자신을 바라보고 있는 사람에게 달려들 듯이 주먹을 움켜쥐고 있고 오른 쪽엔 침을 흘리고 있는 거대한 근육질 투견의 모습이 멋지게 그려져 있다. 이 개는 기질과 훈련을 통해 사람의 목을 물어뜯을 수 있는 품종으로 시테에서 주인이 옆에서 위협적으로 거들먹거리며 활보하는 것을 본 유일한 품종의 개였다.

불타 차체만 남은 차들이 도처에 있었다. 화재는 이제 시테에서 유행하고 있다. 레 타테레에서 주민들은 정부 보조 슈퍼마켓과 약국을 제외한 모든 상점을 불태우고 약탈했다. 도시 지옥의 지하 감옥처럼 연기에 그을려 검게 변한 지하 주차장은 영구히 폐쇄되었다.

공식적 프랑스의 관리들이 시테에 왔을 때 주민들의 공격을 받았다. 경찰은 증오의 대상이었다. 자신의 피부색 때문에 프랑스에선 직업을 얻을 수 없다고 제멋대로 믿어버린 어떤 아프리카 말리 젊은이는 경찰들이 항상 몽둥이를 휘두르며 불시 단속반처럼 들이닥치는 방식을 기술하고 있다. 경찰들은 자신들의 병참부로 안전하게 퇴각하기 전 그가 어떤 범죄를 저질렀는지 혹은 무고한 사람인지와 무관하게 사정권 내에 있는 사람은 누구든 몽둥이로 때릴 준비가 되어 있었다는 것이다. 그는 경찰의 행동이 주민들이 창문을 통해 그들에게 화염병을 던지는 이유라고 설명하고 있다. '파시스트 경찰'에게 그런 대우를 받는 것을 누가 참을 수 있겠는가?

최근 레 타레테와 레 뮤지시앙 두 개의 시테에서 선거 운동을 하던 프랑스 대통령 자크 시라크와 그의 내무장관도 화염병 공격 대상이었다. 가까스로 유지하고 있는 적대적 종주권을 가진 해외의 대군주처럼 이 두 명의 고위인사는 신속하고 불명예스럽게 퇴각해야 했다. 그들은 와서 보고 허둥지둥 도망친 것이다.

경찰에 대한 적의는 이해할 수도 있어 보이지만 자신들이 시작한 화재에서 자신들을 구하러 온 소방수들에 대한 시테 거주 젊은이들의 행동은 주류 사회에 대한 그들의 깊은 적대감을 당황스러울 정도로 노골적으로 보여주고 있다. 그들은 감탄할만한 소방수들(이들의 좌우명은 구하든지 아니면 소멸하는 것 sauver ou périr이다)이 헌신적인 임무차 도착하자 그들을 화염병과 돌멩이 투척으로 맞았다. 때문에 무장 차량이 흔히 소방차를 보호해야 했다.

자선은 억압 못지않게 시테 젊은이들을 화나게 한다. 그들의 분노는 그들의 존재와 분리될 수 없기 때문이다. 사고로 부상당한 젊은이를 수송하는 앰뷸런스 담당자들은 부상당한 남자의 친구들에게 둘러싸여 싸우고, 야유받고 위협받게 된다. 내가 만난 한 의사에 따르면 이 같은 행동은 바로 병원에 이르러 자기 동료가 다른 사람들보다 먼저 즉시 치료받아야 한다고 요구할 때조차 계속된다.

물론 그들도 다른 사람들처럼 치료를 받을 것이라 기대하면서도 자기들을 둘러싼 사회에 대한 자기들 입장의 자기기만 또는 적어도 양면성을 드러낸다. 그들은 적어도 이전에 존재했던 모든 사회의 기준에서 볼 때 분명 가난하지 않다. 그들은 굶주리고 있지 않으며 핸드폰, 차 그리고 다른 많은 현대적 장비들을 갖고 있다. 또한 자신들의 유행에 따른 것이긴 하지만 부르주아 예의범절을 한결같이 경멸하며 유행에 따른 옷을 입고 목에 금목걸이를 하고 있다. 그들은 권리가 있다고 믿으며 어떤 행동을 하든 치료를 받게 되리라는 사실을 알고 있다. 그들은 자기 부모나 조부모의 나라에서 전력을 다해 하루 14시간 일해 겨우 누릴 수 있는 것보다 훨씬 더 높은 생활수준(혹은 소비)을 향유하고 있다.

그렇다고 감사하지는 않으며 오히려 그 반대다. 그들은 자신들이 누리고 있는 것을 모욕이나 상처로 느끼며 심지어 그렇게 하는 것을 자신들의 정당한 권리로 받아들인다. 하지만 다른 모든 사람들처럼 그들은 다른 사람들에게 존경과 인정을 받고 싶어 한다. 다소 특이하게 그들이 자신들을 서구 번영의 찌꺼기에 부주의하게 내던져진 사람이라 해도 말이다. 거세당한 의존은 결코 행복한 상태가 아니다. 시테 거주자 대부분의 상태보다 더 절대적이고 더 전체적으로 의존하고 있는 사람들은 없다. 따라서 그들은 자신들을 망각의 늪에서 벗어날 수 없게 하는 사람들의 악의를 믿게 되었으며 이러한 완벽한 악의에 대한 믿음을 생생하게 간직하고 싶어 한다. 그래야 발전이 저지된 자신들의 삶에서 의미 —— 유일하게 가능한 의미 —— 를 찾을 수 있기 때문이다. 무의미하게 떠돌기보다는 적과 맞서는 것이 더 낳다. 적과 같은 환영은 그렇지 않다면 자신들의 허무주의가 자명해질 행동에 목적을 부여하기 때문이다.

그것이 내가 레 뮤지시앙에서 젊은이 그룹에 다가가자 그들 중 대다수가 단순히 의심스러워하는 것(내가 적들 중 한 명이 아니라는 사실이 곧 분명해졌지만)이 아니라 적대적이었던 이유들 중 하나다. 아프리카 출신 젊은이 한 명이 나와 대화하는데 동의하자 그의 친구들이 계속해서 위협적으로 끼어들었다. 그들은 "그에게 말하지 말라"고 요구했고 두려움에 사로잡힌 시선으로 나에게 꺼지라고 말했다. 그 젊은이도 긴장하고 있었다. 그는 자신이 배신자로 벌을 받을까봐 두렵다고 말했다. 그의 동료들은 분명 적도 아니고 자기들의 일원도 아닌 사람과의 '평범한' 접촉이 자신들의 정신을 오염시켜 사실상 그들 사이에 놓여 있는 그들과 우리라는 세계관이 깨어져 정신적 혼란 상태에 이르지 않을까 두려워하고 있었다. 그들은 자신들을 단순히 쓸모없는 인간이나 범죄자가 아니라 내전 중인 투사로 볼 필요가 있었다.

시테 거주자들의 양면성은 극단적 유기와 번갈아가며 나타나는 과도한 통제와 간섭을 하는 '공식' 프랑스의 자신들에 대한 태도에 비유된다. 예를 들어 관료들은 물리적 환경을 일일이 계획하고 거주자들이 자기들의 보금자리를 아무리 망쳐 놓아도 국가는 국가의 동정심과 관심을 입증하기 위해 수리비용을 대신 지불해 준다. 이민자들에게 그들과 그들의 아이들이 잠재적으로 혹은 이미 진정한 프랑스인이라는 사실을 보장하기 위해 거리 이름에 프랑스 문화영웅의 이름을 붙인다. 예를 들어 레 타테레가에선 화가 구스타프 쿠르베가가 그리고 레 뮤지시앙에선 작곡가 가브리엘 포레가가 있다. 사실상 내가 시테에서 유일하게 미소 지었던 것은 샤를르 보들레르 유치원과 아서 랭보 유치원이라는 금속 창문이 달린 두 개의 콘크리트 벙커를 지날 때였다. 훌륭한 작가이긴 하지만 그들의 이름이 콘크리트 벙커는 말할 것도 없고 유치원과 연상될 수 있을 이름은 아니었다.

하지만 영웅적인 프랑스인 이름은 더 깊은 공식적 양면성을 시사하고 있다. 프랑스는 한편으로 우리의 선조, 갈리아인인 쿠베르, 포레 다른 한편으로 다문화주의의 구호라는 두 가지 접근 사이에서 찢기고 있다. 교육부 장관의 강요로 학교가 전달하는 정사(正史)는 콜베르 이후로 전 세대를 통해 통합되어 이성적이고 호의적인 프랑스가 승리한 역사로 이슬람교도 소녀들은 학교에서 머리에 스카프를 쓰는 것이 허용되지 않는다. 졸업 후에 '민족' 의상을 입은 사람들은 대기업에서 일자리를 찾기 어렵다. 하지만 동시에 공식적 프랑스는 또한 다문화주의에 대해 예를 들어 시테 '문화'에 대해 위축되어 침 발린 말을 하고 있다. 따라서 프랑스 랩 음악은 두 명의 전임 문화장관의 소심한 승인 발언 뿐 아니라 「리베라시옹」과 「르 몽드」의 경탄하는 사설의 주제다.

Ministère amer(괴로운 장관)이란 어떤 랩 그룹은 특별히 공식적 찬사를 받았다. 이 그룹의 가장 잘 알려진 가사는 이렇다. "또 다른 여자가 그녀를 속였지./ 이 번에 그녀는 브리지트라 불렀네./그녀는 경찰의 아내./사악한 수련 수녀들이 그 경찰을 오줌으로 적신다./그것은 감정의 격발에 불과한 것이 아니네. 클리토리스를 할퀴어라./브리지트 그 경찰의 아내는 흑인들을 좋아하지./그녀의 팬티 속은 뜨겁게 달아오르지." 이런 혐오스러운 쓰레기가 이 가사의 가정된 신빙성 때문에 찬사를 받고 있다. 야만이 언제나 고귀하다는 다문화주의자들의 정신 세계에서 고품격 예술을 저급한 쓰레기와 구분할 수 있는 기준은 존재하지 않는다. 또한 서구 전통 속에서 고도로 훈련된 지식인들이 타락하고 짐승 같은 포르노그래피에 찬사를 보낼 준비가 되어 있다면 그렇게 훈련받지 않은 사람들이 서구의 전통 속에는 가치 있는 것은 전혀 존재할 수 없다는 결론에 이른다 해도 놀랄 일은 아니다. 따라서 비겁한 다문화주의는 서구적인 것에 반대하는 극단주의의 시녀다.

랩 가사들이 진정 시테를 대변하고 있든 아니든 분명 이 노래를 듣는 사람들이 있다. 시테에선 할 일 없이 차 안에 둘러앉아 100야드 밖에서도 포장도로가 울릴 정도로 이 노래를 크게 틀어 놓고 몇 시간씩 계속해서 듣고 있는 젊은이들을 목격할 수 있다. 지식인들과 프랑스 문화 관료주의의 승인은 분명 그들이 자신들은 가치 있는 어떤 일을 하고 있다고 믿도록 부추기고 있다. 하지만 삶이 예술을 모방하기 시작할 때 끔찍한 윤간의 발생 빈도가 늘어나고 똑같은 공식적 프랑스는 당황하여 경각심을 갖게 된다. 15살 소녀를 납치해 4달 동안 지하실, 계단통 그리고 빈 집 등에서 되풀이해 강간한 혐의로 퐁투아즈에서 현재 재판을 받고 있는 18명의 젊은 남자와 2명의 젊은 여자들은 어떻게 생각하고 있을까? 이 무리들의 대다수는 회개하지 않거나 부끄러워하지 않을 뿐 아니라 자랑스러워하고 있다.

대부분의 프랑스인들은 시테를 가지 않지만 어렴풋이 젊은이들 사이에서 장기 실업이 너무 많아 실업이 그곳의 일반적인 모습이라는 사실을 알고 있다. 사실상 프랑스의 청년 실업은 유럽에서 가장 높은 축에 속한다. 그리고 사회 하층으로 내려갈수록 청년 실업률은 더 높아지고 있다. 대체로 높은 최저 임금, 종업원에게 지급된 급여 총액을 기초로 고용주에게 과하는 지급 급여세, 그리고 노동 보호 법안이 고용주들이 쉽게 해고할 수 없는 사람들과 능력 가치 이상으로 임금을 지불해야 하는 사람들을 고용하기 싫어하게 하기 때문이다.

누구나 실업 특히 항구적인 실업은 몹시 파괴적이며 악은 실제로 할 일 없는 사람들을 위한 일을 찾아준다는 사실을 알고 있다. 더 높은 사회계층으로 올라가면 올라갈수록 앵글로–색슨의 신자유주의 모델(앵글로–색슨이 이런 맥락에서 의미하는 것을 프랑스 신문을 읽으면 곧 알 수 있다)에서 프랑스를 차별화하고 억압당하는 사람들을 착취로부터 보호하는데 실업을 부추기는 노동시장의 경직성이 필수적이라는 생각을 더 확고하게 하고 있다. 하지만 노동 시장의 경직성은 거의 보호를 필요로 하지 않는 사람들은 보호하는 반면 가장 취약한 사람들을 극단적인 절망 속으로 밀어 넣고 있다. 성적 위선이 앵글로–색슨인들의 악이라면 경제적 위선은 프랑스인들의 악이다.

이런 상황에서 실업의 부담이 이민자와 그들의 자녀에게 얼마나 불균형하게 가중되고 있는지 그리고 이미 문화적으로 대다수 국민과 차별화되고 있는 그들이 스스로가 지독히 차별당하고 있다고 느끼게 되는 이유를 알기 위해 대단한 상상력이 필요한 것은 아니다. 물리적으로 빈민가에서 고립되어 있는 그들은 스스로 문화적 그리고 심리적 빈민가를 건설함으로써 반응하고 있다. 그들은 프랑스 국적을 갖고 있지만 프랑스인은 아니다.

국가는 그들의 주거, 교육, 의료, 그들이 아무 것도 하지 않게 하는 보조금과 관심을 보이는 반면 국가의 책임이 절대로 양도될 수 없는 한 가지 영역에서 그 책임을 완전히 파기하고 있다. 바로 법과 질서다. 불만을 품은 젊은이들을 달래거나 적어도 성나게 하지 않기 위해 내무 장관은 경찰에 프랑스 도시들을 둘러싸고 있고 집단적으로 라 존 la Zone으로 알려진 800개 이상의 민감 지역 zone sensible에선 유연하게 대처(다시 말해서 행동하지 않을 수 없는 부대에 의한 임시적 일제단속을 제외하면)하라고 지시하고 있다.

하지만 본성처럼 인간 사회는 공백을 싫어하며 따라서 고유한 일련의 가치 체계를 가진 권위가 법과 질서가 있어야 할 공간을 차지한다. 정신 병질적 범죄자들과 마약 거래상들의 권위와 짐승 같은 가치들이 그것이다. 사실상 현실 경제와 법의 부재는 도둑질과 마약 거래에 기초한 경제와 비공식적 법체계를 의미한다. 예들 들어 레 타테레에서 나는 두드러지게 눈에 띄는 BMW 컨버터블을 타고 주위를 배회하며 공공연히 마약을 배분하고 돈을 수금하면서 분명 그들이 내려다보는 모든 이들의 제왕인 두 명의 마약상을 보았다. 둘 다 서북부 아프리카인 후손으로 한 명은 진홍빛 야구 모자를 거꾸로 쓰고 있었고 다른 한 명은 얼굴빛과 극단적으로 대조되는 금발로 염색하고 있었다. 그들의 얼굴은 정복한 부족에게서 공물을 받는 군주의 얼굴처럼 무표정했다. 그들은 기아를 하단으로 놓고 큰 소음을 내며 최고 속력으로 내키는 대로 달렸다. 그들은 더 이상은 불가능할 정도로 자신들에게 관심을 끌게 했다. 그들은 법을 두려워하지 않았으며 오히려 법이 그들을 두려워했다.

나는 1960년대 초 프랑스에 온 알제리와 모로코 출신의 늙은 이민자들 단체에서 그들이 살아가는 모습을 지켜보았다. 그들도 레 타테레에서 살았고 자신들의 후손이 낮은 수준의 폭동 상태에 들어선 것을 목격했다. 그들은 하루하루의 삶이 너무 소름끼쳤고 자기의 자식들과 손자를 탈출하게 하기 위해 떠나려하고 있었다. 하지만 일단 공공 주택 체계의 마수에 빠진 그들은 덫에 걸려 있었다. 그들은 만일 그런 곳이 있다면 신세대가 지배하지 않는 시테로 옮기고 싶었지만 프랑스라는 거대한 보호 체계 속에서 목적을 이루기 위한 수단이나 추진력 없이 존재하고 있었다. 따라서 그들은 남아서 자신들이 희망하고 기대했던 것과는 전혀 다르게 자기 아이들이 성장해 가는 모습에 당황하고 놀라면서 쉽게 믿지 못하고 고통스러워한다. 그들은 자기 자식들이나 손자들보다 더 훌륭한 프랑스인들이다. 그들은 2001년 프랑스와 알제리 간의 축구 경기 전에 그들의 후손이 하듯이 프랑스 한복판에서 여타 프랑스인에게 끔찍한 경고를 발하며 프랑스 국가가 울려 퍼질 때 야유하거나 휘파람을 불지는 않을 것이다.

　프랑스가 일시적인 노동 부족을 해결하기 위해 자기 국민과 문화적으로 아주 상이한 국민의 대규모 이민을 허용하고 프랑스의 추상적인 자유주의적 양심을 만족시킬 수 있을 정도로 현명한가 여부는 의문의 여지가 있다. 현재 프랑스에 북아프리카와 남아프리카 출신 국민은 1975년 수치의 두 배되는 약 8백에서 9백만 명이 살고 있다. 그리고 그중 5백만이 이슬람교도들이다. 인구 통계학적 전망(이러한 전망이 예언은 아니다)에 따르면 그들의 후손은 이 세기가 끝나기 전 그 수가 대략 프랑스 전체 인구의 3분의 1 이상 되는 3천 5백만에 이르게 된다.

　하지만 분명 프랑스는 가능한 최악의 방식으로 그 결과로 일어나게 될 상황을 다루고 있다. 프랑스가 수백만 빈민가 이주민들을 동화시키지 못한다면 프랑스의 미래는 암울할 것이다. 하지만 프랑스는 이민자들과 그들의 후손들을 지리적으로 비인간화한 빈민가로 분리해 고립시키고 있다. 또한 프랑스는 이민자들과 그 후손들 가운데 피할 수 없는 심리적 결과를 동반하게 될 실업을 조장하고 의존하게 하는 경제 정책을 추구해왔다. 프랑스는 그들이 발전시키고 있는 혐오스럽고 무가치한 문화에 아첨하고 있으며 그들이 자신들의 고유한 무법 질서를 만들도록 허용하면서 그들에게 법의 보호를 철회하고 있다.

　이러한 실패가 프랑스만이 아니라 세계에 제기하고 있는 위험을 누구도 과소평가해서는 안 된다. 시테 거주자들은 놀랍도록 잘 무장되어 있다. 그들 가운데 전문적 강도들이 은행이나 현금 수송 장갑차를 공격할 때 그들은 군복과 다름없는 옷을 입고 바추카포와 로켓 발사기로 공격한다. 때로 경찰들은 시테에 있는 칼라쉬니코프의 완전한 병기고를 발견한다. 프랑스와 공산주의가 붕괴된 동구 유럽 사이엔 비공식적 교역이 활발하게 이루어지고 있다. 시테에 있는 지하 창고의 작업장에서는 정교한 무기를 대가로 훔친 고급 차의 일련번호를 바꾸어 동유럽에 수출하고 있다.

따라서 철저히 소외된 주민들은 중화기로 무장하고 있으며 프랑스가 습관적으로 수십 년 주기로 겪고 있는 것과 같은 폭력적 사회 대변동이 일어날 경우 통제하기 어려울 것이다. 프랑스는 상당수가 통제 경제 관리를 통해 돈을 버는 더 특권적인 국민 계층에 대한 책임을 다할 것이냐 아니면 시테 거주자들에게 평범한 삶에 대한 희망을 줄 수 있을 정도로 노동 시장을 자유롭게 할 것이냐 하는 딜레마에 빠져 있다. 십중팔구 프랑스는 시테 거주자들에게 가장 도움이 될 수 있는 일자리 만들기를 더욱 옥죄게 될 더 높은 세금을 대가로 더 많은 이익과 권리로 불만을 매수하려 시도함으로써 프랑스가 직면하고 있는 딜레마를 해결하려 할 것이다. 결국 예정된 시나리오지만 만약 불만을 매수하려는 시도가 실패할 경우 가혹한 진압이 이어지게 될 것이다.

하지만 북아프리카 이슬람교도 후손으로 이루어진 시테 주민의 3분의 1 가운데엔 프랑스인이 두려워하고 있으며 프랑스인들만 두려워하고 있는 것이 아닌 선택이 존재하고 있다. 당신이 레 타테레나 레 뮤지시앙에 사는 젊은이라고 상상해보라. 지적으로 깨어있지만 제대로 교육받지 못했으며, 자신이 태어난 더 큰 사회가 혈통 때문에 자신을 경멸하고 있다고 믿으며, 모욕적으로 먹을 것과 입을 것을 제공하는 시스템에 의해 항구적인 실업이 불가피하고, 절망, 폭력 그리고 범죄라는 경멸할 만한 허무주의 문화 환경 속에 놓여있다면. 당신이 처한 곤경을 설명하고 당신의 분노를 정당화하며 당신의 복수에 대한 방법을 지적하고 특히 당신이 투옥되어 있다면 당신의 구원을 보장할 수 있는 어떤 신조를 찾게 되지 않을까? 당신 안에서 들끓고 있는 에너지, 증오와 폭력을 위해 당신이 궁극적 선의 이름으로 악을 행할 수 있게 할 어떤 '가치 있는' 방향을 찾게 되지 않을까? 그것은 대파괴를 일으키려는 상대적으로 적은 수의 같은 생각을 가진 사람들을 요구하게 될 것이다. 영국 교도소에서처럼 프랑스 교도소(수감자의 60%가 이민자 출신이다)에선 이슬람교로의 개종이 다반사로 일어나고 있으며 큰 재해를 불러일으키기 위해선 유학생 비자로 미국에 입국해 9·11테러를 공모한 모로코계 프랑스인 자카리아스 무사위 같은 사람 몇 명이면 충분하다.

프랑스인들은 9·11사태 이전에 이러한 가능성에 대해 잘 알고 있었다. 1994년 프랑스 특수 부대원들이 마르세이유에 착륙한 납치 여객기에 난입해 납치범들을 사살했다. 이는 전통적으로 테러리스트와 협상하거나 양보하기를 선호했던 프랑스로선 여느 때와 다른 조치였다. 하지만 프랑스는 납치범들이 비행기에 연료를 재주입한 후 에펠 탑을 향해 비행할 계획이라는 정보를 갖고 있었다. 이런 경우에 협상은 불가능했다.

어떤 지인의 이야기가 극적으로 예시하고 있는 것처럼 프랑스 사회엔 끔찍한 간극이 벌어져 있다. 그가 양쪽에 주택 프로젝트들이 늘어선 6차선 고속도로를 달리고 있을 때 어떤 남자가 도로로 뛰어들었다. 나의 지인은 고속으로 달리던 상태에서 그를 치었고 그 사람은 현장에서 사망했다.

프랑스 법률에 따르면 생명과 관련된 교통사고의 당사자들은 경찰이 모든 상황을 밝힐 때까지 가능한 한 현장에서 가까운 곳에 머물러야 했다. 따라서 경찰은 나의 지인을 인근에 있는 일종의 호텔로 데리고 갔다. 이곳엔 직원이 없었고 문은 자동 요금 단말기에 신용 카드를 삽입해야만 열렸다. 방에 들어선 그는 침대와 세면대를 포함한 모든 가구들이 콘크리트로 만들어져 바닥이나 천장에 부착되어 있다는 사실을 알게 되었다.

다음날 아침 경찰이 찾아왔고 그는 경찰에게 이것이 어떤 유형의 장소냐고 물었다. 왜 모든 것이 콘크리트로 만들어져 있지요?

"그런데 선생께서는 지금 어디에 계신지 모르고 계십니까?" 그들이 물었다. "여기는 라 존입니다. 라 존이라구요 C'est la Zone, c'est la Zone."

라 존 La Zone은 외국이고 경찰은 그곳에선 일을 다르게 처리한다.

2002

선의가 반드시 바람직한 결과를
보장하지는 않는다

나는 의사 면허를 받자마자 로디지아로 갔다. 로디지아는 5년 정도 지난 후 짐바브웨로 바뀌었다. 이어 10년간 나는 아프리카에서 일하고 많은 여행을 하면서 문화의 충돌, 식민주의의 유산 그리고 어떤 현실적 이해도 뒤섞이지 않은 선의의 실제적 효과와 같은 문제들에 대해 생각해보지 않을 수 없었다. 나는 점차 부자와 힘 있는 사람들이 사실상 가난한 사람들과 약한 사람들에 대해 영향력 —— 심지어 가난한 사람들과 약한 사람들을 개조할 수도 있을 —— 을 갖지만 반드시 그들이 원하고 기대했던 방식으로 영향을 미치는 것은 아니라(사실상 필연적으로 그렇지 못하다)는 결론에 이르게 되었다. 의도하지 않은 결과의 법칙은 가장 절대적인 권력보다 더 강하다.

나는 현대 세계를 형성하는데 아주 많은 역할을 했던 대영제국의 마지막 혈떡임으로써 아프리카 식민주의 최후의 진정한 변경 식민지를 보고 싶었기 때문에 로디지아로 갔다. 사실 당시 로디지아는 모국이자 부랑자 국가에 대해 반항하고 있었지만 아직 명목상의 것을 제외한 모든 측면에서 눈에 띄게 영국적이었다. 단명했던 불운한 로디지아와 니

아살랜드 연방의 수상이었던 로이 워렌스키 경이 스스로를 묘사했던 것
처럼 그는 "반은 폴란드인이고 반은 유대인이었지만 100% 영국적"이
었다.

불라웨요 공항에 도착할 때까지 나는 대영제국을 주로 우표수집가
의 관점에서 생각하고 있었다. 어렸을 때 영국의 아주 놀랄 정도로 다채
롭게 구성된 속령들 —— 브리티시 혼두라스와 브리티시 기아나에서 브
리티시 노스 보르네오, 바수트랜드, 베추아나랜드와 스와질랜드에 이
르는 —— 각각은 아름답게 동판 인쇄된 우표들을 발행했고 이 우표들
의 오른쪽 위 모퉁이에 그려진 여왕의 옆모습은 오랑우탄이나 군함새
같은 이국적 생물체 혹은 고무나무에서 수액을 채취하거나 코코넛 야자
나무를 기어오르는 것 같은 나면서부터 해 오던 일들을 하고 있는 원주
민들(우리가 아직도 그들을 그렇게 부르며 생각하고 있는 것처럼)을 평온하게 내
려다보고 있었다. 어린 마음에도 이처럼 탐나는 우표를 발행하는 국가
는 선한 권력이 분명했다. 신념적 공산주의자인 나의 아버님도 용기로
신뢰할만한 인격, 탁월한 지성 그리고 강압적인 힘으로 줄루와 푸지-우
지 같은 활기차지만 불운한 사람들의 저항을 극복한 제국 건설자들의
위업을 칭송하는 19세기 말 모험 이야기인 G. A. 헨티의 작품을 읽도
록 권했다. 공산주의자가 헨티의 작품을 자기 아들에게 권하는 것이 이
상하게 볼일 수도 있지만 마르크스 자신이 유럽의 식민주의가 행복한
역사의 결말을 향한 진보의 도구라고 믿었던 일종의 제국주의자였으며
단지 제국이 그 진보적인 작업을 수행한 이후 좀더 나중 단계에서 비난
받게 된다.

그리고 로디지아는 아주 분명하게 세계 평화와 지구 안전의 가장

큰 위협인 듯이 지독하게 지속적으로 비난받고 있었다. 내가 도착할 당시 로디지아는 친구는 없고 적들뿐이었다. 로디지아가 긴 국경을 접하고 있는 지역의 거인이자 호의적이리라 기대했을 수도 있는 남아프리카조차 로디지아에 대해 매우 양면적이었다. 남아프리카는 이안 스미스 정부와의 경제협력에 미온적인 태도를 보임으로써 다른 나라들의 환심을 사고자 했다.

따라서 도착했을 때 나는 위기에 빠진 부패한 국가를 보게 되리라 예상했었다. 하지만 나는 모든 면에서 번영하고 있는 국가를 보게 되었다. 도로는 잘 유지되고 있었고 운송체계는 역할을 다하고 있었으며 지역 중심가와 도시들은 깨끗하고 영국에선 오래 전에 사라진 도시의 자부심을 드러내고 있었다. 전기도 끊기지 않았고 기초 식료품 부족도 없었다. 내가 일하는 큰 병원은 황량하고 다소 불편하긴 하지만 아주 깨끗했고 아주 효율적으로 운영되고 있었다. 최고위직을 제외하면 대부분 흑인인 직원들은 활기 넘치는 단체정신을 가지고 있었으며 내가 알게 된 것처럼 이 병원은 최고의 의료기관으로 수백 마일 밖에서도 명성을 얻고 있었다. 시골의 가난한 사람들이 그곳에 오기 위해선 엄청나게 눈물겨운 노력을 해야 했을 것이다. 그들은 오랜 여정에서 먼지를 뒤집어쓴 채 도착했다. 아프리카 민족주의 지도자이자 정부의 적인 조슈아 은코마 Joshua Nkoma 는 그곳의 환자로 의학 윤리가 모든 정치적 적대감에 앞섰기 때문에 진료를 절대적으로 믿고 있었다.

내가 도와 일을 했던 외과의사는 영국출신으로 내가 알았던 사람들 중 가장 좋은 분으로 모범적인 인품을 가진 분이었다. 자신의 엄청난 기술적 성취를 가장 가난한 환자들을 위해 헌신한 그는 모든 수술과정을 처리할 수 있을 뿐 아니라 탁월한 진단 전문의로 그의 객관적 직관은 상대적으로 부족한 첨단 기술의 도움 덕분에 연마되었다. 때문에 병원 사람들은 그를 최후의 의지처로 생각했다. 다른 모든 의사가 그렇듯 그도 한때 실수를 했겠지만 나는 그가 실수하는 것을 한번도 본 적이 없다. 그는 매년 수백 명의 생명을 구했고 자기 환자들에게 절대적인 신뢰와 자신감을 불어넣었다. 그는 아주 위급한 상황에서도 당황하는 법이 없었다. 또한 어떤 사람이 악어에게 물리거나 표범에게 상처를 입었을 때, 어린아이가 독사에게 다리를 물렸을 때, 또는 창이 두개골을 관통한 남자가 나타났을 때, 그는 어떻게 해야 할지 알고 있었다. 흔히 그렇듯 아침 일찍 호출받았을 때에도 사교 모임에 참석한 것처럼 마음의 평정을 유지했다. 그보다 더 큰 사랑을 가진 사람은 없었으며…….

하지만 그가 선교사는 아니다. 종교 정신과 유사한 것에 고취되지는 않았으며 단지 심오한 의학 윤리와 자신의 기술과 과학에 대한 열의에 따랐을 뿐이다. 그는 다채롭고 흥미로운 수술 경험을 원했으며 생명을 구하고 싶어했다. 또한 당시 로디지아는 그의 기술을 최대한 유익하게 사용할 수 있는 이상적 조건을 갖추고 있었다(외과 의사를 중 가장 뛰어난 사람조차 성과를 달성하기 위해선 잘 조직된 병원에 의존하고 있다). 하지만 1980년 정치적 이양이 이루어진 직후 그는 영국으로 되돌아갔다. 어떤 인종적 기분이나 정치적 반감 때문이 아니라 병원 수준의 급속한 퇴보로 첨단 수준의 수술 경험이 불가능해졌기 때문이었다. 내가 도착했을 때 그토록 견실하고 잘 설립된 것처럼 보였던 제도는 역사적으로 눈 깜박할 사이에 붕괴되었다.

짐바브웨를 떠나 영국으로 돌아온 그는 명목 수입 가치가 어떻든 훨씬 낮아진 생활수준을 받아들였다. 탈레이랑은 구체제 ancien régime을 경험해 본 적이 없는 사람(물론 귀족으로서)은 삶의 달콤함을 모른다고 말했다. 아프리카 식민지에서 생활해 본 경험이 없는 사람에게도 같은 말을 할 수 있을 것이다. 월급이 다른 사람들에 비해 적었던 나도 그 이후로 거의 누릴 수 없을 정도의 생활을 했었다. 당시 경제 제재 때문에 로디지아에 소비재가 많이 부족했던 것은 사실이다. 하지만 소비재 부족으로 알게 된 것은 적어도 로디지아 같은 온화한 기후에선 소비재가 삶의 질에 거의 영향을 주지 못한다는 사실이다. 소비재 없이 산다고 해서 삶이 더 가난한 것은 아니다.

실제적 사치는 공간과 아름다움이며 그것들을 즐길 수 있는 시간이었다. 세 명의 다른 젊은 의사들과 함께 나는 크고 우아한 식민지풍 저택을 임차했다. 이 저택은 겨우 80년 전 백인이 거주했던 나라의 기준에선 오래되었지만 모세라는 정원사 '보이 boy' (정원사 보이나 하우스보이에서 '보이 boy' 는 어린아이를 의미하지 않는다. 언젠가 동아프리카에서 94살 먹은 하우스보이의 시중을 받은 적이 있었고 그는 같은 집에서 70년 동안 살았으며 은퇴 제안을 모욕으로 생각했을 것이다) 가 정원을 돌보는 아름다운 마당이 딸려 있었다. 저택을 둘러싼 붉은 포석 베란다에서 아침에 속옷 차림으로 식사를 제공받았고, 떠오르는 태양의 부드러운 햇빛이 붉은 잎과 자카란다 나무 사이로 퍼졌으며 멀리서 새들의 날카로운 울부짖음도 기분 좋게 들렸다. 살면서 회한의 느낌 없이 잠자리에서 일어났던 유일한 시기였다.

우리는 열심히 일했다. 그보다 더 열심히 일한 적은 없으며 아직도 금요일 아침부터 월요일 저녁까지 3시간 이상 잘 수 없었던 당시 주말 근무를 생각하면 머리 속이 납덩이로 가득 차 그 무게로 목이 부러질 것

처럼 무거운 기분이 든다. 우리 삶의 사치는 다음과 같은 것이었다. 일
단 일을 마치고 나면 허드렛일에 손끝하나 까딱할 필요가 없었다는 사
실이다. 우리의 가장 아름다운 환경 속에서 남은 시간은 모두 우리가 무
엇을 원하든 친교, 스포츠, 공부, 사냥에 할애했다.

물론 우리의 여가는 경악스러울 정도의 불평등과 사회적 차별을 가
진 일종의 피라미드형 계층구조 덕분이었다. 생활의 사소한 불편들을
벗어나게 해 준 직원들은 우리가 사는 곳에서 불과 몇 야드 떨어진 지역
에서 살았지만 우리가 알 수 없는 생활을 하며 살고 있었다. 그들의 희
망, 기원, 두려움 그리고 열망은 우리의 것이 아니었으며 그들의 믿음,
취향, 관습은 우리에겐 낯선 것이었다. 사회 심리적 거리감은 그들과의
관계를 순조롭고 편안하게 해주었다. 우리는 조심스럽게 식민지 주인들
이 악명을 떨쳤던 막돼먹고 싫증나게 하는 불평의 음조를 피했다. 우리
는 식민지 주민의 대화주제로 생각된 하인 문제에 대해 결코 호소하지
않았고 당연히 감사했다. 로디지아에서 만났던 대부분의 사람들처럼 우
리는 예를 들어 친척들 간의 질병 같은 아프리카 삶에서 빈번한 위급상
황에 그들에게 특별한 도움을 제공하며 우리 집안일을 하는 사람들을
잘 대해 주려고 노력했다. 보답으로 그들은 진심어린 배려로 우리를 대
했다. 우리는 스스로에게 우리가 그들을 고용하지 않았다면 그들의 생
활은 더 악화되었을 것 —— 그리고 그것은 분명 사실이었다 —— 이라
고 되뇌이며 양심의 가책을 완화시켰다. 하지만 우리는 우리와 우리 동
료 인간 사이의 거대한 간극에 대해 어떤 불편한 감정을 느끼지 않을 수
없었다.

반면 아프리카인 의사 동료들과 우리의 관계는 더 명확했다. 우리

사이에 사회적, 지적, 문화적 거리는 훨씬 좁혀져 있었다. 아직 백인이 로디지아를 지배하고 있었지만 현실적으로 필요하기 때문에 그리고 세계에 대해 생각처럼 그렇게 끔찍하지 않다는 사실을 확신시키려는 헛된 시도로 교육받은 아프리카인 기간요원들을 양산했으며 그 중에서도 의사들이 두드러졌다. 당연히 그들은 백인들의 항구적인 보호하에 하급자로 머무는데 만족하지 않았고 결국 그들과 우리의 관계는 표면상으로 정중하고 협력적이었지만 인간적인 온정은 어렵거나 불가능했다. 많은 사람이 곧 권력을 잡게 된 아프리카 민족주의 운동에 비밀리에 가담하고 있었으며 두 명은 보건 장관으로 일했다.

봉급이 인종적 위계(백인이 첫 번째, 인도인과 유색인이 두 번째, 아프리카인이 마지막이다)에 따라 지급되던 남아프리카와 달리 로디지아에서 봉급은 같은 일을 하는 흑인과 백인 모두에게 똑같이 지급되었다. 따라서 젊은 흑인 의사는 나와 같은 액수의 봉급을 받았다. 하지만 생활수준에선 여전히 엄청난 간극이 존재했다. 처음엔 그 의미를 알 수 없었지만 그것은 바이런이 자유의 첫 번째 춤이라 부르며 열렬히 기대했던 것을 향유한 신생 독립국에 일어난 재난들을 설명하는데 중요했다.

우리 백인과 같은 봉급을 받는 젊은 흑인 의사들은 아주 단순한 이유에서 우리와 같은 생활수준을 향유할 수 없었다. 그들은 감당해야 할 엄청나게 많은 사회적 의무를 지고 있었다. 그들은 아주 확대된 범주의 가족 구성원들(이 사람들 중 일부는 그들의 교육에 투자했을 수도 있다)과 그들의 마을, 종족 그리고 지역 출신 사람들을 도울 것이 기대되고 있다. 이 같은 의무들이 없기 때문에 백인이 군주처럼 살 수 있게 한 수입이 흑인에겐 자기 가족 수준 이상으로 생활수준을 거의 향상시킬 수 없었다. 따라서 단순히 같은 금액의 봉급만으로는 그들이 본 백인들이 누리고 그들이 욕망하는 유일한 인간적 본질이었던 생활수준을 제공하기에는 충분하지 않았다. 또한 그들은 자신을 자기 동포들 이상으로 출세하게 해 준 뛰어난 재능 때문에 자신들이 백인과 같은 생활수준을 향유할 권리가 있다고 믿고 있다. 사실상 봉급의 천배는 되는 돈으로도 백인이 누리는 생활수준을 얻기엔 불충분하다. 사회적 의무들이 그들의 수입과 함께 덩달아 증가하기 때문이다.

이러한 의무들은 또한 전(前) 식민지 주민들이 종종 경멸적으로 말하는 사실을 설명하고 있다. 즉 아프리카인들이 이전 식민지 주민 주인들의 아름답고 잘 정비된 교외 주택으로 이사를 오면 집들이 이내 일종의 양질의 더 넓은 빈민가로 퇴보한다는 것이다. 아프리카인 의사들이 기술적으로 말해서 자신들의 의사 업무를 완벽하게 동등한 정도로 해낼 수 있는 것처럼 식민지 주민 교외 주택들의 퇴보는 주택을 유지하는 아프리카인들의 지적 무능과는 관계가 없다. 오히려 운 좋은 교외주택 상속자는 곧 자신에게 사회적 청구를 요구하는 친척들과 다른 사람들에게 압도되게 된다. 그들은 염소까지 데리고 오며 한 마리의 염소는 수십 년에 걸려 만들어 놓은 것을 한나절만에 망쳐 놓을 수 있다.

백인들이 상층에 배치하고 관리하는 공무원은 효율적이고 부패하지 않고 남을 수 있지만 똑같은 규칙과 절차를 따른다고 추정된 아프리카인을 배치했을 땐 오랫동안 효율적이고 부패하지 않고 남아 있을 수 없는 이유를 쉽게 알 수 있다. 물론 이 같은 사실은 공적 혹은 사적인 모든 다른 관리 활동에서도 마찬가지이다. 밀집된 사회 의무망은 대부분이 로디지아 관료들에게 뇌물을 주는 것이 불가능하지만 몇 년 만 지나면 대부분의 짐바브웨 관료들에게 뇌물을 주려하지 않는 것이 불가능하게 되는 이유를 설명하고 있다. 짐바브웨 관료의 친척들이 자신들을 위해 공직 기회가 제공할 수 있는 모든 이점을 획득하지 못하는 데 대해 관료들을 비난하게 되기 때문이다. 따라서 다른 문화적 사회적 배경을 가진 사람들이 수행하는 똑같은 공직에서 똑같은 업무가 전혀 다른 결과로 이어지게 된다.

이런 관점에서 보았을 때 아프리카 민족주의는 명백히 정치적으로 유리하기 때문에 자유라는 말을 차용하긴 하지만 자유 못지않게 권력과 특권을 위한 투쟁이다. 자유라는 측면에서 분명 자유 언론의 안식처라 할 수 없었던 로디지아도 그것을 승계한 국가인 짐바브웨보다는 나았다. 이안 스미스가 수상일 때 그곳에서 가져온 야당의 팸플릿과 로디지아에서 분쟁 중인 영토문제에 대한 마르크스주의적 분석들을 아직도 서재에 보관하고 있다. 무가베 통치에 대한 그 같은 철저한 비판은 생각할 수도 없거나 반대파 저자들이 이안 스미스 하에서 경험했던 것보다 훨씬 더 큰 위험을 내포한다. 그리고 사실상 한두 개의 아프리카 국가들을 제외하면 모두 독립을 얻은 후 지적 자유에 진보를 가져온 것이 아니라 많은 경우 이전의 식민지 체제보다 상대적으로 더 나쁜 독재국가가 되었다.

물론 아프리카의 공적 그리고 사적 행정을 부패하게 하는 유대와 피할 수 없는 사회적 의무들은 그곳 생활에 특이한 매력과 인간성을 부여하며 그들을 농락했던 더 나쁜 불운한 결과로부터 사람들을 보호하기도 한다. 할 수 있는 한 그들을 보호하고 도와야 하는 것이 의문의 여지가 없는 의무인 친척들이 늘 존재하며 따라서 누구도 세계를 완전히 홀로 맞설 필요는 없다. 아프리카인들은 우리에게 그 같은 의무가 없다는 사실에 어리둥절하면서도 냉혹하다고 생각한다. 그들이 전적으로 잘못된 것은 아니다.

이러한 고려들이 아프리카를 찾는 많은 방문객들이 받게 되는 충격의 역설을 이해할 수 있게 한다. 평범한 아프리카 사람들의 분명한 예의범절, 친절, 위엄과 정치인들과 공직자들의 알 수 없는 불공정, 부정직, 무자비함이 그것이다. 이러한 대조는 어떤 법률가가 영국에 불법으로 체류하고 있는 짐바브웨 여자에 대한 보고서 준비를 부탁했을 때 새삼스럽게 충격적으로 느껴졌다.

그녀는 40대로 분명 정신적으로 불안한 상태였다. 대개 바닥을 내려다보며 모든 시선을 피했다. 정면을 응시할 때 그녀의 눈은 어딘가 먼 곳을 보거나 적어도 다른 세계를 보고 있는 듯이 보였다. 그녀는 거의 한마디도 하지 않았다. 그녀의 조카에게서 그녀에 대한 이야기를 들었으며 그녀의 조카는 몇 년 전 영국으로와 당시 그녀와 함께 머물고 있었다.

'해방' 전쟁 중 그녀의 오빠는 로디지아 군대에 입대했다. 하루는 민족주의 게릴라들이 그녀의 마을에 와 그녀의 부모에게 아들이 어디 있는지 말하라고 요구했다. 그들은 그녀의 오빠를 아프리카적 대의명분에 대한 배신자로 죽이려 했다. 하지만 아들의 행방을 알지 못한 그녀의 부모는 대답할 수 없었다. 이어 그녀가 보는 앞에서 그리고 그녀가 지켜보도록 하며(그녀는 당시 17살이었다) 그들은 그녀의 부모를 나무에 묶고 가솔린을 끼얹어 불타죽게 했다. (이야기의 이 지점에서 당시 급진주의자들 가운데 일반적인 주장으로 무장 세력에 의해 해방된 아프리카 국가들이 해방전쟁은 진정한 지도력과 국민 통합을 강요하기 때문에 선선히 독립이 부여된 국가들보다 더 낳은 밝은 미래를 맞았다는 주장을 떠올리지 않을 수 없었다. 알제리? 모잠비크? 앙골라?)

그녀의 불안한 정신 상태가 이러한 끔찍한 장면을 목격했기 때문인지 여부와 무관하게 그 이후로 그녀는 정상적인 생활을 할 수 없었다. 그녀는 결혼을 하지 못했으며 그것은 짐바브웨에서 여성에겐 사회적 재난이었다. 그녀는 백인 농장주를 위해 일하고 있는 사촌이 맡아 돌보았으며 그녀는 허공을 응시하며 시간을 보냈다. 이어 '전쟁 퇴역군인들'이 도착했다. 전하는 바에 따르면 짐바브웨 자유를 위해 싸웠던 사람들이었다. 실제로 당시 흉악범 집단은 무가베의 선동적이고 경제적으로 재난적 지시를 이행해 백인 농장주들에게서 그들의 땅을 빼앗는데 열중하고 있었다. 백인 농장주와 그의 흑인 관리자는 살해되고 농장에서 생계를 유지하던 모든 노동자들은 농장에서 추방되었다. 고모의 곤경 소식을 접한 영국에 사는 그녀의 조카는 그녀에게 비행기표를 보냈다.

이 이야기는 식민지 경험으로 아프리카에서 속박에 풀려난 권력과 지배에 대한 잔혹스러운 탐욕 —— 식민주의자들 문명의 기술 장치 일부에 의해 훨씬 더 위험해진 탐욕 —— 그리고 아프리카인 대다수의 관대한 행위 모두를 보여주고 있다. 조카는 여생을 불평하지 않고 고모를 돌보고 아무런 대가도 요구하지 않으며 그렇게 하는 것을 자신의 당연한 의무로 여기고 영국 정부로부터도 아무 것도 요구하지 않을 것이다. 어느 것도 할 수 없는 고모에 대한 그녀의 친절은 감동적인 것이었다.

짐바브웨에서의 경험은 후에 아프리카 전역에서 내가 목격한 혼란에 대해 민감하게 했다. 한편으로 친절과 다른 한편으로 탐욕 간의 대비는 어디서나 명백했으며 국민 수준에 맞는 정부를 갖게 된다는 말보다 더 냉혹한 말은 없다는 사실을 알게 되었다. 전반적으로 이디 아민[40]이나 줄리우스 니에레레[41]를 대통령으로 받아들일만한 사람이 누구인가? 분명 내가 만났던 아프리카 농민들은 아니다. 그런 괴물들이 국민들로부터 아주 납득할 수 있게 출현했다는 사실이 결코 그 국민이 그런 대통령을 맞을 만하다는 것을 의미하지는 않는다.

아프리카 식민지 이후의 진통에 대한 일반적 설명이 나에게는 쉬워 보인다. 예를 들어 흔히 아프리카 국가들은 사회 현실에 대한 고려 없이 유럽인들의 편의에 따라 인위적으로 국경이 그어졌다고 말한다. 아프리카 국가들의 국경이 같은 인종의 국민들이 양쪽에 살고 있는데도 강과 같은 자연적 특성에 따르거나 자로 직선으로 그어졌다는 것이다.

이러한 견해는 두 개의 분명한 사실을 간과하고 있다. 사실상 사회, 역사 그리고 인종적 현실에 부응한 아프리카 국가들 예를 들어 부루군디, 르완다 그리고 소말리아는 그렇지 못한 국가들보다 두드러지게 편히 살아가고 있지는 않다는 사실이다. 게다가 아프리카에서 사회 현실은 너무 복잡해 어떤 국경 체계도 그 같은 현실에 상응할 수 없다는 사실이다. 예를 들어 나이제리아에서만도 300개의 인종 집단으로 구성되어 있는 것으로 전해지며 흔히 지리적으로 더 깊이 뒤섞여 있다. 충분한 인종 청소에 이은 극단적인 발칸화만이 유럽 지도 제작자들에 대한 이

---

40) Idi Dada Amin 1928~
우간다 군인 · 정치가. 71년 1월 M.오보테 대통령의 외유중 쿠데타를 일으켜 성공했다. 경제면에서는 우간다화 정책을 펴 5만 명의 인도인을 추방하였다. 또한 반대파를 대량 학살하는 등 독재자가 되었다.

41) Julius Kambarage Nyerere 1922~
탄자니아 정치가 · 초대대통령. 61년 독립과 동시에 총리에 취임, 62년 공화국으로 이행함과 동시에 대통령이 되었다. 64년 잔지바르와의 합병으로 탄자니아연합공화국 탄생과 함께 대통령에 취임하였다. 67년 2월 〈아루샤선언(宣言)〉을 발표, 아프리카사회주의노선을 명확히 하고, 농촌의 사회주의화를 목표로 하는 〈우자마(스와힐리어로 가족 또는 우애의 뜻)사회주의〉를 추진하였다.

런 특이한 비판을 피할 수 있는 국경이 만들어질 수 있을 것이다. 다른 한편으로 범 아프리카주의는 가능하지 않다. 작은 민족 규모로 성취될 수 없는 통합 유형은 엄청나게 더 큰 국제적인 규모에선 거의 이루어질 수 없다.

사실상 재난을 불러일으킨 것은 민족 국가라는 유럽식 모델을 특히 적합하지 않은 아프리카에 강요했다는 사실이다. 국가가 아니라 부족이나 가족에게만 충성심을 갖고 있으면서 국가를 지배하고 있는 사람들은 국가를 단지 착취의 대상이자 도구로 볼 뿐이다. 야심적인 사람들이 자신들의 면전에서 식민주의자들이 그렇게 오랫동안 과시했던 엄청나게 더 높은 생활수준을 성취하기 위해 알고 있는 유일한 방법은 정치권력을 얻는 것이다. 인간의 본질적 사악함을 고려할 때 그들이 권력을 얻기 위해, 이권을 나누려 기대하는 추종자들과 함께 자행할 준비가 되어 있는 사악함에는 한계가 없다. 아프리카 정치 생활에서 승자 독식의 측면은 그것을 일반적인 것 이상으로 사악하게 만들고 있다.

식민지 이후 아프리카의 혼란에 대해 일반적으로 말하여지고 있는 또 다른 설명이 왜 잘못되었는지 이해하는 것이 중요하다. 그것은 독립 당시 아프리카에서 훈련받은 사람들이 부족했기 때문이라는 견해다. 현대 콩고의 재난을 얘기할 때면 어김없이 벨기에의 철수 당시 대학 졸업자들의 부족을 언급한다. 마치 대학 졸업자들이 더 많이 있었더라면 상황은 더 좋았을 것이라는 주장으로 들린다. 따라서 해결책은 분명하다. 더 많은 사람들을 교육시키는 것이다. 아프리카에서 교육은 의문의 여지가 없는 세속적 구원이 되었다.

내가 3년간 살았던 탄자니아에서 교육의 확대는 사실상 인상적이었다. 읽고 쓰는 능력은 급격히 개선되어 이전 식민지 시대보다 더 개선되었으며 마을 사람들은 기꺼이 적어도 자기 아이들 중 한 명은 학업을 계속할 수 있도록 희생했다. 수업료는 다른 어떤 지출보다 우선시되었다. 만약 누군가 가난한 사람들이 자신들의 미래에 대해 투자하는 능력을 의심한다면 탄자니아 사람들의 행동은 그를 설득하기에 충분한 것이었다. (나는 마을 사람들에게 수업료를 낼 돈을 빌려주곤 했으며 아무리 가난해도 그들은 반드시 그 돈을 갚았다.)

불행하게도 이 같은 노력의 이면엔 칭찬할 수 없는 사실상 유해한 것이 있었다. 교육의 목적은 거의 한결같이 적어도 가족 구성원 중 한 명이 마르크스가 경멸적으로 시골 생활의 백치적 행위라 불렀던 것에서 벗어나 공직에 입문하는 것이었다. 공직에 들어서게 되면 그는 소위 그의 사회적 배경인 그 나라에서 유일하게 생산적인 사람들인 농민들에게 강요당하는 입장이 된다. 공직에 있는 아들은 사회 보장, 노인의 연금, 보장된 수입이 하나로 합해진 대상이다. 이 나라의 필수불가결한 경제 기초인 농업은 멍청이와 실패자의 직업으로 받아들여지며 따라서 훨씬 더 많은 수의 공직자들에 대한 교육이 진행되면서 경제는 점점 더 위축되게 된다. 이것이 독립 시 그 나라의 대학 졸업생 수와 이어지는 경제적 성공 간에 상관관계가 존재하지 않는 이유를 설명하고 있다.

교육을 찬성하는 주장이 근거하고 있는 순진한 가정은 교육이 문화적 세계관을 중화시켜 압도한다는 것이다. 이 이론에 따르면 교육받은 사람은 교육자의 모든 태도와 세계관을 공유하는 교육자의 복제품에 불과하다. 하지만 사실상 어떤 결과도 이상하게 복합적이며 교육받은 사람의 근본적 믿음은 자신이 받은 교육에 대해 무감각할 수도 있다.

나는 최근 이런 현상에 대한 두드러진 예를 알고 있다. 지금까지 3백만의 목숨이 희생된 중앙 아프리카의 끔찍한 전쟁을 피해 영국에 망명했던 콩고인 환자가 있었다. 그는 총명한 사람으로 내가 마샬 보부투 세세 세코의 자이레를 어려움이나 불편함 없이 횡단하던 당시부터 잘 기억하고 있는 편안한 매력을 갖고 있었다. 그는 농업경제학에 두 개의 학위를 갖고 있었고 툴루즈에서 농업을 목적으로 한 위성사진 해석 교육을 받았다. 따라서 그는 현대 과학의 힘을 인정하고 있었으며 UN 식량 농업 기구를 위해 일했고 대학은 물론 서구 원조와 투자에 대해 협상하곤 했다.

시험이 끝나고 콩고에 대해 우리는 이야기를 나누었다. 그는 영국에선 쉽게 찾을 수 없는 자기 나라를 알고 있는 사람과 만나게 된 것을 기뻐했다. 나는 그에게 그가 개인적으로 알고 있는 모부투에 대해 물어보았다.

그는 "모부투[42]는 매우 강력한 사람"이라고 말했다. "그는 자이레 전역에서 최고의 주술사들을 끌어 모았다. 물론 그는 자신이 보이지 않게 할 수도 있다. 그것이 그가 우리에 대해 모든 것을 아는 방법이다. 또한 그는 원할 때면 표범으로 둔갑할 수 있다."

그는 아주 진지하게 말했다. 그에게 모부투의 마법의 힘은 위성사진의 힘보다 더 인상적이고 중요했다. 마법이 과학에 대해 승리한 것이

---

42) Mobutu Sese-S'eko Kuku Ngbendu Wa Za Banga 1930∼
자이르 군인·정치가. 적도주(赤道州) 리살라 출생. 중등교육을 마치고 콩고 공안군(公安軍)에 입대했다가 1956년 제대하고 벨기에 유학을 거쳐 신문기자가 되었으나 콩고공화국 독립과 동시에 초대 국방장관, 참모총장에 취임했다. 61년 이후 최고군사령관으로서 세력을 쌓아 65년 쿠데타에 의해 정권을 탈취, 대통령에 취임했다. 71년에 국호를 자이르공화국으로 변경하고 아울러 정치·경제·사회·문화 등 모든 분야에 대담한 자이르화정책을 썼으나 경제면에서 좌절하였다. 84년 대통령선거에서 3선되었다.

다. 그가 비정상적인 것은 아니었다. 아라비아 반도의 거주자들이 알라의 힘을 부인하는 것 못지않게 사하라 남쪽 지역 아프리카인들이 마법의 힘을 부인하기는 어렵거나 불가능하기 때문이다. 나의 콩고인 환자는 완전히 긴장을 풀었다. 일반적으로 아프리카인들은 자신들의 가장 본능적인 믿음을 유럽인들에게는 감추어야 한다고 느끼고 있다. 그들은 유럽인들이 자신들의 본능적인 믿음에 대해 일반적으로 원시적인 미신으로 경멸감을 느낀다는 사실을 알고 있기 때문이다. 따라서 외부인을 대할 때 아프리카 사람들은 외부인들에게 최소한의 존중을 받으려면 자신들의 가장 깊은 믿음을 부정하는 조심스러운 속임수를 이용해야 한다고 느낀다. 자신들의 가장 깊은 믿음에 대해 다른 사람을 흔히 아주 쉽게 속이고 다른 사람들에게 자신들의 내적 자아를 숨기면서 그들은 권력의 불균형을 균등화하고 있다. 약자는 무력한 사람이 아니며 그들은 예를 들어 외부인들을 속일 수 있는 힘을 갖고 있다.

아프리카에서 영국과 다른 식민주의자들의 가장 해로운 유산은 철인왕(哲人王)이라는 관념일 것이다. 식민지 관리들은 철학자 왕의 역할을 열망했고 흔히 실제적으로 철인왕 역할을 하며 그것을 자신들의 아프리카인 후계자들에게 물려주었다. 많은 식민지 관리들은 자신들이 관할했던 지역을 위해 큰 희생을 치렀으며 그들의 복지에 헌신했다. 또한 그들은 공평하게 정의를 실행하며 그들을 현명하게 통치하려 했다. 하지만 그들은 민족주의자들에게 독립 이후의 아프리카를 특징지은 전제 정치와 도둑 정치를 건설할 수 있는 도구들을 남겨주었다. 그들은 교육받지 못한 평범한 아프리카인들을 스스로 결정할 수 없는 어린아이들로 취급하는 유산을 물려주었다. 야심적인 독재자에게 그보다 더 고마운 일은 없었다.

예를 하나 들자면 서아프리카 시장 평의회이다. 영국 지배하에 있던 서아프리카 전역의 수백만 아프리카 농부들은 코코아와 야자 기름과 같은 곡물을 키우는 소규모 플랜테이션을 건설했다. (코코아나무는 5년이 지나야만 성장하기 때문에 이것은 큰 가난에도 불구하고 미리 생각하고 투자로 욕구 충족을 미루는 아프리카 농민의 능력을 보여주는 또 다른 예이다.) 이어 영국 식민 정부는 선의로 시장의 가격변동에서 농부들을 보호하고자 했다. 그들은 시장 평의회의 지시하에 안정화 기금을 조성했다. 오랜 세월 동안 시장 평의회는 농민들에게서 생산된 곡물들이 벌어들인 돈의 일부를 공제했다. 흉년이 들었을 때 풍년에 공제했던 자금을 이용해 그들의 수입을 증가시키는데 사용했다. 안정된 수입으로 그들은 앞으로의 계획을 세울 수 있었다.

물론 시스템이 작동되도록 시장 평의회는 구매력을 독점해야 했을 것이다. 또한 은크루마 같은 원대한 이상을 가진 야심적인 독재자들에게 시장 평의회가 얼마나 매력적인 것인지는 자명했다. 그는 자신의 불건전한 프로젝트와 개인적 부를 축적하기 위해서만이 아니라 자기 권력의 원천이었던 도시민들의 생계를 보조하고 가나 생산자들에게 과세하는데 시장 평의회를 효과적으로 이용했다. 멀리 떨어진 탄자니아에선 니에레레가 커피 재배 농민들을 착취하기 위해 똑같은 수단을 사용해 결국 커피 재배 농민들은 커피나무를 뽑아 버리고 대신 작은 곡물을 심었다. 적어도 그 곡물들은 자신들이 먹을 수 있었고 결국 탄자니아는 훨씬 더 가난해지게 되었다.

시장 평의회를 구성하게 한 것은 온정주의적 식민주의의 이상이었다. 다시 말해서 농민들이 너무 순박해 가격 변동에 대처하지 못했고 따라서 식민주의자 철인 왕들은 그 같은 가격 변동으로부터 농민들을 보호하려 했다는 것이다. 어쨌든 애초에 그 상품들을 재배한 사람은 순박한 농부들이었다.

아프리카에서 몇 년을 보낸 후 나는 흔히 마지막 단계에서 그렇듯 식민지 계획은 호의적인 것이라 해도 근본적으로 잘못되고 틀린 것이라는 결론을 내리게 되었다. 식민지 계획이 행한 선은 일시적이지만 그 해악은 지속된다. 사실 힘이 있는 자는 무력한 사람을 변화시킬 수 있지만 어쨌든 그들이 선택한 것은 아니다. 인간의 불가측성은 무력한 자들의 복수다. 정치적으로 식민지 계획에서 비롯된 것은 이전에 존재했던 것보다 더 나쁜 어떤 것이거나 적어도 더 잘 갖추어져 있기 때문에 더 해롭다. 선의가 반드시 바람직한 결과를 보장하지는 않는다.

2003

브레이크 없는 문화

초판 1쇄 발행일 2007년 6월 20일

지은이 | 테어도르 데일림플
옮긴이 | 채계병
펴낸이 | 채계병
펴낸곳 | 이카루스미디어

출판등록 제8-386호 2002년 12월 10일
122-080 서울특별시 은평구 신사동 32-8호
전화 : (02)303-7611 팩시밀리 : (02)302-9848
E-mail : icarusmedia@naver.com

© 2007 이카루스미디어

ISBN 978-89-956395-5-9 03300
값은 뒤표지에 있습니다. 잘못된 책은 구입하신 곳에서 바꿔드립니다.